编委会名单

顾　问　陈春声　陈平原　林　岗
主　编　张培忠　肖玉华
副主编　孔令彬

编　委（以姓氏笔画排序）
江中孝　李　彬　李伟雄　吴亚南
余海鹰　张　超　林　茵　林洁伟
赵松元　段平山　黄景忠　曹亚明

韩山师范学院2017年省市共建中国语言文学
重点学科经费资助

广东省普通高校人文社科重点研究基地
岭东人文创新应用研究中心阶段性成果

张竞生集

第九卷

主　编　张培忠　肖玉华
副主编　孔令彬
本卷主编　孔令彬

生活·讀書·新知 三联书店

Copyright ⓒ 2021 by SDX Joint Publishing Company.
All Rights Reserved.

本作品版权由生活·读书·新知三联书店所有。
未经许可,不得翻印。

图书在版编目(CIP)数据

张竞生集/张竞生著. —北京:生活·读书·新知三联书店,2021.1
ISBN 978 - 7 - 108 - 06928 - 3

Ⅰ.①张… Ⅱ.①张… Ⅲ.①社会科学 - 文集
Ⅳ.① C53

中国版本图书馆 CIP 数据核字(2020)第 145000 号

张竞生 1947 年摄于金边

张竞生题写刊头金中月刊《进化》创刊号，
以及载有张竞生文章的《金中周刊》

张竞生 1938 年调解赌债的文书

廣東省文史館工作人員登記表

編號　　　　　　　　　　　　　　　　　　　一九五三年

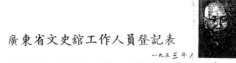

姓名	張競生	別號	以宇待	曾用名	公室	性別	男	年齡	65
籍貫	粵省饒平縣西區大榕鄉			通訊處	現在：小北路148號二樓 永久：大東路東昌大街廿三號二樓	民族	漢		
介紹機關 或介紹人	人事廳			現任職務		文化程度	哲學博士		
家庭成份	地主			個人成份	自由職業	身體健康情形	壯健		
家庭狀況	人口 六人 愛妻人名 己死		動產不動產	全無	未婚 已婚	有無何政團 無加何政治團體	現在職業		

曾參加過什麼黨派社團	黨派社團名稱	加入時間	介紹人	地點	曾擔任職務	現在關係
	京津同盟會	1910年				
		年　月				
		年　月				

| 現何派寫室 | 無 | 介人其在關
紹及所屬 | | 職別 | | 與人係本團 | |

特長或志趣　哲學志趣

社會關係	姓名	現在何處任何職	與本人關係	他的政治面目及對本人的影響
	陳學孔	粵工民主黨	友誼	民主觀念
	羅學漢	華南師範學院廣文系主任	師生	學術研究
	鄭學南	中師研究員	友誼	情感文字

| 有無被捕
經過怎樣 | 1939年曾在杭州被
捕一日，原因為宣傳性書 | 交過什麼
材料 | 1951年
曾入南方大學政治研究院結業 |

张竞生1953年在广东省文史馆所填登记表

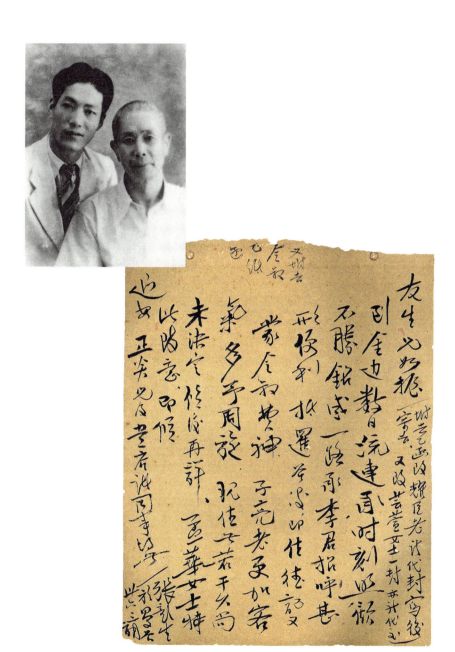

张竞生1947年与潘友生信及二人合影

张竞生 1957 年写给高伯雨之信

敬祝毛主席万寿无疆

革命文化，对于人民大众，是革命的有力武器。革命文化，在革命前，是革命的思想准备；在革命中，是革命总战线中的一条必要和重要的战线。——毛泽东

彪儿：

前信接到？近来此地害食人家购物及迁入又闻馆舍拆掉减灭消息，故望你即日来佐我誊十到己百元为幸。优先入教人家，我稔他非许多方到你勿受他骗！

我的新址：饶平县，樟溪公社，永乐大队，广塘村。

祝安好！

父字69年十二月八日 并无他故不必挂念

新址人为疏散

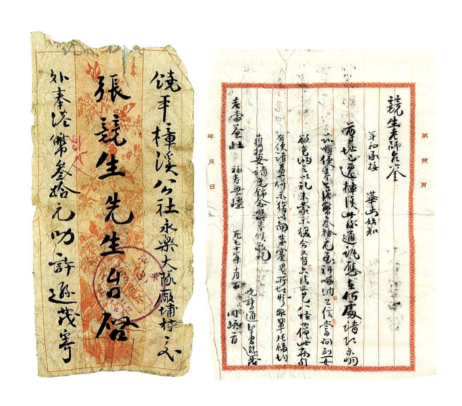

1971年友人寄给张竞生的侨批,此时张已去逝

本卷说明

张竞生获得法国里昂大学哲学博士学位归国后,生活经历十分复杂。既做过中学校长,也做过大学教授;既办过杂志、开过书店,也做过副刊主编和自由撰稿人、编译人;既注重理论方面的研究与创新,同时也是一个身体力行的践行者,甚至于苦行僧。他广泛结交社会各色人等,上自总统将军,下至贩夫走卒;历经晚清、民国和新中国这三个改天换地的时代,最后又复归于他所出生的土地,几乎变成了一个地道的农民。以上这些经历无疑都深深地影响了他的写作内容和写作风格,造就了他文字的驳杂以及文类的复杂。正是鉴于张竞生文章内容的丰富多样,考虑到一些文字归类不易,所以才编有此杂卷。

本卷所收内容时间跨度很大。既有1916年张竞生在法留学时代初试牛刀的作品,也有他在大上海时期的意气风发之文,更有晚年的细细诉说,絮絮叨叨,即如收入本卷的去世前十多天写给儿子张彪的家信。以文体论,既有严谨的学术论文,也有轻松活泼的小品;既有针砭时弊的长篇社论,又有激情洋溢的社会活动短章启事;其他回忆、序跋、书信、演讲辞、证据、声明等,丰富多样,风格各异。然而十分遗憾的是由于时代的原因,他的大部分书信都已散失,百不存一。他的手稿也多不见,存世者寥寥无几。即使是那些公开发表的文字,也由于地方报纸杂志保存不易,零落散断情况十分严重。兼之编者时间仓促,视野所限,遗珠当大有所在。唯望学界诸公来日多多发现,以补充本卷之不足,弥补编者之遗憾。

本卷最后的《张竞生年谱简编》部分,系肖玉华博士整理。根据现有资料,在短短半年之内撰写完成,实属不易,庶几可以帮助大家进一步了解张竞生丰富复杂的一生。

为尊重作者本人的写作风格和行文习惯,同时也最大程度地保留那一时期的文体风貌,本书编校时在字词、语句等方面尽量保持原貌,只对典型讹误进行了修改,特此说明。

目　录

女权发达　1

死后问题　2

在黄克强追悼会上的演讲　3

上蔡元培先生书并附呈教育部书　4

改普通中学制为分科中学或选科中学制的商榷书　7

　　附 《教育公报》批复　9

临别赠言　10

哲学系教授张竞生致本校教员学生函　11

张竞生致胡适信一通　13

北京大学研究所国学门风俗调查表　14

风俗调查会简章　19

国立北京大学研究所国学门风俗调查会启事　20

北大风俗调查会征集各地关于旧历新年风俗物品之说明　21

研究所国学门风俗调查会启事　23

"审美学社"启事　24

张竞生启事（一）　27

张竞生启事（二）　28

张竞生启事（三）　29

张竞生启事（四）　30

张竞生启事（五）　31

张竞生启事（六）　32

性育社启事　33

"壮游旅行团"启事　34

　　　附一　壮游团成立通告　36

　　　附二　壮游团启事　37

壮游团往游圆明园启事　38

毛坤《游圆明园》附记　39

壮游团前海溜冰会　40

壮游团启事　41

对梁启超先生提案的修改及我的作战计划　43

　　　附　我们该怎样应付上海惨杀事件？　45

张竞生选"青年必读书目"　50

快救东省　51

介绍一个大问题——男女关系　54

两件较大的答案　56

　　　附　一个极小的问题　58

美与俭——张竞生演讲　60

在那时做那事　62

怎样保存与扩充"金中"校产的办法？ 70

胡为乎来哉——金中佃权维持会？ 72

胡为乎来哉？——金中佃会一封书！ 74

胡为乎来哉？——金中佃会的启事！ 76

反诉状 78

征求对于"妇女承继权"意见书 79

第一次"妇女承继权"意见书征求的结论 80

征求为母为妻为女儿者不能得到承继权的痛苦实状 82

赞成"妇女承继权"者之签名录 83

  附 签名介绍 84

聘请"上海通" 86

征求上海各学校腐败的实状 87

本刊第三期征文"考试制度的研究" 88

《新文化》月刊宣言 89

  附 编后语（创刊号） 90

致"全国妇女代表大会"请力争妇女承继权书 92

关于申新两报的广告术等 94

  附 可惊可骇的"药广告" 95

张竞生为上海潮产致潮人一封公开信 97

案头语 100

中央考试院意见书 101

为妇女承继权事请国民政府速予施行书 105

美的裸体游行组织法　107

张竞生致汪精卫信　109

新文化社附办美的书店通告　111

竞生的评论　112

哀女生张挹兰　115

　　　附　褚松雪《哭张挹兰》　117

美国的快活政策　120

新文化社为《新文化》版权特行通告　122

新文化附设美的书店招股启事　124

美的书店征稿启事　125

张竞生声明　126

征求一个有意义的社会测验法　127

几种爱情的试验法　128

新文化社与美的书店近状　131

通讯栏　132

新文化社附办美的书店开幕通告　134

　　　附　美的书店一瞥记——与张竞生博士之谈话　134

"国际工作团"征求团员的旨趣　136

为提高党权组织法建议书　139

怀华林君　145

　　　附　别矣！中国女子之笑鼙！　146

张竞生自白　150

美的新闻纸　151

此志目的　153

表情　154

哭的表情　156

竞生附说　163

　　附　爱情中的欺骗手腕　163

"奇女子"余美颜蹈海自尽　166

张竞生的一封公开信　168

一个与文化关系最大和获利最厚的书店经营法　170

可能性的大奶　173

张竞生之法律顾问谈　175

张竞生去国留言　176

狗妇跳舞行　177

当选之欧洲美人　178

巴黎的美胶黏节　180

张竞生先生的来信　181

一个最好宣传文化的方法　183

商业学生与南洋　184

外患　187

极大与极微及其无　189

为驳斥伪造"饶平旅汕改进社"之荒谬诬陷以敬告各界书　191

　　附　性学博士张竞生　大被饶平人攻击　194

告别各界父老书　199

对《性史》之忏悔书　200

故宫古物拍卖论　202

新生活——服装问题　204

论发掘古墓　206

免本致富法——利用人力与强迫做工　208

爱的种类　211

　　附　爱神的一箭——为《爱的种类》质张竞生　213

谈"极大"　215

论出版事业　217

流动式创造的爱情——并答一鸣先生　220

读者通信　222

写在"学生利用假期服务社会"之后　224

再论发掘古墓　227

北平应怎样优待赛金花——我人又当怎样？　229

艺术与跳舞　231

《食经》通讯　233

大众语与拉丁字母　234

悼奇丽夫人　236

一封致赛金花的公开信　238

　　附一　张竞生致赛函　240

　　附二　赛金花复张函　240

大上海　242

美的翻译——神似！　244

思子　246

再谈"极大"　247

别矣！上海——四月来旅沪的检讨与前顾　249

郑重"活国宝"之一封信　258

来函　260

张竞生先生来函　261

张竞生启事　263

前进调——智、仁、勇，三端合一　264

侠！民众的侠　272

女人与军国民精神　276

武化！　281

中国半亡半不亡论　284

儿童的军国民精神　288

军国民的美——壮美与伟大的人生艺术　293

给军训生及军国民谈"军国民的外交书"　298

闲情　303

青年当前两问题　310

我的社会教育观　311

张竞生所写解除赌博契约之文凭　315

潮人一致起来组织"潮州大学"　316

台湾纪游　317

台湾移民议　323

潮州智识界怎样来维护潮州大学　325

一种"疗饥物"——为桂省府公布疗饥丸制法而发　327

百岁法　329

幽灵？破除迷信吧！　334

代表——代表什么？　336

日本想保存在台湾特殊移民权？
　　——一封致外交部长及台湾省长公开函　338

我对于东江教育的观感　340

张竞生参加饶平国代竞选函　342

张竞生为王潘展造纸厂宣传函　343

反对变卖金中校产——响应杨睿聪先生　344
　　附　金中变卖校产建校　杨睿聪争请保存
　　　　——认此种舍旧图新无异补疮剜肉　346

戏论胡适的恋爱观　349

口腹建设法　351

"潮大"校址及其他　353

讲和平　355

关于召开"潮汕国民和平改革促进会"的通告　357

锄头下的思想　358

争取一自由、六平等　363

为锦成兴号题字　365

张竞生复罗香林书　366

张竞生给潘友生的信（四封）　367

为徐主任鼎铭《精神催眠学》小序　370

《马来亚潮侨通鉴》书后　372

张竞生旧体诗三首　373

法国自然派的生活方法　374

吃香肉　379

我的自白　381

给高伯雨的信　384

　　附　403

张竞生给王鸿升的信　405

　　附　张竞生之子张友复信报告老父病逝的信札　405

美的生活——美是更好的生活　407

给彪儿的信（五封）　413

张竞生部分未见书目及文章　416

张竞生年谱简编　417

女权发达[1]

自丹麦国许女子选举权后，今美国又有一女国会员列席，其政策则在铲去酗酒之毒、男女做工同时限、工价同等、孩儿保护法、学童卫生法等等。英有陆军部女司长之任用，美有女警员之任使。欧战以来，男子从军，女人势力遂遍及于社会中矣。有电车驾驶女员，马车汽车女御人，各制造局女工人、女司理人，邮电等局女司事等等。盛哉！女人执政，或比男子少野心，而军事少为之消灭耶。考胎儿生成法，女无异于男也。习解剖学，女脑筋、肢部等，无以异于男也。独是女人有月经、受孕、生产等天然事，遂为人所借口。余思女子四十五岁以上者，始许执政，则其经验富，其天然事已消灭，或就消灭，私用感情少，家政有子女代理，如此为美。吾国女子欲执政权，须从有教育者起，其或以女子不品行为言，真是混公私两事为一，且以一部概全局矣。

---

[1] 1916年11月15日《旅欧杂志》第7期"世界大事"栏目，署名竞生。

死后问题[1]

巴黎大学生物科教习侣东德君于《哲学月报》上,著一文为《死后问题》,大意谓"一人死后,其一人之精神即全灭,并无能再存在之理。此非迷信者所欲闻而信也"云云。中以化学理立论,确是不易之理。侣氏已著十余书,皆以科学道理辟旧说之荒谬者。余思吾国灵魂之说,现由某部分竭力提倡,彼等或以全为世道人心上立论。若然,其情可怜,而其愚亦可悲。盖吾人于世道人心上,岂不能从科学中寻出一天然道理,以救济耶,而何必作此欺人自欺之术也。其或确信有是事,如鬼像及物自动等,则余有专书驳之。[2]

---

[1] 1916年11月15日《旅欧杂志》第7期"世界大事"栏目,署名竞生。
[2] 查《旅欧杂志》以后诸期,未见有张竞生相关文字。

在黄克强追悼会上的演讲[1]

民国五年十一月十九日旅法学界在巴黎中国学会开追悼黄克强先生会纪事（追悼会来稿）。云惨淡欲雨，风萧飒冻人，秋情无限，肃杀为心。是日也，为追悼黄克强先生之会，倍觉伤神矣。下午三钟开会，遂读汪精卫先生等十八人从波铎来书，及各祭文挽联等毕，由张竞生君演说，略谓：

吾国革命党分二派，一为思想家，一为实行家。黄先生实行家之最著者也。处专制之朝，有能以革命之思想提倡，其功已不可没。但不有实行，则思想为空言无补，故实行家更难能可贵。广州之役，先生与诸义士，岂不知事难底成，但置死生于度外，而实行之，卒成湖北之响应。汉阳之战，余有十余陆军友人从先生勷力，在沪上语余曰：黄先生坐椅上办公，数日不息，临阵必以身为士卒先，弹丸如雨，漠如也。不自知身为元帅，唯知是一个革命党人，事虽无成，非其过也。故吾辈今日之追悼先生，一为先生是构造民国之良匠。吾辈既是民国之人，则必爱此构造民国者。故先生当受吾辈之追悼。一为先生是实行家之巨擘。吾辈书生，常多理论而少事实，故追悼先生，即是以先生为模范云云。

---

[1] 1916年12月1日《旅欧杂志》第8期"旅欧华人近况"栏目，题目为编者所加。

上蔡元培先生书并附呈教育部书[1]

子民先生道鉴：

敬启者：先生以哲学名家长大学，大学之兴也有日矣。此灌输哲学于吾国之秋也，某不揣愚陋，辄草一稿，呈教育部，言其方略。今附上内言所拟课程，其主要目的则在沟通哲学及科学为一途，思想与实行同一向。又言苟哲学专校费巨，而大学预科、师范学校及中学校师乏，未能一时举办，然在大学校内附设哲学专科，则为事不容缓。盖附设费省，仅重聘数教习，即足开坛，而学生毕业后，或再入哲学专校，或出为诸校之师。此举关系前途匪浅云云。未审尊见何拟？若有万一可采，于先生所长之大学校为之先倡（某前在此大学，未立此科，今以尚未设立为言），实为学术之光也。引领燕云，驰慕无似。肃此。敬候大安。

呈教育部书如下：

为请设哲学专校，与哲学专科于各大学校内，及普通哲学于各大学预科、师范学校，并普通哲学演讲于中学校事。

窃维思想为事实之母，哲学者，即求如何而能善于思想之道也。希腊盛时，斯学昌明，故其文物灿然可观；罗马尚武，废置不讲，遂致欧洲中叶沦于兼并之风，几等于蛮夷之列；降及近代，哲人复起，

---

[1] 1916年12月15日《旅欧杂志》第9期"通讯"栏目。

继古研新以成今日之文化。由是观之，世事隆替，全关斯学之兴废，彰彰可证。吾国此道，伏羲而后，世有所明，但未能扩而大之耳。扩大之术，此生之所以欲披陈之也。

古今来中西以哲学名者数千人，其大名鼎鼎者亦有数百。曰唯心派者，曰唯物派者，其学说虽互有短长，但其理论精密莫外。自法哲孔德（A. Comte）有哲学实证派之倡，遂合哲学与科学为一途。迨美儒忍思[1]（James）有哲学实行派之说，竟使思想与实行同一鹄。哲学界于兹，又增一异彩，诚能于诸派中集其长而去其短，取唯心派之微妙，唯物派之实着，使哲学与科学同时并进，思想与实行双方用功。生所谓扩大之道，即在是矣。

若其进行方法，则设哲学专校，以养成博学之士，而预为师资。于大学校内立哲学专科，以养成宏通之才，备为世用。各大学预科及各师范学校，则设哲学普通科，每星期数课，以造就善于思想之人，使其后来无论习何科学，及任何职业，措施无不得宜。于中学校则兼设普通哲学讲演，每星期二三次行之，以浚发少年之心思。苟哲学专校费巨，而大学预科、师范学校及中学校师乏，未能一时举办，然在大学校内附设哲学专科，则为事不容缓。盖附设费省，仅重聘数教习，即足开坛，而学生毕业后，或再入哲学专科，或出为诸校之师，此举关系前程匪浅。

至生所拟课程，与欧美诸大学校哲学科有不相同者，其主要目的，则在沟通哲学及科学为一途，思想与实行同一向。故分门为七：（一）论理学；（二）哲理之算学、机械学、天文学；（三）哲理之化学、物理学；（四）哲理之生物学、生理心理学；（五）哲理之地理历史学、社会学；（六）中西哲学史之关于人伦道德宗教及科学者；（七）哲理之美术学，及体育学是也。哲学专校，其课程特别高深，并附设机械、天文、化学、物理、生理、心理诸学实验室；大学校内

---

[1] 今译威廉·詹姆斯（1842—1910），美国哲学家与心理学家。

之哲学专科，其课程比哲学专校稍次；大学预科及师范学校，则为普通哲学之教授；中学校之课程，又比大学预科及师范学校者为次。

　　此其概略也，聊以献余管见而已。若夫审详之道，想大部分定必有良画嘉猷。总之凡吾国人苟从中学校而上出身者，能均具有哲理之科学智识，则吾国之文化，从兹可方驾欧美而无愧矣。此念虽奢，但此希望不可无，且其事甚平易可行也。伏希钧座察核施行，以光学术，毋任彷徨待命之至。

改普通中学制为分科中学或选科中学制的商榷书[1]

不佞做了二个月中学长，才知此种普通中学制不能不改变的其中理由甚多，仅就大且要者说起则是：

（一）现时的普通中学课程太不适用于社会上实用的学问。

（二）现时的普通中学教授法对于学生均是一样，致全不能发达各个学生独具的才能。

（三）现时的普通中学功课时间太多，有伤学生脑力。

就第一条说，则今日的中学生所学的皆是虚泛不切实的十余样普通学问，以致毕业后除少数升学外，其余多是一种高等流氓，因其所学不能适用于人生问题之故。

就第二条说，高才与低能、喜文与喜实的学生同在一堂，同受一样的教授，以致两无裨益。

就第三条说，每星期多至三十余钟点的功课，镇日在讲堂里忙碌，甚少自习工夫，更少运动时间（指各种习练、游戏、散步、竞赛等），以致身弱神疲，不独不能兼通诸科，甚至一科不识。所谓孩子太贪多取水果，以致捧力不支，全行失去，到底两手空空。普通中学的害处如是，请看分科中学的好处。

于第一、第二年级的中学生，施以普通中等学问后，到第三年级，则令各学生就性所近，择习一专科。就吾潮山海之利而言，则当设农

---

[1] 1921年《教育公报》第8卷第7期。

林、水产二专科；又为许多毕业生去做教习、绅士、工商打算，则当设教育、法政、工商专科；又为学生升学打算，则当设大学预科。

我已说分科中学的好处，我更当说选科中学的好处了。分科与选科相同处，均是在第三年级办起，其不同处，则分科是专习一科，不去兼及他门。选科乃是选习一科外（科目同上分科），尚须必修数门（如吾国言，当定为国文、英文、算学、中国历史地理四门）。在分科与选科的年级，上课钟点当少，每星期的普通中学三十余钟点（约三十六），应改少为二十余（约二十四）。至时间配置法，分科的则注全力于一科，选科的则一半习其选科，一半习必修科。

此种办法有五利益：

（一）是学生毕业后有一切实学问得能担任世务。

（二）是各学生均能就才所长与性所近而学习。

（三）是上课时间减少，学生精神有所专属。

（四）是上课时间既减少，聘请教习，钟点便少，所有薪水可移为购置各种实验费与聘请价值稍高的专科教习之用（就本校言，每年招二班学生，每班每星期平均三十六钟点功课，今改四班为分科或选科，则每星期每班仅二十四点，共省去四十八点，每点每月五元计算，则每月省请教习费二百四十元，以此移为购置实验费及聘请价值稍高的专门教习，想可足用）。

（五）是在无高等专门学校的地方（如今日吾潮言），则此分科或选科中学制更不可少。

吾所希望的是，把此法于今年在本校办起。又，除在本省教育委员会请愿，望其令各中学校照办外，并预备将来在北京教育部请愿，望其令全国中学校照办。

入手办法：从速编辑分科及选科中学的课本，但是教习既系专门人才，当能自编讲义。至应设何种专科，须依其校所处情势而酌定之。又，须限制必达学生人数若干以上，始许开办此种设施。各学校当能筹措得宜，不必吾多谈了。

附

《教育公报》批复

批潮州金山中学校长张竞生条陈中学校制应交教育调查会以备参考，第二百三十号 十年六月八日

请愿书已悉，所陈改良中学校学制各节尚有见地，应送交教育调查会以备参考，此批。（附注）原条陈见本期附录门。

临别赠言[1]

别矣金中学生！吾与诸君，聚首数月；时时言去，至今始能！非敢忘情金中，实望跳入世界旋涡，与之偕亡！或到西北旷野之区，寻殖民地！勉哉诸君！努力学业，砥砺品节！别矣金中职教员！认真进行，以竟全力！别矣校佣，夜学勤习，以成美格！别矣金中佃户！我虽去，而继之者整顿宗旨不少变！别矣潮州父老！维持厚德，感激不忘！别矣岭东青年！国事驰驱，不背后约！别矣汕头报界！吾回时，将不忍看岭东之陆沉！别矣别矣！亲友仇雠，同一握手！前途珍重！

九月二十七日

---

[1] 1921年11月15日金中月刊《进化》第1卷第1号。

哲学系教授张竞生致本校教员学生函[1]

敬启者：

吾校现行八十单位制，学生每星期须上二十点钟功课。仆仆讲堂，其弊偏于注入式，而缺于自动力，说者谓无好图书馆，可以参考，非行此制，别无善法。竞生寻求补救之方，敢为陈上，聊备采择。

（一）减少单位为六十，学生每星期上十五点钟功课。教习功课，比常约减四分一。

（二）将减得时间，由各教习就所任功课，应须参考外国书中，摘择要处，并为说明，由学生笔记（学生好西文愿自己翻译者听），后由教习改正即行。总之教习与学生，遇此种"搜罗参考材料"时间，必须到堂（学校用查堂法，至全班学生或轮流者十人，担任笔记，尚须斟酌）。

此举可望五益：

一、学生得在自动地位。

二、本校参考材料渐充，所编得者，公之于世，外间亦得许多新书利益。

三、图书馆缺乏许多参考书籍，教习有者可取出与学生同用研究。

四、外国文，旧者有希腊、拉丁、希伯来等，新者有英、法、

---

[1] 1921年11月22日《北京大学日刊》。

德、意等，学生一人自然难以全识，今各教习就其所识外国文为解释，学生由是获益不浅。

五、译得版权，可充校费，或由所任教习与学生分享之。

张竞生致胡适信一通[1]

适之先生：

　　我的口舌终输于他们的武士剑锋，所望尔的笔锋为我辈吐气些。我来此已二日。此间背山面海，甚是清幽。虽暂偷闲，终思奋斗。尔的近状何似？暑热珍重珍重。《努力报》望从六号起陆续寄来为祷。

　　此候

近安

　　夫人均此

张竞生顿
十一，六，廿一，日本

---

[1] 此信出自《胡适遗稿及秘藏书信》第34册，原件为手稿。

北京大学研究所国学门风俗调查表[1]

旨 趣

（1）风俗调查，为研究历史学、社会学、心理学及行为论，以至法律、政治、经济等科学上不可少的材料。调查人如肯尽心做去，不独于自己的见识及学问的贡献上两有利益，并且为假期中最好的消遣品。

（2）本调查表分为三表如下。请调查人依各表每项下，记载所得的事情。如表中所载有未尽处，请各人酌量加入（此表于暑假后回校时或随时缴回研究所国学门）。

（3）希望调查人于"习惯"一表上，在特载栏中推论与环境及思想相关系的缘故（如说：此地寒，所以人喜饮酒；《封神传》流行甚广，所以义和团的势力甚大之类）。

（4）对于满、蒙、藏、回、朝鲜、日本及南洋诸民族的风俗，如有确知真相愿意供给材料者，尤为特别欢迎。

（5）政治的措施，法律的制裁，军人的行为，及华洋的杂处，影响于一地方的风俗至巨且大，望调查人于特载栏上附记，以备参考，

---

[1] 该调查表最先发表在1923年5月30日《北京大学日刊》上。1923年7月7日《晨报副刊》、1923年12月《东方杂志》均全文登载。

不另列表。

（6）下表所调查的，以一地方上的多数人为标准，如有一阶级的特别情况者（绅界官场等现形记），希望从中声明。

（7）搜罗材料，当用科学的方法，即是实地调查，实事求是，不准捕风捉影。如有怀疑又不可能的情形，均望将理由详细注明。

（8）调查人对于本地的风俗，应该就事直书，不可心存忌惮与掩饰。

（9）调查时如能附带收集各地特别器物更佳。并且将惠赠人的芳名记下，以备将来"风俗博物馆"成立时，永久留为纪念。

（10）不能用文字表示者，可用图画或照片。

（11）将来如印成风俗书时，除将调查人的姓名登载外，并给与相当的酬劳品。

一　环　境

（1）地名。即所要调查的地名，如北京、天津，或一乡村之类（以调查人的生长地为佳，或所游历的地方也好，但望注明为哪一种）。

（2）人口。男女分别更好（儿童产育数的多少，近十年死生率之比较）。

（3）职业。男女分举。

（4）气候。四季长短及特别天气。

（5）地理。山、海、平原、河流、湖沼、名刹、胜境。

（6）出产。何种？

（7）经济状况。基本产业、工资、利息等。

（8）生活程度。贫富及中户分列。

（9）交通。水、陆，或航船、汽船、铁路、轿、车等。

（10）民族。

（11）地方特殊的组织。如宗族、合作等。

（12）家畜。马、牛、羊、猪、鸡、狗等培养法，及繁殖率。

二　思　想

（1）语言。普通语或土语。

（2）歌谣。以最通行为主。

（3）本地的历史的故事。童话和急口令或相传的趣事（如说鼠母教鼠子如何食油，鼠子不听话，致被人捉去之类）。

（4）戏剧。何种戏剧，艺员程度若何，演戏时人民有何种兴趣。

（5）格言和俗语。如一字值千金、好子不当兵、树倒猢狲散之类。

（6）小说。何种最通行，用何方法去传播（或唱书，或自看，或互相授受）。

（7）宗教和信仰。耶教、佛教、回教，及本地神明巫祝等。

（8）教育。何种学校，教程如何，家庭教育状况，旧时科举的势力是否存在。

（9）美感。雕刻、图画、音乐、唱歌、织绣等。

（10）普通观念与判断。如说："学校所养成的均是一班坏学生""共和国是洋鬼子的制度"，以及对于下表各项习惯上的批评之类。

三　习　惯

（1）衣。小孩、老人及成年的男女的"内衣""外衣"在四季上的装束。衣服的材料和做法。手巾、袜鞋、帽等（如在时装多变的地方，也请列明如何变法）。

（2）食。米、麦、黍、粉等。烟（鸦片、纸烟等）。酒、油、酱、盐，与调味的物料及烹饪的方法。贫富每日所食的肉、菜及饭、粥、麦、黍的多少。

（3）住。木、竹、砖、土等所建的屋。屋内的排设（器具、盘皿等），屋外的布置，睡床与大小便的地方的状况。家畜的安置。

（4）婚姻。养媳。嫁娶人的年龄若干。聘金与婚费的多少。六礼与完婚时的规矩。闹房及验处女膜等恶俗。

（5）丧礼。分别贫富。

（6）坟墓。风水观念，及坟墓的筑造法。

（7）祭礼。如家庙、祠堂、坟墓，及祀神等。

（8）家礼。子女对于父母，媳妇对于翁姑及家人等，生子及冠、笄等礼。

（9）客礼。

（10）公共集会的习惯。

（11）游神和赛会。

（12）娶妾和纳婢。

（13）守节。贞女及寡妇。

（14）养子。或寡妇，或夫妻无出，是否有养子的风俗？

（15）再醮。寡妇再醮或再嫁否，社会上对再醮或再嫁的寡妇的批评。

（16）修饰。缠足、束乳、头发装扮。头、耳、手、指、颈上、脚上的修饰品。

（17）争斗和诉讼。械斗、打架、咒骂（如村妇相骂，及许多地方以骂人为语助词。如北京人的"肏"之类）。诉讼（好讼否？）。

（18）嫖。除妓女外，相公及男色的嗜好。

（19）赌。何种赌。男女同赌，或分赌。

（20）盗。小盗，合伙的打劫贼。

（21）娼。公娼，私娼。公娼的娼寮制度及娼女的生活。私娼卖淫的方法。

（22）男女社交。

（23）清洁或肮脏。实据的证明，如衣、食、住，及洗澡拭身等。

（24）年节的习俗和商人的讨账。

（25）勤惰。每日工作若干时，何种工作，夜间有无工作。妇人在家庭中工作的状况等。

（26）玩耍。儿童的游戏，或如猴子戏、狗戏与傀儡戏及音乐会等。

（27）杂技。如打拳、算命、看相、占卦。

（28）乞丐。

（29）货声。即"叫卖"声调、词句、器具等。

（30）奴仆的情状。

（31）慈善事业。

（32）遗弃子女。

风俗调查会简章[1]

名称：本会定名为风俗调查会。

宗旨：调查全国风俗（或与中国有关系的国外风俗），作系统的研究；并征集关于风俗之器物，筹设一风俗博物馆。

会员：凡志愿研究风俗者，皆得为本会会员。

搜集：

（1）实地调查。调查以具体的事实为根据。本会特刊一种风俗调查表分发同志，俾各就地协助调查。

（2）器物。关于风俗之各种服、饰、器用等物（或其模型、图画，及照片），本会当随时征求或收买。

（3）记载的材料。关于风俗之各种记载，本会当随时搜罗，以资参考。

整理：汇集各地之调查报告及捐助或采购之器物，作下列之整理：

（1）编目，（2）分类，（3）陈列，（4）报告。

---

[1] 1923年6月12日《北京大学日刊》。

国立北京大学研究所国学门风俗调查会启事[1]

风俗为人类遗传性与习惯性之表现，可以觇民族文化程度之高下；风俗调查，为研究文学、史学、社会学、心理学、行为论，以及法律、政治、经济等学不可少之材料。本会自本年暑假前成立，决定调查方法三项：

（一）书籍上之调查；

（二）实地调查；

（三）征集器物（筹设风俗博物馆）。

实地调查一项，业经制成表格，分发会员及北大同学，暑假归里时，就地调查。

唯兹事体大，须赖群力合作，方能收效。海内热心此事诸同志，如肯相助为理，调查之事，无论担任一村或一镇，均所欢迎；所需表格，请到本会索取（函索亦可）。倘能惠赠各地关于风俗之各种器物或图片、照片者，照章给予名誉上之酬报。此启。

---

[1] 1923年6月15日《北京大学日刊》。

北大风俗调查会征集各地关于旧历新年风俗物品之说明[1]

我们相信调查的事业要一点一滴的做起。我们相信风俗调查的事业，记述以外，要从物品的搜罗做起，然后才能得到好多的材料来研究。我们相信物品的搜罗，一定是爱研究社会学、民俗学、心理学……种种学者所渴望，而且乐于帮助的。

现在旧历新年快到，我们想借这个机会，开始征集物品。在这个机会上，我们预计最重要的收集是各地的"神纸"。"神纸"就是"纸马"。这东西，我们全国各地都有。我们民族的大部分到了新年有两件事：一件是吃着玩着，另一件是敬神。他们的神，画在这"纸马"上，形状不一；我们可以从它颜色、形容上推想出我们民族所崇拜的"神"是什么东西，是怎么回事；最重要的，还在以各地的异同研究各地人民的思想和心理。

我们同时要收集的便是"春联"、"红笺"（桃符的蜕相）、花纸，即北京之"年画"（如街上的画棚子和串胡同吆喝的"画咧，卖画儿！"）、灯笼画、冬青、柏枝……"春联"的词句，某地最通行或特用的是什么，或是某地某种人家最通行或特用的是什么，都要每种有二件实物（或不能得到实物，则请另纸把它写出也可）。

我们希望校内外诸位先生为我们到家乡去搜罗一下，惠寄敝会！到那时，把全国各地的"神纸"和一切关于新年的风俗的东西都聚集

---

[1] 1924年1月16、17、26日《北京大学日刊》。

在一处，陈列起来，真是一件有趣味而且有意义的事呵！至于物品价值的偿还，我们也是很愿意的；诸位先生愿意捐赠，我们更是欢迎感谢的！

我们的精力财力都很单薄，满想办成一个"风俗陈列馆"总难实现。现在热烈地希望诸位先生帮助：凡是各地的服饰、器具……一切关于风俗的特别物品，都请见赐，尤愿得有详细的说明，假使那东西太大或太重，能为我们制成模型，或是摄成影片（最好照成正、背、左右两侧多面的）就再好没有了！各种物品，有些需缴代价的，我们只要能力所及，总可收纳；但请先行通知，商量一下。这是我们长期地要求于诸位先生的。我们更热烈地希望诸位先生，在这最近期间内帮助我们这个特别的部分的征集成功！

国立北京大学研究所国学门
民国十三年正月十四日

研究所国学门风俗调查会启事[1]

  本会征集各类属于旧历新年风俗物品之说明已印就，分存本校各院各寄宿舍号房，凡对于此事有兴趣者，请索取或直接到研究所国学门登录室索取亦可。

十三年一月二十四日

---

[1] 1924年1月25日《北京大学日刊》。

"审美学社"启事[1]

我国这样的社会丑极臭极了！我人生活无聊极和痛苦极了！物质与精神都无新建设，腐败的旧势力还是依然膨胀！挂招牌的新文化呢，也不过一些萎靡不振的中国式人生观，和那滑头滑脑的欧美式学说，一齐来欺骗诱惑我们可爱的青年，我们极不愿使这些怪现象继续生存下去，遂想建立这个"审美学社"。一面，注重"美的人生观"；一面，编辑有系统的"美的学说"和提倡各种"美的生活"，希望把研究所得者发为专刊，悬为标准，不但以此为我人创造上组织上理想之模范，并且靠它做我人最切实、最高尚、最美趣的行为之指南。

先就"美的人生观"说，人类本有爱美的倾向，美是人类生理上的需要，心理上的暗示，行为上的动机。人们能把这个爱美的倾向做有系统的研究，尽量的扩张，与有次序有规则的实行起来，即能得到人生一切的艺术，无穷的美趣，和有意义的美之行为。故唯有美能使人得到真正的快乐，高尚的情感，刚毅的志愿，切实广大的知识，活泼浩荡的行为。也唯有去研究美、扩张美、实行美的人，才能于身体上享受强健的幸福，于食色上得到美满的要求，于个性上达到完善的发展，于精神上融合于无穷大、无穷久、无限细微的区域中。

再就"美的学说"论来，美是人类历史进化上的目标。凡人类的进化，不是由于竞争，也不是由于互助，乃是由于"美的实现"。美

---

[1] 1924年3月2日《晨报副刊》。1924年3月8日《北京大学日刊》全文登载。

的实现的意义，即是求达到"最适于生存"。所谓竞争，所谓互助，不过要去达到这个最适于生存的一种方法。但从美的意义去实现去进化，才能达到最适于生存的目的。美的实现与进化，才是人类进化上的定则。凡逆这个美的进化定则的社会不是退化，便至消灭。凡顺这个美的进化定则的人类，必是善于组织，或富于创造力。简单说来，今后社会组织的趋势，不是宗教的，不是经济的，乃是以美为依归。自来人类所创造的，不是神秘也不是偶然，乃是由于美的精神的主动，一切艺术的成就的，固然是由于一种"美流"的发泄；即如今后的科学与职业，以及衣、食、住、体育、娱乐和性育，也是渐渐趋入于美化，也必向美的方面去创造，才能有"优美"与"宏美"的成功。所以美是社会组织上的要素，同时也是人类对于各种创造上的渊泉。

更就"美的生活"上说，美是最利益最经济的，举凡衣、食、住及职业等的经营，若以美为标准，则消费少而得益多。并且，原来仅为物质上的需求由痛苦中得来的衣、食、住、职业及性交等，一经美化之后，就变成为生理上有趣味的消遣，与精神上的娱乐了。再进一层说，美的生活，最能使人于精神快乐之中，人人互相亲爱，事事得到公道的。因为美的质量是层变无穷，分散不尽。不见一切美的快乐的享用，自己独乐反不如与人共乐为更有兴趣么？故美的生活上有一种特别的作用，即是一边，使一切的生活皆变为快乐的生活；一边，众人共以美为生活，不独使美趣不会减少，反使美趣加多。可知美的生活，最合于个性的发展，普遍性的伸张，同时，又能使一切物质上的痛苦的需求变为精神上娱乐的享用了。

总而言之，美的人生观，是高出于一切的人生观。美的学说与美的生活，是超出于一切别的学说与别的生活。世界人类皆当以这些美的观念与事实为生存。尤其是我们中国人更要以这些美的观念与事实，改变我们那样丑的臭的人心，与腐烂的将归于淘汰的社会。假使我人肯实在地把这些美的观念和事实研究与实行起来，自然于个人上享受无穷的美感，于学说上得到创造的功能，于社会上有了系统的组织。

现在将这些美的观念从研究便当上分析起来，得了数条细目分列如后。——若就其提纲说，这些细目原是同属于一个"整个的美"，本来不能分开，不必分开，也不可分开的。

（一）美的衣食住

（二）美的体育

（三）美的职业

（四）美的科学

（五）美的艺术

（六）美的性育

（七）美的娱乐

（八）美的人生观

（甲）研究人望写明年龄、学校或职业、籍贯、通讯住址、研究何项或全部。

（乙）研究费无，研究所得者，一切权利由研究人享受。

（丙）本学社临时通讯处，北京沙滩，北京大学，哲学教授张竞生。

张竞生启事(一)[1]

星期六下午三点半至五点半风俗学的功课,理论方面已告结束,今后应作事实上的研究。望诸同学们各就本校前所发表的"风俗调查表"上所列各项中任选一项,即在原教授的时间,各自去作"北京风俗"实地的调查。再将调查后的心得著为论文即作为学年及毕业考试之用。[上所说的"风俗调查表"共分三类:(一)环境,(二)思想,(三)习惯。每类之下各分若干项,调查人若就"环境"或"思想"之类上着手,则当于所得事实后,推论与"习惯"一类上有何关系。反之,若从"习惯"一类下调查所得后,应当推论与"环境"及"思想"一类上有什么干联。另所发的调查表,在"思想"一类下,缺印入"报纸·杂志"一项,并请留意。]

倘关于调查方面有待商及须介绍的地方,请于每星期一下午四时半至六时在一院四层楼教员休息室讨论。

关于"北京风俗"调查参考书除中文的《北京指南》《北京便览》等外,英文有 *Peking, A Social Survey*, by Gamble。

但我们所希望的,此次调查,务当"实事求是",凡一切抄袭及空拟皆所不取。

十三,三,五

---

[1] 1924年3月6、7日《北京大学日刊》,序号为编者所加。

张竞生启事（二）[1]

我的《美的人生观》讲义，定于本星期内出完，希望考《行为论》诸君，取做参考书用。

五月二十六日

---

[1] 1924年5月27、28日《北京大学日刊》。

张竞生启事(三)[1]

上学年上我课者请到讲义课取《美的社会组织法》一份。书印无多,各人仅能取一份,且须用实名。现在已印好百零篇,尚有些未印,错误甚多,希望此书不久成册出版,借以校正。

十月二十一日

---

[1] 1925年10月22—24日《北京大学日刊》。

张竞生启事（四）[1]

《美的社会组织法》讲义，断续印出，恐领者未全得到，特用于下叙明其篇次及页数。缺者请向讲义课补齐。

（1）导言，三页

（2）第一章，一至廿四页

（3）第二章，廿五至四十一页，后附《纪念庙图》铜版纸一张，附"美的国庆节"四页

（4）第三章

　　①四十二至五十六页，后附《城乡合一图》一张

　　②五十七至一百页，后附《中国男儿歌》一页，附"组织全国旅行团计划书"二页

（5）第四章，由百〇一到百一十页

（6）结论，由百十一至百十七页，后附"中国妇女眼前问题"三页

其中错字，由即出出版社的同书校正。

---

[1] 1926年1月15、16日《北京大学日刊》。

张竞生启事(五)[1]

刻商得注册部及哲学系主任同意,我所授的功课(行为论、行为论史、孔德学说)于下星期照平时上课地点及时间提前考试,请上课者准备为荷。

五月十九日

---

[1] 1926年5月20—22、24—29日《北京大学日刊》。

张竞生启事(六)[1]

张竞生前给中国印书局从北新书局抹交一百零九元的条据,现有重大报道,以后非得我亲面同意,北新书局不能照上说的条据付中国印书局银,合此声明。

十五年五月二十四日

---

[1] 1926年5月24日《北京大学日刊》。

性育社启事[1]

《性史》第一集,因故不能依期出版,有买它的预约券者,请向原定书局缴券领回原钱。以后如有出版,定卖特价三角,以答雅意。

1926年5月11日

---

[1] 1926年5月11日《北京大学日刊》。

"壮游旅行团"启事[1]

俗话说得好:"百闻不如一见。"真的,一切学问皆当做如是观。谁人未尝听说过长城?但谁知道它是什么样子?必待我们到八达岭后,长城伟大和蜿蜒的情状才亲切地浮在眼前引起我们的注意与鉴赏。真的,求学问最要与最切实的方法就是"身到"。身到则一切俱到了,身不到则一切俱不到,最多仅能领略些模糊恍惚之状而已。真的,旅行第一的利益就是身到,其次,他身所接触的为"大自然"的真学问。此外,他尚可以得到下列三项的利益和乐趣。

(1)由旅行可以得到健康——我们学界终日蠹鱼般的生活,精神憔悴极了,实有休养的必要。但在这个脏而且臭的北京城,何处得到修养?不必说精神日就颓败,即那铜筋铁骨的身体到此不久也要变成纸喉咙一戳就破了。试一观学生的状态就可以知道了,他们的脸不青黄,气息不衰微而无肺病的可能性者有几人?苛刻说一点,现在不少的学界,不是"学生"乃是"学死"。好了,今有"壮游团"发明一料起死回生的圣药,左不过是有青草、红花、清风、暖日,"一服两服令人恁",常常服用,管教人身体壮健与精神活泼。

(2)由旅行可以得到美趣——在我们这样野蛮的社会,"人的艺术"的乐趣,既然不能得到了,我们独一的鉴赏,仅有求诸自然的

---

[1] 1925年11月7日《北京大学日刊》,1925年11月14日《京报副刊》全文刊发,最后一段文字有改动。

美观。青山绿水当画图,鸟鸣虫号似音乐。狂风骤雨,若跳舞队的献技,老松、弱柳、明月、彩云,此中有无数的美丽庄严的模特儿。这些"自然艺术家"的表现才能超过人间的万万。春夏秋冬,朝暮旱湿,时时的姿态不同,刻刻的情状互异。良辰美景,电影无它的变幻;赏心乐事,剧台哪有这样的动人。朋友们来来!这些艺术"只应天上有",人生几何,安可长此错失机会。

（3）由旅行可以得到情感——群的生活,才能使情感发生,合群而旅行的生活更能增加情感的惬洽,有奇共赏,有苦同分,痛痒相关,休戚与共,大家一同旅行,自然能够生出这样浓挚的友爱和热烈的情谊。朋友们来来!你们的情感太萧索了,同是天涯作客,孤单一身,冷清清地,彼此需要一个共同的安慰,"壮游团"希望能供给你们这样的要求。

"壮游团"曾经领略万里长城的壮观与十三明陵的风韵,它确知道由旅行上实在能够得到上头所说的种种利益和兴趣,故想组织一个较有规模的旅行团,使从前同人所得的一些私乐,扩充为北京朋友们的共乐,将来再希望它发展为全国全地球的公共娱乐。他们为的不是政见、党见、阶级见,更完全没有那些猪见、狗见、禽见和兽见。他们为的只为"情见"。他们为的,第一在求大家以情感相见。第二,使人类的情感和自然的万物相见。来吧,大家以情感相见吧!女界是他们最欢迎的,以完成"全人"的情感。他们预拟每月至少作一次北京近郊名胜的观光,就在野外聚餐,粗菜冷饭,空气清甜,大家得以放开肚子食饮,展开眉头笑谈即足了,不尚奢费与假饰。他们预拟来年作一次长旅行,周游各地,不慕利禄而栖集,只效哲人的欣赏。来吧,大家以情感相见吧!"壮游团"欢迎同志多多为团员。

准定于本月九日下星期一晚七时在北大第一院第二层楼东首哲学系同学会,开会商议今后一切进行的方针。

十四,十一,六号

凡愿加入者请与北京大学第一院第二书楼东首哲学系同学会通讯。或在每星期四、五、六，上午八至十时，到上住址和乌以锋、毛坤、温克威，诸位接洽更好。

十四年十一月十一日北京

附一

壮游团成立通告[1]

本团于本月九日晚八时假北大第一院三十八教室开成立大会，到会者计有六十余人，公推张竞生先生为主席，讨论简章六条如下：

（一）名称——本团定名为壮游团

（二）宗旨——本团以强健身体提高美趣为宗旨

（三）团员——凡赞成本团宗旨者得加入为本团团员

（四）组织——本团设团长一人，文牍、会计、庶务各二人，办理本团一切事宜，于每学期之始开大会公举之

（五）团费——每次旅费多少临时由会计酌定通知缴纳

（六）团址——本团团址首设北京大学哲学系同学会会所

附则——本团简章有不适宜处得由大会修正之。

简章议定后，遂公举张竞生为团长，乌以锋、赖道纯二君为文牍，毛坤、林树松二君为会计，温克威、张家鼎二君为庶务，并筹备第一次壮游事宜。九时半遂散会。

---

[1] 1925年11月12日《北京大学日刊》。

附二

壮游团启事[1]

本团定于本月十五日（即星期日）作第一次壮游之举

地点：西山

时间：十五日早八时在西直门集齐出发，逾时不候。

旅费：由西直门至颐和园汽车费四十枚，颐和园至香山车费约六十枚，往返车费合共约二百枚。

午餐自便（香山饭馆甚多）。

报名欲往者，请于本星期五、六二日上午八时至十时驾临第一院二层东头哲学系教授会议室报名。

---

[1] 1925年11月13日《北京大学日刊》。

壮游团往游圆明园启事[1]

在这个破碎荒园之内，可以见到那些恍惚近似古希腊的残基、断址、折柱与败垣。在这个冷风□□、弱阳衰黄之时，故宫遗迹，往事重忆，更引起人万分感动凄凉。在这个大平原中，墙篱与池囿的旧迹隐约尚存，境象清白，气魄尤现伟大，使我们游后，同时自然起了把这座旧时名园改为将来"国校"的希望。

朋友们来与我们同游吧！此园有诗料、史材、图案与建筑物，可以歌，可以泣，可以起舞，可以努力兴起建设的热情。我们带些冷食，就在园内最美趣的"西洋楼"内野餐，能有酒醉也无？鲸饮一番更痛快煞人也么哥！游期定为本星期日即二十九号早八点在西直门外，"直颐汽车处"等齐，坐汽车到海甸西头转赴。游园后有暇并到左近"清华学校"参观。此行费用甚省，晚可步行十二里入德胜门。

---

[1] 1925年11月25日《北京大学日刊》。

毛坤《游圆明园》附记[1]

毛坤君是我们壮游团健将,而且兼有东方朔的态度。记得前游明陵时,我们二人让他人骑驴,自己步行。后到某村始得驴马,我骑劣马飞奔而去,他不能驾驭骁驴,遂踽踽步行来回路近百里,困顿几死,尚不改他滑稽状态,使我常想起要笑得弯腰。此遭我们游圆明园,他已经给同游者不少的兴奋剂了,今他更为写了这篇可爱的文字,使我又快乐了一会儿。一年三百六十日,难得几回笑断肠。我们在这个惨淡的社会,正当研究些"笑的科学方法"使我们不至忧愁而死,安得许多人同起来提倡这个笑的旅行法,大家得些机会快乐一场。至于玩笑中不改我们建设的计划,如运动圆明园改为"国校"等等,则岂但"为笑而笑"就算了事么?

---

[1] 1925年12月9日《京报副刊》。

壮游团前海溜冰会[1]

　　他们先皇陛下的荷塘，平民化后叫做前什刹海者，现在看已"冰化"了，一片白茫茫的冰洋，周围老柳肃肃如侍卫拱护，只是那夕阳红光返照，万道金线从冰面涌起四出折射，使这个灰色世界，冷酷冬气，变成为极乐的消遣场、吐气地、欢喜天，同时又逗起我们溜冰的兴趣了。更堪羡的是月明星辉，寒夜迢迢，人类似已死完了，我们三五成排作广寒宫里仙人跳舞状，其美趣与乐况更不能以笔墨形容，唯有身当其地者才知个中人滋味！现在这海的北沿十八号藏有中西式冰鞋四双，星期一与五，下午二时起可以借用，夜会临时约定。凡不会溜者学习二三次定能阔步，如婴儿初学行时一样的可乐。

---

[1] 1925年12月24日《北京大学日刊》。

壮游团启事[1]

自从我们在什刹海发起溜冰会以来,居然提起了好多人的兴味,现在已有十几位自己购置了冰鞋而且溜得很好了。前天星期日在北海漪澜堂前冰场内练习,有的虽蹒跚学步,其余则疾走如风了。环绕我们的老者少者一大群,并且不少了雌鸡粥粥,和雄狐绥绥。有的翩翩似蝴蝶纷飞,有的款款如蜻蜓点水。那边的杨柳桃花,娇态难举。这里是胡服蛮腰,勇状堪描。夕阳无限好,新月真姣鲜,又兼有洋洋盈耳的军乐和群众的喝彩声一同来助兴,一霎时间真使人三生享用不尽。可是,我们觉得美中尚有不足者,乃因我国人仅会袖手旁观,而让碧眼儿[2]癫狂骄态,驰骋回旋,几疑北海冰场变成为他们的殖民地了。好男儿起来雪此耻!起来收回这片冰的领土权!起来与外国人角逐!起来领略这个极兴趣又极卫生的溜冰生活。

"到溜冰场去!"这是埃几摩[3]民族新传来的口号。

"到溜冰场去",打倒那外人抱溜冰帝国主义者的威风。

那么,请诸位不要白叫许多无谓的口号,到底来只赢得口皮干燥,故最好就请速速买冰鞋。其紧钉于皮鞋上的尤便于初学,其夹上的也极便当。数元费用甚微,而于个人的兴趣及卫生与国家和民族的体面上所关甚大。二三人合买一双更觉便宜。

---

[1] 1926年1月19日《北京大学日刊》。
[2] 指白种人。
[3] 今译爱斯基摩。

冰鞋新的可到王府井大街福隆洋行买，定价六元，八折。自己当携皮鞋去以便配置。

旧的可到哈德门附近及天桥一带搜寻，一元数角不等。

无论何人，只要二三回便学会溜。溜冰跌倒，能使骨筋酸软，的确舒服，恐比按摩更舒服。只要你肯跌倒，如毛坤君在三点钟内，跌倒五十余次，包管你即日就会溜。

对梁启超先生提案的修改及我的作战计划[1]

本日《晨报》载梁启超先生《我们该怎样应付上海惨杀事件？》一文，中有不少很好的意见，但于"战线"第二项说："若在上海以外各租界各自和英人宣战，在他们可以说罚不当其罪；在我们则势分力薄，倒反会把上海松劲了。"梁先生意思仅要在上海英界对待英人就够了，这未免把阵地缩得太小，授敌人有自由活动的机会，失自己四面包击的胜算！依我意无论何地，凡对英人皆应采相当的手段。以北京说，凡国人与英人有关系者，如用人、交易等等皆当与之绝交，如此始能使上海英人的猛醒。况且别地英人安能说毫无责任？

北京英公使馆显然是发号施令的机关！至梁先生的媾和条件，第三项尚可，其第一、第二两条似不大好。简单说：主权在英，则立法机关的补救及会审公堂的收回，若是一些枝叶，不是根本的办法。以上是我对梁先生提案修改的意见，现在说我个人的作战计划。

（一）对外宣传

大意应说："我们也是人类，当然如各国一样有些人民受了苏俄赤化的潮流。但这些赤化者皆极守规矩，并且极少数极少数，但因

---

[1] 1925年6月11日《晨报》"时论"栏目。

累次外人待遇不公道——此次上海事变，即是一端——赤化者难免越多。若外人不修正不公道的条约，及一切野蛮的举动，将来一些执正义的人，不免有一种类似苏俄对外的手段发生"云云。这层宣传极为紧要。日来报纸及一切团体或私人向外宣传，皆力辩我们无赤化的运动，这未免示人太弱了。唯有"帝国主义的外人"才怕赤化，我们正当利用其怕的心理去吓吓他。实则对这些人，若你多说些奴隶话，他们更敢欺负。至于许多"社会主义的外人"，闻我们赤化了，当大喜欢，又何必去遮掩。

（二）对内宣传

（甲）个人与商人不买英货及用英币。

（乙）组织各种消费及生费的合作社。

（丙）于外人兵船不能到的地方，如河南、四川、陕西、甘肃、青海、山西、绥远特别区等等一带，筹设国民军及国民政府，以备将来要求各国取消不平等条约，而他们不肯时，我们可以退守此地，作一种实力的抵抗。

以上所说，不过举其大纲而已。其详处，我曾经在北京大学讲课时谈及，并且拟专书讨论之。

十四年六月十日

附

我们该怎样应付上海惨杀事件？[1]

梁启超

关于上海惨杀事件，我曾随同住在天津的几位朋友，用英文发表一篇宣言，对于惨杀责任所归，及办理交涉最公平的手续，与夫外国人应具之根本觉悟，都有所论列。那篇宣言，是预备给外国人看的，有许多话不便说。事件一日未了结，对手方一日未觉悟，只有继续我们的工作，以求达最后目的。我们的工作该怎样做法？我也有一点意见，试写出来求国人商榷：

（甲）作战计划

我们现在与强敌相持，完全在"平和的战争"之状态中，一着不能松，一步不能错。怎样才能"为不可胜以待敌之可胜"，我们须有一定的计划。

（一）战略。战略要取攻势，自无待言。但攻势要取最有效的——能攻着敌人要害的，所以游行示威不能算攻势，只有罢工才是真攻势。现在上海差不多已达到总罢工程度，可谓深得战略要领。我们应该以全力援助罢工，增加它强硬和持久的程度。唯上海方面，却不必再为罢工以外之示威行动，不独是血肉之躯，犯不着和虎狼相搏，尤恐群众聚集，感情冲动，万一闹出点事，给敌人加我们以暴动

---

[1] 1925年6月10日《晨报》。

的罪名,有理反成无理,那却值不得了。至于上海以外的援助运动,对于这一点,尤宜兢兢注意。

（二）战线。战线广漠,非唯难得照顾,而且易生破绽,所以范围愈缩小愈好——后方援助,固然以多为贵;前线对垒,总要集中一点——我们要认清题目,这个悲愤是专对"上海英捕房"。所以:（1）英国以外的外国人,当然不是我们敌人。作战计划,总要神不外散,战锋专向英国一国。总而言之,能减少一个敌人,则我们多得一分利益。（2）上海以外之任何都市,我们绝不拿来做阵地——这回事件,纯属上海市民自由权之争,犯罪的是上海租界行政当局,故此我们不得不忍痛加以惩创。至于住在上海以外的,虽英国人,倘使他不支持上海英捕房之所为而和我们表同情,我们原乐得认他为友;即使他没有什么表示,我们亦可以暂且不认为敌。所以各都市宣传事业经过唤起各地市民合力援助上海市民,我以为是必要的;若在上海以外各租界各自和英人宣战,在他们可以说罚不当其罪;在我们则势分力薄,倒反会把上海松劲了。所以对上海以外之英人罢工,我以为也不必鼓吹。至于上海以外各都市之罢市,我不能不极端昌言反对。上海法租界尚且不罢市,华界更不用说,此外都市罢市,究竟目的何向?若说借此对英人示威,试问北京南京等地罢市,于英人有何损失?他怕你什么?我们要知道:一个地方罢市一天所招的损失,最少足够供给上海罢工工人一天伙食而有余,三十个都市各罢市一天,便是减少援助上海工人三十天的力量!我们何苦消耗自己实力为敌人取笑呢?至于"罢课为学生自杀",这句话早已经多人提醒。若说借此为示威手段,则敌人最愿意我们的青年从此不进学校,他们总得有永远驯良的奴隶!他只有拍手大笑,点头赞成,何威之可示?所以我以为上海以外各都市之市民,只宜努力于宣传事实与募集战费,若在本市直接作战,无论采何种战术,都是无益有害。

（三）战费。我们既认定罢工为唯一的战略,则此次战争之胜负,自当以罢工之持久力如何为决定。据上海电报,现在罢工者已有二十五六万人,这些人都是我们前敌唯一的战士,我们还盼望人数再加多,则战斗力再加厚。但是饿着肚子打仗,为义愤所激,一天半天犹自可,过此如何能挨下去!以现在战地形势论,断非短时间内所能决胜;而敌人财雄势大,又远非我所及。若后方给养不继,则此饥疲之卒,终必有全线崩溃之一日!如此,则前功尽弃,永远无翻身之望了。须知此战虽在上海,其胜败结果,则全国共之。第一,勿误认为仅属学生之战;第二,勿误认为仅属工人之战;第三,勿误认为仅属上海一隅之战。学生工人不过站在前线,以上海为战场,若全国人不做后援,结果必致失败!后援之法,除了"经济总动员"外更无别路。我们只有鼓起全副精神向这方面尽力,别的都是废话。

(乙)媾和条件

战争不过一种手段,为什么战争?当然有最终目的。非达到目的不肯停战,目的所表现出来的便是媾和条件。战争胜负虽不能预期,媾和条件则不可不早决定。

现在政府虽提出抗议,却未提出条件,我们不能知其主张何如。以政府立于有责任的地位,具体条件不容轻易提出,我们很能为政府原谅。但此次属市民自动的奋战,政府交涉,不过替市民作承转机关,所以决定条件这件事,在市民实责无旁贷。

各界所提条件见于报纸者已经不少,大约可分为二类。

这些条件,都是全国人心理所同然,我更不能有丝毫异议。但是,我们会要价,人家也会还价,结果我们总不能不有所说。该让哪部分?让到什么程度?我们不能不定出个不能再让的最低条件。

拿根本条件和枝叶条件相比较,自然是枝叶轻而根本重。若经过这回战争,竟不能替将来开出一线光明之路,仅仅补一补这回事变的直接伤痕而止,然则我们所受的牺牲,岂非白饶吗?所以我以为若到必须让步的时候,宁可在枝叶条件上让步,不可在根本条件上让步

（枝叶条件让步，当然也须有最低限度，不必多说了）。根本条件，如收回租界等等，一了百了，当然爽快。但刚才说过，我们会要价，人家也会还价，到底还是采"漫天要账不买拉倒"的态度好呀？或是采"格外克己言无二价"的态度呢？此中颇费商量。依我看，与其卖不成，宁可吃亏卖。据我个人私见，该提出不能再让的根本条件三条如下：第一，租界内须有一个完全立法机关，纳税华人须与西人有同等的选举权——租界本是像殖民地非殖民地的一种畸形怪物，将来必要达到收回目的，自无待言。但一日未收回，我们便对它本身的恶劣组织一日不能放过，就算是殖民地吧，印度埃及，财政权尚且操诸本地人所选举的议会；上海为我们领土，租税收入，我们所担负占最大部分，"不出代议士不纳租税"，任凭你是怎样凶恶魔王，总不能有话来拒绝我们这种正常要求。

第二，废止会审公堂。人人都说领事裁判权是耻辱。领事裁判权就算耻辱吗？还有甚于此者！上海租界内非唯外国人不受中国裁判，连中国人也不受中国裁判，司法权都在那万恶的会审公堂，会审公堂制度，并非条约所规定，不过因前清官吏糊涂鹘突，以惰性的习惯而得存在。民国以来，我们提议废止，不知几次，英人虽无词以拒，但是死皮赖脸借故延宕。现在废止领事裁判权纵使办不到，这个魔宫，非一拳打碎，我们誓不甘休。

第三，租界内任何国人所设工厂，关于劳工待遇，都要遵守我们政府所颁的劳工法令。——各国资本家纷纷到我们领土开设工厂，利用我们丰富的原料和低廉的工钱谋他们过当的利益，恃租界为护符，无法无天地驱使我们同胞当牛马，平日厂内的黑暗鬼蜮，我们丝毫不能监察，闹出事来，便责备我们替他弹压，我们实在负不起这种责任。这个现代最重大最艰险的劳资问题，不是你一个厂的利害关系，乃是我们全国乃至世界全人类的利害关系，我们万不能坐视。你们若不愿意服从我们法律，就请别要来，若来，非服从不可。

以上三个条件，或为各界所已提及，或未提及。依我看，这回事变，本来在上海而起，因争市民自主权而起，因抗议关税而起，因援助劳工而起，我们要认清脉络，抱定本题，方为名正言顺，不为虚名，专求实益，所提者为对手方没有可以驳回之理由的条件，而办到后，我们国际地位可以改善几分，以全力持之，务求必得，如此才不枉费气力。我所提这三件作为不能再让之根本条件者于此。是否妥当，还须全国人士精诚讨论，督促政府宣行。

张竞生选"青年必读书目"[1]

（1）《建国方略》（孙中山　著）
（2）《红楼梦》
（3）《桃花扇》
（4）《美的人生观》（张竞生　著）（夸口夸口，玩笑玩笑！）

以下六本为译本，能读原文最好：
（5）《科学大纲》（英　丹森　著）
（6）《创化论》（法　柏格森　著）
（7）《结婚的爱》（斯妥布士　著）
（8）《相对论浅说》（爱斯坦　著）
（9）《社会问题详解》（共学社出版）
（10）《互助论》（克鲁泡特金　著）

---

[1] 1925年2月27日《京报副刊》。

快救东省[1]

现在日本增兵东三省以为实力干涉内政的准备了。这件重要的事情，凡属未死的国民，应该看做全国生死的关头，不仅是郭军与张军胜败的问题，也不是东三省局部的问题。我们须记得朝鲜一亡，东三省就入了日本的势力圈。我们尤应当牢记若东三省一失，黄河以北也就同归于尽了。罗素说得对，自来能占辽阳的势力者，同时就能左右北京的政治。我们预料此遭日本在东三省增兵的结果，将来必至于借故占据其地，如他们从前占据朝鲜一样的伎俩。我们要保存中国本部的安全，尤其是黄河以北的金瓯无缺，不可不先支持东三省现在将倾的局面。有血性的国民！快快起来，到东省去！到东省去做你所能做的事！

有的组织新闻记者团，或单身进行，随郭松龄军营，与到东省各地去，将东省人民，及日军行动详详细细作有系统的记述，报告于国人与外国之前，使日本不得施其鬼怪宣传的毒计。

有的组织义勇队与救护队，到东三省救护人民及好的兵士。

有的集合了一班熟悉日本及东省情形的外交人才，以便遇日本强横时得以折其万分之一的野心，并得随时与别国外交团相联合。

有的集合一班长于政治的人才到东省去以便代替从前一班腐败的官僚，使民事得臻于理。

---

[1] 1925年12月10日《京报副刊》。

至于东三省在外的各界人士，尤应赶紧组织各种有益于本地的团体，速速回去，挽救本省的狂澜。

好国民！有血性的国民！危险的时期到了！各人当做应该做的事，决心到东省去，与日本人决一胜负，使他们知我国尚有人，不全是张作霖时代的东三省顺民。若他年辽鹤归去，城郭依然，人民无恙，则今日为东省尽力，即为全国尽力，也即为亚洲的和平尽力！

伏园附按： 读者记得昨日本刊所载王化周先生《旅大一瞥记》中引"关东新闻"之记事一则，必已看出一般日本妄人对于奉天及张作霖的态度了。如"西原龟二君……由日本到北京，途中经过奉天，与现在握有中国半边天下号称满洲王之张将军晤谈，结果甚为圆满，双方已成立一种谅解，对于所谓中日合并问题，将力促其实现"。如"中日合并的第一步，为日满合并，而日满合并的第一步，则为日满经济的合并"，如"将由西原君奏请我天皇陛下，授张上将军以公爵勋位，而后吾人朝夕伫望之中日一家，始告厥成"等语，及昨日《京报》第二版要闻"张作霖无心肝"条所叙奉天来京某志士的报告，"奉张已与日本订立亡国条约，杨宇霆之往大连，即与日本关东厅接洽此事，初张作霖已预备下野，将其现款交与专迫击炮之某英人汇寄，及接杨氏电话，谓事已接洽就绪，即改变态度，转取攻势……此约内容，日本允出兵四万助张……将来张氏势力所及之地，一切铁路、矿产、森林、电气等，皆中日合办，并许日本在中国有居住自由权、土地所有权，遇必要时日人得自办警察……此项草约已由杨宇霆与日本关东厅签字，只待日政府之批准。……王永江在省长公署，且公然向僚属宣布此事，并谓奉天已得日兵援助，可以无惧，不过经济上吃亏云云"等语。两面细看起来，可知此事由来已久，日奉两方早有关系。现在无论奉天已否即刻攻下，或张作霖是否已经出亡或下野，日张中间的勾结总是国人应该急切注意的事。即使在政治已上轨道的共和国，对于这类事件国民尚且不肯一刻放松，何况今日文官武官几乎全是盗贼的时代呢？张先生所云"要保存中国本部的安全，尤其是黄河以北的金瓯无缺"，自然只是美梦，我说要做到这两步至少也得再待一百年以后，但东三省的事我们总是不能不管的，尤其是东三省的住民。中国人叫亡国已经喊了二三十年，真的中国便在这叫声中渐渐的亡国！许多人还在那里做梦，以为亡国的时候，一定是天地晦暝，风云变色，一下子整个的中国被一只天狗吞走。这是根本错误的。亡国只是程度的问题，像慢性的肺病一样，一点点的"燃尽油干"下去。其实，亡国亡到像现在中国这样，叫一个教授填起分数来，至少已在九十五上下了。而笨人却还在那里等，一个喊："国要亡了！"一个喊："国将不国！"意都以为一百分未到，实则"要"字"将"字中的语病就大极了！现在智识阶级应该高喊，"我们要恢复祖国！"应该把"国将不国"和"国要亡了"那种昏话赶紧束之高阁。亡国不足耻，只要亡了能有恢复的一日。欧战终了以后，亡了几千年几百年的埃及、犹太、波兰等等都站起身来做人了，中国还在这里一点点的俯下头去不再做人。人们呵！你怕做犹太、波兰之续罢？你欲做犹太、波兰之续而不配呵！中国人是最爱赶时髦的，我对你说，亡国已经不时髦了，已亡之国不要再往更深一层的地狱钻了！赶紧回过头来恢复祖国罢！凡是中国人都站起来，从最无能力而人数最多的农工阶级一直到有权有位有钱的绅士淑女以及智识阶级，一切内争和一切的不谅解从速蠲除，快把祖国恢复了再罢。恢复祖国就从这回三省事件做起。

介绍一个大问题——男女关系[1]

由北京大学的三个团体合请了美国来华的青年和平运动代表韩德先生（Mr. A. Hunter）在北大第三院公开讲演一个"男女关系问题"。这个问题关系于人生太大了，故有从长去讨论的必要，所以又分做五次来讲演：

（1）引言及男女关系之美的观察
（2）男女关系与经济问题
（3）男女关系与道德问题
（4）性的过失之预防
（5）性的生活之方法与责任

这个问题太大了，自然寥寥这五项的研究，不能算为详尽。不过正因问题太大了，不能一会儿就全把它弄得清楚，所以更要一点一点去研究。那么，上五项的讨论，可算是男女关系问题中极占重要的几种。

这个问题真重大！单说性欲的冲动，已占了人生生理及心理半部的历史；单说婚姻及户口，已占了社会重要的基础；单说爱情和交媾，已占了个人许多的行为。这个问题真重大！食与色即经济与性欲，虽彼此平分天下，但色确比食更重要。食为生命的保存，色为生命的发展。无食，就不能生存罢了。究竟，不能生存又算什么紧要？

---

[1] 1926年1月5日《京报副刊》。

所怕的，仅有空壳的生命而无发展的能力，这才是来世间受苦呢！凡一切生物的"究竟目的"是在两性的接触。这个目的不能达到，先前一切的储能完全落空，故可以说，经济的营求不过为性欲的准备。性欲确比经济为重要，为究竟，为有生命。马克思确实看错题目，认为"经济是一切"，而不知"性欲是一切"的根本问题。我们若要研究经济吗？仅看它为性欲的附庸就够了，才是我们真正的学问。

这个问题真重大！一面是赤裸裸肉的接触，一面是热烘烘灵的安慰。积极说为性的满足与幸福、优种的根源、人类的安宁，消极说为避孕手续、生育节制方法。堕落的，则把人变成禽兽也是它；升华的，使人变为英雄风流也是它。

这个问题真重大！而在这个假道学的社会，反把它万分蔑视，以致性智识、性道德和性美趣，一概付诸流水浮云，人间所享用的仅有如禽兽式的冲动，与猪狗似的生育，这真是可惜可恨。

今请从我们起始吧！把性一问题，从生理、心理及社会三方面好好地做有系统的研究。这是我们要实在享用性的高尚生活不可少的必备。我希望韩德先生能供给我们这个的要求。我更希望我人能够接受他这份好情意。我无希望今后由我国人做一有规模的关于性的解放的运动，把数千年来假道学的面具完全揭破。我们又万分的希望从此后组成"优种社"一类的团体，将我国人种先改善，缓缓地推及于全人类，故我们一面对于性智识要实实在在充分去研究，一面对于性行为又要大刀阔斧地去改良。我人既然负了这二层责任，所以对于此遭性的讲演，更应比先前欢迎山格夫人的加倍热烈。

地点：北京大学第三院大礼堂

时间：本日（五号）下午四点至六点

播译人：周振禹先生

两件较大的答案[1]

我已在副刊上出过许多"风头"了,谁承望还有人在说我为疯子,更担不起了刘君邓安要我补入为"十疯石"之一,感谢感谢刘君的好意。

惭愧惭愧,我的疯名也不是无因而至的,我今就来背我的疯史吧。记得六年前,一个疯人在欧洲得到许多负责的信请他去潮州整顿一个有名腐败的中学校,他居然竟疯起来不管朋友之劝,就答应了。到香港乘河轮入广州时,在船上取了一张信纸用了铅笔草成一个条陈,笔画参差不整,已够令人疑是出于疯子之手了,况兼条陈中最骇人听闻处是节制生育,其中有一项说:应规定以后,生了三个子女以上的父母受相当的处罚……这还不是一片疯话吗?又更出乎不疯人之意外的,这个条陈乃上于广东大督军兼省长又生了许多小孩的陈炯明也者,当熟友介绍他去见他时,在座十余人均屏气以听大督军的鼻息,独疯人高视阔步目中似无督军省长的威严一样。凡此种种,无一不是疯相的表现,难怪陈督军疑这人有神经病了,由是许多饭碗教习恐此人为校长打破他们的地盘,遂借这个机会坐实此人为疯子了。果然,这个疯子名不虚传,到校后辞去了许多劣教习,许多学生受了这班人的蛊惑居然罢课发出极厉害的传单证明这人确是疯子了。由是此人疯子之名,初仅出于陈督军一人之口,遂由学校传单的宣布而扬名

---

[1] 1926年2月27日《京报副刊》。

于全国了。可惜这人硬疯到底,一味疯干,终于获胜,学校也得了整顿。到此时在省诸友不以为疯不可教,这运动加他一个整顿校产的什么头衔。可是这人终归疯了,什么都不要了,一溜到北京预备到新疆去,但终留在这个疯的北京城当起疯的教授了。

究竟这个疯人是谁?原来就是我!我闻地球许多地方要陷害一个人,就硬诬他是疯子,我不幸竟在中国亲尝这个滋味,虽然,我有时聊自宽慰说:"其疯不可及也。"但有什么方法使人不疑我为疯呢?使人信我的疯胜于彼不疯的万万倍呢?可是我真不疯吗?我有满腔热情,使寡情者惊,无情者怒。我是情感派,喜欢说话,且所说的皆实话,不肯如世人的戴一副假面具,心口不相应。我嘴太快,喜议人短长。况兼疾恶如仇,以致常不能容人。又我理想常过高,实行常过猛。既不能奉承人,也不愿人奉承我。这些皆是我受疯名的因由。呜呼,我其终于疯乎!

以上算是对于疯的答案,聊以解疯诮而已,其实疯不疯与我什么相干?

我今来答第二个问题,即是刘君所批评我的《美的社会组织法》关于印刷、装订及纸张等等不美的事。平心论来,我书不是"美装",乃是"平装"。就平装说,这书于印刷、装订及纸张等事均过得去,它虽不是美装之美,但可说得平装之美了。(除却一百多本,装订一项上确实不好外。)

依我偏见,我们应少印美装的书,而当多印平装队伍为相宜。(1)因平装也能使书美,洁白的报纸印刷得整齐,使人一见如晤对乡下美女,虽无锦罗脂粉也觉得天真可爱了。(2)价钱便宜易于普及。这层关系不少,现时书价太贵,买书一事变为奢侈品,以致爱书者不能多购,不爱书者自然自以为不必购。由此生出二层极坏的结果:一面使思想不能随出版物的便利去广布,一面则书贾虽因居奇得重利,但究竟因书价太贵了,售路不好终致生意萧条不能推广其营业,而社会上转受买书不便当的痛苦。故我极祷祝今后私人印书者切勿喜美装,俟其书在社会上确有相当的位置后才用美版和盛装未迟。若论书贾方面,我想应由政府取缔其一切平装的出版物的价目使依一定的市价出卖,不得擅定高价以取利。如此人人买得起好书,欢喜书者又得尽量购取。书贾方面虽取利薄,但得多卖,其结果与厚利而少卖同样有益可取。此外,如有一种艺术及专门的书籍只为一班阔人及特别阶级看,则无妨精版与重价。

依上标准,刘君当然明白我为什么要把我的拙著印为平装的理由了。我现决定我书永久卖特价为三角半以便普及。如社会欢迎它,我与其美装定拙著一本为七角,则不如使人将此七角得买我书后,另外得买一本有用的书。我固然讲求美,但不愿奢侈,至少在我国这样可惨的状态之下。质诸刘君及一班作家与书贾以我意为何如?

附

一个极小的问题[1]

刘邓安

张竞生先生著的《美的社会组织法》出版,大概有三个礼拜了。这部著作还没有出版的时候,我已在《副刊》上拜读过。张先生的理想主张,我早已佩服得五体投地。他真是不可多得的人才。我想新中国之柱石千人中张先生得占一个位置。虽然我也会听见有人说他是一个疯子,然而在中国现在稍为有点理想的人哪一个不被目为疯子?中国这样的疯子如能多一些,将来总能很有希望。我想,上面所说的都

---

[1] 1926年2月27日《京报副刊》。

是题外的话，现在再说到正题。

张先生是主张美的，不但主张我们的思想、感情、行为要美，凡是接触我们五官的东西都要美的。可是这部《美的社会组织法》虽然内容美不胜收，而这书的印刷、装订、纸张实在说不上美，这好像和张先生的主张不很符合罢？碰巧我也是喜欢讲点外观的人，这部书还没有出版的时候，巴不得希望它快点出来，已出来了我又有点失望，我每回到东安市场或者青云阁[1]的时候，总要把它从书摊上拾起来看一看，等到伸手向袋里取钱的时候，我的心里又转了一个念头："它印得不太好，纸张太坏了，我何如等它第二版印得好些，装订得好些时再买呢？"于是这部书至今还没有到我手里。

但是或者有人要说，只要内容好就得了，何必定要讲外观呢？我说，不然，不然！唯其内容愈好的，外观愈不能不苟其讲究。何况张先生又是主张美的人？然而，这恐怕不是张先生要把它印得这样坏，那么出版人便应该负这种责任。你们为什么不把这本书印得精美一点，像《雨天的书》[2]的样子？如果为了钱的问题，那么我要正告你们曰："花钱的事小，害了美观的事大！"

---

[1] 青云阁位于大栅栏西街，是清末民初著名商场之一，为中西结合古建筑。
[2]《雨天的书》，周作人著，上海北新书局1925年12月初版。

美与俭[1]

——张竞生演讲

不错,我们固主张"美的人生观"者,但我们之所谓美,非世人的油头粉面,也不是彩衣绯裙,更不是高车驷马、重楼层阁的各种奢华生活!

我们之所谓美,乃以俭朴为主脑。以衣服说,我们主张以爱国布做成"改良的古装"(说见拙作《美的人生观》)。以饮食说,我们主张以菜蔬做成甜净的盛馔。以起居说,竹篱茅舍,以天地为庐幕,安行乐步以当车马的驰骋。我们固然主张男的打扮雄赳赳,女的装束成娇滴滴,可是我们不赞成男的修饰为小滑头,女的化妆成了贱骨。

大胆说一声,凡奢华的生活便不是美的生活,美的生活,必在于俭朴方面求得,这个道理极粗浅。凡美乃由个人内力的表现,享了奢华生活之人,饮食起居,事事靠人,遂把自己内力埋没了。但度了俭朴生活之人,则事事须要自己去努力,则事事自能表出他个人的内生命之美了。今略举二个证例:

有钱的小姐太太们,穿的是丝绸,一切服装皆由裁衣匠代做,不管他做得合时不合时,究竟使人一看觉得她的衣服与她的身份分离为二,不能合凑一起。穷家女子得了数尺粗布欢喜得不得了。提尺握针,对着自己身材细细量,细细思忖,密密缝,密密心计,及衣成穿上后,自头至尾无一处不是表现她的身份及心神的美力。她或者是笨人,所做出来

---

[1] 1926年6月18日《民国日报》。

的另有一种笨的神情；她或者是乖巧玲珑，则她的工作，自然是一种仙衣美制，无缝可寻破绽了。总之，不管怎样衣服，都能表出作者个人的内生命，这就是艺术，这就是美，这当然不是雇工的人所能表现与享用。

另外一个证例，你看许多阔少，足衣足饮，不用动作，出门就有汽车，不用步行，到后来，他们一身都充满了胖肉，神情恍惚毫无血色。所谓"行尸走肉"，就是这班人的表现。又试看那班过了俭朴生活的人，他们筋肉虽丰润，但不至于臃肿，他们肉中见有神采。他们所食得恰到好处，他们肯动作，肯用功，他们神采上见出美丽的心灵，这就是美的表现。

要之，美不要奢华，奢华反是阻碍美的发展。个人生活当多求于自己的努力，不可太靠外品的助力。譬如一个女子，天然乖巧，不用抹粉搽脂，便已呈出一种可爱的态度。若伊把天然眉隐去而代画一道黑墨，又把伊的桃红脸涂上一层红色粉条，你想这是何等损失，伊把自己应有的美丽，被伊的化妆所改变为丑恶了。化妆有时也极需要，但当在求它能帮助我增长天然固有的美丽为限界，过此则化妆就变成为奢华的工作反而不见美了。

由是说来，先把自己内生命力充量发出来，这个当然愈少借助于外物愈好。到了内力有缺少时，然后利用外力以增长自己的美丽。譬如一个人身体美丽，应当把他的裸体珍重保惜，切不可多用衣服去遮盖（例如女子的乳部甚美，切不可用抹胸布）。若有某部分丑恶时，才用外力去遮盖。但所借助的外力，当以恰到好处为止，过于奢华就把自己的生命维为外物的招牌了。眉不黑，眼睛不光的妇人，原可借助些别的妆术，把眉画得加黑，睛点得加亮，这不是奢华，这是一种适当的点缀。但眼部本是无毛病又生来极好看，而因为时髦起见，遂架起大大的圆框金丝眼镜来，反把美眼丢却，这就是奢华，这就是美的仇敌。

由此可以知道美与奢华是仇敌，而与俭朴是朋友的理由了。以上不过就物质生活说，若推而论及人的思想及行为，也是以朴实为美丽，以荒荡为丑恶的呀！

在那时做那事[1]

张竞生博士演讲
黄光远、杜绍文合记

情感的学问——情感的办事——情感的性欲

我现在极喜欢来和诸位作平常的谈话，今天所讲的题目，就是"在那时做那事"。这个问题，性质是极抽象的，而范围也甚广泛的。

我们为什么要来讨论这个问题呢？因为现在大多数学生，以至于一般人，对此层殊不甚明了了解；不度德，不量力，而只顾骛远。譬如：做排长便想做师长，做督军便想做总统，妄冀非分，这种现象，是很不好的！我们各有各的职任，即是各有各的事，应该设想在那时做那事？如果人人能够这样做去，那么，中国就好了！

比方在旧家庭讨生活的女子，应做的事便是饲猪之类，这种事虽小，而实与大总统之办理国事无小差异，因为各尽各人的职务，即是各做各人的事，断不能以表面上地位不同，而分起轩轾来！现在我国的大总统，不能像女子饲猪般尽职用力办理政事，所以弄到目下这么糟的局势，一塌糊涂不可收拾！

我们须知站在什么地方，碰着什么时候，就应当做什么事情。以学生方面而论，现在中学生在校求学，应做什么事情呢？大概可分为学问、办事、情感三种。

中学生怎样求学问呢？我不是大教育家，不能详细的论列，现在不过略就我年来经验一得的来说。我觉得，小学生是富有模仿性的，

---

[1] 1926年7月《金中周刊》第133期。张竞生此次演讲时间为1926年7月18日。

中学生是富有创造性的,大学生是富有组织性的(可参考我所著的《美的社会组织法》)。

诸位!大概曾看过许多小说,我少时也甚喜欢看小说,到二十岁以后,便不高兴去看了,而且看了也没有甚趣味,比起十余岁的时候,差得远了!我记得十余岁时,在黄埔小学极嗜好小说,觉得小说的益处非常的伟大,小说的趣味非常的浓厚。小说本来是一种创作文学,事多荒唐无稽,杜撰的居多;不过艺术手腕好者,描写得有声有色,俨若有其事者,处处引人入胜,使人不觉与之同化,那就有一读之价值了。十九岁时候,我极好看《红楼梦》。当时还不觉得其文学的高妙、艺术的卓绝,只觉得林黛玉之可人。其实小说虽多向壁虚造者,可是,我对于她常觉得人情之常,或者事实上有可能,假如真的有林黛玉其人者,真是几百万女子中,很不多见的呵!常时读了,不禁表同情于她,而设身处地想见她的言行情感之可敬爱,从此可证明少时之富有情感性了。

但是,我们须要格外留心,情感性就是创造性。毕竟中等学生有什么创造能力呢?

说起这一层来,殊令人痛心!我国现在的中等学校办得不好,对于此能力没有正当的训练,致埋没了很多天赋的创造人才。学校要培养创造人才,须有周到的设备。当我在这里做校长的时候,即注意及此,积极的筹划进行以偿宿愿。可是事实上做不到,比方仪器一类东西,须要大规模的,因为经费找不到就难办得到了。

外国的学校则不然,不特对于此种设备极充分,而且特别注重学科,因为科学是一种给我们发明和创造的工具,所以外国的创造人才辈出也非无因啦!

但是,科学虽能发展创造力,还必须要情感之帮助,才能充量完成其作用,所以科学是求学问的利路,而科学又必须情感化,然后可以用力少而收效多。

比方一个中学生研究昆虫学(这本是大学的专科学问,非中学生所能详细讨论的，现在只说其大概以作证例），常用一种情感注入对象之内，观察其形状、色彩、交合、传种以及一切行动之表情方法。试拿法国的法布尔来说，他看一切有生之物，都人格化，像人一样富有情感者。中学生能够抱此种态度，以情感为观察点去认识研究昆虫，那便容易创很好的学问了！推而广之，凡属于科学者，如化学、物理学……一切都可以作如是观！

从此便可证明中等科学，以至一切实际学问，若是以情感为出发点，则自然觉得亲切有味留心去学。譬如因高兴看《红楼梦》，惹起一种共鸣的情感。于是，对于当时的时代背景，一切都很容易的明了，得了很多历史的资料；对于描写的艺术，能够寻味享赏其文学之精美处，于国文上也很有利益的。

现在讲到国文一方面，当我在中学生时候，国文还不甚好，引上例说，那是看小说还不能认识文学的风韵，所以国文不好。可是我现在能够拉起笔来，随便写作些东西，还是在中学生时代养成的呢！及留学外国，便无工夫去读国文了。一直到回国后，因荒废既久，所以常常写出白字和不顺的话。我练习作文的时候，刚好十五六岁，那时熟读《东莱博议》、《唐诗》、"四书五经"、《古文选》，随便拈起都能流水似的背诵，现在忘记虽很多，还有数篇能念呢！尤其是前后《赤壁赋》和李陵《答苏武书》几篇，虽是很长的，可是现在还能够背念出啦！不特能念而已，且能认识作者情感并与之同化。读了好像入幻景，水木明瑟，星月光辉；出塞外，雪天冻云，冰封万里；不禁情愫翻伏，觉得游目骋怀，栩栩欲仙；又觉得激昂慷慨，悲壮苍凉！假如从此能继续的研读下去，对于国文必有很快的进步与很好的成绩，然而，这也是情感的作用吧！假如能用这样的情感去研究化学，分析入微，那时，我们便可觉得身心像原子般之游离！与电子般之飞扬！有无限的愉快！非言语所能形容尽致了！

从上看小说、研究博物学、作国文三例，便可以证明凡学问同当用科学方法，尤须要情感化的科学了。现在也无须旁征博引的废话了!

现在讨论到第二层办事的问题了。我们晓得中学生是极富有情感的,唯其富有情感,所以常以情感用事,不顾一切封建、传统、因袭的顽固观念,拿起大刀阔斧,无前的冲锋破阵,打倒一切障碍物,做成社会之最革命中坚分子,故从来中学生所做的事,比大学生及别的人都是特别来得多。如闹风潮、打校长、示威巡行、抵制仇货……这种激烈伟大的行动,谁能望及项背呢?!

讲得太抽象了,现在从实际方面来说吧!大家既富有这么特别热烈的情感可以办事,应当怎样利用它去办什么事才好呢?

我想,目下金中最迫待要解决的,可算是清理校产一事。大家为切身利益起见应当善利用自家情感,勇猛的协助学校进行(关于这层我昨天下午也尝略和几位同学说过的)。现在特地把应注意而且特别努力的几点,再说出给大家听了,好去实行。

第一,当从速派代表赴汕,向东江行政委员请愿。须知学校之发展,完全靠之校产之清理和增租。目下虽碰着暑期,同学大多数回家;可是,在城与在校者,随便拉拢,最少也有数十人可做代表,马上就可赴汕去向行政公署请愿,催促其立即批允,勿容耽搁,誓不达目的不要回校。硬死的站在那边,坐卧饮食,随便讨索,自备也好,断不会因此被其殴赶或禁押的,不要恐怕,也不要畏难,大家鼓起情感,激烈地抗争吧。迫得他无法可施了,便不得不批允,最后的胜利,终归属我们的。这种举动,是正当的要求,不是胡闹的,在北京,可说是司空见惯的,毫不足奇,而且也是极容易办得到的,不过多费点旅费罢了。如果目的达了,校产得早一日清理,大家即先享一日之乐,就是破钞也有价值了!

第二,统率大队,赴汕向金山街一带顽佃示威巡行。当代表赴汕请愿,同时可举行,即批允后,还须要举行的。须知他们素来倔强成性,顽悍异常,即蒙批允,说不定他还要抗命不遵办。我们断不能通融隐忍他,应大规模的作示威巡行,队伍要整齐,宣言要透彻,标语要精警，口号要强硬，旗帜要鲜明，耀武扬威的以恫吓他们，使其俯首帖耳，遵办而后已。

第三，茭定地一带地方，房子狭小，现在给一班下流社会居住，出息甚少。如果校产清理好，租既增了三万多，不特金中经费充足，有发展之希望；而且还可抹一笔钱，把该地重新盖筑高大的楼房，可以租给上等人家做行店或住家，不数年便可增加租钱几倍了。能够这样惨淡经营，金山前途才可乐观（这不是瞎说的！我前曾亲自调查过，果如我的预算，可由三万多的租产，增至三十万呢）！

现在说到第三层情感来，中学生虽富有情感，可是任意索性的情感，用得太过滥了。即以性育一端而论，大多数的中学生，都不能因势利导，善用其情感，被性欲冲动所征服而手淫，及种种非法的丢精，和滥费宝贵的精液，都是致病之源，很容易惹起种种意外的病害的，如肺痨、贫血、遗精，甚至于花柳毒……各种病象，几有触目皆是之概！

你们男女同学已嫁娶的固属不少，而没有嫁娶的也是很多，少数人自然有比较适当的方法，而大多数同学当此青春年期，性欲冲动最剧烈的时候，忍耐不住便不由得不设法去发泄它，以求暂时的愉快，却不晓得因此而贻害了终身莫大之痛苦，致成了上说的种种疾病。

须知少年自十六岁至二十岁的时候，身体发达极强壮，食欲增进，精神旺畅，举动活泼，最可发奋有为，励志修学的。当善利用这种性力，勿胡乱滥用，须要努力锻炼身体，锻炼的方法甚多，如泅水、跑马、划船，以及各种柔软体操与运动。可惜这里设备还不十分周到，如果能尽力做去，除了正当用工之外，又有课外适宜之娱乐，因此不特没有嫁娶者，能减少性欲的冲动，而已有夫和妻者，也可不致滥费其精液了。那么，既经相当之锻炼，又复不滥用情感，不特寡欲精神爽，而且把生命原动力的精液储蓄了，还可升华做各种文学、艺术等发展而树立伟大的事业。否则，不事锻炼储备，把精力滥用消费了，不特生出各种疾苦病痛，而且到了衰老时，不消说老年，就是到了三十余岁时，便颓唐不堪，不能性交了，即会交媾也没其趣味呵！

少年时期的情感是特别丰富的，处在今日的中国这样传统旧礼教吃人的社会，灰色无情的家庭，那是何等的可怜呵！但是中学生是社会中坚分子，有改造的能力的，而且家庭、社会、国家都是积人而成的集合体，所以要改造一切环境周遭，必先从自身做起才好。

你们是男女同学，行坐都是在一起的，假如对于此层，都能明白了解后，须要天真烂漫、开诚布公的消除界限，互相亲爱，待人接物，须热诚和蔼，以至于社交场上一切的酬酢，也当以情感相激励，使人人都是情感化，那么，一切卑鄙龌龊的气习，黑暗里偷偷摸摸的禽兽行为，都可以消除净尽，而社会国家也可以情感化了。

譬如一个女子跌下去，我们当热诚的援她起来，不要怕！警察断不敢说"男女授受不亲，接触她的肉体，有侮蔑她的人格了！"而加以干涉的。我们如遇一个女子无意中丢落一件东西如手巾之类，便可泯界限地拾起来还她，除非她是村女农妇，顽固无情感的才不快乐。然而我们更要用情感激发她，不要管旧礼教之三七二十一，推而广之，一切以情感用事，久而久之便习惯成自然了。

现在有钱的人，娶了三妻四妾，没钱的人，连一个都没有。如此从表面看来，似乎富人享尽艳福，穷人没有享乐的机会了！其实快乐有二方面，即精神与肉体。现在一般人，都误解男女快乐是肉体的，除了肉体之外，便别无从享受快乐的。所以特别注重于肉体一方面，忘却了精神上无限的乐趣，这是大错而特错的。

外国人于性欲方面比较蛮横些，但是情感却特别发达，在英国常有未婚夫妇，两边的父母都准伊们自由而同行同宿，亲昵异常，度过数年甜蜜的生活，一直至于结婚前，据说从没有性交过一次呢！这是很平庸的事，在我国便视为难能可贵了！如柳下惠坐怀不乱，至今称为美谈！其实，柳下惠或者有年纪，奔女或者无姿色，不能引起对方之倾慕爱悦，这也说不定的。假定真有其事，那么一夜之暂又何足奇呵!

他们英国少年男女,都是情欲冲动最厉害的,而能同冰玉般贞节,真令人钦佩莫名呀!回顾我国则不然,好不愧煞呢!

现在有很多人说,性交的快乐就是射精,射精就是情欲冲动的究竟,这也是大错的。毕竟真正快乐在哪里呢?简言之,可算是在精神上之满足了!如偕着接吻、拥抱、握乳等举动,发泄内心蕴蓄热烈的情愫,得到精神上之陶醉,那就是真正的快乐了。

外国人很喜欢在歌舞场上跳舞唱歌。我曾看过好几次,规模都是很大的。跳舞不像我国现在女生学习的那么简单,唱歌也不像妇孺歌谣那么单调,他们男女联袂歌舞,彩衣翩翩,弦歌悠悠,情感充满在爱的调和里。体态娇酥,青眸含醉,互相和协节拍的歌舞。亘二小时之久,其精神酣畅之快乐,实超出于性交万万倍!其淋漓痛快尽致处,岂是射精所可比拟其万一呢!

性欲固是人类生命的动力(energy),但其发展与消费的泄液是很多种,在皮肤即汗液,在眼睛即泪液,在嘴里即涎液,在鼻孔即涕液,在生殖器即精液,随所在之部位而异其名,究实都是有同等的作用。精液不过是其中之一样,所以不能说能使射精的性交,是唯一的快乐,而射精即是性的究竟。比方刚才说的歌舞之类,举行时娇喘而香汗淫淫,顾视而秋波盈盈,冰肌玉肤相摩擦而感觉酥麻泥醉,能使精神感着满足,便是真正的快乐了!

我国晚近来,一般青年醉心自由恋爱,极力提倡,声调高遏行云!而放大眼光,观察起实际来,因经济好能组织新家庭者固不少,而靡不有始,鲜克有终,而离婚者,也很多。即不至于离异,但是勉强相安,或隔膜而相见如路人,或忍气吞声,以家丑不敢外扬者,所在皆是!这是最不好的事情,而且令人最痛心者!寻根究源,到底为什么致到这样田地呢?简言之,即无情感为之厉阶。因为无情感,所以凿枘不入,致生隔膜而各走极端,终须离异,各走各的路去找求伴侣寻快乐之安慰了,否则情感融洽,便能互相亲爱了,即小有龃龉,也能够互相谅解无间言了。

　　我来这里，曾找过一位要好的朋友。在他家里坐了，要他的爱妻出来会一会，他起初还不答应，而他的爱妻也不敢越雷池一步！谨守在深闺里，后来经我再三的要求，才准拉她出来给我看，可是羞人答答的。一现身便惊鸿似的跑进闺阁去了！这是很不好的习惯，此种恶习也是现在普遍成风气的。现在说来觉得可笑又可怪！傻哥！讨了老婆，难道是要镇日价禁锢在房子里，专供性交射精之用吗？不敢领导外出而学习社交和人家酬酢，难道恐怕她看悦了比较美的男子，而携贰通款曲吗？如果这样，何不利用此种极力防闲的心事和手段，而用情感激发她，使她恋爱而死心塌地矢死靡他，因此不特能增加他们俩的爱情，得到无限的安慰与愉快，而且得享受真正伴侣之快乐了！

　　总而言之：中学生是创作者，富有情感，对于学问、办事、性欲三端，当努力的使其情感化，而成为情感的学问、情感的办事、情感的性欲。我敢断言一句：非情感便无从得到真正的学问，做起伟大的事业，享受美满的性生活，大家以为怎么样？还请不要客气赐加指教吧！

　　现在迫于时间，不能多说，因为我还有一桩事件，马上须要去办理，这是很对不住的！请大家原谅吧！至于对这问题及其他，如有喜欢讨论者，可写信给我，邮址：汕头崎碌高中学校。我打算在汕还要盘旋廿余天，你们代表如果下汕请愿或示威巡行时，顺便还可和我会晤面谈一切呀！

怎样保存与扩充"金中"校产的办法？[1]

因历史的关系，我总觉得有和金中说话的必要。这回校产既可增加三万余元，今后金中前途的发展未可限量，我更觉得有和金中说话的必要。并且潮州缺乏人才，不容否认，其所以缺乏人才的缘故，乃由于无合式的学校为之培养，金中校产雄厚，而又有发展的希望，将来定为培养潮州人才最好之地，所以我尤觉得有和它说话的必要。实则潮州人士苟存有为子弟培养人才的愿望者，定然和我一样有注意及金中前途的必要，故我现把最先当解决与最基本的建设者，即怎样保存与扩充金中校产的办法，谨提出来，以便与潮人相讨论：

（一）应在汕头由各县于本县人物中（不论何界）选举一位为代表，就将这九县九位代表（或加入南澳县一位代表），组成为"金中校产监理委员会"。这个会，一面，保存金中所有校产，不许任何人侵占售卖；一面，则在时时促进校产的发展。其所以要在汕头各县人物选出代表者，乃因各县距离汕头甚远，由县所在地举出代表，如前时金中校产董事会一样，遇开会时许多县代表不能到会，而且由县举出者多是一班官僚劣绅，不但徒具形式，并且有侵害公款的危险！今若由汕头地点举出者，其利有：（1）因汕头为各县人才集中之地，易于选出一班较开通的人物；（2）因开会时易齐到；（3）因金中校产在汕头，各委员易于监督与稽核。又这个委员会，希望于最近期内能够

---

[1] 1926年8月25日《大岭东日报》。

实现，我闻许多谣言说金中产业不久将被拍卖，若然则金中前途的发展绝望了！但我们对于这种谣言宁可信其有，以先事预防，不可信其无，以蹈韩山的覆辙，那时悔也来不及了。

（二）今后所增收的校产，暂勿由金中挪用（金中现有每年常费四万余元，暂持原状，已极足用）。理当储蓄起来，同时成立了"驻汕金中工程办事处"一所，把所储的款，提出为改建金中产业的房屋道路之用。例如崟定地一带为极好的地方，金中产业几占此带地的全部。应由工程处划出正大街一条，两旁建筑几层高楼的商店。又划出若干条的横街，于其中建筑适用的住屋。此外游戏场、文化馆等等的公众事业，也当有相当的建置，如此，则崟定地即变为汕头市最繁盛最值钱的部分。则每年金中校产可得数十万元的入息，或且不止。这件事本极易实行，只要经营有人就可马上办到了。

（三）此次换租契时，应请清理金中校产委员会注意者，则租期不可过久，并须声明无论在何时，该处得由金中工程处改造新样，但准许原租户由市价有承租的优先权。

以上所说的如能做到，则我们可望于数年内把金中改为潮州大学，计内设水产科（以珠池肚为校址，并兼设造船坞一所）、农林科、文科、商科（以养成南洋领袖人才为宗旨）与法政科。并希望建设许多新校舍及适当的仪具图籍，与聘请许多好教授以便养成一班好人才，此等计划，容我于专书中讨论请教。现在诸位应当先欢喜者，就在我们金中有无穷的宝藏，我们潮州人才有可能的造成所。只要我们不傻，后来的世界尚是我们的！

胡为乎来哉——金中佃权维持会？[1]

金中在汕产业，数十年由一班办事人及佃户奸商互相侵吞中饱，凡属潮人莫不知此中黑幕重重。今幸而有清理金中校产委员会出来整顿，只因照市价标租，遂至加增租金三万七八千元。而彼辈佃户以为若干年来侵吞惯了，一旦照公道办理自觉于心不快，于是而有金中佃权维持会出来牵制。

今日之事只要三言两语就能解决，一是理，一是法，而一是权力。以理说，金中佃户已享有廿余年来"非理的"佃权，今应照理由市价缴租。并须知此项租钱，乃为潮州人自己的子弟读书费，不致如前时被几个私人拿去乱用也。以法说，彼辈与前日金山办事人私订了"非法的"三十余年契约，论法此项长期约不能成立，彼等佃户自居于非法的地位，金中今日乃立于合法的地位。故不讲求法律则已，如要讲求，则彼等佃户应把若干年来所侵吞的公款，全数吐出来！

虽然！在这样世界哪有什么理与法可讲！彼等佃户所恃者有由非理非法的所挣来的金钱。彼等可以用金钱收买理与法来作护符，由是彼等有什么会了，会之后当然讲求抵抗金中的办法，于是或从政治运动，或从司权使情，于是彼等由金钱的权力而买得一切的势力了！

但请金山佃户千万留意者，则因这样金钱的权力，不能抵住金中及我们潮人集合的权力。金中所恃的外有舆论的势力，而内则有数百

---

[1] 1926年8月26日《大岭东日报》。

教职员与学生的团结力。请金中佃户注意！这种势力是难以招架的！除你生理不要做，身家不要保，你们就可以试一试！此外，尚有我们潮人的势力呢！我们不愿你们几个潮州人长享非理非法的特权，而使全潮的子弟不能得到好教育。金中佃户们！我们潮人，尤其是我竞生一班人真是死不干休，定要与你们打到底，打得个你死我活才休，这就是我们的权力！你如不信，请你们试一试吧！

胡为乎来哉?——金中佃会一封书![1]

该会于报上寄我书说:"昨读大论,不禁喷饭。"阔哉!你辈有饭可吃可喷,但恐后日惊得连水不能入口,只去"泄屎"耳,哈哈哈哈!(容我再"村妇撒泼",其实"泄屎"与"打得你死我活"皆是贵处商家的通行话,不过偶然被我偷用,也犹"喷饭"二字乃文雅语,被商家偶然偷用一样!若将"喷饭"二字,改为商家话,应作"吐屎",哈哈!)

我尝荣任金中校长一次,于金中校产租契确实研究过。所谓茭定地,就我汕头地理的智识所确切得来者,已经在二十年前成为极着实的干地,你辈所谓该处"不过一沮洳海坦"确是"凭空妄断"。又所谓:"阅几许之岁月,费无数之工金,惨淡经营,始有今日。"不错!你们不免于地上打些沙土,或铺些砖块,又不免盖起许多"乞丐式"的屋子,这就是你们的"惨淡经营"!但你们二十余年来所得到的利息够多了。我在五年前,尝亲勘茭定地,见你们所还金中租钱大多不过数元,而你们所获得的税金不止数十元,这就是你们所谓"有理的享有"了。

说到契约一层,更使人"火性浮",你们的潮州惠府,金中校长,及管学职员,乃是一班要钱的混账人,此辈只值得领受"卫生丸"而已,与他们所订的契约,安有一文价值的可说!你们当知五年前的金

---

[1] 1926年8月29日《大岭东日报》。

中校长便是区区。那时我查契约及访舆论之后，便起了改善金中校产的决心，适逢邹海滨先生也具同情，遂由他请陈逆炯明委我一个整理金中校产的头衔，并得了陈逆的同意，如我肯担任这件事，彼可下令取消佃户的契约权，如佃户敢违抗或罢市相胁者，则以极严厉的手段相对待。幸而我即日离开金中，你们始得延长五年非理非法的享有！这可见得凡肯讲理与法的校长，就不肯与你们同鼻孔出入，又可见得在陈逆政府之下，尚且不能承认你辈的契约权，安有在最讲求"打倒不平等条约"的政府，而容你辈的长久霸占吗？（又我离开金中的缘故，不是如你们所说的被逐，乃由我见金中的改革已具有相当的基础，我可以借此下台。一，表明我非来侵夺校长地位；一，我个人由此可以实行其高大的理想与事业。）

诚如你辈所言，我国现在受了种种不平等条约，应当由我们振起大无畏的精神与彼辈侵夺者打得个你死我活才休。但大处固当努力，小处也不可放松，我们固然看不过我国一切不平等条约，但也不肯轻轻看过金中校产的不平等条约。我们一方面要打倒与外人所立的不平等条约，一方面要打倒与本国人所立的不平等条约，无论对内对外，对小对大，皆当抱了一个"打得个你死我活"的精神，所谓狮子搏兔亦要用全力也。

总之今日之事，只要三言两语，就能解决，一是理，一是法，而一是权力。金中校产此次增租，比原价虽增至七倍，但此全系根据市价计算，经行署与市厅所证明可行者，由此可见你辈佃户以非理的手续，占便宜七倍的价钱了。凡要讲理与法者叮以理与法喻之，否则唯有诉诸权力罢了。但我总想你们金钱的权力，抵不过金中方面有理，有法，有官厅，与舆论的各种权力，所以为你辈计，总当与人讲求理与法才好。

胡为乎来哉？——金中佃会的启事！[1]

我今夜与友斗饮奇种茶太多，致到夜深鸡啼时候尚在骑楼散步。仰视明月半轮斜斜儿从西下，适值狗声吠得热闹，把沉在许多大计划中的我提醒起来，忽然忆及日间某报尝登有这样的广告：

答复清理金中校产委员会

敝等领租水坦栈地，订明租赁期内不得增租字样，相安无异。不料近日贵会忽有限期换照，并瞒请增租七倍以上之布告。敝等当经齐集会议签，谓贵会违背原约换照增租，侵害佃权，誓不承认。除呈请各官厅维持原约外，特此登报答复。

汕头金山佃权维持会启

这些话的虚伪不值一驳，已见我前二次"胡为乎来哉"之中。今把它转载来，不是代它省广告费，乃要使人知道我在深夜饮茶之后，脑袋越清楚，越见得这个广告的胡闹！

第一，他们的胡闹，是金中佃户不过几个商人耳，偏偏不敢用真招牌，而要假设一个"会"出来骗人，以为有许多"后棚老板"也！

第二，他们的胡闹，是要以不合理法的契约为护符，意若曰："我已前时骗得你了，安有不可继续骗你到底！你不肯吗？我就说前

---

〔1〕 1926年9月1日《大岭东日报》。

次你已受骗了,这个便足证明你必定今后也要受骗,不然,就证明你不是前后合一的人格!"呜呼,这个高明的逻辑,我不料乃得见于金中佃户的广告中!

第三,他们的胡闹,是说金中校产清理会瞒请七倍的增租。殊不知这个价格乃由行政署与市政厅所证明为合市价者,今云清理会瞒骗,无异说行政署与市政厅瞒骗!而据一般舆论说,这次增租价格,确实尚比市价便宜些,若此,由金中佃户说,不啻全汕头人皆瞒骗也,而独有他们几个当局者不会瞒骗!可怜哉!这样不高明的逻辑。我竟不料又得于金中佃户的广告中!

够了够了!我不要再寻他们别的胡闹了。不幸我明儿就要下广州,不能在此领略他们的"高论"。可是,我极望潮人多多出来管这件事,使我也得从广州继续寄来许多许多的"胡为乎来哉"以答复金中佃户的"高论"。

暂告别了,我的"亲滴滴"的金中佃户们!夜更深了!万籁俱寂,我脑越清楚,越见得你们的胡闹,而亦越见得我的"胡为乎来哉"的必须多做!

十五,八,廿八夜,当金中佃户们沉睡时书

反诉状[1]

事因贵判"爱娇"对"民"与夏民丐尊一案判断不公,硬派民善写别字,今附粘民在《新文化》证文一纸,证明民实在不善于写别字(文实在无粘),除"叚"字系他人抄误应由民负责外,余字皆由"夏民"不识民博雅解放,而爱娇判文如此,似犯受贿或偏听之嫌疑。现在海上一班"文氓"文明别字,串通勾结,专在各报散布谣言。请贵机关于受状时,应予慎重,以免上当。民浪漫性成,毁誉昔已不计,只缘文人重字,古有明训。若夏民得胜,则民名为大学教授,而竟善于写别字,恐被一班学生驱逐。每年数千元收入白丢,岂不可惜!又尝闻某著名博士说:一字发现与发现一粒星并重。民已为"叚"字失了一粒明星之价值,而夏民竟要使民失却"七星"之光彩,为此迫民不得不恳请贵机关恢复民之光耀,实为德便。谨状。

撰状律师"铲氓"状已存案,如有别字,由贵报负责。

---

[1] 1926年12月30日《晶报》。

征求对于"妇女承继权"意见书[1]

苟具有天良与情感的人,谁愿他妻于他死后毫无资借,受人欺负?谁愿他的女儿出嫁时双手空空,任人主宰?但因妇女承继权在我国法律及风俗上均不允许,以致纵然具有天良和情感的丈夫与父亲,纵然他们家产丰富,而终不免当他生前或死后,使自家爱妻及女儿常常因经济缺乏而堕入于愁苦之乡。

好丈夫!好父亲!希望你们对于这个关于骨肉的问题,千万去郑重考虑一番罢。千万勿为法律风俗所拘束,各各凭其良心的主张特来表示其意见,我们当陆续在《新文化》月刊上发表,借觇社会对于这个重要问题的趋向。

新文化社同人谨启
十五,十一,二十二日

---

[1] 1927年1月《新文化》第1卷第1期。以下诸篇或署名"新文化同人",或署名"编者",或署名"记者",或署名"竞""竞生",或未署名等情况,考察实际情况皆为张竞生亲自撰写之文字,后不再说明。

第一次"妇女承继权"意见书征求的结论[1]

多谢诸位先生对我们此次征求的帮忙。最可喜的是各人各有独到的议论。稚晖先生的意见说得最痛切，张继先生说得最周透，至于孑民先生及华林与兆良二位都主张废除遗产制的。可是我们对这层主张于赞同之中而有些修改，即主张"有限制的遗产制"，换句话说，我们主张有遗产，不过其遗产不能超过若干元（如以五十万元为度），若过此项的界限，则应将其剩余的由政府没收。又由政府制定遗产征税表以累增率为佳，即自五千元遗产以上应征其税率。其遗产愈多的则所征的百分税率愈大，一直到五十万元，其百分率应为百分之五十，如此则遗产最大的度数不过二十五万元而已。必要如此主张的理由，是凡一个人辛辛苦苦所找来的血汗，若他身后一概被剥夺净尽，未免者过于残忍，受者太过灰心。我们常想一个好社会的组织，一方应从公共观念着想，一方尤应在个人自由着想（参看张竞生著的《美的社会组织法》第四章），然后才免有资本家扰乱社会的安宁，而又免有个人怠于工作及创造的流弊。

就广义说，承继权不只为遗产。这不过是物质方面的重要。此外我们对于宗祧承继一问题也当承认女子同男子一样。现时宗祧问题，唯有男子可以为宗子，可以为家尊，今后应当视女子也可得到这样权限，如父母仅育一女儿，则此女儿当可为宗子，虽出嫁后尚可为伊母

---

[1] 1927年1月《新文化》第1卷第1期。

家继续宗祧。这样广义的承继权，始能使女子得到物质与精神的安慰，然后才能得到男女真正的平等。

此外，尚有关于承继权种种的意义，我们希望社会看此事为一种紧要运动，人人出来讨论与实行，我们当敬谨地追随诸君之后。

征求为母为妻为女儿者不能得到承继权的痛苦实状[1]

此项专为妇女痛诉伊们不能得到承继权的苦状而设。如男子们能知妇女此项实状而代为描写,也所欢迎。但以事实为主,不可掺入杜撰。

就事实上说,因为妇女无承继权,为女儿者,在家受父母兄弟们的歧视与教育的不平等。为人妻时,受夫家与其夫经济上的限制,每每不能在家庭中有所措施,在社会上因无经济每每不能经营各种事业。于夫死后,家产常被夫家或其子孙夺去,以致不能生活。又为母时,因无财产,常常受子媳鄙视与虐待。

以上所说情状,为家家所常见之事,所望妇女们把亲身所受痛苦,惨怛悲哀地详详细细描写出来,料想男子们虽铁石心肠,也必被你们感动了万分之一以至于堕泪哪!

---

[1] 1927年1月《新文化》第1卷第1期。

赞成"妇女承继权"者之签名录[1]

我们承认女子是人,是与男子同样为人。我们痛恨我国法律及风俗上重重剥夺女子做人的资格,尤其是对于财产一项的剥夺。为人道与为情感起见,我们男子应当出来主张公道。关于遗产处分一事,我们主张对于妻者最少限度,当使伊同子女平均得到一份的支配。对于女儿,在家时当使其与伊兄弟们同样得到教育与生活费,分家时,当使其同伊兄弟们平分父母的产业。我们希望为人妻者如此:于夫死后得有一份产业,无子者不致受家族欺负,有子者也免受子女蔑视。为人女儿者:既可分产业,在家时免受兄弟的侮辱,出嫁时免致夫家看不起。这样一来,女子经济得到独立,由此可以求高深的学问与可以经营社会各种事业。男子方面既免为女子所负累而且可得女子的帮助。男女彼此相助相益,社会事业自然蒸蒸日上,这岂不胜于今日女子仅为男子的寄生虫,以致男女彼此两败俱伤吗?

现在我们诚恳地向为夫为父者,问其赞同我们此项的主张否?如其赞同,则请签名丁后。我们将其芳名陆续登出于《新文化》月刊上,这不但为其妻女最好的保证,并且希望未签名者,对此义举闻风兴起渐渐蔚成风气,以便将来把此事成为法律,这岂但签名者之光而已,直是我国社会改造上最大关键之所在!

签名者

---

[1] 1927年1月《新文化》第1卷第1期。

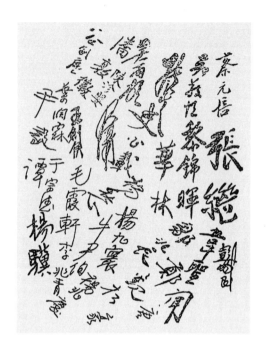

附

签名介绍[1]

这第一批签名因为不过向几个朋友征求的结果,以量说,自然不见几多,但以质说,则甚有价值。吴敬恒(稚晖)、蔡元培(孑民)、张继(溥泉)诸先生,在社会上位置的高贵,人人皆知,可以不必说了。华林君无政府中人也,素持个人主义,独对此问题,觉得男女有互助之必要,或者这为彼对于崔氏失爱的反动吗?(一笑)黎锦晖先

---

[1] 1927年1月《新文化》第1卷第1期。

生为上海交际家明星，有女明晖，显名影界，"遂令天下父母心，不重生男重生女"，黎先生之签名大具有此概念。余如张竞生、彭兆良、罗直敷、谷剑尘、陈涔婴、王剑侯诸人系我们新文化社社员，方当努力奋斗，现时自无功罪可言。此外而使我辈最感动者为中华法科大学教授及学生诸君的帮忙，可见学法政者对于社会问题比他人独具热诚。要之，以第一次破题儿而有这样成绩，我们预料以后定必更加源源而来。"各人由本身做起"，到那时，所谓法律风俗还成什么东西！可预贺哉，我们此遭妇女承继权运动的成功！（编者）

聘请"上海通"[1]

上海华洋杂处，地广人多，常常生出极有兴趣的事情可以为社会学的资料。如北四川路"盐水妹"[2]的习尚，所生子女为华洋混合种，极可以借此考究这种结果的良劣。上海有的是资本家工厂的待遇与商店的生活，也可以从此中窥出许多社会情形。上海有的是流氓，大流氓，小流氓，为财而流氓，为色而流氓，独立流氓，或与外国流氓相结合。凡此种种奇形怪状的社会现象，不可无专家的著述。有能以此项材料供给我们者，当从优酬赏。但以事实为主，一切杜撰，皆所不取。

新文化社谨白

---

[1] 1927年1月《新文化》第1卷第1期。
[2] 即咸水妹。旧时称接待外国人的妓女。

征求上海各学校腐败的实状[1]

竞生来沪担任上海艺术大学教务长之职，不久就发觉良心上对人种种不住，遂毅然辞职以谢同人。但念海上为学问而办学者寥如晨星，大多数皆是一班流氓、文丐，视学校为商店，专门以找钱欺人为能事，一班青年学子受其害者不知若干。个人的失损固大，而人才及国本由此而摧残，其损失更不可计算。竞生心痛之余，用特在此广求各学校腐败的实状，以便在《新文化》按期登出，期与国人共弃之。

（来稿当然要求切于事实，但寄稿者须写真名，登出时可用假名）

张竞生谨启

---

[1] 1927年1月《新文化》第1卷第1期。

本刊第三期征文"考试制度的研究"[1]

国民党党纲五权中,考试权居其一。以今日幸进混竞之风说,考试之举更不容缓。顾孙中山先生对于此制的详章未暇从细订定,以致世人疑惑万端。本刊特在第三期将这个重要问题,于"社会建设栏"内作一有系统的研究,万望贤达之士多多来参加讨论。

征求范围:

（1）我国考试制度历史及其详状。

（2）各国考试制度历史及其详状。

（3）我国现在如何得到一个最良善的考试制度。

（4）铨选制与考试制的关系。

来文一经选登,定当从优酬劳。

---

[1] 1927年1月《新文化》第1卷第1期。

《新文化》月刊宣言[1]

不客气说，到如今我国尚脱不了半文明半野蛮的状态，尤可惜是连这一半文明尚是旧的，腐朽而不适用的！故今要以新文化为标准，对于我人一切事情——自拉屎、交媾，以至思想、文化，皆当由头到底从新做起，这何消说是一件极困难的事情，又何消说我们对此责任的重大与工作的艰难了。

可是，我们不敢以此自馁，还要以此自负。我们大胆地挂出这个"新文化"招牌来，一切一切皆以这个新文化为标准；若它是新文化，不管怎样惊世骇俗，我们当尽量地介绍，并作一些有系统的研究。若它不是新文化，不管它在历史及社会上多大势力，我们当竭力攻击到使它无立足地然后已。所以我们对本刊预备二大特色以供给阅者：第一，它所选材料必定新奇可喜，当使阅者兴高采烈，不似一般杂志抄袭陈腐令人生厌；第二，专辟"辩论"一栏，务使各人对各种问题，淋漓发挥，尽情讨论，而使阅者觉得栩栩有生气，好似身临千军万马的笔墨战场一样。而最能使人满意者，则为本刊对于美育及性育二项，供给阅者得了充分研究的机会。

照上标准，本刊内容可得而言者，有四大栏。

（一）社会建设栏（如教育、政治、经济、妇女、宗教、外交、军备等问题属之）。

---

[1] 1927年1月《新文化》第1卷第1期。

（二）性育美育栏（以科学与艺术的眼光，讨论这两个问题）。

（三）文艺杂记栏（如文学、艺术、风俗、时事、笔记等项属之）。

（四）批评辩论栏（中外学说批评，与读者彼此争论的意见皆属之）。

附

编后语（创刊号）[1]

本刊本期印刷上觉得许多缺点，天下事总是起头难，事务生疏以致顾此失彼。例如：

标点在旁不如在句下，觉得时，稿已完全排好，恐改工过缓出版，遂姑容忍以俟下期改订。铜版做得不好，尤其是《裸体研究》那二插图，把原版的奶部"太极"形完全剥夺，最使人恼也。陶元庆先生本为本刊封面画了一幅三色"兽林"图，因制版太坏遂不敢用。这些缺点，极望于下期竭力改良，以副阅者之雅意。

但亦有些足以自慰并以慰阅者，陶元庆先生的各种未来派画为本刊生色不少。本刊所用字粒尚新，纸张也过得去，错字虽不少，但总可看得懂。

至于内容，彭兆良君译的霭理思[2]大可一读。霭理思的《性心理》，为世界名著之一，我们自去年就下决心，聚合许多朋友合译，彭君不愧吾党健将，居然捷足先登。张继先生那篇艺术演说，也具有相当的价值。张竞生《裸体研究》及其余诸篇，大值得一阅。

---

[1] 1927年1月《新文化》第1卷第1期。
[2] 今译霭理士。

但最使我们满意者,就在"社会建设栏"中得到海上诸名人对于妇女承继权稍有一致的主张,此问题如能引起社会人注意,本刊此期之出版不为无意义了!

致"全国妇女代表大会"请力争妇女承继权书[1]

诸姑姊妹们：

女权运动已有些日子了，可是，你们所得的是什么？还不是依然为男子的奴隶、家庭的牺牲、社会的落伍者吗？你们现在已比从前觉悟了，你们将聚合全国女界领袖开大会讨论关于妇女一切的问题了。不错，一切妇女问题皆极重要，但经济问题更为紧要。从社会方面说，你们当求得各种职业与男子同样对待。从家庭说，你们当求得家产承继与宗子的权利。这后一层比前层更易得到并且较有利益可期。

你们辛辛苦苦求得一件职业，充其量不过够生活费而已。假如你们有稍富裕的家产，而能够平分一份，就不怕无生活费了。且你们可得此以谋社会一切事业，还怕男子尚敢看你们为奴隶吗？你们经济独立，就不会为家庭的牺牲与社会的落伍者了。

你们幸在国民政府之下，对于妇女承继权的要求，当然极易得到，因为这已是国民党党纲所规定的，但你们要知道这件事全要靠你们妇女自己努力，靠住别人总是夜长梦多哪。不客气说，现时国民政府都是一班男子执权，他们自然不急急来管这事。并且国民政府此时尚是忙于军政时期，自然无时候来管及这件事。所以全靠你们妇女自己努力奋斗，而且要实实在在督促政府去实行。我们以为你们对此事提案的大略是应请国民政府规定如下：

---

[1] 1927年2月《新文化》第1卷第2期。

（1）凡为母者，最少，得与子女同分一份的产业。
（2）凡为妻者，得与其夫享受同等或相当的财产。
（3）凡为女儿者，得与其男兄弟一样平分父母的家产。
（4）凡为庶母及妾者（就已然说），也有同分其产业之权。

这个纲要务须请国民政府批准执行。同时应由妇女部组织一个"妇女承继权监察委员会"，监视行政方面是否真心执行。总之，这是妇女自家事情，应由妇女自己实力做去，切勿靠托男子以免受骗或致延宕。

这是一件极易实行而且为女权第一步最要的基础。此层如不能做到，所谓什么女权皆是虚假敷衍之话。你们觉悟的女子们，料度不至被人再骗了。兹附上《新文化》月刊创刊号关于妇女承继权几则以备参照。

此致
全国妇女代表大会

新文化社同人谨启
十六年元月五号

关于申新两报的广告术等[1]

读了《泛报》第一期《报馆也维持穿裤子的风化》，其中所论的，便为我们《新文化》打不平，及骂那上海的《申报》及《新闻报》不长进，和那"上海风化维持会"的无聊。感谢《泛报》盛意，使我不能不来说一说。

上海《申报》及《新闻报》，因为告白太多了，当然板起面孔来对于一些他们自称为有危险性的告白，就一概屏绝。他们所登者自然以商家的广告为多。其实，商家的广告比我们的新思想危险更大。他们日日所登者内中不少含有欺骗的事情，但因广告费太大了，白白放弃为可惜，遂大登而特登。举例来说吧！他们所登的不是倡优、卖卜及一切迷信的事吗？他们"生殖灵"的告白，不是满纸扯谎吗？故我对朋友悻悻然以这二间报不肯登《新文化》的告白不合理，就冷笑对他说："假如你能出一批大大的广告费，他们就无不乐于应承了。今你所出的不过数元钱，谁要你这寒伧，而使腐败的商家骂该报馆太要钞吗？"这为实话，《申报》及《新闻报》，声声表明为商业性质。那么只要你有钱，无事不可为你吹了。反之若你无钱，则你有什么好事，也就不睬你了。商家的面孔确实如此，又何怪乎《申报》及《新闻报》！（附上丈二君的论文。）

说及"上海风化维持会"，更觉无聊。拙著《性史》（第一集）在

---

[1] 1927年2月《新文化》第1卷第2期。

上海流行了不知若干月与被人翻印若干次,而并无所谓"上海风化维持会"出来维持者,及我与某某书局假托我名印售《性史》(第二集)起诉后,这该会就出头来告我。当我与那班偷印书者交涉时,他们说,如我奈何他,他们也有法奈何我,这个明明指出风化维持会的作用了。故痛快说一句"上海风化维持会",便是一班专门假别人名字偷印淫书之人!或至少与这班人有密切的关系。当法官对该会起诉而断我无罪时,我本想反控该会的暧昧。后因不屑与这班人太计较,遂姑放置。俟有机会时再与他们算账未迟,哈哈!(竞)

附

可惊可骇的"药广告"

我在师范学校里念书的时候,有位商业教授,陈先生,他和上海的某药公司的经理是知交的!某药公司经理对他所讲的一段话,他又转讲给我们听,现在偶然忆起,记述如下(以下的话皆是某药公司经理所讲的):

"广告的魔力真大极了,尤其是药广告,我们倘使把一缸清水,随便放些药料——无关紧要的——用种种广告术,天天在报上鼓吹,这缸清水,和些药料,装好在瓶里,包你这缸清水,卖到千元,不算稀奇。所以制药公司里,制了一种药,总要注意广告术,说什么'有病治病''无病补身''延年益寿''百龄高寿'……说得天花乱坠,人们看了,大多数定必相信的来购服的。"

咳!现在你们看看,某药公司里的药片,和其他外人所办的制药公司,所制出来的药片、药丸,用种种异想天开的广告术,引诱人家购服。尤其是上海某大流氓所办的某药公司,所制的某种药片,广告术更是日新月异,日日翻新,据几个西医说:"这药片含有多量苏打,食下去助消化而已。"这个大流氓是谁?原来是陈先生的朋友,讲上段话的某药公司的经理先生。诸位要知道:"没有一样药片,可以统治万人的,各人各各不同的病。"莫上当呀!

上稿我投到日报和其他报章上,都不肯采载,现再投载本刊,以畅我怀!(丈二附志)

张竞生为上海潮产致潮人一封公开信[1]

诸位同乡：

在上海法租界八仙桥，明明写明为"潮州山庄"，价值近百万元的潮产，年来由几个自称为潮州会馆董事者所包办，已经把公产浪费了大半。我来上海不久即与旅沪一班潮州学界出面干涉，彼等董事初则答应与我辈合作，继则登报图赖，冀占潮州公产为商界一界所私有，后经我辈根据事实驳斥，彼等始肯照原议进行。但彼等口虽应承开潮州同乡大会解决，而暗中故意延缓，以便从中自便取利。我辈也知其奸诈，遂由律师致信彼辈请其于未开旅沪潮州同乡会之前，该董事会不能处理潮产分文。因彼等既承认该产为潮人所公有，则非有潮人公认的机关不能管理。原该董事会不过由商人所组织，而且非用正当的选举法，换句话说，该会原来不过一种"司月"的推举，即每月轮流拜神的人选而已。我潮人物在沪有商界、学界与工界及各种人物，安能以此等拜神的人代表我辈？而且他们先前所做的事确实对我人不住。举其要者，他们受一二不肖董事所利用，更敢于合同之外，擅许加给建筑闸北潮州八邑会馆的工程师三万两，与擅行决定坟地围墙五万元，及其他一切无关紧要的事，每每所给予者皆论千论万。在彼等以公产为私图原无足责，而在我辈抱涓滴为公之心，当然不能相容。果也，他们胡闹到底，毫无悔过之心！他们一面承认于新年后开

---

[1] 1927年2月《新文化》第1卷第2期。

潮州同乡大会，而一面竟置我们律师所要求的正当办法于不顾，今则于暧昧之中，竟自擅行发给前所说不正当的工程师费三万两矣。为什么说是暧昧？因该工程师前时尚以三万两为不足，彼等与一二不肖董事狼狈为奸，要求非添到五万余两不肯受，今则彼等知我辈主张于合同（原价也不过五万余两）应给之外，一文不能多给，遂不得不敛其野心矣。迹其前以是价而不受，今始受之的行为，可以知道此中的暧昧了。我辈对此种举动当然愤气填胸。现在潮人在沪困穷甚多，尤以学界为甚。许多学子辛辛苦苦在此求学，每每因家道中变不能接济数十元学费而废学，而彼等董事皆是身家百万，更敢希图潮产，每每擅用数万元而不惜。我辈当然不怕这班"银猪"的胡闹，故遂拟向法庭起诉，并向潮州当局，要求先将几个不肖董事在潮产业先行看管，以便将来案结之后，彼等应赔公产若干，即把其产业抵偿，以免此辈在上海有洋大人为保护，可以任意图赖也（截到此止此二种计划尚未实行，因有人出来调停之故，后事如何再告）。

我们所争者当然不止为学界的利益乃为全潮的公益。自始至终，我辈所提出者有三大纲：

（1）由潮人用最公开的会议，讨论怎样处置潮产的方法。

（2）使未被该董事所变卖的五十万元地基，怎样长久保存于不敝。

（3）求其每年利息最多。

我们办法也有四：

（1）由各界各举出若干人组织潮产执行委员会、监察委员会及财务委员会。

（2）以后限定用款，须由上三机关同意后才能支用。

（3）每年所得利息（最少现尚可得三万元）应有正当的分配，即反对用于无益及中饱的途径，须当为教育、慈善及公益的支用。

（4）学界（除教职员外）应有大部分的津贴，俾贫穷学生，每年可得相当的济助以免中途失学。

诸位！你想我们这样办法，尚有什么为己图利的非议吗？不意

张竞生为上海潮产致潮人一封公开信

一二不肖董事，知道竞生为反对他们最得力之人，遂嗾使其党徒，如蔡文玹等一片狗吠狼声，大发传单，说竞生穷苦极了要将数十万元吞为己有。哈哈！潮人不下数万人在上海，彼辈董事也不下二十余人。他们市侩性成，锱铢计较，安肯让我个人将数十万元侵吞下去。竞生虽穷，但每年正当收入也有数千元，家中人少而且俭约，不但不会欠人分文，而且每每助人，此全国皆知的事实毋庸吹牛者。况且我要侵吞公款，则潮州金山中学产业一二百万元，前曾受人委任管理而推辞。我为北京都门旅费[1]与粤城潮州会馆而尽力，皆用无穷的心血，为公家求多一点的经济，不但自己无利可图，而且每每自己破钞，如去年为都门旅费事而费去数十元，虽为公家争回数万元，而我不肯以此居功讨偿此区区数十元也。

总之，此信的目的，不是为竞生个人辩护，因为我个人已置毁誉于度外。我也曾受许多人骂我连禽兽之不过，也曾受了许多人奉我若神仙的高尚。那么，区区几个上海市侩与他几个走狗，当然吓我不惊。不如公事公办，旅沪潮产关系于我潮人旅沪的学界前途甚大。我个人所希望者，使潮产不致被几个市侩所中饱而使学界如旅京及旅省一样得有相当的利益，则竞生个人虽受种种侮辱也所甘心了。（为学生求利益，我主张教职员不能得津贴，则我个人当然无利可图。而且为杜绝他们造谣计，则我决不受一切委员的职务，只愿在野尽监督之责任就够了。）

十六年，二月九号发于上海

---

[1] 清末，广东水师提督方耀专门把他家一片位于汕头外砂一带的田园的租赋，汇往燕京组成"都门旅费"，用以支持接济潮州人上京考试或公干商务的费用。清朝垮台后，潮州会馆就成了潮籍大学生的活动住宿场所，"都门旅费"则成了潮州会馆的经费和潮籍大学生生活上的补贴费用。

案头语[1]

在军事与政治渐入轨道之际,我们对于"美的运动"已渐觉得大有希望了。今后本刊一边着力于"美的社会事业"的运动,而一边着重于"美的情感"的发展。

军事仅是革命时期不可少的物,而政治的措施又大多为有时间性的补救。故要求一长久而不动摇的社会,非从美的人心与美的事业入手不可。我们不怕人骂为理想,理想原是事实之母,凡本刊今后所说的"美的运动",正望从理想达到于事实的实现耳。

总之,本刊所特别注意的,为"美的运动",所谓性育与他项的研究,也皆以"美"为依归。务求一面得到美的理想的满足,而一面又能得到美的事实的实现。现特请求读者诸君多多帮助我们这个"美的运动"的成功。所有文字及意见的赐教,也以认定美的范围为合选(如要参考,请看张竞生著的《美的人生观》《美的社会组织法》二书)。

---

[1] 1927年3月《新文化》第1卷第3期。

中央考试院意见书[1]

孙中山先生以考试权为政府五大权之一，大意谓考试权与别种权公开独立，乃中国最良善的制度，必要考试权与立法、司法、行政、监察四权同时成立，然后"才是世界上最完全最良善的政府"（见民权第六讲）。而议者以为真才不能由一时考试所能得，遂致怀疑于考试的无用。不知今后考试法与前时大不同。今后考试法，第一，在将其平日成绩、品行与资格，集合起来以为参考的材料；第二，则在用种种科学之法，考试其是否确与平日的成绩相符。故良善的考试法，对学校说，则在尊重其平日的学业使其不敢虚报，而尤在促进学生平时预备的功夫，使其不敢偷惰。对官吏说，则在实行其铨选的规章，既使各人各就所学去任事，不至于所学非所用，而又各使其照资格才力以升迁，以杜绝其幸进的弊端。对群众代表说，则在考核其名实是否相符。时至今日，我们尚常见有大学生不学无才，与乳臭小儿及市贾之徒而为知县及各种官吏者。人人各存其幸进与机会之心，难怪为学生者可以不用功而专以出风头为能事，为官吏者不求吏治与民生，而以钻营和运动为独一之手段。以这样的人才，为官吏而使其支撑革命与建设的局面，恐于革命与建设的基础不但不能使之坚固，而反有致于倾陷之虞。我们信仰孙先生考试权为救济今日学业荒堕与

---

[1] 1927年3月《新文化》第1卷第3期。

吏墨暗的独一良剂，用敢将中央考试院组织法简表及其说明书附下，望诸同志勿吝指教，并祈同意签名以便向国民政府请求从速将考试院成立，不胜幸甚。

中央考试院组织法简表

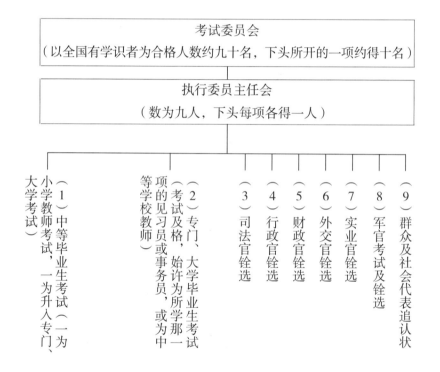

说明书

先就考试方法说，应分为三种手续：

（一）学生考试法

（甲）凡中等毕业生（包普中及高中），由学校造册载明其平时成绩，每于年假或暑假中由考试院管理此项的"主任委员"特派若干人往前时的"府治"或"州治"的地方，召集附近若干县（大概自数县至十几县）的中等毕业生行笔试与口试及体格试验。合格者准许升学或为小学的教师（要为小学教师者并须试验教授法），若中等生有特别才能者请学校于造册时另行注明，由考试委员特别考试，以便特予优待，如送往外国专习其特长，或在本国特以公费资助而使其成为完全的人才。

（乙）凡专门及大学的毕业生，应于法定时期聚集本省的垣厅候考试院考试。及格者各就所学那一项，分发各处为见习员或事务员，如学法政者则为司法局所的见习员或事务官，其他行政、财政、外交、实业同此。此项人物于一定任职时期后，统许尝试下项所规定的各种铨选法。

（二）司法、行政、财政、外交、实业的铨选法

上项官吏升黜之权应该操诸考试院，不可听其长官的意旨以长其弄权与作弊的罪恶。我以为此项"广义的考试法"，比上项学校的考试，其关系更大。凡一切官吏（除下头所规定的特别保举外），非要由专门及大学毕业的见习员铨选不可。又除有特别成绩准予破例外，凡各级升调皆有年阶与资格的限制。例如，凡为行政见习员一年者始许升为行政的科员，又要经过若干年后才能升为科长。又要于一定时间后始许升为县长之类。如此升调，当然使人不至生幸进之心，与能够由此杜绝滥用情面及用金钱买官的毛病。此外，除非有特别过失外，一切官吏皆得有确实保障，各官吏得以长久保持其职位，以便从事于兴革的各种事宜。

（三）军官考试及铨选法

此项关系更大，应由考试院特设此项考试委员会，会同军事机关办理之。

（四）群众及会社代表追认状

这项似与考试院无关联。但在我国今日群众程度幼稚之下，每每

有冒称某某代表以欺骗社会者，或则各职业机关所举出的代表，类皆不识不知，非牛非马，而毫无才能与德行足以副其所举人的希望者。此中弊病，乃由一班狡猾者用种种手段欺骗群众以便从中取利。故考试院对此项人物，也应有相当的裁制。群众有自由选举代表之权与各会社有自由结社及选举职员之权，在这层上，政府当然不能干涉，但于选出后，应由考试院或所委托的机关承认代表人是否合格。如不合格者，再请所选出的机关再选别人。此项考察的标准，当用最详审的方法举行之。

以上四项所说的考试法，当然极为粗略。其详细章程，当由专门人才从善订定。

（五）考试委员的人选与其考试的方法

考试委员人选，当以具有上表所列的各项专门学识者为合格。每项各有主任一人，于必要时得聘请考试委员若干人襄助，但对于中等毕业生的考试可请临时委员代办。其余各种考试及铨选手续，当由主任会同各委员认真办理。其考试法当操用科学的试验法。

考试委员不受何种权力的干涉。每到一地方考试时，各级官吏皆当迎送与保护。

对于"保举"一层，考试院虽无权干涉，但如所保举者不称职，考试院得以检举，除所保护者撤销外，保举人并应受相当的处罚。

十六年三月七号草案

为妇女承继权事请国民政府速予施行书[1]

径启者：

国民党党纲规定男女平权，而尤殷殷致意于妇女经济的独立，足见国民党在党纲上允许女子和男子得了一切平等的地位，由是遂能使觉悟的女子知道女子应当为国民党努力而后才有与男子同立于平等地位的希望。故国民党在各处的党部皆有妇女一部的参加，而常常有许多女同志比较男同志的努力更见有加而无减。那么，国民政府应当如何实行其党纲以酬谢女同志的功劳而实现其人道主义呢？

可是，证诸事实而有大大不然者，例如以广东省说，其政治权已隶属于国民政府之下好久了，而未闻有"妇女承继权"的规定，这或者一向都在军政时期之下努力于革命而未暇及于建设的缘故。到如今国民政府的区域更大了，已据有长江及扬子江两流域的势力了，革命工作固当继续努力，而建设事业也不可一日稍缓。况将向来专为男子的承继权平分为男女共有，此也是革命工作的一种，而同时女子得此新经济的助力必更有大造于革命与社会的建设。为此，恳请国民政府于最短期内切实施行"妇女承继权"，以法律规定：

（1）凡为母者最少得与子女同分一份的产业。

（2）凡为妻者得与其夫享受同等或相当的财产。

（3）凡为女儿者得与其男兄弟一样平分父母的家产。

---

[1] 1927年3月《新文化》第1卷第3期。

（4）凡为庶母及妾者（就已然说），也有同分其产业之权。

以上所陈，事极易行，若并此等极小的革命工作，而不能实行或行而不力，国民政府真对不住人道与女同胞了。附上《新文化》创刊号关于妇女承继权数则以备参考。此致
国民政府

上海新文化社同人谨启
一月十五号

美的裸体游行组织法[1]

谢天谢地,听说居然有汉口一班女子将于五月中举行一裸体大游行以打破女子的羞耻问题,闻签名参加者已有二百余人。有说这是谣言。一向登载花月的《晶报》,竟板起道学家面孔来,说应由武汉维持公安之人速辟此谣,因为"此等事于政治与社会皆有影响也"。

在我们提倡裸体之人看来,此事不但不可阻止,而且应当奖励进行。不过此为破天荒的大事应该郑重其事举行,始能使社会得了裸体利益的好印象。故我现拟一个简略组织法于后:

(一)凡参加裸体游行的女子,应先由"内行"的审查委员会从美的方面审定谁才配有赤裸裸的资格。我国女子——新式女子也不免——自少就把奶压束及种种服装的不称,遂养成一个极坏的身材。若使这班女子去裸体游行,势必使观者起了丑感,说还是裸体丑而穿衣服为美也。

(二)选择一班好身材的女子全身裸体游行外,并应使一部分女子穿了各种新鲜颜色的纱料与极薄的服装,使人觉得穿衣服得法者,也能将有美身体的表现。

(三)此外应备一班女子将束奶,及穿裤种种怪状,不惜现身说法,衬托出来,使人知道束奶的不卫生,及我国女子服装的丑恶。

(四)是日这班裸体的女子应该坐在极美丽的大车中,并且扮成

---

[1] 1927年3月《新文化》第1卷第3期。署名新文化。

为种种景致及有各种意义的表现。有能乘马，坐自由车，及种种跳舞及活动的表现更美。

（五）官厅方面应当竭力保护，并当特备盛会及纪念品以赠这班裸体女子。市民方面，如能将一市中的女子最美者选为"裸后"，以为一市之光，俾皆其实名与仪态以为他人模范，更能得到极大的美果。

以上五则系属草稿，当俟有机会时再行详细审定。

张竞生致汪精卫信[1]

精卫先生：

敬启者！久未亲面承教，仅从外间窥测，自然对于尊见，不免时有"将槃当日"的误会。下面所言，或也一例。

我们国民党是以党治国的。那么，当然不能容许共产党两头并大。又国民党引入共产党来实行三民主义，不是使他们实行共产主义。准此而观——近来先生与独秀先生共同发表的宣言，不免使人疑惑国民党居然容许共产党共治中国了，居然于国民党内容许共产党来实行共产主义了。今《晨报》上见到吴稚晖先生谈话一则，觉得与鄙见及一切真正国民党人的意见相合。但此属谈话性质。故最好应请先生发表一正式的宣言，表示先生是一个真正的国民党，表示国民党容纳共产党为的是增加国民党的势力，但不是为共产党所利用去增加共产党的工作。如此先生则既可见信于国民党，又可使国人与外人知道现在国民政府的政策乃是三民的，不是共产的政策——于内治及外交也较易收美满的效果。凡此所说，关系重大——望先生实行之。

至于我们几个人，不止做革命工作，并且同时做"超革命"的工作，即在努力为"美与情感及性育运动"的宣传。我们的工作，当然一边靠着国民政府的成功，一边又在提高革命的力量。因为这样"美

---

[1] 1927年3月《新文化》第1卷第3期。

与情感及性育"的革命,比政治、经济及风俗的革命更高一层功夫也。写此聊博先生一笑。若有机会见面时,再行详说。

　　顺候
大安

十六,四,四,上海

新文化社附办美的书店通告[1]

本书店比别书店具有种种不同的特色。例如我们自己印售的书籍一以美及性教育的性质为主，着重情感及兴趣方面，定价低廉。其次，本书店所代卖的书籍须经本社精密选择，务使买者得充分满意而不至于上当。又如本店布置：楼下卖书，楼上添备茶点咖啡，置放各种书报，以备观众浏览。此外本书店并附一小小的藏书室，备人"借阅"，并代售欧美各种新奇书，务使中外古今一切有价值之美好书籍，得因此广传流播于人间。

地址：上海四马路中段

开幕期：待布置完竣再行通告

---

[1] 1927年3月《新文化》第1卷第3期。

竞生的评论[1]

竞生看了上二信后，又以自己亲身得到周作人君的事实不少，遂特于此附说几句。

一班少年说周君的头好比太太们缠过的脚。虽自己努力解放，但终不免受旧日束缚的影响以致行起来终是不自然。这个说得极好。周君终是抱守中庸之道的，说好点是稳健，说坏些是不彻底，不新不旧，非东非西，骑墙派的雄将，滑头家的代表。但各人有自己的性情，若周君以此为他个人立身之道我们也可不管了。最令人不满处，就在他偏要以此为准绳去批评人。

因为他是骑墙派、滑头家，故凡对于一切彻底及极端的事情皆认为不对的。根本上他就不知彻底的情感是什么事，不必说极端的恨为他所攻击，就以极端的爱说，如恋爱一人至于憔悴为情死的，也必被他骂为癫狂，他理想最好的行为就是普普通通平常无奇的人物，若有一些超群拔萃的举动，他就容受不得了。可恨是在这个死气沉沉的中国，他竟得了一部分人的同情而说他的批评是极稳健的，而不知他的遗害极大。

周君为人甚阴险，这个自然与他的滑头态度有相关的。他的阴险事实甚多：如他家门前挂起日本旗，被人骂后，他就说他家内有"妻

---

[1] 本文原载1927年5月《新文化》第1卷第4期。见《周作人君真面目的讨论》一文，此外开头的"上二信"指《华林致周君的一封信》和《湘萍由金罗的事情想到了周作人先生》，因关系不密切，此处不录。

党"的日本人住在家内的缘故。他要辩明他不是日本化,自动地在去年说他今后不再订阅北京《顺天时报》了。这个报纸若干年来为著名的日本机关报。周君订阅许多时日,怎样不知,何以于最近期才能看到此中的奸诈呢。章炳麟是周君自认为老师的人(我对章向来就取鄙视态度,不是如叶某所说我与他合作办《建国报》也)。去年周则写了一条《谢本师》的文字,示与章绝。章固当绝,但以素持"爱不加害"的周君,而又曾拜章氏门墙之人,则不应该如此公然侮辱其师长。这岂是看见章氏快要倒运了,就不免做出那下井落石的手段?这样"由爱变恨"的变态,周君所声声用以骂他人的,请转用去骂自己吧。外貌看来,周君似看得起女子的,但前因某教授写一书给某女士而被女士闹翻时,周君就大骂"女子的可畏"起来。但他自己骂与他素不相干的女子则可,若他人骂身受骗的女子则不可。这样的尊重女性实在不敢领教了。《语丝》他为主办的人,除载些无聊赖及攻击他人阴私的文字外,毫无正当彻底的主张,而处在北京军阀黑暗势力之下,此报竟能长时无事继续出版,这可见得周君的滑头态度善于对付时局了!他的阴险事实尚多。有些太过于伤厚道,故我只好待到不得已时再说。

周君自认为有"师爷态度"的,这个尚有自见之明。师爷态度以之对付前时的官场文章则可,若以之对付现时的青年界则大大不可,此风流传,我恐少年除具有根基雄厚不受蛊惑者外,不免受了他那种师爷的态度,阴险狡猾,毫无特立独行的气概。故我以为章炳麟一班腐败人的势力不足畏,因为人皆知其腐败而不肯听了,而最足畏者是章氏弟子如周作人君这班人,因为他们把少年人活泼浪漫之性情摧残了,而养成了一班阴险狡猾的人物,其为害于社会甚大。又因他把人类彻底和极端之性压抑了而奖励一班平常无奇的人物,其阻碍人群的进化甚大。

人群的进化全靠一班特出人物,时时将大多数的普通性质促进与提高。虽则极端与彻底的行为有时不免于伤害。但特别善与特别恶是极少数人才能做得到的。这种特别的伤害固无损乎大体的存在,而反足以促进人类的醒悟。譬如我们几个人主张正当的情杀,但这不是说凡中国人从事于用情者,就必至于杀人及被杀与自杀,究竟事实上断不会如此的。这个提倡的结果唯有增高用情者的程度而已。故极端的动机,虽恶而结果尚美善(例如读《少年维特之烦恼》,德国少年有些不免因此而自杀,但大多数的情感反由此而热烈)。那么极端的动机美善,其结果的美满更不必说了。这样道理,当然不能使周作人君懂,但他自认不懂就可了,而他偏要从阴险龌龊普通平常处,制造他的理想的人物,所以使人不能不大加反对了。

我在此仅就周君的德行及批评的态度说;至于他的文章,其油滑无骨气一如其人,因非本题,恕不在此多论列了。

哀女生张挹兰[1]

挹兰！

我在报上见你被绞讯时，眼泪不觉夺眶而出，那夜整宵无眠，偶于院中假寐，觉阴惨惨在我眼前忽现女尸一具，头发蓬乱，舌吐口外寸余，眼鼻孔尚在流血，满面血痕斑斑，和那青白细长的脸，及那衰弱倭小的身材，原来就是你！就是可怜的挹兰被人欺负的弱者！

挹兰！

我前年在北京大学教授时，唯你为我所最赏识。你常与我讨论怎样编辑中等行为论（即旧时伦理学）教科书，及性育教科书。及《新文化》要出版时，你即寄我二文，一为《母爱之调节与其要点》，已登入创刊号内，读者皆叹为论断周密，文笔简洁。另一题为《关于庚款用途的一个建议》，现登在本期为你于世上特留一个大大的纪念。将来国事平定，能够照你所拟的去建设，建设一个"中华国立学术研究院"，则你虽死犹生了。又苟能将此院冠以"挹兰"二字，则你死得更有荣光了。

你家极穷，赖你与弟译著以生。我每遇你拖其解放后的小足蹩蹩于沙滩、嵩祝寺之间，手中每执布制提袋，衣服简单，寒时似全身抖颤，热天又见你薄薄的脸满额汗珠。每一念及，心常为之不安，《新文化》出版后，我拟请你为长期编辑，使你生活稍为满足，谁知你能

---

[1] 1927年5月《新文化》第1卷第4期。

忍贫竟不愿就。

去冬，褚女士松雪来信说你不但学问好而且有义气与勇敢。当"赤发"女士被京警捕拿时，你与褚四出运动营救，伊由是得脱走上海。你且告褚，如褚被拿时，你誓以保养我们的二岁小孩自任。我感谢你爱惜我们小孩比小孩自己母亲爱他更浓挚！

你为《妇女之友》周刊的主任人物，极端拥护女权为职志，这已足致你死命了。你终任为北京市国民党妇女部长，则你的死更不能逃了！你今竟为女权而死，竟为国民党而死，秋瑾以后应算你为女子中死得最有价值了！

当我得知你下车赴绞场就义时，"面现喜色，摇首挺身而入"，我此时几如发狂一样的跳跃呼号，嚷破了喉咙我尚继续嚷下去：

死的胜利！

挹兰！挹兰！

死的胜利是属于你的！

你以一死洗尽中国女子许多的弱点！

你以一死唤醒许多民众的迷梦！

挹兰！

你当记得我在教室与你们谈及罗马 Lucrece [1] 的死事？

这个高贵而有德行的女子，

当伊上断头台时，

痛快地向那一班送别的朋友说：

"死不足怕，死不痛苦！

唯有罪恶，才是可怕！

唯有罪恶，才是痛苦！"

---

〔1〕 莎士比亚根据罗马传说创作有《鲁克丽丝受辱记》。

挹兰!
你已知道,
这位女子的代价了!
罗马专制由此推翻!
罗马共和由是建立!

挹兰!
我曾与你们说这位罗马女子的死法就是"美的死法"最好的榜样。

挹兰!
你今这样死法也就是"美的死法"最好的榜样了!
死的胜利!
美的死法!
都属于你的了!

挹兰! 挹兰!
你虽少年而死似乎可以无憾了!

十六,五月朔晨

附

褚松雪《哭张挹兰》[1]

革命是准备着牺牲的,被绞死和被枪毙,都是意中事。死者既已慨

---

[1] 1927年5月14日《中央副刊》。

然就义，生者也尽可以不必悲哀！况且京、津、沪、粤，死难的同志，多得连确数都不能知道，我不纪念别的同志，而单哭她一个人，有什么意思呢？死者是早已失去了知觉，即使我哭破喉咙，她也不能听见啊！

不过所谓哭某某者，原来是借他们做个题目，意思在激励死者。例如许多同志悲愤李守常先生之被惨杀，因而更增加其革命的勇气。挹兰的死，至少也可以引起妇女界的愤慨而紧张其革命工作的。对象越深刻，刺激力也越大。历史告诉我们：革命党人是杀不完的，而且只有越杀越多的！

昨天看见了《中央日报·北京同志就义前之摄影》，第四人就是张挹兰。瘦得失了神的面目，瞪着眼睛在看我们，看我们有没有人去继续她的工作啊！啊！挹兰！我们是已经预备这条性命，这腔热血，为革命而死，为革命而流的啊！虽不能和你同日死，但愿打倒敌人，杀完一切反革命者而后死。挹兰，你瞑目罢！死掉一个张挹兰，生出几千几万个张挹兰，张挹兰是杀不完的！

去年十月，北京反动势力正厉害，她不顾一切，冒险去做妇女运动，尝主办"曼云女学"及"妇女之友社"等宣传机关，很有成绩。又编辑一种半月刊名《妇女之友》，她的作品署名"望明"，理论甚是透彻。她一方面做革命工作，一方面还在北大教育系求学，也常到哲学系去听讲。因为平素肯研究，所以成绩常超过别人。例如哲学系有一次的考试题目是《伦理学与行为论有何分别》，只有她的答案最警切。那位教授，就把它油印出来，发给全班同学阅看。在挹兰固不以为意，而别人的妒恨，却已种在心头了。

她一天到晚做许多事，从不见有忙迫的痕迹，老是绰然有余似的，我真不知道她的时间怎样分配法。她的态度很沉静，常似深思，有时却也很活泼；每遇一个问题发生，判断敏捷而且中肯，又很虚心接受别人的意见。于是一班同志，乐于替她帮忙，工作遂日见进步！

八月底刘尊一、李芬二同志被警厅捕去，我们都急得走投无路，挹兰尤其关心，深夜来我处筹商办法。我们支开了女工，在一间小屋子里对坐画策。我那时候比现在还要无用,只晓得去求北大代理校长余文灿想法子;她却义气凛然,自任连夜出去找人营救。她的容貌本来很清秀,此时神采奕奕,从美丽中见出伟大来!这一刹那的印象,使我终生不能忘记的。

说到勇敢、热情和正确的认识,她都具备的。这本来是革命者的基本素质,没有什么稀奇;不过我们总希望她能够根据这种精神,继续奋斗十余年,影响革命前途,当不仅妇女运动一点而已。然而二十五年毕,竟死在惨酷的奉军之手。就同志的关系说,也已应该痛哭,何况我和她又是素相敬爱的同情者?

挹兰死了,一班妒忌她的同学及朋友,也发出深长的叹息,以为"人才难得"。她的最忠实的同志刘尊一,现在上海龙华司令部狱中,不知死活。挹兰的死耗,尊一未必能够知道;尊一被捕,挹兰也不得而知;而同时既知被捕,又知被杀的两重恶消息者,要算我首当其冲!回想北京聚首时的情形,真有"不堪重读瘗花铭"之感了。

我们不必悲伤了,要振起精神,把她们的工作接过来,放在自己肩头上,加紧脚步,向前杀去!非把旧制度一概推翻,世界革命告成之后,我们才能够休息!

同志们!只有打倒敌人,才是报仇雪恨的唯一出路!

美国的快活政策[1]

昨在《新闻报》见到蔚文君所译的《美国之快活政策》,我也如译者一样的"心往神驰"。但有应加批评者,下头那条论文专讲快乐而禁抑悲剧,他们不知悲剧也能使人快乐。见一惨事而至堕泪伤心,此种在当时的紧张状态,一快乐也,在后来的放松反动亦一快乐也,故悲剧有二层快乐比喜剧多了一层。可惜美国人不晓此中妙谛也。

我们今抄译文于下,以备将来我国讲快乐政策者作一参考(译者为蔚文君):

民国以来,军阀为祸,人民日处于水深火热中,竟无快活之余地。今虽青天白日,重见光明,而国共纠纷,犹未就绪。所谓才得展眉,又入愁境者也。顷读美报,载有《美国之快活政策》一文,心往神驰,连浮大白,亟译之。实快活林。与烦闷诸君,聊博一快。

今有一大问题,将为美国法律中,别开生面;将为世界国际上,维持和平。吾政府(指美国)现拟下一新奇之命令,即"凡我民众,除睡眠外,在工作或无事时间中,须表现快活景象,否则当受法律上之裁判"。此命令虽未颁布,然而街谈巷议,已引起无数人之研究。

---

[1] 1927年5月《新文化》第1卷第4期。

或谓此令实行，无谓争执，行将灭迹，大可淘汰官吏冗员，减少国家支出。或谓此令一行，其余法律，乃无存留之价值，民众始可得真正平等。盖法律之一部分每为保护少数特殊阶级权利而设，若上下亲善，特殊阶级有损平民之特权，亦必废除，足以恢复多数人牺牲之幸福。

有谓多愁多病，人之环境使然，法律究无裁判之可能。有谓忧愁与快活，实为一种传染菌，入丧吊之家虽快活者变为蹙额；进喜庆之门，虽忧愁者亦成欢乐。此令实行以后，鼓励人为，行见愁云开处，皆现笑容。

言人人殊，各具见解，以多数人研究所得，此令大有推行之价值。刻下入手方针，以革新出版物与游艺界，为快活政策之第一步。学校读物，多选旷达诗文，赏心记载，若废书三叹，不忍卒读者，一律删除。小说杂志等类，当编令人艳羡之作，若描写哀情，足减生人乐趣者，皆在禁止之列。即戏剧影片，亦宜以接吻为终局，若仅演悲观，令人下泪者，以违法论罪。

美国自建国新大陆以来，无日不在进行新奇之事业。此新奇政策，结果之良，同入于以前新事业之正轨，可无疑义。将见吾美人欢声动地，飞渡太平洋，波及他一国。彼此握手言欢，成一极乐世界，捐除一切权利，一切冤孽，扬帽于全球，齐声欢呼，快活万岁！世界万岁！人生到此，他何求哉！

新文化社为《新文化》版权特行通告[1]

接到下信后,我们知道《新文化》第一、二期已经有人在北京偷印,似此侵犯版权,实有妨害本社利益。业经请友人代表本社在北京就近控诉,特行通知。

附来信如下。

竞生先生:

昨函谅达。

顷有友人自东安市场购回两种怪书,于先生均有关系,报告于下:

其一,称为"文化史"(但书背又印作"新文化小史"),内容系完全把《新文化》月刊第一、第二两期所载文章依次翻印出来。底页印明"十六年一月初版,实价八角,编辑者张竞生,印刷者、发行者均新文化社,代售处,上海亚东书局,光华书局,出版合作版,北京东安市场均有代售",并有"版权所有"四大字!

其二,称为"性",封面印一寸许红色之"性"字,绕以圆圈,而于侧边印罗马字三或四字(已出二册,盖表明第三集、第四集之意也)。阅其卷首序言,自认是继《性史》而作的。内容体裁完全仿照《性史》的分篇记述。编者觉公,天津出版。

是二书,前者竟公然印出是先生编的,新文化社印的;后者竟然

---

[1] 1927年5月《新文化》第1卷第4期。

自认是《性史》之续。唉！这真是把所谓礼义道德之邦的中国底脸子丢尽了！今日的中国人，究竟还有脸皮没有呢？难道中国竟无法律可讲了吗？不然，他们何以敢这样猖獗呢？

我推测这两本书一定是北京的书铺子偷印的，因为他们想在此刻北京空气的严重之下，您是不会到北京来的，他们这样胡作乱为有谁去管呢！

您印了一集《性史》，两期《新文化》，竟上了如许的当，为我们所预想不及，谅亦非先生自己想得到的吧！

购买那书的人，往往也是明知它是假的，然而他们为什么还要买呢？就是现在住在北京城里的人，大都闷得要死，花几毛钱买无聊的书看看，消遣消遣，倒是很有些人愿意的（我不是这等人，故始终未花钱去买过，几次的假书我都是从同学处看到的）。因此，恰好给狡黠者以伪造的勇气，不消说，买者愈多，他是愈敢为了。

要对付这些假造者，我为先生细心想了一回，真不容易。不知你有什么好方法呢？要是不理不管，贻害社会不用说，这样地把先生名誉开玩笑，亦实在太不像样子了。

你在上海居住平安不平安？幸福的伴侣找着了吗？专祝您和应杰弟健胜！

　　　　　　　　　　学生李辛之致上，四月廿九日北大

新文化附设美的书店招股启事[1]

本书店已在上海四马路开张。现为扩充印刷所起见拟事招股。但以能一次认足五百元以上及与新文化道同志合者为限。一切详章候问即寄。

---

[1] 1927年5月《新文化》第1卷第4期。

美的书店征稿启事[1]

本书店自负要从丑的、无情的、禽兽交的中国社会里打出一条美的、热情的、有艺术性的性教育大道路来。凡有关于新文化及情感性的译著，本书店极愿代为出版流通。所有版税当比别处书店高：约从百分的廿五至卅五为率。并于投稿时就可先支些数目，以后每月底就能清算，就将应得版税尽数拨交版权人，一洗时下书贾侵剥著书人利益的弊端。凡有接洽

请交上海四马路五百十号本书店收

（审查负责人为张竞生先生诸人）

---

[1] 1927年5月《新文化》第1卷第4期。

张竞生声明[1]

《福尔摩斯》大主笔先生,今日贵报所载我与大华交涉一节,事实不符,现据实情写上以备信证。

大华确将《美的人生观》《美的社会组织法》纸版从北新拿出,但北新老板有亲据在我手:请向大华取版(此据现尚保存),则我向大华讨版,乃为正当办法。不料大华经理王璧如东推西托,甚且当我面前向北新老板打电话说谎。我遂向他说如此举动,实犯有舞弊的嫌疑。王某闻及"舞弊"二字,就骂我一大顿。我因不屑与这班人理会,拟扭到捕房辩论,但我不能自己叫警,遂叫店员代叫。店员来后有些不免与王某口角,但彼此未尝相打,我的"鸟"固然好好未伤,王某也未尝被店员有分毫的损伤,此捕房有案可为证明也。是日下午,王某带了无赖数人拟与本店经理为难,幸经理外出。若说为索债而来,则大华尚拿多美的书店许多款,此有合约可据也。

王某与我们所立的约,蛮不遵行,所有印刷品又恶劣、又错误、又愆期、又骗账,怒得店员们没一个不恨他(凡此所说皆有真凭实据,于必要时可以拿出大家看)。总之,我们愿以法律解决,不愿同王某一班流氓用全武行,我们固不怕武力,但要留些武力以对付较有价值者,不愿对付那些毫无价值的流氓也。(下略)

---

[1] 1927年6月21日《福尔摩斯》。

征求一个有意义的社会测验法[1]

究竟《新文化》是不是淫书？请你拿出凭据来，敝社同人极愿受社会的裁判！

八九个月的历史而出到第四期的《新文化》到最近始被上海临时法院宣布死刑。它的罪名为"猥亵"，而尤以其中题名为《性部呼吸》者为尤甚。其实此篇乃援引证例以说明性部呼吸为何状。题为《性部呼吸》，当然所引证的为性部呼吸的形状。设我不证明，则一群反对党说我非科学！不科学！假科学！我今来说明，则人又说为猥亵，为海淫，为伤风败俗。究竟《新文化》淫不淫？连作者也不能明白了。

那日上海临时法院某推事也知我全系研究态度。他对美的书店谢经理及我们的伍律师说："张竞生不是有意于海淫。不过自《新文化》出后，上海小淫报风起波涌，其影响于少年甚大，此种'行为的结果'，张某不能辞其咎云云。""行为的结果"？我有权力去禁止上海小报不说淫话吗？究竟《新文化》淫不淫？不但作者自己不能明白，恐怕读者也都不能明白，故现特请读者下一公道的批评，从《新文化》第一期起至第四期止（或未看全者则请就其所看到的那一期说出），向我们说明《新文化》淫不淫？若能将其淫或不淫的道理从详说出，更为感谢。凡说得好者（不管说它是淫或不淫），当于下期《新文化》登出讨论。敝社并备有相当的酬劳品以谢答批评者的盛意。（完）

---

[1] 1927年7月《新文化》第1卷第5期。

几种爱情的试验法[1]

当郑君宝与张季青女士结婚时,我幸有演说的机会得表示我对于"试验结婚"的提倡。我大意说:"先前及到现在的结婚统是形色的,试验的。好的,不过是爱情的起点,说坏点,就是试验失败的起始。"这因为他们新夫妻,完全未曾经过一番的了解,或全未见面,或则不过泛泛粗识其外形而已。那么,今后的结婚应当改变了方针,即于未婚前,男女先行"夫妇生活"的试验。我并引霭理思对于此事许多赞同的意见,并说离北京十余里路的海甸听说也有这样事。但"试验结婚"应分为两种:一是有性交的行为,这个应当留心避孕。万一有小孩则父母应负相当的责任;一是无性交的,但当留意对方人是否性态健全。试验结婚是男女聚为一处,经过若久的共同生活(最好是与开通的父母同住),如若彼此结合不来就可分散。倘若双方爱情坚固就可实行结婚。我以为这样试验结婚不但免却了结婚后的破裂,而且可以于试验结婚时改正男女的脾气与研究彼此的爱术。这后层的关系甚大。通常男女都有个性与脾气的,要彼此能相和合,一方在尊重对方的个性,而一方在改正自己的脾气以便与对方人合得来。这二层功夫,凡实行结婚后的夫妻大都不可能做到的,因为他们自恃为"固定夫妻",彼此太不客气了。而爱情的破裂也大都缘此而起。若在试验结婚的男女,彼此皆存有对方人不满意时就不免于酿成不能继续其情

---

[1] 1927年7月《新文化》第1卷第5期。

爱的惧心，势必彼此极客气地尊重对方人的个性与改造自己适合对方人的脾气，能够这样努力做去，大概经过稍为长久的练习之后，则彼此性格定能互相容纳，这样实行结婚之后，定然比较得到美满的成绩。故我说：今后的结婚是要经过试验结婚后方行。这是报告男女爱情成功的日子，是情爱的结果，不是情爱的起始，是彼此已有精神上的了解，不是形式的结合。

于此应当附说二件极为重要的事情：

（一）新郎郑君此次主张向国党旗行礼与读总理遗嘱，这算是极革命式的结婚法。他并慨叹现时的结婚礼尚未成立，致使各人各就其意去安排，以致大众不能得到一个"美的结婚礼"。意中极望我对此事有所主张。我曾于拙著《美的社会组织法》提及婚礼的概略了，若要我从其大纲说一说，则我只好说：一个美的结婚礼，第一，要有美的礼堂；第二，要有美的季节（如在春光秋阳之时）；第三，更为紧要的则新人应装扮得美。这个，新娘的胸前宜解放，使两个美乳能够隐约地表现出来。新郎呢，则应于温柔中表现出有刚强的风度，故我意最好应穿一种童子军装束，即长白袜、短蓝裤、扣领短红衣，而切不可戴高帽。

说及仪节，最好是由公众编定一本极有兴趣的婚歌与舞。新郎新娘与来宾且舞且歌。务使礼堂有一种情感紧张的压力。其余尚有许多仪节恕不能详说了。

（二）于酒席中，听及来宾刘君说及他们夫妻结合时的阻力。适其夫人也在座，遂引起我极兴趣与严重的发问。问他们如不达到结婚目的时，他们夫妻将如何对待。彼此互约情死吗？抑用杀敌之法以对抗其阻力？于是更引起我下头的测验，于座客二十八人（女五，男二十三）中得了下头四种数目的答复。

（甲）问：男女相爱后，如后来女意别有所属不再爱先前那个男人了，假如你是男子，是否具有杀她的决心？

举手赞同上案者十二人。

（乙）问：男女相爱后，如后来男意别有所属不再爱先前那个女子了，假如你为女子，是否具有杀他的决心？

举手赞成者十六人。

（丙）问：男女相爱，但被阻力不能达到目的时，假如你们是当事人，是否具有双双宁以死殉情，不愿彼此分开的决心？

全体举手赞成以死殉情！

（丁）问：男女既然相爱，而又横生阻力，而对付这个阻力又非用杀他的手续不可。假如你是当事人，是否具有杀他的决心？

赞成举手者二十人。

在此二十八人中，除我与华林二人外，余均为四川人而属于学界者，合并声明于此。

新文化社与美的书店近状[1]

我们二年前已想将世界名著的霭理思性心理那部书译出,今已在实行之中了。预计每月可先出十万字而装成为几本性育小丛书。又拟在一年内将几本性育名著译完后再努力于译述文学、美术,及科学等名著,以增高我们"美的书店"的位置。

现在新文化社所设的编辑部有一述及的价值者:第一,我们所译述的性书,乃是高等而不特别,是科学而又兼有文学的兴趣者。第二,译述时取自由制度,即任译述人自由工作,不是限他们必定于某时候到写字台写出若干字数。第三,译述人于得到月薪外尚可用己名署于所译述书之上而又能得版税。这样编辑制度自由,既可使译述者有兴时才动笔的佳致,而待遇也优,更可使作者有兴会。况且所出的书,原本既是世界名著之作,而又经过中文名手校正之后,始行出版,那么,所出书籍定必佳品无疑了。

"美的书店",虽在上海四马路开幕不久,但极博得购书者的同情,一俟我们所译述书籍陆续出版后,自信更能满足购书诸君的要求了。

---

[1] 1927年7月《新文化》第1卷第5期。

通讯栏[1]

竞生先生大鉴：

尊著几已遍读，钦佩无已。弟尝与友辈闲谈大成殿正坐之孔二先生，如请中山先生应代，则两傍配位，在吾推选中，已有先生及吴稚晖、胡适之二公三大胆学者，读此当知弟推重先生代之分量矣。尊著竭力提倡美学，弟意美的功夫，系应用科学方法的结晶。能有科学化事业之成绩，即能达到美的组织之效果。试观吾国事业哪一样堪称稍具科学方法。国人既未信仰科学，岂能配谈到美字。即以弟所业之电政而言，腐败已达极点，国人亦约略知之。唯究其原因所在，则未必尽人明了，我敢断言曰，未尝科学化而已。电学是科学，电事业即是科学事业，以科学事业而不重科学精神，不用科学方法以经营之，安得不腐朽？电政如是，我更觉得吾国凡为政治均如是。今后革命成功，如不力求科学化一切，则仍要亡国灭种。

先生提倡美学，自然重视科学，故敢渎闻以上之言。敬呈拙著二册，甚望赐阅批评，并求在《新文化》杂志上赐一隙地，予以介绍，感幸之至。弟主张之分类革命，亦称分类建设革命，即就吾国人各就所业秉党纲主义之指示，以厉行革命化、科学化两大工作，不如是不能实现孙文主义，亦即不能治国，不能救国。党国要人，均忙于大处

---

[1] 1927年7月《新文化》第1卷第5期。

落笔，故于小事不甚注意，以致电政组织弄成如此局面，当望先生进而助也。专此祇颂

撰安

弟王之钧书
七月二日

　　上信乃由苏州电话局主任工程司王之钧先生所寄，并附来他的大著《异哉所谓全国电政总局》一书，此书具有大胆批评的精神，故乐为介绍于此。

　　至于信中说及我将与吴稚晖、胡适之二公一同得食两廊下的冷猪头，实在我胃弱无福消受。况且吴老提倡科学，胡老复兴国学，二老功绩炳如日星，死享猪头，理所应然，而我乃被一些人所评定为"假科学与提倡淫学者"，那么，我更不敢与吴、胡二公同到廊下去了！

新文化社附办美的书店开幕通告[1]

幕已开了,其中有的均是新奇的中西书籍。所用女店员都是长于商业常识,招待周到自不必说,又为答酬顾客起见,用特赠送大美女画一张以为开幕纪念。

地址:上海四马路五百十号

又本书店所卖的以性教育的书籍为大宗,著名文艺与小说及诗歌和外国文等书籍亦在售卖之列。

附

美的书店一瞥记——与张竞生博士之谈话[2]

肖 颖

胡适之博士将创设"新月"与"云裳"二店,本报业记之矣,不谓与胡博士同为北大教授的张竞生博士,亦以开设美的书店闻,胡为

---

[1] 1927年7月《新文化》第1卷第5期。
[2] 1927年6月12日《上海画报》。

白话文之倡导家，张系性教育之猛进者，而均欲从事于工商业，无独有偶，相映成趣，是诚不可不记也。

美的书店设于四马路豫丰泰酒馆下，屋甚湫隘。店中应酬顾客，为青年三女子，似北籍，所售诸书，以第四期《新文化》为最，且附赠石印模特儿照片一，正身玉立，双手倒持银瓶，作泄水状，极合于美的赠品。愚之购书也，于八日晨适逢该店开幕，男女店员，或饰门前之彩花，或张壁间之广告，已甚忙碌，而购书者往来，如山阴道上，女店员几无寸晷暇，手不释卷，盖皆包扎《新文化》也。愚以开幕之初，张必在场，询诸店友，则伏案疾书者，即吾人亟欲识荆之性学家张竞生先生也。愚乃通款曲，叩开设斯店之本旨，张曰："简言之为推销《新文化》，以期普遍性教育，唯初创维艰，不敢作大规模之铺张，遂不得不因陋就简耳。"愚复告以北京书肆，翻印首一期《新文化》改名《文化史》出售事。张言已得他友同样函（详见四期《新文化》），刻正设法谋阻止之道。张衣浅色中山装，操不纯粹之国语，且语且书，弥为栗六。时购书者，知与愚对语者为张，多停足挟书，以瞻颜色，顿有室小人众之概。愚乃深悔孟浪造次，致扰其工作也，亟与辞出。夫以美的书店，而售性之书籍，则人于美的之上，易涉及如人体美的、裸体美的、性育美的诸感想，则斯店命名，诚不啻与人一暗示，寓深意于其中也，质之张先生以为如何？

"国际工作团"征求团员的旨趣[1]

从大处远处着想的朋友们,请赶快来和我们做这个"国际工作团"的工作吧!从国际救中国,从国际提高我人的文化,从国际联络世界民族彼此的情感,这是本团的宗旨。而从下列三方面工作去进行,以求这个宗旨的实现,这是本团员应有的努力。

第一,于欧洲适中地点,设立"中国的国际通讯社",直接与国民政府或本国著名通讯社相联络,遇有本国重要事件发生,则尽力向外人宣传,务使其真相得以明了,免如今日全被外国通讯社所操纵,以致黑白混淆不清。进一步说,这个工作不但通消息去隔膜而已:方今我国野心家所以能捣乱者,全靠外国的接济。而外国的帝国主义所以能利用我国野心家以捣乱者全靠在蒙蔽其国民。若使我国真相得以传入外人心目中,则遇大事发生,外国群众灼然知其真相之所在,则彼帝国主义者断不能再欺骗其国人,遂而不能与我国野心家互相狼狈为奸了。

第二,若干年来,国际间接触之机会既多,于是关于科学、文艺、政法、社会、实业,种种问题,每年都有万国组织的会社,互相讨论于其间。通常遇此等会社发生时,仅由我国公使馆临时派其馆员出席充数。这等馆员对于所讨论的问题类皆懵然无知,以致不免贻笑大方。本团所希望者就在专门办理这种事情。遇此等会社发生前若干

---

[1] 1927年11月《新文化》第1卷第6期。

月,先将其所讨论的问题,由本社指定专家作成最有系统的论文,又须经过本团员几番谈论与推敲然后提出。如此论文,不但可以博得会场一时的称许,而且可望为有价值的作品,以便印成专集俾得在中外畅销。除此等工作外,我们尚要将中文名著译为西文,而将外文名著译为中文,既可以得其版税为维持生活之用,又可以得到东西文化接触的机会而放大光明。

第三,我们团的工作于上二项外,尚须努力从事于"活的工作"。什么是"活的工作"?即我们团员于其所驻地的社会运动,而具有国际与人道意义者,当尽其力去帮忙。其次,常为介绍外国的名人到本国来讲演研究。总之,凡有可以沟通中外情感之事,应当努力进行以求其美满的实现。

从大处远处着想的朋友们,请赶快来和我们工作吧!国事扰乱至此,固然需要一班在国内努力之人,但在国际上努力,尤见重要。我人智识荒疏至此,一班在本国求学问固不可少;可是在求中西文化沟通之研究上的努力愈见不可少。而且今日各种民族的仇视既如此之深,故求国际间情感的融洽,比求彼此理智的了解更愈觉得急切而不容缓。

从大处远处着想的朋友们,暂时把本国扰乱的局面于不顾,而从国际努力吧。实则,从国际努力,同时即为本国努力,把国际纠纷弄得清楚,同时本国事情也能得点眉目了。故我们团员不但想往国外努力国际的事情,在本国内也要聚些同志设立"国际工作团"以便内外相应,这又希望具有远大眼光的朋友们多多注意这内外两层互相维系的工作。

我们到外国去的团员分为二种:

(1)学艺已有专长而通晓一种欧语者,只要能筹千元作旅费及到欧后初期生活费即足。如学有专长而缺费则可由本团设法。如要带家眷者则当再筹足其生活费。

(2)凡学生往欧洲留学而愿兼为本团的工作者,则当自筹若干年以上的生活费。

总之，凡团员至少以能留欧三年为限。到欧时除留学生外，团员住膳一处，而以耐苦、节俭及奋斗与拥护本团为公共的道德。

本团出发期约在明年（十七年）暑假后。

愿入团往欧者请照下表填寄

姓名	籍贯及通讯地址	学历与年龄	专长何学或想专习何学	愿在团工作若干年	自筹经费若干	有无家眷？如有，请将情形详细写出	团员意见参考
男　女							

此表填好请寄上海法租界萨坡赛路丰裕里九十四号张竞生代收。

为提高党权组织法建议书[1]

中央特别委员会诸同志鉴：

我国民党所以能如是发荣滋长以至于今者，赖有美善健全之组织法耳。顾组织之道多矣，最要莫重于提高党权。

曰"提高党权"，曰"党权高于一切"，此等口号之呼声非不高。然实际上果如何乎？就往事说，党权乃依赖于人而存立，或个人得借党权以控制一切而已。所谓尊严无上高于一切之党权，乃渺漠而无所托也。此犹大雄宝殿之尊者仅垂目低头，而威灵尽在山长、护法之手，欲谓党之有权不可也。权何在？在于有力之武人，甚至官僚亦稍得一小部分之权，唯党部则仅将顺有力者之意旨，署名画诺而已。此盖所谓党权高于一切者，非呼号所能奏功也。欲党权之确实提高，非党部得有健全美满之组织不可。欲党部得有健全美满之组织，非权力高于一切及有充分之经费不可（尤以物质上的力量能使充分发展为要），以非是不足以吸集人才而行使其权力也。空言希望不如授以实际之权力，提高党权首在于此。

由上言之，提高党权非由党部从新组织不可，而尤当着力于下级党部之组织。今当逐条论列于下：

（一）县市党部之应改善组织

本党目前组织，中央党部以及各省党部尚有相当之权限。自县市

---

[1] 1927年11月《新文化》第1卷第6期。

党部以下，可谓皆不健全。其不健全者殊非各市县不能得相当人才之故，组织之缺陷限之也。本党非不知欲得良好之组织在于下级党部之基础巩固，然而不注意于下级党部之改善组织，何良好基础之能得乎？

（甲）党部负责人员生活之提高为吸集人才之第一要者

县市党部负责人为执监委员，除常委外无薪给。常委及干事等自四五十元以下至二十元不等，已不足维持其个人之生活矣。而党部工作颇繁，执委各兼一部以不溺职论，平均每日须有三数时之办公，开会时间尚在外。此不可谓空名而已也。因无薪给故充党部执监委者，须同时自营生业。其自己无别项职业者虽当选不能就也。以此当然视为一种兼职，对于党部工作乃旁骛而不专心。党务因此效率自小。故以目前状况言之，党部执监委势必以二种人充之：（1）资本家不须生活维持费者得此借作显荣之具。（2）投机者或借端营私者，其意本不在此，无须薪给而取资于不当之所得，末流所趋弊必如此。然此二者皆害党，亦非吾党欲得人以发展党务之本意也。而且流弊所及尤有大者，即第一流人才必不在于党，而使其趋集于名利双收之官僚。以趋厚去薄，人之恒情也。即或办党亦为借径，能得一官必望望然而去。吾党主旨以党治国，必以党治驭官治。如今以第一流人才在官，第二三四以下乃不能得官，而滞留在党，以不肖驭贤，势莫能驭。故县市党部不能控制县市政府，而县市政府反得操纵县市党部。无他，才力相去之异乃成此违反之现象也。又各干事等职殊少久于其任者，岁月之间，常见更迭，亦由薪给太薄之故。胜任愉快者不能久于其位。见利思迁，党务不得人才而理，宁有进展之希望耶？

（乙）党部经费当与军政费同等列入预算作国家正支

目前除市党部得多少例外，县市党部月费仅二百七十元。当县市长一员之薪水尚不足，比县市公署之经费渺小极矣！然县市党部之组织正式人员甚繁多，并不减于县市公署之人员也。薪给厚薄之相悬，宣传活支各费之短少，使党务之发展几等于零。本党既定"以党治国"

之原则，又采取"一党制"，则党之在国家已为公的政治机关，而非私的。其重要程度，县市党部应在县市公署之上而无不及之理。奈何囿于旧习，视党之经费，一若不足重轻，县之经费一若不可削减。不然，何比例大小本末倒置若是也。且此渺小之党部经费，尚无所着落，不作国家正式开支，而指给于无定之地方款筹拨。因是不肖之各县市长乃得以经费无着而吝其支给矣。各党部多有以此渺小之款尚不能得，而告乏炊星散者矣。真怪象也。欲党务之发达而斫其经费，何异欲马之驰驱而斫其刍秣，自相矛盾，莫此为甚。宜于增加党部经费使其足用之外，视与军政费同等列入常年国家预算作正式开支，党务方有充分发展之望，于理应当如是也。

（二）县市政府以党部人员兼任之

中央及省政府已由中央及省党部人员兼任之，若英之议院内阁制然。何以县市则不采此组织，有谓县市人才不足者，此瞽言耳。县市党员之中不能得数相当人才而组织党部，其例甚少。既可得组织党部之相当人才，即可得与可以兼任县市政府之数人才可知。若不囿于旧染，谓在党之人才轻，而在官之人才重，则必不得此偏颇之结论也。且于中央，于省，则赋予监督政府之全权，于一县一市则斫而不与，亦非注重以地方为基础之道也。苟采用市党部人员兼任县市政府制，消极上则无互相龃龉之患，积极上则收容易推行政策之利，亦党治之本旨也。

（三）区及区分部之应改善组织者

本党之组织，以区分部为基础。莫不知基础应谋其健全，方有健全之党。然各地区党部及区分部之组织稍具规模者，不得十之二三。若严格言之，实为寥寥无几，此不可不急谋改善者也。改善之道在：

（1）要有确定经费不只恃党员月费

区党部及区分部之组织，第一不能完全之原因在于经费全乏。有月莫名一文者，有欲购信函信笺而费且无着落者。结果等于虚设。职员既不能到部办公，不独无发展之可言，即所谓训练党员，宣传民众等工作，亦毫无从表现。盖经费之缺乏，其弊在仅恃党员月费。月费总章，规定甚严，三月不纳则除名。然各地有党部成立一二年尚未见征收月费者，此由于（a）月费不缴省党部，大部分留用于区分部，及区部，即县市党部所得亦微，故上级不加督促稽核。（b）省党部腐败迟滞，不发党证，常搁至一年数月不发，因无党证可贴印花，无从征纳。（c）区分部职员懒惰徇情，不厉行征收之故。然月费纵然征收，所得亦必不足区及区分部之用途，而上级党部只注目于县市稍加补助。对于区以下之经费有无，与党务是否发展，都不措意也，此可谓忘其根本者。今后应追加区及区分部之经费列入预算作正式开支，与地方警区及从前自治费同其重要。

（2）相当的权限及工作

有经费矣，尚当赋予相当权限，使党中人才得留在下级党部办事，不致群趋于上级，而下级曾无人才之容留。若有经费，又有权限，使党中人才分配于下级党部办事，则下级党部方能领导一地方之工作，使社会受其利益，对党发生信仰，而取得联络，此为不可忽视者。"到民间去"之口号盛行于时，而"到下级党部工作去"反不为我党所注意，何其偾哉。

（四）党员之成分及训练

党的基本在党员，故党员质之良否，重要过于量之多寡。本党之分子拣择不精，不可为讳。党员中未尝不可加以训练，而当具有受训练之可能性，如下二种人即根本上无受训练之可能性，亦即可谓不具有党员之资格者：（1）恶劣的根性不容受训练者，如土劣贪污，其入党纯为投机应时而来，面从心违，违反本党之主义乃由其旧染恶习使然，所谓乌不日黔而黑也。（2）愚钝椎鲁者，本党为政党，党员至少要于政治具兴味，且于政纲略能了解者，有等智识程度太差，其入党也可谓盲从，全不知党之意义及政策为何物何事。此等人无受训练之可能，虽加以十年教训尚不能了悟者，引为同志，毋乃不类。

党员至少要能行使党的选举权，尤其在本党取"民主集中制"

中。若于选举权不能行使，则"民主"之意义尽失，何讥乎前之"盲选""贿选"乎。尝见多数党员目不识丁者，群趋选场，以党证一照后，即由代书选票者任书一票，投之瓯中。其选人如何初不询诸选举者，选举者亦不识谁氏之果中我意也。此等选举，其必易使野心者所操纵可知。其所以致此，则党员之本质，不能行使其选举权而无可如何者也。

原本党之农工政策，只于农工团体中发显党团作用，即以本党党员处其中心为之指导者。虽农工自有其团体，而本党政策能完全行使于其中，作用已尽于此矣。非必使农工皆隶籍本党也。此意本是。盖党员是领导的而不必普及的（固然为全民之利益）。普及则全民，无全民皆成党员之理。领导需夫一定限之智识及能力，我总理所以有后知后觉及不知不觉之分也。

近亦言考核党员分配党员以工作矣。然实际几何殆无人能言之，则知仅有斯愿而无其法也。如能切实分配党员以各党之工作，又据其工作之结果，报告审查，以为稽核。奖罚分明严密，如斯庶收训练进步之效，然此非下级党部之改善不为功，以下级党部方能举此种工作也。

党之能发扬光大者，在能收罗人才，俾少遗漏。最当注意于未入党之青年。似可定一制度，使各级学校定期举报其聪明优秀者，由本党考核称实后，给予定期相当之补助金，而不即令其入党，俾其自行涵濡党义，至他日成才听其为党效力。人情未有不报德者，不期速效而效自举，国中人才，皆可入本党之彀中矣。

党员等一得之愚，以为本党之基础在于下级党部。用本其耳目实地考察所及，具如上之主张，希望酌加采纳以树本党巩固之基础。否则恐恢恢无气之下级党部，久之或陷于民元之国民党涣散瓦解之悲运。更虑有他野心者起攘夺而代之，历史之长久亦不可永恃。盖党之所以能使人心风从者固由于主义之适应，然普通心理见其近凡，曰势，曰利，势力与利益不有所集，断不能聚引人才，以及一切。用本党之主义，加以权限之集中、经费之丰厚、负责人员生活之充展，专心一志为党努力，则党基自固，阴贼险狠何由窥伺，愿留意者察焉。如有一当，请贵委员会提出讨论酌量采行。谨此建议。

中华民国十六年十月初四日

建议人

张竞生　许智远

田家杰　詹朝阳

怀华林君[1]

　　林兄！你幸而逃出这个恶浊的邦了！我羡你如海鸿的遨游！但你太不要诅咒中国的女子吧！中国女子虽有如崔氏及褚松雪等不情，假面孔，奸诈阴险，双面刀，一面甜过蜜，而一面是涂满了毒药。但望你不要太骂我国的女子吧。她们的坏处都是被那班奸险的男子所教的，周作人辈即是最能教坏一班女子变成不情、假面孔、奸诈阴险的人！故我们须先打倒这班恶男子然后能得到一班好女子。可是这是极难的事情。故最痛快地就让这班狗男子去教坏那班狗女子。例如：我们只好听周作人与褚松雪，一在北京，一在汉口，一公一母狗音相应。又让屈凌汉与褚松雪一公一母在武昌大开秘密之门！我们闭耳不听，闭眼不视，让他们叫得连天响，交尾到满街走，但求我们能够逃出远远，远远到天涯海角，有耳只闻风声浪声，有眼只看天光月光。逃吧！我也将如你逃到远远，远远到那高巅深谷里去，有眼只看自然，有手就写书——美的书，有口就念诗——美的诗。逃吧！逃吧！我将于最近期内逃出国门，叫一声中国狗男子们！听吧："别矣！中国男子的心计！"我不怨我国女子，我怨她（除褚松雪外）！我怨她是弱者，但我终不宽放这班强横放肆的男子如周作人辈！

　　但望你不要误会我为我国女子辩护，其中必有如梁实秋——这个下等东西——所诬赖我在家里买用几个女子快乐的事实吧。实则我的

---

[1] 1927年11月《新文化》第1卷第6期。

性欲虽强,但我最能节制它为精神的升华。自与褚离后,长长岁月我尚未曾与人交媾过一次,皇天后土,实鉴此心。这不是无机会,但一想念性交须看对方人有相当的资格才能实行,而我到如今极少看中此等女子。一因受褚松雪骗后未免存有戒心;一因我将往欧,从事于国际团的工作(见卷首),使我更难得到一个相当的伴侣。但我不以此而鄙视我国女子。无论如何,女子总比男子天真有情;无论如何,女子总被男子所教坏,故要责备则当责备男子!

可是,我们也太小气了。这班女子的笑颦与那班男子的心计,皆用不着我们去诅咒。各人各做前程吧!我们有许多书应该读,应当作;我们有许多事应当谋为;我们又有许多自然之美,应当去鉴赏。算了吧,林兄!放开这班狗男女不在我们的心头,大踏步向那大自然走去吧!

附

别矣!中国女子之笑颦![1]

我到了法国邮船上,宁静我的心绪,等到岸上送客走完了,至中午一句钟,这船才渐渐地离开上海,什么喧嚷声噪杂声和一切恶骂丑诋的声音,都归澎湃的海潮里。碧绿的天,淡蓝的海,翻起银波,天地间只有一叶扁舟,舟上也只有孤零零的,像我一个漂泊浪游客。晚间我洗浴就寝,夜寐中很安静。次早起床,去船头呼吸海风,顿想起箱中一部《离骚》,书中保存了许许多多的过去纪念。什么崔氏照片绝情书,苏氏赠辞。还有什么张呀!梁呀!吴呀!邓呀!所保存的片

---

[1] 1927年11月《新文化》第1卷第6期。

怀华林君

纸只字，统统珍惜如至宝，然而这种沙漠穷荒里，人情鬼蜮中，还有什么感情可说。算了罢！离开这东方一片龌龊土，虽有天上明月，不照在春江，而照入沟渠，还留什么可纪念的痕迹，增人离情的别绪呢？时方海潮狂吼，怒涛奔腾，我乃将《离骚》掷入海中，我乃狂呼跳跃，心胸为之荡然。昨日洗澡，涤去身上秽垢。今日去此书，洗净心中恶缘。什么是"情"？除了虚荣与金钱之外，别的，实在都是骗人的符咒罢了。我们要在文艺世界里，寻求"美"去，我们要在美的情绪里窥察世界。那么！美人的一笑一颦，真可变更世界，美人的不朽的笑，笑是由心花开来。文西名画……微笑……真正添了世界上许多春色，令人倾倒在她的面前，她这微笑，饱藏了充富的人生之谜，好像是探求无尽的秘宝。中世纪的美的公主一笑，使一切武士拜倒。还有些许多折戟为盟，誓为情而死的！然而中国女子的笑呀！表面上似为学问人格而启发她的爱慕，实在并不是这回事。她脸皮一皱，计上心来，不过是为的金钱而已，她皮里血里，以及骨头里，你探求罢！总探不出一点儿真情，你把她焚成灰，也寻不出一点儿情趣。中国数千年的文明，不过一副臭皮囊，里面包藏着狡猾、敲诈、阴险、利害等……实在中国人，是毁灭人生的魔鬼，而以黑暗为唯一的天堂，是天上降下来的恶鬼，来扑灭人类的！尤其是中国的女子，中国女子的一笑一颦，使我不寒而栗。因为我们歌颂的，是"美的笑"或"美的颦"，我们诅咒的是"丑的笑"或"丑的颦"。所以我看见中国女子的笑颦，实在不能不痛骂她，因为你看见这样的笑颦，应当受最大的处罚，已经被她污了你的清净的灵魂。应当把你双睛挖去，因为人间不应当有这样的笑，更不应当有鉴赏这样笑的人！既是人，处处要能看见人心，美就是爱泉深处所开放的心花，这花所布散的芬芳，人苟能吸到这点香气，无论如何的污浊的灵魂，总可升入天堂，因为美，可以淘净一切罪恶的！可叹这中国的女子，已经把人类宣布死刑了！我痛哭，我忏悔，我不应去享受女子这样的笑颦，既犯了罪戾，应当即时跃入海中以自杀赎罪。等到现在，只有"逃"，逃去这种不幸的命运，逃去这种不幸的处罚。"漂泊"生活，是文艺世界中，最美丽的生活，也是一个罪犯忏悔后，升入天堂的道路！狂海！我告诉你，你别要代我生气，吼成不平之鸣。我的心，虽有这样不幸的遭遇，但是也和你一样：未出谷的清泉，经过长江的浊流；你的性情中，含了许多美善，也含了许多丑恶。别矣，中国女子之笑颦，我怨你，我始终爱你！

华林　十六，七，卅号

又

竞生兄！我在船上，已经过了十几天，从上海动身时，眼看与这冷冰冰的中国，长此拜别，好像一点无所留连。我虽漂泊在外，但中国也是我生长的故乡，谁知人情薄似纸，故乡不可留，只有觅我所爱慕的广大自然，只有去寻求我倾怀的文艺。前次寄上一文，《别矣，中国女子之笑颦！》，末句尚有我怨你，我始终爱你！其实有什么可怨的地方？冷酷残忍，内心里，没有一点儿情绪，又有什么可爱的感情？做人一点儿真性情流露不出来！只知趋炎附势，崇拜金钱与虚荣，与中国人言情，真是自寻没趣。静坐凝思，不禁心有余痛！幸而船上一路安闲，终日有海涛，涤荡我的心潮。加之海上明月，慰我漂泊。寂寞中我思想之翼，把我飞入星球，飞入宇宙的无限空际。回顾人寰，真是颠倒众生，自甘受运命的支配，没有一点反抗的能力。须知"做人！要有很好的方法，努力发展自己，要寻求人生的真意义，造就不朽的人格"！中国人只知屈服在堕落的环境中，过那不生不死的生活。我所以看见这样的人类，不禁寒栗地自说："人生呀！逃避罢！"我今逃出这堕落的环境，呼吸了海上空气，复苏我垂死的生命，我把我游瑞士和意大利的印象，一一毕现在我的眼前。好像饮到一点爱泉。向人生战场上努力奋斗！我自信还有勇气，我自信我心未死，我去寻求美。朋友！你知道《浮斯德》剧中玛格丽（Marguerite）她的母亲、哥哥都死了。她抱着她的私生子，去沿门求食时，天早下雪了！人家忙做节期呢！上帝也不垂怜一个纯洁漂泊的女子。所谓善人君子，也不施舍点恩惠。她不忍她的儿子死在她的怀抱里。然而她饥渴的干乳，终是流不出一点血液来，人世是没有同情的！愈纯洁的人，愈受最大处罚！朋友！这就是人生的滋味，这就是人类施与一个纯洁人的待遇。不要紧！算不了一回事！其实这就是"美的人生"。勇士在临死时，愈感到不可言喻的快乐。所以在《别矣！中国女子之笑颦！》一文中，也算告别我的一切幻梦了！朋友！人生呀！逃避罢。

八月十八日华林书于海上

张竞生自白[1]

本报昨接张竞生来函，略云：

《谈天说地》小报主办人姓名，已在本埠报上登出，证明与我毫无干涉。大华社何以故意牵我入内？"淫书"云云，乃许多老朽下流诬蔑人之惯技，实则不能吓倒我辈以"性书"提倡之人也。

张竞生谨具
十六，十一，廿四

---

[1] 1927年11月25日《民国日报》第4172号

美的新闻纸[1]

《新闻学刊》将创行,嘱我作文以纪念。旋得天庐主人[2]来看书,拟为《新文化》撰稿,叫做"新闻的美化",由此引起我作此文以报之的决心。

要使新闻纸美化的条件:一在有美趣的材料,而一在有美的印刷术,而此二者在我国新闻界皆不能得到,以致所有新闻纸多不堪寓目。良可慨也。

夫新闻纸所载社会纪事,与政治军事等,全在主笔有史才,把它做成有系统起来,而又加以艺术的妙笔,使社会枯燥的事情,一变而为极兴趣的材料。例如军事至悲惨也,但遇司马迁则楚汉之争、鸿门之会,叙起来又是何等生动。今日新闻界常把至有趣的事情,用了一种极枯燥的"电报式"写出来,仅使人觉得无味。例如死囚(常有极重要的人物在内)的记载,仅会抄官厅一纸通告以了事。其在外国则将死囚在监时生活及往刑场时状态与其心理,详详细细登载出来,使人觉得津津有味。因为"极刑"乃人生至重大的事而为社会之至变态者,人人皆有注意之必要与喜看之趋向。你看到如今尚脍炙人口者,为金圣叹临刑时的"花生米和豆腐干合食有火腿味"的滑稽与张巡的"南八,男儿死耳,不可为不义屈"的壮语。今则被刑者虽有雄壮慷

---

[1] 1927年《新闻学刊》创刊号。
[2] 黄天鹏(1909—1982),名鹏,字天鹏,别号天庐,广东普宁人,著名新闻学者。

慨的表示，因无社会为之记，则亦等于腐鼠烂猫而已，可不哀哉！

说到美的印刷术一层，本极容易做到的。可惜国内印刷界太幼稚，规规矩矩尚做不好，安望其有美术化？我们今后唯有希望印刷者多多学人的美处。欧美的美的印刷法，太遥远了，我人恐一时学不到。但极粗的日本报，其美趣已足使我国印刷界望尘莫及了。

美趣的材料与美的印刷术，《新闻学刊》诸君呵，你们以此时时来希望我们的《新文化》，我们也时时以此来希望你们的大刊！

十六，一，九，上海

此志目的[1]

年来，国内性学与淫书闹得一班道学家寝食不安，以致他们头脑昏乱，竟将性书与淫书一例看。其实，性学应当提倡，而淫书应当禁止，这是稍具有常识者就能知道的。我们固无怪那班人的糊涂，他们实在不晓得性与淫的分别；或有些知道了，而因别有作用，遂致也一样糊涂起来。

性学的高深，莫如在利用其精力，为文化的升华。故我们于介绍性学之后，应当再进一步，而求升华的结果。

所谓情感，所谓智慧，所谓功业、文章、道德、人格，以及艺术、文化，皆由一种精力所变化。这种精力的变化就是"升华"。可是，这不是禁欲所能为功的。必先要性欲有正当的发泄与接触的机会，而后精力才有所归宿与提高的希望。试看中外才人名女与夫丰功伟略的人，谁个不是富于欲而深于情者？本志今后的目的，就在引导一班富于欲的青年而使为深于情与丰功伟略之人。希望一班作淫书之人，改易方针，一同来和我们合作，共同建立此升华的功绩！

---

[1]《情化》第1卷创刊号，上海美的书店发行，1928年5月1日。以下六篇均出自此杂志。

表 情

引 言

一个完人,当然要好人才、好打扮,又要好表情。"三分人才,七分打扮",世俗说的不错。打扮,就广义说,也是一种表情。可是,生长得虽漂亮,打扮得甚时髦,若无情感,或有情感而不能表现出来,则与木偶石块又何以异?故我们今应于"三分人才,七分打扮"之后,加上一句更紧要的口号,"十分表情"。这是说,如能表情,又加之人才好、打扮好,当然是十足了。但假如人才将就,打扮可以,但求能有好表情,则也可以引起人的同情。

人才长得好坏,多由于生来就如此,实无方法可以改变的。说及打扮,当然不必绮罗金玉,但能恰到好处,也算入流。然无论怎样,打扮总要花费的。愈有钱者,愈宜于打扮,太无财者,仅能从俭朴净洁处下手,所谓富丽繁华当然不能希望了。故人才与打扮,大部分乃操诸外;不是如表情,可以完全操诸自己的。

我悲悯我国人无情感,少情感,我更悲悯我国人不会表示出真正的情感来。情感固然当先有诸中,而后能形诸外。不过心中有情感,若不能好好表现出来,则其结果也几等于无情感一样。例如,老式的夫妇,当其入床熄灯之时,无论如何理学家,当然不免于做起那些禽兽的行为来。可是日光一出,他们相待,只有鼻息咻咻然,由外人看起来,他们好像是路人,甚且仇人一般,试问这样的夫妻值得算为有情感吗?

要而言之,人不但要有情感,而且要好好表示出来。所以我特地来提倡表情与研究它如何表示的方法。我将上而采及巴比伦、亚拉伯的艳冶,中至欧洲骑士的温柔,下列法德诸国近代的浪漫,此外,合了东方各邦及我国的离奇古怪,共可得了数百万言,作成为有系统的表情的大观。现先在此《情化》杂志陆续登出,以便养成我国人有富厚的情感,而使这个冷淡社会成为情化的世界。

哭的表情

《红楼梦》林黛玉的哭

《红楼梦》的林黛玉与《金瓶梅》的潘金莲皆犯了"歇斯的里亚"[1]病（Hysteria，或说大都由于性欲不满足而起），所不同者，黛玉既受各方面的压迫又于肉欲上不能得到满足，遂而发泄为怨愤的情调与诗歌。这是一种"升华"的最好现象。金莲比较上稍得性欲的满足，但因西门庆多妻的分心，遂使她不能尽量快乐，以致演成为种种下流的行为，如偷汉子、打人、骂人、用心机害人等等，这是"恶化"的最好证例。

因这二妇人的特例最具有讨论的价值，故我先将她们论列起来，而今先从林黛玉说起。

（甲）《红楼梦》的分析

自来研究《红楼梦》者有"索隐""考证"等派。最近胡适先生用了科学方法，证明《红楼梦》的作者是什么人，这是第一步的成功，但与实际的工作相差还远。一本名著如《红楼梦》，不是用科学方法所能得到其精湛之所在的。因为科学方法重在返本探源，而将万绪变化的神情归纳为简单无味的逻辑。由是，无怪当胡先生看这部洋

---

[1] 今译歇斯底里。

洋大观的书，不过"只是老老实实的描写这一个'坐吃山空''树倒猢狲散'的自然趋势"。在他个人说，可谓"忠于所学"，但不必去问什么大学问家，就连普通人读过《红楼梦》后都能知道此本书，不单"描写这一个'坐吃山空''树倒猢狲散'"吧，若以此眼光去看《红楼梦》，真是浅之乎也者了。

研究一个名人的心思或一本名著的创造，最重要的不是科学方法，乃是"创造的方法"（Constructive Method）。例如，我们要善于了解《红楼梦》时，知道作者是什么人之后，最要的在考究作者的心灵如何活动。唯从此心灵活动的趋势上，才能得到它的创造的妙谛。创造法与科学法不同处：创造法乃在讨究心灵的创造，它是在这种创造中求出其进化与变迁的法则；这是轻视其陈迹而重视其未来，忽略其因由而注重其结果的。科学方法，则在研究现象的固定，它是在这种固定中，求出其互相关系的法则；重视其原因而忽略其结果，注重其过去而忽视其未来的。

但请胡先生辈勿误会我意，以为我是反对科学方法而提倡玄学之人。我当然赞同科学方法，不过我视它为治学的初步功夫而已，不是如胡先生辈以科学方法为至善独一的方法。又我说的"创造的方法"，不是玄学的渺茫，而是有规则与条理的，它与科学方法不同处，它不仅重视客观，而且兼及主观。这个"创造的方法"，每为"心理分析家"所取用，因为研究人类的心灵，非用创造的方法不可。

（乙）林黛玉的表情

我们用创造的方法来研究《红楼梦》，则见此书创造力之大，不是单单描写"坐吃山空"的。仅就林黛玉一人的心情说，已可见出作者精致的心灵与伟大的创造力。他描写林黛玉的难处，不在死写一个常态的女子，而在处处活描一个超人而将近于变态的性格——哭的，与有忧郁病的性格。

作者对于林黛玉的创造的材料，大概是这样：一个生来柔弱的身材与玲珑善感的心灵——后因受各方面与礼教所压迫而成为忧郁病——她的忧郁的发泄有二途：一是哭泣，一为诗歌——哭到后来泪也干了，心也碎了，仍然不能与所爱之人结婚，于是遂自戕而死。这个大端的结构尚觉平常，至其详细的组织才见其难能可贵。

在这个人格描写上，作者确能处处应用事实以为忧郁病理的根据。他起始就认定黛玉忧郁善哭的病源，乃由于身体的衰弱。"两弯似蹙非蹙笼烟眉，一双似喜非喜含情目；态生两靥之愁，娇袭一身之病；泪光点点，娇喘微微；闲静似娇花照水，行动如弱柳扶风；心较比干多一窍，病如西子胜三分。"这样写法，不仅看出黛玉的病体比别人分外可怜，而且见出她的心灵也比别人玲珑。据病理说，凡患忧郁症者，其身体必衰弱，而心灵又较普通人为强。因是，心灵常要向前头跑，可惜身体终赶不上，遂致生出身心彼此不相谐和，林黛玉便是吃这样亏。

她本来已有倾向于忧郁之病，加以寄人篱下，又与宝钗、湘云等竞争宝玉的爱情，由此刺激更多，遂致成为忧郁之病。这个忧郁病的特征不是别的，乃是"善哭"，哭是她独一的安慰者。故她无处不哭，无时不哭，可说她为善于哭者的代表。

哭的表情，在她，可以分为几类：她有时是以哭为玩意儿，这好似小儿女斗嘴时的哭态。虽在当时闹得怎样厉害，事过境迁，则亦已耳，并未尝记念在心怀。这种哭，其中实在含有趣味，所谓娇嗔薄怒最令人怜是也。不用说，黛玉对宝玉这样哭法最多，这个乃因二人自少时一同坐起，一个住在碧纱橱里，一个住在碧纱橱外。及长成后，一个住在潇湘馆，一个又住在对过的怡红院。彼此过从既多，亲密之情又是非言可喻，以致每每难免有"求全之毁，不虞之隙"。况兼黛玉要使小性子，而宝玉又是痴于情者，常常有真情而为礼教所压迫竟致有不能出诸口之苦痛，以是吞吞吐吐，含糊不明，更加引起黛玉的疑心与刺激，遂致她不免垂泪娇嗔，宝玉因此赔罪不迭，以邀美人的回心。这一对小情人最快乐处，想多是这样的胡闹过日，例如，黛玉剪荷包怒了，哭起来了。禁不止宝玉"妹妹长，妹妹短"，赔不是了。

后来,宝玉仍戴上荷包,又逗得"妹妹"哧地一声笑也。

又如宝黛二人怄气一回,黛玉哭了,宝玉又赔罪了。这次结果竟得黛玉如此温柔口气:"你只怨人行动嗔怪了你,你再不知道你自己怄人难受。就拿了今日天气比,分明今儿冷些,怎么你倒脱了青狐披风呢?"宝玉得意了,终于笑道:"何尝不穿着!见你一恼,我一暴燥就脱了。"

他们闹得最凶的算是在第二十九回。闹得黛玉大哭大吐,闹得宝玉只管死砸玉,闹得贾母及王夫人都知道而来劝了。然而结果:"女的在潇湘馆临风洒泪,男的在怡红院对月长吁。"居然是"人居两地,情发一心"呢。到后当然是宝玉先来赔罪,"好妹妹",叫了几十声,黛玉仍然是哭。及到宝玉说:"你死,我做和尚去。"黛玉更加怒了,向他额上戳了一下,哼哼一声,咬着牙说道:"你这……"仍然垂泪不睬。宝玉既说错了话,又被黛玉这样奚落,不免也哭起来。幸亏这个女妖精一面哭,一面看了宝玉要用簇新藕色纱衫去拭泪,遂连忙将自己的一方绡帕掷去……这是何等可爱的儿女哭泣呵!愿天下有情人都来这样大哭一遭,然后才能领略此中哭的滋味!

黛玉的哭当然不是完全这样的痛快甜蜜。她的哭也有时实在为真恨而发泄者。不过与宝玉那样真爱,当然这样真恨的哭泣不会继续延长的。论及这些真恨的哭,正是真情爱的发泄呢,所以它的表示尤觉不可少了。可是,以"秉绝代姿容,具希世优美"的黛玉,若为真恨而哭,则其哭的影响之大,诚如《红楼梦》作者所说,把那附近柳枝花朵上宿鸟栖鸦,听闻此声俱忒楞楞飞起远避,不忍再听了(第二十六回)。原来黛玉的哭已经感到彩禽界了。这与第三十五回所写的潇湘馆中鹦哥,一似黛玉的长叹声音,并且念着"侬今葬花人笑痴,他年葬侬知是谁"之句同样入于神境。及(在第九十六、七、八三回)黛玉闻得宝玉娶宝钗时,此时的恨,当然是真恨,而且这回的恨是绵绵无尽期了。"宝玉!宝玉!你好……"说到"好"字便浑身冷汗,不作声了。此时泪也干了,哭也不成声了,然而尚是怀念宝玉不置。难得作者在此数回上写得出黛玉的悲哀。（假定八十回以后的《红楼梦》是高鹗续的，别的不必说，独对于黛玉一层，续得真不错。）

哭之价值又大者，在以泪为真爱情而挥洒。无论黛玉暂时如何恨宝玉与在将死时如何永久地怨恨他，究竟，她终是真爱宝玉的。她的哭与泪，都为真爱而流尽了。《红楼梦》一书的价值，也就在这样泪痕的描写；故我们可叫《红楼梦》为"还泪记"。以黛玉的泪是处处为宝玉的情爱而表示的去看《红楼梦》，则可见出黛玉的哭泣的真价值，与《红楼梦》描写黛玉的真意义之所在。今举一浅显之例，如（第三十三回）当宝玉受其父笞责后，黛玉哭到"两个眼睛肿得桃儿一般"。又当她看宝玉时"虽不敢号啕大哭，然越是这等无声之哭，气噎喉堵，更觉厉害"。到此，始可见出黛玉哭的伟大的价值。至于宝钗等的镇静，愈形出其对宝玉非有真正的爱情。

由真爱的哭，而再进一层，就是"哭的升华"了，这个是节省哭的消费，而使眼泪变成为悲哀的诗文。凡读过《红楼梦》之人，谁不赞叹黛玉的《葬花诗》呢："……侬今葬花人笑痴，他年葬侬知是谁，试看春残花渐落，便是红颜老死时，一朝春尽红颜老，花落人亡两不知。"这是何等的血与泪所结成的诗句呵！又她的《桃花行》也是一字一泪、一句一哭的："……胭脂鲜艳何相类，花之颜色人之泪。若将人泪比桃花，泪自长流花自媚。泪眼观花泪易干，泪干春尽花憔悴。憔悴花遮憔悴人，花飞人倦易黄昏。一声杜宇春归尽，寂寞帘栊空月痕。"这样悲调，难怪宝玉看后，痴痴呆呆竟要滚下泪来了。

余如黛玉的《五美吟》（六十四回）、《代别离》（四十五回）、《菊花诗》（三十八回）、《柳絮词》（七十回）皆是她泪所写就的。今恕我不能一一举出了。

《红楼梦》的作者虽有忧思，但究竟他是男性，而所以能有这样女性缠绵的体贴，这个非从创造的方法求出其理由不可。凡创造者，虽不免借用些事实为根据，但其进行与发展，完全靠住他自己创造的天才。今以林黛玉的创作法说，作者的心思优越处，第一，在写黛玉所受各方面的压迫，如寄居在外祖母家，不能如自己家庭一样的随便；又如她与宝玉是中表兄妹，而又有婚姻的可能性者以致受礼教的压迫，而对宝玉不能尽情相与。他如凤姐的刻薄贫嘴，宝钗、湘云等的争宠恃娇，遂使她不得不处处留神，以免受人奚落与失贾母、王夫人及宝玉等的欢心。

其次，作者的心思再进一步而描写黛玉在此种压迫之下而生反抗的心理。这个反抗固然是极微弱，因为黛玉是名门闺秀，又在大家庭之中而受礼教之毒最深者；但她终于想反抗，如她对于宝玉的使气，对于姊妹间的恃才，对于细故末节每每触境而伤情，对于贾家人有时竟用了尖刻的口舌，凡此之类均可以见出。

第三层，《红楼梦》写黛玉的妙处，就在一边写出许多的压迫，一边又写她应付的无能，以致她对宝玉虽有万分的情愫，而终不能尽量发泄，以致彼此吞吞吐吐不肯明说，愈演愈委婉曲折，以是情文双生，俱入化境。别一方面，正因她受四方八面的攻击，精神越加刺激，思想越加灵敏，而忧郁病也越加沉重，哭的状态也由此愈演而愈奇。善看《红楼梦》者，就在这样压迫的增进与忧郁病同时的增进处，见出黛玉人格的演进与她哭的变态的增进。由此研究，始能见出作者创造的步骤与其描写的天才。如此看法才是得到创造方法的妙谛，与作者活动的心灵。

若论及"哭的表情"，当然以林黛玉的写法为最奇妙。此外，《红楼梦》所写的哭法尚不少。如第六十八回的写"酸凤姐哭闹宁国府"，这是"泼的哭法"。但见"凤姐儿滚到尤氏怀里，嚎天恸地，大放悲声……说了又哭，哭了又骂，后来又放声大哭起'祖宗爷娘'来，又要撞头寻死，把个尤氏搓揉成了一个面团儿，衣服上全是眼泪鼻涕……"当然，黛玉的哭比乎此，格外斯文高雅了。

又写晴雯死时的哭，比黛玉死时的哭又较痛快。"'有什么说的！'晴雯呜咽道，'不过挨一刻是一刻，挨一日是一日……只是一件,我死也不甘心!我虽生得比别人好些,并没有私情勾引,怎么一口死咬定了我是个狐狸精……'说到这里,气往上咽,便说不出来,两手已经冰冷……"他如写(四十四回)平儿被凤姐打得有冤无处诉,只气得大哭,哭着,也把鲍二家的撕打起来,后又被贾琏打得气怯,忙住了手,只管哭骂,要去寻死。这样写哭,写得又甚滑稽。至于写美香菱受了贪夫棒之后,跪到薛姨妈跟前,痛哭哀求,不愿出去……又写得哭来甚是凄凉。

总之,《红楼梦》写哭法,无虑几百样。他写袭人的假哭、贾母的慈哭、傻大姐的呆哭、薛宝钗的娇哭、迎春的冤哭、元春的闷哭。此即所谓"千红一窟(哭)""万艳同杯(悲)"。原来《红楼梦》全书精髓,就在各人上描写这些悲怨啼哭,而在黛玉一人上则为哭的大归结,故能写得格外淋漓,格外齐备。

(此段完,下文论《金瓶梅》的潘金莲)[1]

---

[1] 因《情化》仅出一期,后文未见。

竞生附说

我以为爱情中的欺骗仅可视为一种手段，但实际上，应当以真爱情及诚实不欺为彼此情人们维系的根本条件。我在此甚同情于卢骚所说的在几种限制之下，可用欺骗，即：

（一）或如满成兄所说要能安慰人；

（二）并不以欺骗为自己的利益；

（三）不过是一种玩意儿（如在"欺骗节"之类，原于道德无伤）；

（四）在挫折有意欺侮之人时；

（五）使被骗的人有利益，而又不会使别人受损失时。

附

爱情中的欺骗手腕[1]

金满成

写在上文后面
（节录）

这稿子送在张竞生先生处去了两天以后，我适巧就有事去找张先

---

[1] 金满成文字较多，节录部分。

生。他见面不久就和我谈到这问题。他说我的理论大体是对的，可是事实上每每行不通。简单说，他就不相信欺骗能够永远，能够不被人发现。我于是再把我原文上所举的例子拿出来做靠山，证明我的理论不错。他的确无法反对我的举例，但是他却说我的举例都是特殊情形（Cas special），因此我的理论不含普遍性。我于是又反驳说，那么，遇到这样特殊情形，就用欺骗；这比遇到这样特殊情形而不用欺骗者相差如何？

很有差别。不过这差别不是理论之真伪的差别，是情爱者智愚的差别。因为聪敏的人，用不着你的理论（或说主张），他自己早会做了。

那么，我的理论，对于愚者岂不有用？愚者根本看不见你的文章。能够看见而同时了解你文章的人，早就用这方法了。

那么，大家为甚么不肯公然说出口来呢？

所以我佩服你胆大！他最后这样说了。

过了几分钟，张先生那里还没有来宾（因为张先生的家里照例来宾最多的）；我于是继续同他又谈到这问题上面来。他于是发表了一个具体的意见说：

欺骗人要求永远不发现，这是一件不可能的事（除了少数例外）；然而欺骗在爱情的确是一件有趣味的事。在爱情中的欺骗，除了以安慰人为目的而外，还有一个条件，就是要日后发现不但不要紧而且还有趣味。比如爱人请我替他手织一双毛线袜，因为自己忙不过来，于是请女伴代我织了。我向他说，这是我亲手织的，他高兴得了不得，以至于吻那袜子。过了几年，我才问他那一次的袜子，虽然你吻了，其实并不是我织的。这结果，大家会相视一笑。爱情中的欺骗价值就在此。

我赞成张先生的理论，我于是修改前文，再在此把那欺骗人的条件重新说一说。

欺骗人，尤其在爱情中，是可以的，但要有下列的几个条件：

第一，要能安慰人。

第二，最好是含永远性的。

第三，更好是能因时间的流变而改变本质的。

第一、第二不用说明，第三就是张先生的主张。我们为了使得对方高兴而欺骗对方，将来这件事发现了要对方还格外高兴这欺骗，那就是好的欺骗！

四月十九日

"奇女子"余美颜蹈海自尽

连日在《民众日报》及《青光》上看到奇女子余美颜[1]的蹈海自杀消息,使我有无穷的感慨。当去年这个奇女子乘船来上海时,我友偶然与之同行,到上海向我说及"你是否要一看奇女子",我漫应之,而终于无缘得见一面。距今不久,又有一友向我谈及外间说我与"奇女子"定然会过。我誓言未曾,他说这真可惜,即自任为介绍人。翼日来说她已往香港好久,候其来再图谋。殊知"奇女子"竟蹈海而死了!

就报上所记奇女子确实奇,尤其是在这个不奇的中国,而愈觉得她奇。她短裾匹马,逍遥广州市上,至于被公安局所禁,一奇也。在香港客栈"出浴返房,一丝不挂",致被港绅所仇视,二奇也。挥金如土,三奇也。奴蓄男子,四奇也。逃入佛门,五奇也。蹈海自尽,愈觉得奇妙无穷。

传者过甚耶?假设这些事尽实,奇女子实有伟大的价值。可惜,她不生于欧美,则短裾匹马,不但免为公安局所驱逐,而且得了"女英雄"的徽号。又可惜她不生于日本,则浴后不衣而返房,干卿何事!至于挥金如土,更觉可儿。据说被其诱惑者数千人,可见她迷力的伟大无比。取浪子之财,供美人挥霍,故我说她真是可儿也。

---

[1] 余美颜,别号梦天,1900年出生于广东台山县,经历过两次婚姻,后生活放荡,1928年在轮船上跳海自杀。时人以其故事为背景,拍摄了电影《奇好》。

我们见奇女子固非无情者。因太过情种以致钟情不遂，遂而蹈海自杀。试问一帮滑头的男女能这样吗？她生时为一班道学家所鄙视，试问这班鄙视她的道学家能这样慷慨为情而死否？她生时的艳福已够她一人消受了。她死后的伟大，实在值得群众的传扬。（如有关于奇女子的详细事实者，请寄本志，一经采取，定酬多金。）

张竞生的一封公开信[1]

诸位先生：

据竞生个人实地在书店及编辑部经验所得，断定如有十万元资本，以之请编辑七八十位，按时译书，则数年内可将世界名著二三千本，译成中文，其关系于我国文化至深且大。兼以经营世界各种名画与雕刻品，使美育及于社会，于艺术与情感的影响也非浅鲜。就赢利说，单就书籍一项而论，头一年假定出五百本书，每本五万字照低廉售价六角算，又姑定每本的售数为每年卖出三千部计，则五百本书，一年可卖至总数九十万元。此中除去印刷费十五万元（每部照稍高价算为一角），编辑费十二万元，与发行费数万元后，净利几达六十万元，获利之大，可谓惊人！而况兼卖美术品，与外国原书及各种教育品等，总合起来，获利当然甚巨。推而至于第二年，第三、四、五年之后，则每年再出新书五百本，新得之利与旧籍的赢余，累积起来，则第二年之后获利之大更难预算了。论其资本不过数万元至十万元而已，比较市上无论经营何种商业断不能得利如此之多也。诸先生为文化计，为利益计，幸勿漠视下头所拟的计划。若能努力使其实现，而使我国于数年之内无论何种学问皆有完善与系统的译籍，则不久我国

---

[1] 这封公开信后来被北京大学学生聂思敬带到胡适家，引起了胡适的共鸣："北大学生聂思敬来谈。他带了张竞生一封信来。竞生也有大规模的译书计划。此意甚值得研究，不可以人废言。"胡适特别将这份偶然得到的公开信剪下来，贴在了1928年6月3日的日记上。

思想界定能起了极大的变动，于各方面如文学、科学、哲学、实业等，必能放出极大的光彩。这种关系于我国文化的前途，更非区区的利息所能计较了。

现在国内大书店如商务、中华之类的编辑部，因其制度不善及编辑不得人与其思想的腐朽，以致虽有资本而出不了美善的书籍。我们今后的编辑部重在以专门的人才得以专心编辑各种有系统的学问，尤注重在介绍世界新颖的思想，以便引导我国人的思想与世界相沟通。

张竞生谨具
十七年三月

一个与文化关系最大和获利最厚的书店经营法

将欧美及世界名著作有系统的译述,使我国人得以最便宜的价钱买到最有效力的书籍,是为本书店的宗旨。由此,使学子仅借这些有系统的译籍,即可以得到各种高深的参考书,而免直接购求原本的艰难,是为本书店的目的。进一步而求各种学问皆有完善的"国文本子",渐渐养成本国独立的学问,不至借梯外国文本以为求学的不二法门,这是本书店所抱的志愿。

总说起来:本书店在供给一班不识外国文学的人,仅从译本上而能得到各种有系统的学问。而使识得外国文字者亦得用极少之钱买到各种译本参考书,免致如今日非出成千元始能得到每一学问的相当参考外籍,况且有时虽有钱而亦不能买到外籍的麻烦。

总计划

一、一人独办或公司合办一间书店,资本为五万元至十万元

二、若为合办则为"有限公司"性质,定为每股股金一百元,收足五百股时即开办

三、书店约定为下列三部办事(各部详章另定)

(一)发行部

1. 设总店于上海(于国内要地约六七处及新加坡设支店。总店开办费约五千元,常年费约一万元,支店可由承办人自认经费)

2. 发行部内售卖:

（1）本店译籍

（2）各种图画（此项亦极重要，请参看下头编辑及印刷部所说）

（3）教育用品（注重普通的雕刻品，可放在桌上启人观感者）

（4）外国书籍

（二）编辑部

1. 请编辑八十位，每人月薪八十元

2. 请编辑主任十位，每人月薪三百元

3. 凡书由编辑译出后由编辑主任校正，各署真名出版，以专责成（译时由编辑人随兴操笔，但求每月交出约三万字就好。如此自由编辑较得有好文字，免至于强迫作文敷衍了事）

4. 设总编辑一位，月薪五百元

总编辑责任如后：

（1）聘请知名编辑主任及编辑

（2）指挥编辑部一切工作

（3）选择下列各种有系统的原著，请编辑译出

计开：

世界名著小说集五百本

文学书五百本

科学书（天文、数学、物理、化学各廿余本，生理学七八十本，心理学一百本）约共三百本

社会书（法律、政治、宗教各三十本，经济一百本）约共二百本

哲学书一百本

医药书一百本

艺术书约三百本（图画约几千种）

玩耍及教育书一百本

工艺及机器书一百本

兵书及杂著约二百本

以上共二千四百本书

每本约中文五万字计算（预定五年内可译完）

如书店资本不能超过七八万元时，则编辑及编辑主任上定人数可减为一半，上列书籍则迟为十年译完。以八十位编辑约月各译三万字算，则每年可得五百本书。若能每年出五百本新书，则每本照六角计算，又能每本每年卖到三千本，则此五百本书每年可得净利六七十万元。

其计算如下：

五百本书每年卖三千本，则得一百五十万本，以每本六角算，得利九十万元，内扣编辑费十二万元、印刷费十五万元、发行部费数万元约共三十万元，净剩六十万元。

（三）印刷部

1. 经费充裕时，则自设印刷部，否则托市上印刷局排字后，打成纸版，自己印刷

2. 竭力经营图画印刷所

计开：

（甲）各学校（大学各科、专门学校、中学、小学、幼稚园、女校等）各就学校程度及性质，选制十余幅名画而有意义者定为某校悬挂之用，如此可提倡美育及辅助教育之不及（选画后，请教育机关审定备案）

（乙）各种公事房挂图

（丙）居家挂图

（丁）群众美术品（如过阴年关、中秋、清明等图画）

3. 除编辑各种普通教科书外，应特注意者：（A）为性教育各科书（由教育机关审定后发行，当然不至于被禁止）；（B）为各种艺术书

4. 除各种教育用品外，最要的为运售欧美各书、普通雕刻品、各种操练品

可能性的大奶[1]

今晨起来，在《晶报》上看到《胡适之考证赛乳会》[2]一条，不觉感到"科学的考证"有好处，也有不完善处，故我常说学者于"科学方法"之外，当用"创造方法"始能透彻。今就本事来说，又是一件证明了。胡君谓"摇铃开会，是咱们自己的习惯，决不会在伦敦一个大旅馆中出现的"。但这可说先前是如此的，而不能证明永久必定如此的，更不能证明伦敦人不会破例，与终久不会一时独创了摇铃开会的新举动的。说到"唱口号闭会，还不曾流行到半开化的英伦三岛"，考证不完全，也如上例。在第三条"以乳部四十五磅，周围三十方寸当选"一条，似乎"不太科学"，但胡君所驳的也不大亨。第一，二粒奶四十五磅重，堆在胸前，当然是极可观。"是个什么样子？"胡君这样问。"就是这个样子。"张某就这样答了。第二层说到"怎样用秤去称？是否割下来过秤？"完全是废话。天文家能称地球多重矣。难道用秤去称？我意是赛乳会中人自能用一种"科学方法"去称定也。第三，三十方寸的奶头，纵然其中有乳汁在内，也不能有四十五磅重，这层确"不科学"。但此所说的是周围三十寸，当然不是面积三十方寸。原文只说周围，还以周围立说为是。周围有三十寸，不知其长量若干。若它是"布袋奶"形，则其量虽或不至有

---

[1] 1928年7月9日《晶报》。
[2]《胡适之考证赛乳会》发表于《晶报》1928年7月6日第二版。

四十五磅，但亦重得可观了。况且称时当然不是割奶的，则其"胸力"的加入，增加奶的原量不少。又四十五磅若合二奶而算，则一奶的量仅等于二十二磅半而已。我在顾家公园中曾见西妇奶围突出如半桌大，有友戏说在其上可以食大餐也，此亦见天下之事无奇不有矣。我对此题起兴趣者，不是为"作伪的投稿人"辩护，乃由（一）大奶的提倡，为我们所主张；（二）可以见出科学方法有时走不通，应另求"创造方法"以求透彻，例如此事究竟如何，当就事实立论。在未得到事实之前，初步当用"科学方法"以明其事能否成立，但其后当用"创造方法"，以推此事在常例之外，是否有"可能性"。如有，则不能因与通常之事不合，遂而断其为子虚乌有呢。

十七，七，六号

张竞生之法律顾问谈[1]

近日外间谣传何世桢院长，前为律师时，曾任竞生之法律顾问，核与事实不符，用特稍为声明于后。溯自前年我与潮州学界代表数人，因潮产争执事，曾请何世桢、何世枚二大律师，为旅沪潮州学会诉讼代理人。后因新文化杂志社成立时，社中同人，佥以得何先生昆仲为法律顾问为荣，遂将其名登在《新文化》杂志上。其后因未得何氏昆仲同意，即于第三期起，将顾问广告停止刊载。查《新文化》杂志，宗旨纯正，内中虽设有"性育"一栏，完全出于研究性学性质。其余各栏，则在讨论各项社会问题。在第一期上，注重在讨论妇女平均产业一事，曾得吴稚晖、蔡元培、张继诸先生论文，足见请何先生为顾问，毫非私人问题，而特为《新文化》着想。不意后来上海一班文氓，假冒我名，刊行《性艺》及《性史》各集，社会大哗，连累及我，间接累及《新文化》杂志，以致研究性学文字，被社会误会为宣传淫猥之作矣。假使予平日果得何世桢、世枚二博士为个人法律顾问者，当不致代人受过，坐视假名而造《性艺》《性史》等淫书之文氓，逍遥于法外也。

---

[1] 1928年10月18日《晶报》。

张竞生去国留言[1]

竞生此次往欧洲,特与友人组织编辑部,拟将世界名著作有系统的译述,尽量介绍东来,以增进我国之文化。今于临行之时应在此声明者:

(一)"美的书店"虽已招盘,但竞生及友人所有版权并未移让于承顶人,外间不得私相授受。

(二)前浙江省政府无故驱逐竞生出境,本人坚决向司法院求直,以彰法治精神。

(三)在沪潮产已由各界继续力争,务使公开,潮州同乡会尤望赶速成立。

(四)外间有假冒本人姓名作书及招摇者,或有专事造谣毁谤者,明达之士,当能鉴别真伪,不至受骗。

此次因友人赞助旅费,始能成行,特此鸣谢,并志勿忘。

---

[1] 1928年12月11日《申报》。

狗妇跳舞行[1]

在我们"贵阶级"(第三等啊)中,载有一个两粒大乳虽无四十磅也有二十磅重的西妇,她天生来酷爱狗,爱狗甚于爱丈夫。丈夫服伺了太太,太太服伺了信徒,信徒阿狗养在舱顶高高上。太太每餐拿肉去作刍,饱食之后要散步,散步之后要跳舞。那时水手正拉琴,又有击盘兼打鼓,琴音拉的为"狐步"。阿狗喜的是同侣。太太将它抱起来,随音应节步也趋,旁观之人皆打掌,掌声大与海涛斗。我时在旁大叹息:此狗何幸得肉食。有友告我一新闻:狗自有舐的下层功绩!时在"包打死"船上正向印度洋鼓轮。

大雄先生,海行半月,除译卢骚《忏悔录》外,俱觉百无聊赖。今夜晚餐后,散步舱上,得了一件极有趣味的歌咏,另抄纸上。若得登上《晶报》,同时也可以报告海上同人,我确已离开他们甚远甚远了。

---

[1] 1929年1月27日《晶报》。

当选之欧洲美人[1]

聚欧洲十七国之美人（这些美人，均由其本国挑选后才来）于巴黎，经过十七位著名美术家若干点钟评断后，匈牙利美人爱枝西蒙当选为"欧媛"（Miss Europe）。她得了欧洲美人之荣誉，为小小的匈牙利争光。

此次评美的标准，不仅以容貌择人，风韵表情，极占重要，肢体构造，尤需注意。踝骨轻薄吗？胸部奶围太松乎？身材弱小耶？有一不称，就不中选。一切大小、肥瘦、厚薄、高低、强弱，当如其人本身的分量而后可。欧人审美的观念，仍然保存希腊著名雕刻家菲爹斯的遗风，尺度不许丝毫有过与不及。美确有其客观的价值，实在不能离开算学的范畴。怎样她能得欧洲美人的资格呢？恰合十九青春，身高一迈突又十分之七，约合国尺五尺七寸二分九厘弱。美人乃在美的湖边巴拉丹降生的，父为医生主任。不必说他的颈、肩、胸奶、手足、四肢，以及下体，生得整齐均匀。精美椭圆脸，眼如秋水曲曲剪，金丝发一层层往后梳。最难得是那鲜明轻巧的微笑，令人一见魂也销。她的美致外袍，衬以花瓣，穿得贴服，好将娇柔身子全部分表现出来。此中肥不见肉，瘦不露骨，体态万分，仪容亿种。总之，自发至踵，没有一点不使人可亲可爱可吻可敬的。

她已在欧洲夺得锦标了，要再在美国格尔维斯登（Galweston）之

---

[1] 1929年3月9日《晶报》。

广庭中再被选为全世界的美人，不是已有这个资格吗？这不是中国美人所能与竞争的。她们奶部压得如扁鱼，四肢太不相称，又太缺乏了风韵与表情。日本短脚美人、印度佳人，体且松兮；非洲的黑妇，黑漆漆一团。美洲的美人乎？南美拉丁种，已被她在欧洲打得落花流水了。北美之盎格罗撒逊乎？美国女子这些家伙吗？又太瘦了，太无风韵，太男子化了。

大雄先生，前在洋上《狗妇跳舞行》一文，想已达到。刻住巴黎附郭，除译各种名著，及组织旅欧编辑部外，拟调查一切美趣的事情，以饷国人。不知贵报肯为宣扬否？现上"欧洲美人"三幅，并解释二纸。如能登上更盼。

弟张竞生具
十八，二月八日

巴黎的美胶黏节[1]

巴黎千九百廿九年三月七号所见的"美胶黏"节，十余年后再见的巴黎"美胶黏"节（Le carême）完全不相同了。前时所见的比较华丽与玩耍得较有趣味：梅花瓣样的纸花，为彼此互相去掷，也可说是赠物，有时直向男子满目射击，有时奔向女子酥胸缓缓放下，而今已被禁止不能用了。假面具亦较少，巴黎确实道学化了。参观者规规矩矩，只望后车到，你看我，我看你，干干净净看来看去而已。并无如前时的可以自由任意摩摩擦擦，即如"后"说亦较庄严化了。唯有"巴黎之后"坐在大辇上，懒懒时不时举一手势，似给"亲吻"的样子。至于"后之后"，与及巴黎各区之后，竟不出游，而去医院抚恤病人，与赠给孩子玩耍物。病人、小孩，晓得什么是"美人"？若晓得呢，不使他们病更重吗？不使小孩更是淘气吗？巴黎人真傻，巴黎后更傻。这样好京城、好人物，不去玩耍，而偏去传染病及抱小孩哪！

---

[1] 1929年4月6日《晶报》。美胶黏节，即四旬斋节，张译意为美的胶黏（亲密接触）。

张竞生先生的来信[1]

无闷[2]先生：

刻由华林兄转到贵报发刊纪念册公启，属在同气，敢不受命有光。兹附去文二页（编者按，原文见本刊T104），所说的初看去是为我们编辑部宣传，然贵报亦是传播文化之机关，彼此目标既属一致，为我们编辑部说话，即为贵报说话也。如有可采之处，请代宣传，如不能入纪念册，则望刊在贵报常刊上。

至于个人照片，不敢见丑了。顺候

大安

弟张竞生谨具

十八年十一月廿五早

写后，又悉及弟前有友人说及，胡文虎先生，极肯为社会作好事。我想"旅欧译述部"，只要多有一二万元扩充，则可多请数位编辑。我们所译书均是世界名著。（性书全不译，以避误会！）译者均是知名，而且译述方法高明，与每类书均作有好系统，不致如时下书馆之东抄西摘也。若能由胡先生等在上海开一书店（书本数万元就足），专门印刷此间编辑部书，或将我们编辑部为书店的编辑部。如

---

[1] 1930年《星洲日报》周年纪念刊。
[2] 傅无闷（1892—1965），名振箕，别号无闷，福建南安人，著名报人，曾任《星洲日报》《南洋商报》总编辑。

此书本必大畅销，书店既可得利，而于宣传文化上的功劳更大（现在新书店极得利，与药店同样本少而利多也）。望先生得闲为文虎先生言及。至于详细方法，可向弟直接商论。弟仅为文化着力，并无私利于其间，想先生等能鉴及此矣。

竞生又及

一个最好宣传文化的方法[1]

《星洲日报》于出版周年纪念刊上，征求不才如我作点文字。我想报纸于记载当时的事实外，最要是宣传永久的文化之一项。近来我国报纸上常有学术类的"副刊"夹在正张上，意诚可取，可惜材料薄弱，以致收效尚不大。

我们"旅欧译述部"眼见我国文化的饥荒，想将世界的文化，从科学、政法，以及文艺杂术，举凡重要的刊物，统要作有系统的介绍，译成中文，以便国人极便宜的得到世界的智慧。大概有五百本译著，即可包括一切文化的大纲。这些根本而需要的智识，苟能在我国殖立，行见国人不但智慧日张，而且中西文化接触之后，必有一种新文化发生，其于文化前途的光明所关尤大。我们一班穷士，为此目的而奋斗，必求底于成功而后已。可是生活维艰，所译书于印刷宣传上亦大有问题。如有好学高明之士，与富于财而好仁者，肯来为我们帮助，则此译述编辑部的成功，更可操左券而待矣。

今因借《星洲日报》宣传之力，而写这个宣传文化的方法，苟能由此得了成功，在《星洲日报》上小算尽了一件宣传文化的责任了。凡有接洽，请照下址：

Mr. K. S. Chang（张竞生）

1, Av. Victor-Hugo,

Vanves, France（法国）

---

[1] 1930年《星洲日报》周年纪念刊。

商业学生与南洋[1]

今天兄弟得此机会，来和诸位谈话，是非常高兴和荣幸的！方才校长说："兄弟是本校的学生，这是确实的。"回想本校那时正在衰败时候，尚未改为商业学校，兄弟在这里，是初次求学时期，对本校常常保存着很好的纪念，所以今天到这里来，很觉得感动。今天所要和诸位谈的，是诸位在这里求学，顾名思义，是商业学生。中国今日之所以很衰弱，所以盗乱频仍，自必有种种的理由，而一般人都想以做大官为出路，是最大的原因。但是现在诸位偏偏在这里学商业，这是要打开第二条出路，是最有希望的现象。希望各位，始终本着初愿，不要半途改学。诸位知道二十世纪的战争，是很多的，而商战尤其是战争中的利器，所以今天特别提出一件事来和大家谈谈。本校同学，大多是潮嘉属的学生，现今潮嘉人有一个很大的义务，就是开辟南洋的世界。南洋，这是一个很笼统的名词，照潮嘉人普通习惯的认识，以为最著名的，是安南、新加坡和爪哇三个地方。南洋有一点应该谨记的是，政治上虽属之外国人，而那里的一切商业财产和土地，一概都是中国的。可惜我国政治上不能统一，没有能力保护华侨，不然，哪怕南洋不是属诸我们的地方，这是我们认为很重要而不可忘记的。我说出这点是什么意思呢？因为我们这里是大多数的潮嘉人，潮嘉人对南洋的关系很密切的。今日外国所迫切需要的，在殖民

---

[1] 1932年《省商》第8期。本文署名为"张竞生博士讲，周勤通记"。

地，他们时时刻刻都在尽力找寻殖民地，就是这次日本之在东三省的暴行，亦是为寻求殖民地之故。南洋地方之大，出产之富，以及种种无穷的富源，二百年来，成为我们的殖民地，而我们不知好好的开发耕种，至到今日，依旧失败。这有一个最重要的原因是从前到南洋去的，都是一班很可怜的很贫苦的乡民，他们没有智识，因为在本国没有啖饭的地方之故，才到那里去。这种人到那里去，甚至于卖身替人家做苦工，经过几十年，一直到了几代，才挣得一点产业，造成今日灿烂的南洋。但是他们丝毫没有各种经济政治的力量和组织，以至于失败，依旧受外人支配。外国人之到他们的殖民地，都是用专门有才力的人去开辟，我们却用无智识的人去，现在相形见绌，一切都失败了。这虽然亦有一部分由于国家的政治不好，不能尽力保护之故，而我们自己华侨之无智识，无能力，是最要而最大的原因。因为诸位应明白，我们在那里有这样多的人民，这样多年的历史，而现在依旧在外人统治之下，受外人的束缚支配。英国人有一句自夸的话说："有一百个英国人在一起，他们必能自己造成一个国家的力量。"而我们在这样多的人的地方，不能造成一个力量在那里站住，所以今天特别请诸位留意。这特别是商业学生的责任，大家都应该有取回我们所有的东西的责任。南洋是我们父兄在那里尽力经营的地方，所以我们应该趁此机会，借固有的力量，到南洋经营，以得到南洋的世界，得到政治上的力量。潮嘉人向来有句口号说"潮嘉人应该向南洋发展"，这是因为国内的人会渐渐增加。大家会渐渐无立足之地，而物产会渐渐不够分配之故。南洋的富源很大，又处于**热带**，很适合我们潮嘉人的生活，这才是学商业的责任。大家不应该斤斤于希望在国内做一个小商人，应该任了向南洋去发展的责任才对。从来中国商人虽然没有智识，但是自己赚钱的本领很大，外国人有句话说："中国商人是东方的犹太人。"这是因为犹太人很会赚钱，但是只顾自己发财，此点也是学商业者应留意的。所以我们现在学商业，最要紧不要学从前商人的为富不仁，只会要钱，而不顾社会上的事业，应该想做一个大商人来和世界竞争。

现在我们且谈谈如何预备的工作，就是如何预备从大处着想，去实现做一个大商人的目的。刚才分别南洋，可分为三区，就是法属安南，英属新加坡和荷属爪哇等，所以这里最要紧的，是分为三组，一组预备到英属去，一组预备到法属去，一组预备到荷属去。到法属安南去的，便应该预备时时研究安南的地理情况、人情风俗、商业习惯等等；到英属和荷属去亦同，因为有这样的预备，才能到那里去做领袖，做主人翁，把一概无能力的华侨组织成有能力的集团，这种领袖的资格很大，所以预备工作，亦应该切实研究，才能够站得住。说到这里，可知道诸位的责任，是很大的，即一方面应该预备做商业的人才，一方面应该预备做领袖人才。这似乎不应单单对诸位说这责任，似乎应该在从事教育者的身上，但是诸位亦应负担一部分责任去预备，那么，前途就可无穷广大了。在我们闽广方面，亦可得了很好的殖民地，在政治上，虽不能获得统治权，而实力上，得了种种的发展，亦可补政治上的不及。我到这里，是为诸位开一条大路，第一，希望诸位为做大商人领导者的预备；第二，希望诸位为做到世界去商业竞争的预备，这方面完全不是奢望，事实上是可以做得到的，这希望诸位注意！

十二月十七日

外　患[1]

外患比内乱重轻如何？就整个政治说，就经常说，两者都属重要。内乱不能清除，自然不足说御外侮。外患未能清除，国内自然不能安宁。可是就时事说，就权变说，有时要先清外患，有时则要先除内乱。因为两者不能同时举行，唯有就其急切者先行着手对付，而后再去整理他事。

就现时我国大势说，外患比内乱为急切。这个因我国地大人多，内政不能一时整理得好，自然不免于内乱继续发生。又因内乱的暗中指导，常常操纵于外人之野心家。故对付外患，可以肃清内乱的外国煽动家，同时又可提醒本国人的勇于私斗者起而为一致对外。就消极说：本国内乱纵使甲起乙倒，谁胜谁败，终是一家人，不如外患与我人之利害不相立。内乱尚是伤寒、发疟与内伤症，可以缓缓医好的，不是外患之致命伤。例如东三省与热河一入日本之手，不但山河变色，甚且我族人种有灭亡之虞。以此四省一比本国内部十八省之连年战争不休，则我人宁可为十八省内乱之人民而不愿为关外日本之顺民。我们在内乱省份，尚可设法图补救，建设与复兴，至于亡国奴是永世不能超生的！

尚且外患之风云甚迫，它是急性症不比内乱之缓性。今英法德意美俄与日大事战备，有一触即发之势。美或俄与日本之战场就在我

---

[1] 1934年6月《社会月报》第1卷第1期。

国。我们袖手旁观坐视成败吗？先前日俄在东三省作战因我人太无作为，致使日胜则这片好地被日抢取，俄胜则被俄拿去，无论谁胜，我们都是吃亏的。吃一次亏学一回乖，我们今后对这样的外患，终当起来防备吧。

总之，今日我国之外患比内乱为重要。外患来得猛骤，不要几日光景，外人就能把我们几省或全国抢去，我们极望全国对外患有一致的准备，合力去对付。彼有势力者当应停止内争而一致对外，纵不能拼合全力，也当各人抽出一部分的力量去对外，须知覆巢之下必无完卵，请看今日之东三省与热河，尚容我国军阀之互相抢杀争夺吗？

极大与极微及其无[1]

极大与极微相反而相成，金圣叹乃此道中之能手者，故他的幽默中有宽大的魄力，小丑而兼大净，在小说中写出整个社会（如《水浒传》的评注），于微细里头，发挥无穷大、无限深远的情致（例如他在《西厢》之议论）。

若以我之主张极大，而骂为"伥"，则彼之所谓"人"者，不知是何等人，其人而为伥欤？极微的文章固然有存在的价值，然其价值必在于极微中能包含极大的道理。若能如此，则我于极微当然极欢迎。

近看及古人有《赌博赋》者，有《娼妓赋》者，也有《讨蚤虱檄》者，又有咏妓就地小遗者，又有咏雌雄鸡相交者。这些可算是极微的论了。然而文中写不出大字的气概，所以不足为法。

文人无事做，何文不可为。我否认，凡文均可载道者。但我们手拈笔，心运思之时，总要希望所做文字表示一点灵魂与留下一点痕迹。至于无聊赖的文氓，根本不是文人，所做题目当然是卑屑不足道，我也不必去苛求了。

从极大处做文章，自然能做到极微。此如天之降雨，地下无处不有，无孔不入。若遇天旱时，脚踏水车，所灌溉者只是自家田地；用手浇花，所沾润的只是个人花盆。从小入手，所得者小，所谓种瓜只得瓜者是也。

---

[1] 1934年8月《社会月报》第1卷第3期。

从极大处做文章，尚有一个妙境就能做到其无处，此境也唯圣叹能领略到。他说："老氏之言曰：'三十辐共一毂，当其无，有车之用。埏埴以为器，当其无，有器之用。凿户牖以为室，当其无，有室之用。'然则一一洞天福地之间，所有之回看为峰，延看为岭，仰看为壁，俯看为豀，以至正者坪，侧者坡，跨者梁，夹者涧，虽其奇奇妙妙，至于不可方物，而吾有以知其奇之所以奇，妙之所以妙，则固必在于所谓'当其无'之处也矣。盖当其无，则是无峰无岭，无壁无豀，无坪坡梁涧之地也。然而当其无，斯则真吾胸中一副别才之所翱翔，眉下一双别眼之所排荡也。"（见《西厢》请宴序文）

从无处写到有，写到极大，自然须借"极微"为过径。所谓要写一洞天一福地须先写一水、一村、一桥、一树、一篱、一犬之极秀、极皱、极透、极瘦处。再写其鸟之一毛、鱼之一鳞、花之一瓣、草之一叶。然后写鸟鱼花草之全体。再写其层峦绝巘，飞流悬瀑。凡此全写到了，洞天福地之极大处同时也得到了。

故人的文章，乃从其无处，写到极微处，再写到极大处。这个无，在他只是做有看，做极微与极大看法。而"伥"的文章仅仅写到无处。他无论如何写，其意义，其文笔总是等于无！他不能由无写到极微，更不必说能写到极大。

"无"处，在"伥"们以为俏皮，含蓄不尽。然由人们看来，他们只是无聊、卑小、破坏的，不是建设的。鄙劣不高大，无深山大泽的气概，所以产不出蛟龙凤凰，只有小蛇及小雀的叫号。

"人"与"伥"的分别就在此，质诸某君，以为何如？

为驳斥伪造"饶平旅汕改进社"之荒谬诬陷以敬告各界书[1]

国民政府西南政务委员会、中央党部西南执行部、广东省政府、民政厅、建设厅、教育厅、财政厅、省党部、各大学、各报馆、各县市党部、教育局、教育会、参议会、饶平县政府、参议会、县党部、教育会、各机构、各学校、各团体钧鉴：

顷阅有假造名义、自署"饶平旅汕改进社"者之传单，含沙射影，对竞生肆意攻击。窃竞生不敏，自去年任饶平县实业职务以来，对于筑路及造林，进行甚速，督责过严，因此或有得罪于人，而宵小之徒，党同伐异，乘势而起，更对个人以凶恶之攻击矣。本来对于由一二奸人所妄为之假造邮电，只可付诸一笑不理，但是非不可不明，况远道之人，恐因之而发生误会，故不能不将此中之经过事实叙出，以求明察。

（一）竞生所主办之饶钱公路，全用民力筑成，缺乏一切资本，故于筑成后遂集股份车公司以为行车及修理局面之用，车公司对筑路公司之一切详细赔偿规约，全以公司名义出之，非生一人所得而盗卖也。至于自汤溪至饶城一段公路，实在过弯过窄，全县人民，均主改筑，但终不能成议。县政府为整顿交通计，乃责成饶钱路车公司改筑，其改筑费须万余元，而所得免费通过该公路权不过十五年。律以建设应对于公路章制规定，凡一里公路，出资一千元以上才成者，即

---
[1] 1933年8月29日《南洋商报》。

得二十年之专利权，则饶钱路公司，对此段改革十余里之路线，而费万余元之代价，其所得者仅为十五年之免过路权（非专利权），在事实上，只有吃亏。但为公家交通便利计，遂不惜牺牲一切，而一班宵小之徒，竟诬蔑为侵夺公路权，未免太抹煞事实矣。

（二）竞生所主持之实业局内，附设三苗圃及七林场。其第一苗圃面积千余亩，为全省之冠，所用种苗计值数千元，其余苗圃林场之面积甚大，所用种苗甚多，其民工口食之数亦甚巨。但开办数月，共费不过二万元，至于实业局每月只开销百余元，而本人对于一切职位，均为义务职，不支薪水。局内仅设秘书兼录事一位，月薪三十元。特派员一位，常川落乡催促人民，自我开垦种植，月薪亦只三十元，凡此种种，自问确能达到用钱少而办事多之效率。所有一切巨细之用款，均有收据，逐月呈交县政府核销有案，可查可核，何侵吞公款之有？至言民工，每日工作，确系八小时，贴口食费二毫，全由县政府所规定，其不做工者无发口食费，做半工者照半数发给，所领口食费多少，全有收据呈报县政府核销，并无克扣伙食费以为己利之情事。苗圃与林场主管人，对待工人甚是优待，对怠工者只略予扣薪，以示薄惩，亦无虐待之情事。苗圃林场在管理上需用民地时，则照中央收用土地条例办理，按地照时价收购，或发给租用金，此乃公事公办。竞生不发费于己无益，发费于己亦无损，所有收用地位，全系公款公用，非竞生个人所羁占，倘有查出寸土尺地为竞生个人私占者，当愿受最重大之处罚。苗圃林场用人甚多，工人确有名张情者，但为东区绥靖处准许自新之匪。官厅既许自新矣，彼愿做工，岂有不收之理，而使之迫于衣食无着，以致再陷为匪耶？至言竞生用为近卫，更属构陷子虚，彼乃远在深山做工，极称良善，而又受工头极严密之管理，何曰竞生恃公为护卫耳？彼仇人争路不遂，常扬言暗杀，竞生尚独自一人来往，未曾因此而用护卫也。

（三）饶平为贫瘠之区，幸赖县政府得到前时驻防军拨出三万余元罚款作为造林之用，此中收支经过情形，经谭副师长朗星与马县长

为驳斥伪造"饶平旅汕改进社"之荒谬诬陷以敬告各界书

炳乾之精明审核,竞生亦丝毫不肯含混。又县长曾转来谭师长拨一千元为饶钱路筑路费(诬蔑者误为四百元),与拨给四千一百元为汽车费,此两项公款乃划入为饶钱路筑路公司之股本,无论何人,不得专有,至于竞生更不能据此为专有也(有车公司与筑路公司所订之合约为证)。居今之世,求人说情者,每许人以茶钱,但竞生对此拒绝甚严,偶有一二事,认为冤抑可向当局疏通者,虽常例所送之茶钱,亦不接受。竞生粗衣素食,费用极俭,只靠版税收入,已经绰裕,不用收他人酬金,以为竞生生活也。

(四)以一度曾提倡真正性学之不敏,于是士人以为凡一切淫渎性恶之罪,皆可假诸竞生之名而行。前时许多流氓,曾盗窃鄙名,伪造无数性史及淫书,不意饶平一班流氓,今又来学此伎俩。彼等在其所假造之邮电中,对此项更造得痛快淋漓,实则竞生自幼即浸在我国好礼教之内,今已四十余岁,愈能以礼自持。鳏居数载,凡一切常人在性上所不能坚持者,本人均能打破此难关,故敢说鄙人乃性之圣者也。不过素来尊重女权,欧居十余载,对此信念愈坚,视男女皆一律平等,但因此未免引起一班蛮性民族之疑惧。例如家中一女工人(钟姓者),彼辈流氓,以此遂捏造有暧昧之行为矣,彼辈以为男人可为佣,而女子万不可也。竞生有远处女甥,卖入男戏班为伶,年已长大,其母与此女要求速予解放,我曾与该班主说项,今此女尚在戏班未出而流氓已诬蔑收买为妾媵矣。彼流氓者一如蛮族之民性,以为男女眼线一相触及,便可诬为性交之嫌疑也,女生穿至密之游泳衣落水游泳,彼等流氓者以为有"妨害风化"矣。头脑如此冬烘,殊属可怜而又可鄙。至说"对于本乡人调戏本乡妇女,定每次罚金五十毫",恐系该流氓在其本部所定之法,竞生事忙不能顾及。竞生鳏居已久,家事有主妇维持,最近确有与某女士定婚之约,而流氓者对此无辜弱女有多方中伤。此等流氓,生具此种贼性,诚哉,此辈乃性之贼者也!又该假造邮电说,竞生迭被各省政府所驱逐一节,更属凭空捏造。竞生于十八年受杭州政府某委员之倾陷,被迫出境,嗣即向民政部控其非法而得胜利。其他省政府极守法律,对竞生个人甚为谅解,因此事该伪邮电有诬及各省政府之嫌,故特为提出于此。

以上归类已尽,言暂止此。所望该假造邮电之奸人,即写出真机关与真姓名,使彼此能以真事实相对质,以供社会高明者之裁判,则尤竞生所盼切者也。迫切陈词,诸希亮察,张竞生微叩。

附

性学博士张竞生　大被饶平人攻击[1]

【汕头八月十日通讯】以著《性史》知名之张竞生博士,本年在饶平实业督办,成绩如何,记者因未目睹,故不敢下断语,但饶人之中年以上者,对张都无好评。记者今晨且接到快邮代电一封,攻张至体无完肤,是否一面之词,记者亦不敢言。又张应本市市府聘为暑期学术讲演员,昨日自饶来汕,今晨上午八时,在商业学校礼堂演讲《自然的生活与农村改进运动》。昨日张告记者,对其被攻击,亦有辩护,兹特公布于左,以示海内外之关心博士近状者,并以示记者之不欲为左右袒也。

攻张者之言

国民政府西南政务委员会、中央党部西南执行部、广东省政府、民政厅、建设厅、教育厅、财政厅、省党部、各大学、各报馆,各县市党

---

[1] 1933年8月18、19日《南洋商报》。

部、教育局、教育会、参议会，饶平县政府、参议会、县党部、教育会、各机构、各学校、各团体钧鉴：

饶平县实业督办张竞生，自去年回饶后，夤缘当局，充任实业督办之职，勾结土匪，鱼肉弱小，强奸民妇女伶，占为媵妾，霸占民田，侵吞罚款，虐待民工，克扣伙食费，私卖饶钱公路，侵夺饶黄公路路权，侵吞公款，包揽词讼，妨害风化，种种罪状，不胜枚举。乡民稍为反抗，即瞒报官厅，加以大罪，饶民困于淫威之下，暗无天日，谨将其罪状列举于左。

（1）勾结土匪鱼肉弱小。县属桥头乡匪首张情，前经饶平县政府及驻防军张营长悬红六百元通缉有案在逃，张竞生竟公然招其回乡，并令其召集余匪十余人为近卫，仗其凶悍，以为爪牙，所有钱东区及浮山区弱小乡村，时被该匪徒携枪勒索，敢怒不敢言。其罪一。

（2）强奸民妇及女伶占为妾媵。浮山区丁塔乡张某之妻擅扮，年廿余岁，其夫尚在，风韵颇佳，由其姊（即竞生堂姊，与竞生有通）介绍为竞生洗衣女佣，竞生以其貌美，将其强奸，现已怀孕数月，至今不肯放其归家。张某屈于势力，不敢控告。又浮山东山社吕凤翔，合股创有潮音老正天香班戏剧一班，有女童伶郑木琴，年十六岁，系饶平丁塔社人，貌甚美。当饶钱路行开车典礼时，竞生吊演该班戏三天，见该女伶貌美，借口吊其至私寓唱曲饷客，施行强奸。事后出价二百元强迫该班主立券，卖彼为妾。该班主只得屈从不敢与抗。其罪二。

（3）强占民田。浮山区各小乡，有田数十亩，在桥头乡附近一带，土质适合种柑，照时价每亩值二百余元。张竞生欲以每亩廿元之价收买，业主不愿，张竞生凭借势力，强行霸占。各乡因乡小丁少，且均系耕种为业，不敢反抗。其罪三。

（4）侵吞罚款。谭副师长朗星，自去年到饶办匪，所有各乡罚款多系张竞生经手。因各乡父老惧罪，不敢面见谭师长，多托张竞生说情，尽人皆知。张因得任意舞弊。如高塘乡黄冈张姓及郑姓、樟溪张姓等乡，统计被暗扣大洋三万余元，其余各乡，尚不在内。其罪四。

（5）虐待民工克扣伙食费。县立苗圃林场，均由张竞生办理，征派各乡民工开辟，每人每天给予伙食二毫。张竞生对于各乡民工，压迫每日十二点钟工作，且不准休息，不准喝水。稍有违背，即用木棍痛打。如有怨言，即行罚跪，并拔枪相向。倘该乡民工有少数工作不及十二小时者，即将该乡是田应得民工伙食，全数克扣，以饱私囊。各乡民工，多系贫苦农民，既受虐待，又须自备伙食，均含泪工作，不敢违抗。盖如违抗，张竞生即加以抗派民工之罪，报请县政府，拘罚其父老，暗无天日。其罪五。

（6）私卖饶钱公路。张竞生所倡开之饶钱公路（即自钱东市至汤溪桥），系依照广东建设厅公布之建筑公路规程民办公路办法，征派沿路乡村民工开筑。其所收用田亩，并不给价，照章该公路筑成之后，应由民工及被收用田亩之业主，与出款建筑桥涵者，共同管理，方为合法无私。谁料张竞生竟视饶钱线为其私有物，筑成后将该路路权，一手卖于某公司，价十余万元，尽入私囊。其罪六。

（7）侵夺饶黄公路路权。饶黄公路（即自饶城至黄冈），系全县派款及征派民工建筑，统计费款约二十余万元。连民工工费计算，需款三十余万元，若连收用民田价值计之，当在五十万元以上。为全县公共之公路（每里约需五千元）。现在已全路通车，乃张竞生以饶钱公路，只自饶东市通汤溪地方，系一小村庄，不能直接通县城，离城二十里，于营业上难望发达，与饶钱路出售有关乃与该路车公司（即其做主）立约，务须取得汤溪至饶城行车权。因借口德凤亭至仙师亭一段约二里，路线稍微弯曲，应再重新改开，所有开发费及其他费用（即运费等），由饶钱路负担，运动马县长，将自汤溪至县城二十里地准该公司行车免缴联运维修费。其中黑幕，可想而知。查该段路线，虽稍弯曲，不过多费一二分钟，该路全线既已通车，何须劳民伤财，另行改线。其原因盖借此理由，夺得二十里行车权。县民得知，但不敢反对，恐如海山区蔡义等请海山免开公路，致被加以阻挠交通之罪，判处二年徒刑之续。侵夺全县利益，以饱私囊，莫此为甚。其罪七。

（8）侵吞公款。谭副师长先后就地方罚款项下，拨交张竞生造林费大银三万余元，张竞生任意浮开，十之四五，入于私囊。所有款项，现在闻已告罄，成绩毫无，数目不敢公开。又谭副师长尝拨饶钱县道建筑费大洋四百元，及汽车大洋四千一百元，张竞生竟将汽车售于饶钱路公司，该款归入私囊。其罪八。

（9）包揽讼词。张竞生自去年以来，包揽词讼，公然运动官厅，勒索当事人谢金。如庄某被禁烟局枉押，张竞生代为说情，勒谢金一百元。诏安竞坑张姓，被人向十九路军控告，张竞生代为作呈，勒索谢金三百元。井洲乡林姓匪案，勒索数千元。此外如黄雨顺之店案，用亲笔书信声明条款命人持往运动分庭李推事怀新。其余包揽勒索事件，指不胜屈。凡县民案件，有贿赂者，无不登张竞生之门，虽三尺童子，无不知之。其罪九。

（10）妨害风化。张竞生为中国著名淫虫，迭被各省政府驱逐出境，不得已避往法国。不料去年自法国回饶以后，益变本加厉，除第二条所述外，如与其奸妇（即其本乡某寡妇，因与人私通产子，乡人要将其驱逐出境，竞生见其貌美收为妾）赴溪中赤身洗澡，引人围观。又命其妻启新女教员黄白龄（先是竞生请白龄至苗圃饮酒迫奸，黄因无力抵抗，嗣后不得已与订为夫妇）于六月间，率带女生十余人，赤身各围洗巾，赴溪沐浴，左近农夫农妇，咸掩面奔避。儿童则鼓掌围观。揣其用心，无非导女生于淫荡之途，以使日后易于诱奸。该乡父老，当时以事出离奇，相率质问该校校长，该校校长将女生每人记大过一次。张竞生竟将校长大加申斥，全校教员不服，提出总辞职。此外，竞生对于本乡人调戏本乡妇女，定每次罚金五十毫，因此调戏妇女之事，日有所闻，竞生之罚款收入亦丰。老年人恨竞生破坏乡规，少年人则极端拥护，愿当死党。此种风俗，如果传播，全县成何社会。其罪十。

以上所举罪，皆有事实可证。截至现在，统计被占民田数十亩，妇女二人，公私款十余万元。饶民怨声载道，敢怒而不敢言。伏乞，愿宪迅将祸饶之张竞生撤职，并将所占民田妇女交人领回，侵吞公私款项追出归公，侵占公路路权交回县民全体，严加处治，望全国同胞援助，以救饶民，戴德无极。

饶平旅汕改进社叩谏

告别各界父老书[1]

各界父老钧鉴：

竞生昔年游学欧洲归国以后，从事教育，并本著作自由之旨兼究性学。窃不自揣，曾编《性史》一书，刊行问世，举国皆知。诚以食色为人生两大问题，夙昔即抱著述《性史》《食经》二书之志，欲以享诸世人。顾《性史》刊行，而《食经》方拟着手，即逢清党之祸。自知政治日趋黑暗，著述必失保障，故毅然出国。迨去年因事回饶，适谭副师长朗星、马县长炳乾，正思振兴饶平实业，力促竞生担任实业督办一职，力辞不获，勉强就任。受命以后，猛策进行，不数月筑成饶钱公路，又不数月开辟林场苗圃千余亩。试问各机关人员办事有如我辈之努力猛进否？方谓功在社会，何期忽有宵小之徒，虚构罪状，乱发邮电，经竞生驳斥之后，又复纷向官厅呈控，而官厅亦竟不分皂白，下令拿解，并谓竞生前著《性史》，扰乱社会，实为可笑。我辈应知《性史》并非军阀之枪炮炸弹，何能扰乱社会？竞生固知当此乱世，无是非之可言，但亦不解其黑暗一至于斯也。竞生本不欲离饶，今既不容于执政，何妨舍此他去。唯竞生已知欲政治之光明、人权之保障，非有根本之改革，不足为功，今后将循此而奋斗。竞生行矣，后会有期。愿诸位父老珍重加餐。竞生敬告。

廿二年八月廿三日

---

[1] 1933年9月11日南宁《民国日报》。

对《性史》之忏悔书[1]

【汕头二日专讯】饶平人张竞生，自被省府通缉后，具呈解释，省当道实令登报明白表示，张乃为《对〈性史〉之忏悔书》一文，送报发表，能否因此而取消通缉令书，为一问题。但《性史》一书，流毒遍海内外，故张之忏悔书，实有公诸报端之必要，原文如次：

原夫《性史》之编辑者，其时在民国十五年，余为北京大学哲学教授，兼国学风俗调查会之主任。因余所制风俗调查表内，有卅二条，性之调查，亦居其一。委员陈某先生，以为性之调查，甚难达到确实之标准。又一委员提议，分开性为专门调查，遂在报上征求性史之材料，是则性之调查。在调查风俗会同人之本意，认为改良性风俗之资助，进一步以整理，兼可成为性学之研究，非如世人所拟议为好奇立异者也。其后收得性史甚多，而先出第一集，不意影响所及，举国若狂，而其流弊，不免使青年有染及色情病之嫌。以是第一集出后，不敢再出别集。沪上一班文氓，以为有利可图，遂假余名而出《性史》第二集，经余罚其五百元，并勒其在各大报改正道歉，余自己亦请律师在报上声明，将《性史》第一集毁版。但被罚者为报复计，暗中影射余名续出《性史》若干集，与许多淫书，世人不察其真伪，以为皆余所选述，而使余之罪名更添几许矣。本来性与淫相反，

---

[1] 1934年2月14日《南洋商报》。

性学当提倡，而淫书当禁止。余所辑之《性史》第一集，初意在使人得知性之根据，而免陷入淫之罪恶，并且使人由性而得到真情感，好体身，与优生种。何期见仁见智，各有不同，遂使世人有误会性学为淫书，余之罪诚大矣。昔英儒霭理思著《性心理之研究》六大册，博得世界之美誉，书中所收集性史，极尽人类之奇观。余所编之《性史》，初亦仿效其例（然因出版法不善，如错将《性史》出单行本，最好只可附在正书后为参考材料，又未注明有大学毕业与年在三十以上者始许买读之类，欧人对此项书常有相当限制者），与社会之程度不齐，遂使美意变为恶意，余之懊悔，不堪名状。是以数年前再渡欧洲，潜心著述《民生建设》《民力建设》《民意建设》三部书，以赎前此提倡性学破坏社会之罪。又以为未足也，当二年前归国时，即往民间工作，对于筑路造林与夫各种实业，无不尽心努力，至于性学，绝口不谈，意为庶几可以赎前此之过失矣。而至于今，尚有对余不尽谅解者，故特草此《忏悔书》，使世人知《性史》前因后果，与夫余之罪状所在也。至于末流之弊，咎在一人，更不敢自宽其责也。

故宫古物拍卖论[1]

我国这样穷,穷到有人连食树皮也不可得。每年十几兆银尚要陆续向外输出。我国又是这样弱,弱到内地总是任外兵驻守,东北四省已经失去了,华北又岌岌可危!

要救这个贫弱的局势当然非从经济复兴与军备组织不可。可是这些都需要钱,需要一大堆的本钱。我们又是这样穷,官吏又是那样贪、那样舞弊,怎样去得到一大堆本钱来建设复兴呢?

幸而我们有时尚借得点外债,如美棉借款之类,得此才能成立建设些事业。不过这些外债是不能时常借得到,况且有时极危险,不但捞不到利息,而且还要亏本哪!

我今想出许多生财的方法。拍卖旧宫古物即是最好之一法。

闻说全部古物拍卖,可得五十万万元。比这次美棉借款竟有念余倍之多!这件事实在值得做了。

把这些古物拍卖,得了这样多的本钱,我们如美棉借款一样办法,组织了一个经济建设委员会,声明把所得价目全数作为实业建设之用。这样可将那部废物(古物)变为生利的物件也。

也可于此数百兆元中拨出十几兆来组织空军。那么,国防也有办法了。

留下这些古物总是孽种的。你想灰白的眼睛看到这样哑巴的宝

---

[1] 1934年5月13日《青光》。

贝，谁人不想偷偷摸摸的，自来管理这些宝贝者，就没有一个干净。最近易培基辈一偷就得了二万万了（据报上所载的）。

今把这样古物全行拍卖，自然免入私人的荷包，而公家可得其益，私人也免犯盗窃之罪。

况且，我国现时无一安全带，古物放在北平，固然危险。放在上海，也不能说万全。即运到西安尚是有种种不妥。所以不如拍卖出去，既可得利，又免危险，而且省了许多保管的用费。

反对拍卖者必说这是历史的国粹，无穷价的国宝。我人可食树根，可以人食人，可以饿死，可以眼看外强来侵夺土地，杀戮人民。但这些古物终不可放弃……

持此说者，一般是书呆子，食古不化者。其中一班最有势力者，即是我上所说的偷偷摸摸之辈。彼等留下这些古物，全为自家着想，并非为全国利益考虑也。

须知古物乃有钱者之玩具。我们今日独一目标，只在救穷救亡。那些古物有无，与我们民生毫无关系。把这些废物利用，才是今日救亡图存之道，才是好国民，才是祖宗的孝子贤孙。

若要说句安慰之话：把这些古物拍卖了，得钱来建设各种实业；将来国民富了，我们再去买回来不迟。俗语说："千年田，五百主。"物件是时时换主人的。把这些古物拍卖给外人，就当作放在"外府"一样。时到，取回不是难事呵。这是无聊自慰之话。

实则，即使终久无此种古物，我人也不感得怎样难过。彼等放在旧宫，放在上海，与我辈老百姓终身连一瞧也不着者有何关系？况且终有一日不免被那班私人盗卖到外国去呵，这才是丢却我们老百姓之脸面呢。

故无论如何说法，总是将全部古物拍卖为是。

新生活——服装问题[1]

好几年前,我已在《美的人生观》一书上主张美的服装。依美、俭、卫生与活泼诸原则,我主张男子穿中山装(扣领短衣,似军人装与学生装),女子着简便的外国女长衣。

我那时反对男子穿西装,并非如"幽默大师"所怕他们去吊膀。他们穿长衣马褂也可去追逐女性的。我反对西装,因为太麻烦与多费。但西装也有长处,在寒天装扮得紧有温气(夏天显然不相宜)。而且白领与各色的美领带,确能表出一种美。

在那时我又反对女子穿旗袍。为的那时的旗袍式上下包裹得不通气,例如奶部受压迫,脚部不开放。到今日海上的改良旗袍式(?)已相当令我满意。奶部已解放了(这个放奶问题是我辈数年前在上海竭力提倡的,因与美术、卫生及种族,大有关系也),脚部也算表示得出,使行动活泼得多。

到今日,我对服装问题,大部分尚是保持旧时的主张。可是尚有许多补充点:

第一,以"姿态美"说,男子应穿短衣,女子应穿长衣。男子骨干强硬,穿起长衣,总免不了表示出里外二方面之不相称。女子的婀娜身体,穿起短衣,总免不了露出贫薄相,不能充分表出波纹状。

第二,以俭约说,男子穿短衣,可免如长衣之多费一幅布。女子

---

[1] 1934年5月21日《青光》。

在屋内,也应穿短衣。

第三,以卫生与活泼说,短衣当然比长衣好。况且,男子在外做事,更要穿短衣,以表出矫捷的精神,不比穿长衣之带水拖泥那样不振作气象。

归根说:

男子出外当穿短衣(中山装,或军装式,或学生装),或穿平民式的短衣也可(如冯玉祥将军所穿的,但当求多点美术)。在家内穿短衣,或长衣均可。男子出外切不可穿长衣,更不必加上马褂。长衣是女子的服装,不宜于男子的。这是根据于人类天然骨干的模型。

女子在家可穿短衣与裤和男子一样。出外,穿长衣为美(女子在家穿宽大的美袍也极美与舒服。女子在家穿整洁的短衣裤,也有一种娇态)。

男女服之材料,以本国货为主。

夜间睡时,男女均裸体为好,既省费,又舒服,又卫生。这是北方人已经实行的好习惯。——并不是西法!

尚有小孩的服装问题。

男小孩应穿短衣服。学生应一律穿学生装。女小孩穿短穿长衣听便。

小孩时期,我国大都穿得过多。大概大人不识小孩的气血与他们不同,完全以大人自己为标准,以致小孩穿得太多。大端说,十五岁至四岁的小孩服装,应比大人们(三四十岁为率)减穿三分一之衣服量数(或一半之量数)。

我国大人们也往往穿太多。壮年人更穿太多。以后,当穿少,穿到能抵御寒气为主。穿少,可省费,有抵抗力,又美观。

论发掘古墓[1]

最近看到中央研究院与戴考试院长[2]对于发掘古墓之争辩,使我回想起前时在《美的社会组织法》那本书中所主张有系统地发掘古墓一回事。

这个主张的大意是:在中央政府所在地建筑一所极尽美丽的"国庙",把古墓所得的骨骸移葬于国庙内。

又应将各类名人排葬在一起,如才子、佳人、艺术家、名妓、英雄、豪杰等等一排一排归类葬上。将其历史用云母石、金字雕起来,使人得以尽量凭吊,并以引起兴感。

不要忘的,那些奸雄、怪杰、人类巨蠹、穷凶极恶者,也应归类葬入,使得留朽万年。如岳武坟前之秦桧夫妻铁像一样穿插。

这样有系统地掘发名墓,当然由政府主持,而其利甚多:可免奸商盗掘一也;得以保全先灵骸骨二也;可得墓中许多古物,于文化及国库大有裨补三也。

我前说及拍卖旧宫古物可得巨款以利民生。我今要使人注意是这样古墓的古物更多,所得宝藏更富。因为自古以来这样老,这样多的古墓中所藏者,有各时代,各地方不相同之古物,把全数收集起来,其量与质当然极尽世界的伟观。留下一份藏入国庙;余下的全数卖给

---

[1] 1934年5月23日《青光》。
[2] 戴季陶,1928年在南京就任考试院院长,1948年去职。

外人，其所得的价值必可清还一切所欠之外债，以外尚可存下许多兆元以为我国建设实业，复兴民族之资本。

说起来真可悲，我国古墓可说一点一滴地被人盗掘到无一完全土了。幸而先前所盗掘之目的只在金银财宝，余下古物尚得复行埋藏下（历代易朝时，一班奸民，或有势力者都有盗掘古墓之事）。到今日，一班盗掘古墓者之目的更加厉害，除宝贝外一切古物，无论缶的、瓦的、石的、磁的，以及一切都被抢去了。

所以，政府如不于此时作有系统的发掘，只有给一班盗坟贼之便利。我们不是闻到北平附近数十里内之古墓，已被某某有系统地掘完了么？古物当然同时也被私人抢完了。这件新闻是千真万确的（北平那班古董商，每年全靠这样出卖古物数千数百万元以维持生活呢）！

在此附说者，立国庙以藏名人骨骸，欧人是这样做的。我人为保存地方观念起见，于迁葬骨骸时，可留下一二骨干于原葬地，把原墓好好保存。那么，一样英魂得以两地同时留连，岂不比先前矢守一地更妙吗？

又国庙如因费大不能建造，可将孙中山先生之墓地周围排葬各类的英骨。这样更加浓厚瞻仰"国父"与"国魂"之热气！

我在此提起旧案，算是在中央研究院与戴院长争辩中找一个折中法，因用我的计划，古墓可以保存，古物又可得到。我们所怕正如戴院长一样，不用系统的发掘与迁葬，将来古墓必致被一班奸商劣棍盗掘到连先烈骸骨也全散失了！

免本致富法——利用人力与强迫做工[1]

一切富源都从人力出来。我国人数比别国多,但贫穷也比别国厉害,这是什么缘故?因为我人的力量不能使用出去,以致生产全无;而因人多消费也多之缘故,遂闹成这样全国永久饥荒的惨状!

幸而我们人多。若能利用这样多的人去开发一切天然的富源,如农业,如山林,如海利,如畜牧,如工业等等,则不多时候,人人就富裕起来了。

第一个例子——广东西北部有一小山县名广宁者,人口三十余万。因其地多山,人民努力造林。只造成了三种林木,现在每年出息已有三千万元(这个数目实在惊人,但凡我国之山县能够去造有用的林木,每县每年都能出息数千万元的)!全县人民既有这样多林产,加以田园之收获,遂使满县无一个乞丐,彼此都能过稍富裕的生活了。

第二个例子——我们穷苦的饶平,也是广东属之一县。这是山兼一面大海的地方。一年多前,我们利用了民力筑成公路三百余里,大苗圃三个,林场七个。若就工银计起来,总要百多万元。但我们全用人力,公家有钱时只给做工者每日二毛薪贴;无钱时,大家就白做了。可是大家做的为公益,做好后,大家可享福。今本县交通已算便利了。在昔时须要数日跑脚的路程,今日则能坐汽车上二三点钟,舒

---

[1] 1934年5月28日《青光》。

舒服服就可到了。我个人本想把全县壮丁（约十余万人）统统工作起来。在冬季农隙时，每人做起二三个月工。试想这十余万工在三个月做下工作，合起来每年可得千余万工，合起工银就有数百万之多了。这样多的工作在山上造了有用之树林，与水果，与五谷；有的则筑路，或从事于卫生之工作。不过几年，我县也比广宁一样有出息了。至于新政，当然还要比它好呢。

可惜这个计划尚未成功，我已被迫出走了！

这是实验之事实，不是理论的。我国能强迫全民壮丁于农隙时从事工作，不怕地方不会富裕。这个工作里尚有许多益处：（1）人民做工，不会在农隙时（又适在过阴历年时）大事赌博。（2）做工，可得好身体（也是我亲眼看见的。我族乡有千余人，在去年冬季做了二个余月的工作，大都比工作前之身体好得多。因冬天寒，乡下屋子不暖，衣服又不够，终日在屋内耐寒，实在痛苦。今有工作，大家千把百人，在一气嬉嬉笑笑动起手来，热气飞腾，心胸高兴，自然身体就好起来了）。（3）可以养成工作的兴趣。（4）可以由此，第一步养成工兵，第二步养成民兵，于自卫上实在需要的。

强迫工作，如办理得法，并不会扰民。因人民所做全是他们眼前所需要的，并且知道全为自己做的，则虽吃一点苦，彼等也极乐于从事了。合许多人一起工作，自然兴趣极多。各就力量所能做，大力的做大工程，小的任小工作，这样工作并非怎样痛苦。又须多用机器，以代人力。机器多出息，而又能减少工人之劳苦的。况且强迫做工的时期，乃仅限于"农隙"，人民为公家做事，并未妨害他的私事。凡此种种，均可证明强迫人民做工，并非苛政——乃是善政——本人都曾亲身试验过来呵。

我国古时有用强迫民力作出一种震动世界之大工程者，即是万里长城。这个工作保护我汉族及文化之功劳至大。现时之万里长城，也算是民族振作之一种表示矣。我们希望利用这么多之民力，四万万中至少有一万万之民力，可以利用去治理黄河、扬子江、珠江，以及一切之水利工作，一切之山利、海利；以及于卫生事业，教育建筑；以及于美术工作，以及于民生各种问题。我们不怕实践，不怕穷。我们怕的只是这么多的人力不能使用出去。如能使用出去，我们立时就富裕起来。

执政们、一班有军政势力之人们、人民领袖们，请你们切勿忘记这件惠而不费的计划。——利用人力以发展一切之富源（至于怎样规定强迫民工之良善法规，恕我在此从略了）。

爱的种类[1]

十年前，本人曾在北平《晨报副刊》因《爱的定则》之论文，引起言论界极大的骚乱。十年来社会又变更了，我个人又亲尝了一些恋爱的滋味，可是我的恋爱观念依然未改。

男女之爱是有许多种的。"公共汽车"也，"一人包车"也；从一而终，或人尽夫也；一夜夫妻百年恩爱也，或刹那欢娱过后便如浮云也；以至守贞守节也，或如蝴蝶之飘忽无定也。这些，只要是诚实的，十分诚实的，便有一种爱的意义。

爱一人爱到底，爱到海枯石烂，这是一贯之爱。遇到可爱便生爱情，或爱其才华或爱其美貌，或爱其侠气，或爱其温柔，这是博大之爱。这个博爱比专爱更觉伟大更觉难能可贵。

晓得爱的艺术者，能专爱也能博爱：着重于精神爱而忽略于肉体。虽则美的肉体也尽够使人消受了，使人能够发生热烈的恋爱。可是晓得爱的艺术者，于肉体中求得精神上的快乐。肉体未免太单调，一弹之后，便再不能发出别样音响了。至于精神的开发是无止境的。

精神爱是长久，肉体之爱则极短促。可是在肉体中同时兼有精神爱者，则于短促中觉得有深长的兴味。在这个变动迅忽的社会，要求长久的恩爱有如登天之难。一时的、刹那的、倏忽的真爱，也算难得了。晓得爱的艺术者就在能在这些短期的真爱中搜集一起成为联属的、一气的、永久的真爱。

---

[1] 1934年6月1日《青光》。

只要是诚实便为真爱。那些机械式的结合,如旧时的包办婚姻与现在的盲从式伴侣,纵然他俩结合到百年久也不能算为真爱。百年的假结合,诚不如一倏忽刹那间的真爱。真爱的时间虽短暂,但其回忆之时间则极长久。

爱的伟大,就在它能给人快乐也与人痛苦;使人圆满也使人缺憾;有时专爱一人,有时则兼爱极多人;有时爱得极长久,到死时尚不放松;有时则于一倏忽间不得不忍痛放置。爱是多方面的,种类本极复杂,只要是诚实的,便为爱神所赞许。

友人笑语予曰:"你的爱何如我的爱?我以百余元买了一位普通少女,也足以满足我之一切也。"

我说,只要是诚实的,这也是一种爱法!

可惜日来读了又读《邓肯女士自传》(于熙俭君有译本),又发觉有些伟大的人物是不愿如我友这样对于爱的俭朴。

邓肯女士终身为艺术,也终身为爱情所颠倒。爱情是她个人享受的,有痛苦与快乐,灵的肉的,凑合起来,暂时的或稍久的都被她一人享受过了。她由爱情所幻化,所升华的艺术则留给世人永久的、普遍的享受!

她说:"爱情是一种神奇的东西,有各种各样的调子,可以调出各种各样的歌曲。一个男子与别个男子爱情之不同,正如听贝多芬与浦西尼[1]的音乐之不同,在这些不同的弹奏者所用的乐器便是女子。而我以为一个女子只认识一个男子的,就好像只听过一个曲谱家的音乐一样。"(于译文)

我想有许多男子对女子,也必说出这样话。

邓肯尚有爱人累次赞助她许多金钱。可惜这些金钱终不能使她完成艺术学校的工作:邓肯究竟是善用艺术而不能善用爱情的。

使思想与爱情一气混合的自来有几人?

---

[1] 今译普契尼。

附

爱神的一箭

——为《爱的种类》质张竞生[1]

一　鸣[2]

在六月一日的《青光·奇论》之篇上，我看见了张竞生先生的《爱的种类》，他的论点在表面上看去，仿佛是有点新奇的，然而如果要说那些抽象的意见，就是"爱的定则"，这似乎是言大而夸了。《青光》读者之一的我，本不愿就单纯的恋爱问题来和一向被人尊为"×学博士"的张先生来打笔墨官司，可是为了要研究恋爱的"定则"与"种类"，因此不得不首先向张先生提出几点抗议：

第一，谈到男女两性的爱的问题，我们不能先说到"性"，而要明白性的历史发展的形式，我们更不能不说到人类的进化。当太古时代的原人，他们或她们，本来和一般的高等哺乳动物一样，在一定的季节内，举行着普遍的乱婚。后来因为生产力的上升，刺激着社会的前进，而随经济制度以俱来的一夫一妻的关系，乃正式的建立，那些形式上的乱婚，都被法律与道德加以否认了。虽然如此，但是就生物学的见地来说，在我们人体的构造上，直到现在，还残留着许多有害无益的遗物。如草食时代的盲肠与分泌腺，便是一个很好的例证。据伟大的科学家爱利·麦支尼克夫所说，我们男子所有的性的精力，要高出于必要的程度之上多少倍，因为此种性的精力的过剩，所以它便

---

[1] 1934年6月3日《青光》。
[2] 即屠石鸣，民国老报人。

成了不可调和的纵欲的原动力。由此看来，可见爱的基本要素是建筑在"肉"，而片面的"灵"是绝对不成其为爱！

第二，张先生所说的什么"公共汽车""一人包车""人尽可夫""从一而终"，以为只要"诚实"（？）都有"爱的意义"，并说"博爱比专爱更有意义"，可见他是一个道地的墨子之徒。但是我们要晓到真正的爱是不容许第三者参加的。这点如果参看古今中外由三角以至于多角恋爱所酿成的惨剧，便可恍然大悟了。至于张先生所谈的"博爱"，又颇有"一见生情"与"纵欲乱交"的恶嫌。因为"爱"之所以称"博"，其范围不仅不限男女，并且还要排除狭隘的男女关系。假使拈花惹草可以称得上"博爱"，那么一切古往今来的大政治家，岂不将都抱屈于九泉吗？

第三，张先生一方面既大谈其精神的爱，肯定"精神爱是长久，肉体之爱是极短促"。然而另一方面对于他的朋友以一百余元的金钱买来的肉体，也认为是"一种爱法"。把妇女当动物，忽视了被他朋友购买的那"少女"意志的自由；把恋爱的要素偏于男子一方面，这理论简直替那些拥有三妻四妾的达官贵人们保镖，又哪里谈得上"精神恋爱"呢？！

第四，我们虽很客观的承认依华布罗贺氏所说的性的变异之要求的原则：不能认为一个男子守着一个女子或是一个女子守着一个男子，就是他们或她们原来的自然的本性。但科学的定例，乃是从禁欲与纵欲中间，去求得适当的导欲。而恋爱亦是如此。张先生全篇文章的语气，不但没有严格的辨别"性"与"淫"的界限，甚至还是矛盾百出。他虽说亲尝了十年来恋爱的滋味，以现在这种表现看来，恋爱对于他并没有深刻的教训，而爱神也是白白的浪费了她的箭啊！

谈"极大"[1]

圣叹在《西厢》序文上教人从"极微"方面做文章。我自少时读了极觉微妙。这个妙处乃在于极微中见出极大的道理。他说:"天云之鳞鳞,其去也寻丈,故于中间有多层折……"他又说花瓣:"然则一瓣虽微,其自瓣根行而至于瓣末,其起此尽彼,筋转脉摇,朝浅暮深,粉稚香老。人自视之,一瓣之大,如指顶耳;自花计焉,乌知其道理,不且有越陌度阡之远也。……"他又说及灯焰:"灯花之焰也,淡淡焉,此不知于世间五色为何色也?吾尝相其自穗而上,讫于烟尽,由淡碧入淡白,此如之何其相际也;又由淡白入淡赤,此如之何其相际也;又由淡赤入乾红,由乾红入黑烟,此如之何其相际也。……"

世人只知圣叹谈"极微";可惜不知他底里在谈"极大"。因谈到极大,所以在极小的题目上,能做出极大的文章。

做文如是,为人更当如是。从大处着想,从极大处着想吧!微小的人们!空间极大,大到人类的思想不能想象。如你假设空间有一个界限,那么,界限之外,是什么东西?现在最大的天文镜能照到一百万光年的空间,但此外呢?微小的人们!时间也是极大。大到人不能想象,你能设想它的起点及止境吗?

就谈小一点吧,夜里肉眼所能见到的世界已够吓一跳了。天河就

---

[1] 1934年6月4日《青光》。

有一百万粒星，每个星都比我们的日球大！我们太阳系的世界，若把微小的个人去比较也已经大到不可思议了。

从大处着想吧，微小的人们！从大处着想始能提高小我而与大我相比拟。天文学是最好的伦理学，它提起人的伟大观念与行为。

牛顿便是这样人。牛顿长于天文学者。一日其用人无意中将其多年心血的文稿烧却了，他并不以此动怒只好听之罢了。哥仑布也是这样人，当他从美洲归国时，贵族有忌其功者以为他的发现新大地乃极平常事。哥仑布只好把蛋尖轻轻触破使蛋站立，表示这也是一件平常事，不过那班贵族及常人们做不出罢了。

从大处着想，省却世间多少闲气。我们将与空间同游而与时间相忘。夜里的星辰为我们最伟大的伴侣。只有向风起与水流相周旋，尚有何心情与微小的人们较一日之短长。

也唯有从极大处着想始能做出大文章。我们不谈苍蝇只谈宇宙；不谈猫狗，只谈虎豹；不谈家，只谈国，社会和世界。或许有时也谈点苍蝇、猫狗、家、私事，但从其与宇宙相关处谈一谈。我们不打猫狗，只打敌人，不欺负苍蝇，也不为世俗事务所缠扰。从极大处着想落笔，自免却了许多小气习、龌龊相、卑鄙无聊的思想。

极大的观念随处可以得到的，在自然间，在星辰里，在山水，在雨露，在日光的熹微，在一幅名画之折痕；纵在美人之一盼，英雄之一叱，也可见出这个"极大"在荡漾！

极大之行为也极容易做到的。只要肯牺牲，一个普通人就能做出惊天动地的事业。慈母之于儿女，情人之一吻、勇士就义、文人之呕出心血、哲家之幻想，都有这个"极大"之表现。

从极大处着想吧，做文如是，为人更当如是。

论出版事业[1]

目前的出版界，引起我不少的感想：

普通书贾所犯毛病有二。一是出版无系统，东一本，西一本，唯以投机射利为目的，毫不顾及文化之前途。一是他们对于稿件只要便宜，对于编辑家太不客气。他们只要贱价的稿件，结果，所出书籍多无价值，销路不好，有时连印刷费也捞不起，这是书贾自取其咎的。若肯高价买好稿，得利定然较多呢。

在六七年前，我就论及这班书贾出版之错误与对待编辑之刻薄。纵然出版计划甚好，若不改善作家待遇，也不能生出好结果。例如我下头所说之译述计划也称完善，但交给书贾去办，以他们那样轻蔑编辑的态度，和那样奴隶制的编译所，则终于不能译出一本好书来。那么，计划虽好又有何用处？

所以今后我国出版界如要有点好成绩，先当由书贾们改善编辑者的待遇，出版计划尚在其次。

现就来说出版计划吧。最低限度也当做到下列之二项才能算成一间合于现代所需求的书店。

（一）不印《四库全书》《四部备要》，与及一切不合实用不适时势之古书。最多只印点好的诗词曲，及一些好文章与著名小说传奇。

---

[1] 1934年6月9日《青光》。

（二）教科书

（甲）当由著名的教育家编著。

（乙）小学的教科书着重各省区的地方彩色。不是现在一班书店随便请几个人闭门乱造些就算为教科书了。中学注重科学之灌输。大学注重高等的人生观与学识自修法。

（三）普通书类与参考书

注重译述外籍。

我在数年前即提倡有系统地译述世界第一流名著。约先译三百本吧，每本约合中字五六万。合十几本以上成为一类丛书式。各依其类出了科学、社会学、艺术、哲学、杂著各项之丛书。

此项丛书所采用之目的有二。（1）纵的：在各时代汇集其进化演递的名籍。（2）横的：于各地方搜罗其依环境变迁的杰作。合此纵横二方面之书籍，自然能成一部极完善的丛书。此中选择应译的书籍之手续甚困难，非由各项专门学者代选定不可。

一切译籍，应由原文译出，庶免失却原书精义。译者对于所译书，须有相当程度。中国文要流丽亨通。

译者取自由精神，不受书贾所办编译所奴隶式之束缚。只要译者于半月或一月间交出若干译文就好，不必限其每日要执笔。好文字当从其兴会时写出来。书贾们的编译所永久不能产出好书籍也。译费从高，且于出版时保存译人之姓名与版权，使译者顾念名誉与版税的利益，庶肯呕出心血从事译述。书贾们只使译者算字取钱，永久不能得到好稿子也。

每类丛书，应设一主任。校对译稿，时时与译者商榷怎样得到良善的译法。

书用普通纸印刷，装订也用普通式。卖价应极便宜，每本大约四五角。单本可售。合十几本以上为一丛书，价也不过数元，使中学生及普通人均买得起。

这样丛书，来源既是世界颠扑不破之名著，译笔又极流丽准确，所包含的纵、横二方面又周到完备,价格又极便宜,故销路必极好,且其畅销期限必可延至数十年之久。

这项译述乃关系于我国文化前途至巨且大之出版计划。若用上法做去,定能获利。既得利,又得宣传文化之功劳,那又何乐不为呢?我个人终久想把这个计划实现呢。且等待些吧。

至于对待现在那些唯利是视之书店,说不到什么出版计划,只有由文化机关施行"统制"之方法,使它免贻害苍生与妨碍文化!

流动式创造的爱情——并答一鸣先生[1]

"滴不尽相思血泪抛红豆,开不完春柳春花满画楼,睡不稳纱窗风雨黄昏后,忘不了新愁与旧愁,咽不下玉粒金波噎满喉,照不尽菱花镜里形容瘦,展不开的眉头,挨不明的更漏;呀!恰便似遮不住的青山隐隐,流不断的绿水悠悠!"

话说少年得意的宝玉,怎样会有这样的烦恼忧愁?莫非是多情无处挥洒?莫不是多情无处消受!千古多情人总被无情所牵扰,有情者反被无情恼!于是寄其情于春风秋月,落花流水之间;把万象渲染上一层情胞。其次焉者,于人则缠绵眷恋,灵也好,肉也好。把一块肉打碎了,和一块肉揉杂成了我是你,你是我,又加上灵去了不管他像不像你和我。这样的爱情创造不成样吗?再来一回,又再来一个。就这样创造又创造,或许终身不成,那就罢了,爱情就在这样苦中受了酬报!再次焉者,认定一个对手:终其生缱缱绻绻,视为宝贝,奉为神明帅保。女的在装饰表情上,则化为千万金身,男的也创造得如千万玉人。这样伴侣虽一时一刻互相厮守,爱情则时时刻刻在变幻创造。这是爱的艺术,不能尽人皆学得到。最下焉者,固定的、胶执的、占有的、专制的一男一女所结合的夫妇,但我也羡他们这样糊里糊涂过了一世。

你看男女之爱有许多种类的。最上就在彼此能时时刻刻创造新爱

---

[1] 1934 年 6 月 13 日《青光》。

流动式创造的爱情——并答一鸣先生

情。这样爱情在未选定对手之时,则为友谊式。在选定之后则为"情人式"。唯有保守情人式的夫妻,始能得到美满的爱情。可惜这不是普通男女所能做到的(情人式的艺术说起来太长了)。

可是,只要有十分诚实,即是说不要欺骗,则任怎样的结合都是好的。旧式夫妻,好处就在无患无难,安稳过了固定的生活。新式夫妻好处,就在时刻的创造奋斗;失败处就在创造不成功。我对于爱情,一向是取宽大容恕之态度的。因为爱是两人之情感所发动,而又不免为环境所限制,故不能多事苛求也。

因为爱是流动与多方面的,所以不能执定一个死式以相非难。我读一鸣君之论文(六月三日《青光》栏)所主持的是固定式的爱情。换句话说是传统式的爱情,所以见到我们流动式与创造式的爱情就不免有点惶惑了。若能注重精神爱,纵是一见生情,在博爱中不会忘却了专爱。我意是"肉爱"应专一,而精神爱则可宽博,这是一个分别。至于爱与淫的分别就在有爱与无爱,以爱结合者虽暂时的露水姻缘不能算淫,无爱而结合者虽久合的夫妻也是淫。我们以爱情为先提,当然不会提倡淫也。说及社会上有买卖婚姻式,这是事实的。只求"诚意"便算好的,并不能说是因此提倡多妻妾。我们乡下人最可怜是正在度买卖婚姻式生活,但最能守一夫一妻制者,全人类中可算是他们了(当然,我是反对这样买卖式的。今举出来,乃就事实提论罢了)。

总之,我在那篇《爱的种类》中主题在提出各种爱情之不同。这是事实的,有谁能说千亿兆人所遭遇的爱情能同一的。只要诚实(我极留意这两字),无论怎样结合,便有一种爱的意义。至于爱的厚薄多少,全视对手所创造的爱情之程度高低而定。大意止此。至于别人推论,当然免不了推出这个大意之外许多枝节来。我看一鸣君所说的,也未免太过于"推论"吧。

读者通信[1]

殷冰言　张竞生

竞生先生：

　　自从先生的《食经》在《青光》发表以后，吾是天天读着，深为敬佩！但是先生所说的于午餐时，在一切食物未入口之前，先食一盘混合物，唯此混合物中，如"力地""罗孟""西哥肋""皮松里""马次"，恐国内没有吧！那么在苏沪一带所能得到的菜中，可有代替品否？若没有，那么这一项菜不食，有无关系？又"胡桃"是否即喜果中的硬壳胡桃？荷兰薯是否即俗名洋山芋的？切碎后所加之菜油，普通食用之菜籽油，可用否？以上的菜蔬都是生的，那么如何可以消毒？以熬煎之菜油拌和可否？上述诸问题，请先生解答为盼，费去先生宝贵的光阴，这很是抱歉的，且要谢谢。

　　专此，敬祝

撰安

读者殷冰言谨上
六月一日

---

[1] 1934年6月14日《青光》。

冰言先生：

信读到了，谨答如下：

那些青菜如"力地"等，内地一时不能移种，可代用"小白菜"类，或"芹菜"或一切柔软香甜的菜类均可。不过这些"生食用"的菜培植时，当用豆饼类的肥料，或海肥料，或家肥料等，但切勿用机器肥，更切切不可用大便小便为肥料以致传染入身内各种有机的害菌。又这些菜，当于幼稚时取用。

胡桃即硬壳的胡桃仁，荷兰薯即马兰薯，即俗名洋山芋（番菜馆所用的便是），在乡间可代用"甜薯"。甜薯质比荷兰薯更好，可惜欧洲极少此种物，这类甜薯在我处（广东）可有数十种，都是有益，可以互相代用的，也可以代正粮用的。

普通食用之菜籽油，均极有益可用，在我国最便宜与最有益的是花生油，北方的芝麻油也极好的。欧洲有用橄榄油者，橄榄油若保存原质，能助肝出泌液，本是极有益之物，可惜经过工业化将黄色质、苦质提去了，剩下的白色而无苦味，以致好质不存。现市上所贩卖的都是此种外来货，价贵而实不足取，切勿取用为是；本国的植物油均极可用，价又便宜呢。

菜蔬培植时如上说所用的肥料，只用水多次洗净，便可无毒，切切不可消毒，消毒就把好质消失去了。植物油如干净，生用可也，如太脏就熬煎过也无妨，植物油虽熬过不变质，不过生用更好罢了。

张竞生

六月七日

写在"学生利用假期服务社会"之后[1]

在近来蒋委员长所做许多新事业之中,饬令学生利用假期服务社会一事,最使人满意。可是美中不足处只在全学生"为清洁,为卫生,为公共场所,为私人家庭,以及其他改革陋习有益乡村之工作",而漏却了两项最重要的事务,即(一)是生产工作,(二)是武备工作,请得依次论之。

(一)现在国家已届破产之期,而以农村为甚。中等以上学生,本是消费分子,对于社会经济的扶助应认为自身的责任。理当在假期中,依其所处的地位,为社会效力。如在城市者则为工商业服务与城市上一切经济的工作。若身为农家子弟则应向农人指导新式的农业。今举其荦荦大端者则有各种农村合作社:肥料农具购置合作社,消化合作社,农物推卖合作社之类。除虫法:改良种子,改良地质,改良耕种各方法;与及各种农业副产物之提倡。凡此一人不能作者可合同志之。同时由教育厅令各县县政府竭力帮助学生对此项复兴农村经济之事业。若能进一步而号召一方之民众,于农隙时利用人力,广行开辟荒地,种植五谷与造林,推而及于鱼盐之利。如此努力其于民生,定必大有裨补也。

(二)现时农村破产,人民衣食无着,多变为匪,以致匪势炽盛。故要复兴农村,治安问题应予先办。一班学生回乡村时当视能力所

---

[1] 1934年6月19日《青光》。

及，部勒民众从事操练与军事之组织。这个乡兵之法规，近可取法广西，远可借镜瑞士。

这样乡兵不但可以御匪自卫，而其最大用处，则在预备对付外患。我们受日本欺负到这样地步，稍具一点血气者应该誓死抵抗。纵不能全国武装起来，最低限度也当使百分之一二人民知晓军事之规模。不过此事最难处，就在枪支不足。但有军队的地方可向军队借用。如全无时则可削木棍为枪形，只求能知枪的用法与军队的生活就好了。最要就在使人民有防御的知识，抵抗的能力，军事的准备与战时的工作。

我国民中如有百分之几晓得抵抗的能力，日本就不敢欺负我们了。人民抗敌的能力，并非完全在军火与现任军人。例如德国受条约所限制，军火及军队均有一定的束缚。可是德人多具有抵抗的能力：平时虽为普通人民，到战时均可成为极好的军人。至于社会一切的事业，遇到战时均可变为军队之用，假使法国单独与德国打仗，法国虽强，能否打胜，尚是怀疑的问题呢。

凡我国人如稍有血性，不甘做日本的奴才者，唯有效法德国的准备，始能图存，始能对付这个蛮横无理的强邻！

故依鄙见，使中等以上学生服务社会，无过更紧要于帮助经济与武备二件工作了。不过这两事为专门知识，是非在学校有相当的准备不可。学生军事训练，当责成一切中等以上学生每年实习二三个月，不止限定毕业生。学校每星期应有二三点军事学功课。同时应就学生家庭的环境，教以农或工商等实业知识。使学生毕业后免为高等流氓与衰弱的国民。

我今来写一点事实作结论吧。去年日本因在汕头一二侨民被我国人民所侮辱，就吓要以军事相见了。那时汕头防军也不肯示弱，已预备木船载石头堵塞妈屿，使日本军舰不能入口。我本人正在乡下督工造公路，闻知消息，向二三千工人探询是否愿到汕头抗敌，他们多数愿意的，我遂打电到汕头绥靖署，说不要屈辱，我们乡民愿作后盾一些话。实在的,以我粤岭东区说,人民不止千万,假设有点抵抗能力,敌人就不容易侵吞了。若全无抵抗能力吗,则只要五千敌兵就可把全区占领,极易压伏我们一千万之众了。你看抵抗与不抵抗之结果差异真大!

大端说,我们人民极恨日本的蛮横,只要有领导人去组织指挥,则人民对敌的抵抗力甚大。这个责任付于中等以上学生,假如不能胜任的话,就付于军、政,与人民领袖及学生界和各界共同努力,如此不怕不成功的。

再论发掘古墓[1]

顷接下信,对前鄙论极有再行讨论之必要。今先将信文叙下:

……昨天阅港报转载先生对于发掘古墓之意见,极高卓周详。依此而行,不特委弃之宝物,得以保存;历史上多得实物之印证,即前代名人亦因之得留芳遗臭之集中地,诚为一举而数美备具。非先生曷能有此。唯尧尚有所未释者:则以古墓之发掘当以何种为标准?以历史上之纪传欤?抑以历史之名区欤?择要发掘欤?抑尽量发掘欤?凡此,先生未有明言。又既移其骨于中山陵而必留存一二于所在地未彻底。如以为必若此,然后足以表示纪念,则掘出之古物又安可无一部分留存者?非然,则所在地之与首都又何择焉?又发棺之利诚夥。苟发棺校尉不得其人,诚恐摸金中郎将[2]面团团作富家翁矣,则与盗发者何异?又何必暴露古人之残骸乎!宜明定办法,妥为防范,并将发掘所得之资指示用途,以文化事业或开矿为有意义。以古物换得之资为发扬文化之费;或以弃地之货开弃地之货,性质近似故也。以上所言均随笔乱写。因迫于职业,囿于管蠡,无详述之机会,尚望先生垂教之。专此并颂
旅绥

洪佐尧谨肃

---

[1] 1934年6月23日《青光》。
[2] 原为"摸金校尉"和"发丘中郎将",曹操所设职官名,专门管理挖掘坟墓职务。后世专指盗墓贼。

现谨答者：鄙意所发掘，当以有名之古墓为主。因此故所掘的，当应选择历史上所纪传之名墓，不是一切的古墓尽行从事也。但有时遇到"历史的名区"，则须全区发掘。例如南口之明陵，应把全陵发掘。因此陵漫山遍谷，且其真穴不知所在，如曹操之疑冢一样。若不将全陵开发，势必一无所获。若能得其真冢所在，则其宝贝及古物当必极丰富无疑矣。又，移葬后，尚留一二干骨于原地者，以便留下历史的纪念。有些名墓所在地，确有一种不可湮没的价值，如绥远之昭君墓地，著名之"青冢"与北方之斜阳，映出那薄命人"泣黄昏"的悲剧。所以虽将其遗骸迁葬，而此"青冢"之保存，实有万分之必要。如云将一部分墓中古物留下所在地的博物馆，则此提议我极赞成。若掘出古物极多，当然在各地多多留存为好。至于恐怕发棺的校尉舞弊一事，应由各界组织一公开机关，以免个人或一团体之上下其手也。所卖古物，指定有益于民生及文化的用途，谁也赞成。也必如此办公，始对得住先人与人民。

说到此，又要叹气了。中国人对一事，尤其对非常的事，要彻底地、有系统地去干是极少见的。故对这个发掘古墓之事，总不会有大规模去做，只好一点一滴、偷偷摸摸去干罢了。其结果，当然国家未见何种大利益，得便宜的还是私人呢？！

廿三，六月八日

北平应怎样优待赛金花——我人又当怎样？[1]

"美人自古如名将，不许人间见白头！"[2]假使庚子年赛金花踞龙床和德帅瓦德西做过假龙凤的夫妻后，就即死去，我不知后人怎样起了感叹悲歌。杨贵妃死得正当其时；西施最令人留恋处就在后头不知下落。

不幸，赛金花至今尚存人间，尤不幸，她竟在这个无情的中国苟延残喘！竟不幸，她又孤穷困苦，衣食无着，住居不完，连每月八角房捐尚缴不来（据北平外五区警署所报告，见《时事新报》六月念四日通讯）。

回首那年，薄命人血泪只向肚里吞，可是北平太负恩忘德了。你不记起她向德帅牺牲色相，为的在缓和横暴联军残杀你人民吗？北平今日市面收入尚极可观，就理应当优待赛金花极丰裕的年俸。若能为她设立生祠，建竖铜像，更是最好无过的了。

全国，全城无一个是男儿！敌来，满京城皇帝、皇太后、龙子龙孙，全队官吏，富裕的人民一群逃空。只留下人民受仇敌生吞活剥。幸有一个青年英雄——赛金花不顾一身，出来抵抗，出来说话，这是一段何等有声有色的历史价值。可惜北平市民太负恩忘德了！"薄情终得薄情报"，你看这个可怜的北平，不久就要被日本占领了。到时

---

[1] 1934年6月26日《青光》。
[2] （清）赵艳雪《和查为仁悼亡诗》。

当然连一个好女儿出来对敌也无!

我们人民又当怎样对待这位外交家,多情的美人,救了北平的赛金花呢?能够联合起来凑些金钱寄她受用就好了。有些富裕之家能迎养她终身,尤为更好。我本人思有空时代电影界编一赛金花剧本,得点薪金寄她受用。可惜我太穷了,不能够迎养她,只有尽我力所能及罢了。

昔法国有女子名贞德者,起头牧羊,自说神降其身,领带人民抵抗英国。后虽被敌焚烧,但至今法人如神明奉祝她一样。我读贞德传记,我又读赛金花传记,觉得两样情怀同是一样救国,同是一样应受人类所景仰。

"十万雄军齐解甲,可怜无个是男儿!"在这样敌人临境,国难当头之时,我们对于"男儿"的希望已绝少了,更愈记起这位"女儿"的赛金花!

附启

人类具有同情心的,尤其是对一班英雄奇女子,更当帮助她们的成功,救助她们的困苦。现在我辈就来凑集一笔款,希望暂时解脱赛金花经济的绝境。凡与我辈同意者可将款汇寄到下列住址,由江君代汇齐代寄〔或直接寄她住居亦好:北平,外五区居仁里,十六号,魏赵灵飞女士收(即赛金花)〕。

现先报告捐题者有

张竞生十元

黄粱梦五元

江镜蓉二元

代收捐人住址如下:

上海法租界西门路西门里,四十一号二楼江镜蓉先生。

凡寄款信件当挂号,后来当由江君发收条,并登报以昭信实。

艺术与跳舞[1]

美舞当是诗意的。"我歌月徘徊,我舞影零乱。"太白其善于舞蹈乎?求于近世,唯有邓肯参差恍惚近似之:她把哥德、尼采的诗,勺旁[2]、维格拉的歌,都融化成为自己的舞了。舞又当有画意的。昔公孙大娘之于剑器舞得淋漓顿挫,豪荡激昂:"爚如羿射九日落,矫如群帝骖龙翔。来如雷霆收震怒,罢如江海凝清光。"舞技至此,美丽似一幅活动的画图。近世舞蹈已成为群众化,其音乐挑动人肝腑撩乱人心肠。所谓爵士派擅长于"野猫声"之叫啸,"探戈舞"最能表出这样的韵节。"胡旋舞"急急如旋风转飘,缓缓似落叶幽扬。至于"一步舞"与"狐步舞"一样粗浅,失却艺术的意义,难邀高人的鉴赏。

我暇曾参观沪中一二大舞场(参观而已,并未曾跳,更未曾要求与某明星跳。只是参观已够使我讨厌了)。所见的舞女舞郎只知拥抱,紧紧地拥抱!只会踏一踏"狐步舞",并且跳得不好。他们不知什么叫"胡旋",更不知什么是"探戈"。音乐一无所懂,只去胡扯;舞术毫无研究,步伐不美,姿势不住。舞至此,舞乎舞乎?无怪人说这不过是娼妓与狂且互相搂抱的公开表演!

一对一对的伴侣舞,最要是彼此都有舞术的嗜好,音乐的修养,步武和谐,加上情感的协洽。我在北平曾见到一位洋舞娘,在她舞侣

---

[1] 1934年7月2日《青光》。
[2] 今译肖邦。

的肩上，眼神惺忪，全身已入于醉态。醉态，不错是到了醉态，才得到舞的心弦。当舞侣的情感射入而融合于音乐，韵节与步伐之中，自然而然有飘飘的醉态，身不在而精神荡漾的醉态，富有诗意，染却画意的醉态。

试问海上舞侣能不能有这样的销魂？舞女唯利是视，彼此毫无情感，怎能够有这样的醉赏？舞郎只知肉感与拥抱而已！舞术不知，音乐未懂，怎能销魂？怎样会醉赏？

改革陪舞的舞女制度，提倡群众的情感舞蹈，鼓励音乐的修养与舞术的学习，这是今后要使跳舞成为群众的艺术与高尚的娱乐所必有的努力。

偶然由友介绍认识虞和钦先生。他由留学生而入翰林，任过几年教育厅长，长于古诗，而今在萨坡赛路开设国际舞学社，与数友人精跳舞者共任教授。意者，虞君其将诗意谱入于舞蹈，而以艺术教育的意义提高舞的娱乐乎？

《食经》通讯[1]

吴先生：

　　大函领悉，过誉殊愧。您能实行素食及对《食经》多予研究，在下极表同情。素食于身体不会衰弱，我们乡下人便是最好的证据。奶妇应多食豆类，自能有好奶，不必多食鱼肉。至说食鱼肉之大便作为肥料较素食的有效力，乃是证明荤食者的粪多含油磷类，多含臭味与微生虫，并非其身内较好养料也。

　　所问金针菜、黑木耳、雪里红、笋、黄绿豆芽，新鲜的极含有生素。卤腌太久之后，生素全失。至于乡间之卤腌芥菜用至年久者且变酸味，食之有害。但腌未久者生素虽无，究也无损于身体。

　　鸡鸭蛋新鲜用极有益，味精少用也可。荸荠、甜桃、极好。杨梅少食，白萝卜、甜薯、紫菜，均好。豆腐、腐干、糟与臭的乳腐，均不好多食。菜之辣者如韭等、果之酸者如梅等，只宜少食。

　　《食经》将来要装成单行本，归四社[2]出版，知念特闻。

张竞生

　　再知阁下肝气盛，应多食甜类水果，最好是青橄榄，又及。

---

[1] 1934年7月3日《青光》。
[2] 所谓"四社"，就是1932年由张竹平主持经营的《时事新报》《大陆报》《大晚报》和申时电讯社四个新闻机构组成的联合办事处的简称。它是一个松散的报业联营，并非统一的完整的报业集团。

大众语与拉丁字母[1]

在这样方形整块,硬板板一个一个的象形字未代替为音声字之前,什么文字改良都说不上,所以现在最重要的还是采用拉丁字母,把这些艰难的象形字,变成为拼音字(注音字母,写起来不方便不美丽,还不如用拉丁字母好)。

只要有政治力量来提倡,这个拉丁字母的采用,并非难事。我们佩服土耳基[2]总统凯摩[3]的武功,远不如赞仰他的文德,当他决意用拉丁字母代替土字时,虽连他的教育部长也反对起来,可是他坚决说:努力做去,在半年内,我尽有一百万人能够用拉丁字新写法。究竟他的试验成功了,并且他禁止一切市上招牌,不准用土字而改用新式字。

拉丁字母不过二三十个,认识当然极容易,但就我国象形字说,至少要认得二三千个才够用,试问劳苦的群众怎样会有工夫去认识这些劳什子?

第一从采用拉丁字母起,这是利便的工具,再进而采用一种有定规的文法,文法是文字表现的技术,这个在我国也太形困难了,势非速行改革不可。

大众语当应多多采用,可是要有相当的标准。在法国每年由佛郎

---

[1] 1934年7月6日《青光》。
[2] 今译土耳其。
[3] 今译凯末尔。

西翰林院[1]审查国内通行的字与句而认为可用者始编入于字典,这样字典每年印行一次通销,这是一个有权威的传布新字法子。今我国地广人多,方言复杂,同是一个名词,一种成语,在各方表演出种种不同,将以何方为标准呢?故非有一个权威的机关代为审择不可。

若就现时说,我以为《红楼梦》是最好的标准语。因是说话体裁而且许多是女子谈话式未免见得啰唆,故要求较为洁净简单的文字,当参取《水浒传》多少"语录体",而尤当多多融化一些含有白话式及活动文字的诗词曲。要写出美文,这些诗词曲的借助确实不可少的。

表现的美丽,当充实其内容,这层在要求国民智识提高,与作家之修养。表现的技术,则在文法;而表现的工具,则为文字的写法。表现的美丽,不能限以一定的格式,全靠作家的个性与其智识去表现。至于文法可以规定。而今日最重要的乃在改良文字的写法——应把象形文字取消,而代以拉丁字母的音声字。

我国有凯摩其人么?有佛郎西翰林院之组织否?在这样复古时期,多少人对于这种大事业能够"迎头赶上去"!

---

[1] 今译法兰西学院。

悼奇丽夫人[1]

忆是民五六年间我在巴黎上了夫人之课——铫[2]的功课。她身材小巧，面部纤丽，一切恍似一位中国妇人。就她的说话低微温徐也似东方女子，不像波兰人那样粗放。

她丈夫——奇丽先生，是一位学者，可说书呆子。书呆子好处就在孜孜研究，纵在饮食行路时尚在沉思深究。他就这样忘魂失魄在越过巴黎大学理科面前那条街被大货车碰死了！当我初到此街时，友人特为我指出此惨事地点。以后每过此处便不免为之惊惶凭吊。

有说他的学界仇人故意设此毒计的。书呆子竟有敌人！学问界竟有这样忌疾！希腊打力士[3]只会观天文不会顾到脚跟跌入脏沟。我们奇丽先生的结果更为悲惨，他竟不知街上的"市虎"比他的铫更厉害！

我听友人说奇丽夫人于夫死后在上第一次代课时并无提及这件惨事，对夫死事也并无悲哀激烈的表示。若比何香凝夫人每一提及廖先生便即涕泗滂沱，究是东方人感情比西方丰富呢？或是科学家的心怀放达与常人不同呢？

可是，当我初次在课堂见她时算已离她夫死有十几年了。然而她的形容憔悴，有如初度寡妇生活一样。她身穿一套黑布衣，头发黑白

---

[1] 1934年7月10日《青光》。奇丽夫人，今译居里夫人。
[2] 镭的旧称。
[3] 今译泰勒斯。

参半,灰色发了。闻说此时她与法兰西学院某著名教授特别好——好到发生肉体关系吧?但她顾念死夫不愿再嫁人了。

使我永久记起是我头一次上她功课时,学生满满地,讲台的桌放了一个锭盒,台上如蛛丝网一样架起了许许多多的通电玻璃管和玻璃泡(为试验用的),开起来好不堂皇与美丽!

铱的作用尚在开发中。它的价值比一切物皆高贵。它的来源要在多少吨矿物中始能提出一二丝毫。若论地球初始离开太阳时就是一大粒铱质。现在地球变老大了,衰弱了,只剩下一点铱质在矿物中;在那泉水矿水中此质也留下一点。我在《食经》中说及一千瓱[1]中可有一瓱铱质——千分之一吧。——一瓶泉水或矿水就有铱之代价十万元了,故应多多饮下(新鲜的泉水矿水才有,取后过了三日就消失了)。

奇丽夫人随她丈夫死了!她与他给我们高贵的铱质永远不死,与地球永远长存!

(又,有译为居利夫人者太过于利了。有译居礼者,太过于礼了。我今来顾名思义把 Mme Curie 译作奇丽夫人吧!)

---

[1] 毫克的旧称。

一封致赛金花的公开信[1]

灵飞女士：

北平苦热否？且珍摄为佳。

此间近时炎虐满天，使我只好看云。云极多种的，然都善于变幻：本是一个妙华美女，倏忽变为老媪，再一会儿连影迹也消散了；然而在那一边又幻成一个美人似的胎形。

我近又以花消遣此沉沉长夏。上海霞飞路一带，因受白俄女子爱花影响，花店日形繁盛。花的种类比云霞一样多一样美丽。你知只玫瑰一项已达千余种呢，但好花也如彩云一样易于消散。就以最耐挫折的玫瑰说，折取为瓶花，况在这样热天，只有一二天生命挣扎罢了！我的小天井前时买到一盆栽的蔷薇，满意百蕊花可以陆续开到百余日。欺骗的人类呵！移来不到几天，蕊都谢了，连青青的叶也保留不住。至今存的只有几枝刺干，尚作暗绿色在那儿挨受这炎热世界。

女士，你看云吧！北平的云当比上海的更美丽更变幻呵。你当看了许多花——丁香、牡丹，及其他，你就在云与花中认识你的人生，想象些，或不太至于苦痛吧。闻你现极热诚念佛——阿弥陀佛。最好就在看云玩花时不知不觉中念了一二声救苦救难观世音！

我常喜欢把你与慈禧后并提，可是你比她高得多呢。假使她在你的位置什么事都显不出，最多只能被雇为"哭娘"（慈禧以此出身

---

［1］ 1934年7月14日《青光》。此信据说最先在《大华晚报》6月底上刊登出来，编者未见。

的)。若你有她的势力吗？当能变法，当能做出许多新政治。你虽位卑而人格并不微，当联军到北平，她抛却人民和宝贝的太监们溜走了。只有你在金銮殿中与外帅折冲，保卫了多少好人民。

佛号是无灵的，唯有人力的奋斗。华北又告警了！你尚能奋斗吗？与其空念弥陀佛，不如再舍身救国。一切慈善事均可加入的，看护妇也极可为。若能领率一班女同胞作有规模的社会运动，更是好不过的。你打绒线工作吗？当多多打出，为无数贫民作纪念呵！

我们对你是极愿帮助的，然而为力甚微弱。无阔友，有也不管及了。无大腹贾作后头账房，自己又穷得可以，所以登报后到此日结束，只收到这点款（数目及捐者另纸附上）。可是我们对你的心情，并不由此而结束也。我个人曾与明星电影公司经理郑正秋[1]先生计划为你编演一电影剧。据他说费用过大：又要装许多拳头大师兄、二师兄、徒弟们、大清兵、外国兵，好不离奇复杂；又要扮红顶花翎的文官武官，外国官武将、使臣；又要演出外国兵爬上北京城，杀戮奸淫咱们的人民！又要火烧金銮殿；又要将那位宝贝的慈禧，及宫女太监们惟妙惟肖地一群的满洲女装，头髻那样高翘，衣裳那样美丽地一一摆列出，据说非十余万金不能办的。在这样穷的我国电影界，只好暂时放下了，可是我并不肯将此放下。

将来扮演你的，自有许多女明星。郑君说，胡蝶极称职的，可惜她比你胖一些些。你那张俊俏脸儿，添上两个酒窝，尽够延长你的美丽的生命到天长地久了。你看：你个人生命是长存的！

顺此，祝你

福寿无疆

张竞生谨具

上海念三年，七，十二日

---

[1] 郑正秋（1888—1935），名芳泽、伯常，号药风，原籍广东潮阳，生于上海。中国电影事业重要的奠基人之一，也是中国家庭伦理片的开拓者和创始人。

附一

张竞生致赛函[1]

灵飞女士：

现由江君等由海上赠款二十五元，此为第一批吧！我们尚在拟继续募集些款助您。您近状如何，能详细告知我们？更祷先前及最近有贵相否？能挂号寄下尤盼，祝您健康快乐。

款收到即复上海西门路西门里四十一号二楼，江镜蓉先生收，如有附信寄我者，可夹在江君信内，不必单函。计开赠助者：黄粱梦君五元，江镜蓉君二元，郎鲁逊君二元，蒋元芳君一元，张竞生十五元，以上五位共二十五元。收到时复函，亦请照开姓名款项，随条声明，以昭翔实为祷。

弟张竞生鞠躬

附二

赛金花复张函

张竞生先生台赐：

目前捧读来函，很使我感念到万分！要论在现代的社会人情上，阁下足算是一富具热心的人了，替我这样的尽力，使我多么感佩呵！

---

[1] 以下两信皆录自1934年9月12日天津《大公报》。

愧是远隔山河，恕我不能面谢，迨得到机会时节，再拜谢你的美意吧！我现在的境遇不很好，不过是敷衍生活罢了，老迈残颜，不堪言状。回忆当年，唯有用这一腔的热泪把它顺送下去！现在的时期不同了，又道是知足者常乐，现在只是闭门隐渡，别的一切热闹，交际，绝对是消极的。我的相片现在还没有找到，找到时一定寄上。给我帮助的江先生等四位，暂且替我谢吧！你先生我这里先谢谢你，所寄下的二十五元钱，现已完全收到，请放心吧！

  敬祝

文祺

魏赵灵飞拜

大上海[1]

我最喜欢"大"字,因为取乎大者得乎中,取乎中者得乎下,若取乎下,那么所得就微乎其微了。所以我喜欢大上海,不喜欢小上海。(小上海在哪里?)

据我所知,大上海的计划算是康圣人[2]第一个提起。他想把上海到南京打成一气,若从此做去是最大不过的大上海了。这一片从上海到南京的大平原,所有昆山、苏州、无锡、武进、丹阳、镇江,打成一团。一路上的路政要有极大的规模:大概是公园式吧。路中心十几丈阔,两旁种了奇花名树,不多远就有花园与树林为行路憩息之所。这大路心是为行汽车用的;中心之两旁又各有数丈阔的"中道",专为徒走的行人之走道,更要加美丽起来;路底是花橡皮,路旁镶以云母石,时不时路中洒以花露水——麝香的,一洒就有百余天的香气和云雾一样不会消散!"中道"之外,又各有"大草道",满铺青草,专为跑马骑驴用的。"草道"之外,又有"余道",大约是拖东洋车,独辇车,一切民间车之通衢。

既然是上海与南京打成一气,凡要交通迅速的,则在十分钟可乘飞艇来往。要缓步徒行者则可在花橡皮路轻移玉步。你看单就交通一项说,已确实够得上称为大上海(The Greatest Shanghai)了。

---

[1] 1934年7月15日《青光》。
[2] 即康有为。

理想，还不如事实吧。我们现在的大上海，乃想从上海扩充到吴淞口去的。它只求打通水路，不敢从向南京一带陆路着想，所以大上海市政府的英文标名为 The Greater Shanghai。不敢写为 The Greatest，而只写为 The Greater。比较之大，不是最大之大，已使喜欢谈"大"字之我辈抱了一些失望了。

可是，再从事实着想吧。前些时，与友从江湾劳动大学[1]徒步行到大上海的市政府。在这片广场中建起了一座中西合璧的市政府，包括几所的各局公事房，余外是一无所有的。这样的大上海，恐怕是大而无当了。

虽然是左近有十几幢的民房，虽则是已通过了三百余万的市政费可以建运动场、图书馆、博物院、医院，可是这个市中心区的大上海太广阔了，怎样能填满起来，使得在大字上名副其实？

我以为在这样国人依恋租界保护的奴隶心理之下，应该有强迫性来建起这个大上海的规模。

怎样强迫？（一）凡公共场所，如研究院，如什么文化院、学院、各部院之办事处，最要是各学校，凡在上海租界的，须一律迁到市中心区（市政府左近）。否则以犯法论。（二）凡在政府服务的人员住家不准在租界，须要在市中心区。否则以犯法论。这样一来，市中心不怕不热闹起来了。其次，则当从高尚的游艺场努力建设。如赌博可以存在的话吗？则当建设各种有高尚艺术的赌博场。如妓院可以存在吗？则当建设极具高尚艺术的妓院。

尤最重要的，当于市中心区建设真正的新村（不是商办式的）、美的花园、美的市政、美的道路，与各种极便利的交通网。

---

[1] 在上海东郊江湾镇，1927年由吴稚晖、李石曾利用比利时庚子赔款经费创办，易培基为首任校长。

美的翻译——神似![1]

信、雅、达为严复对译书的三条件,全能达到这些条件呢,也够称为美的翻译了,可是我之所谓美,乃在神似的文学译法。

就鄙意:译纯粹的科学书籍,最要就在"信"字,名词固然要译不差,一句一句,句的前后也要照原文直译,切勿加入一点句子,一个字义,一些译者意见,在科学书上可以直译,充分求到一个"信"字。

论及文学书的译述,我想直译既嫌译文不好懂与不好读,意译又嫌离原文太远,应于二者求得一个中间的办法:这就是竭力接近原文的意义与神情,同时竭力求得译文的流畅(达)与美丽(雅)。信字在此,不是刻舟求剑,乃作为在流动中而得到神似的一种解释。不错,是神似的,而不是貌似与形似,因中西文字不同,规规于形貌相似,终于不可得,连神似也被失却了,若从神似方面着力,自能得到恰恰好处与妙处。

这个神似的译法,在译诗歌更为重要。不过诗歌的译技比译文学的更当精湛与巧妙。译文学,尚当时时顾到原文(应当一小段一小段顾到,虽则不必句句顾到)。但译诗歌,直可把原文全篇或全大段打碎,翻转后由译者运以灵妙的笔花把原文神情风韵处神情化与风韵化起来而翻作为神奇的译文。

----

[1] 1934年7月20日《青光》。

美的翻译——神似！

此种诗歌译文可以用二层译法：第一，将原文一字一句直译；第二，则照我上所说的神韵译法，把这两种译文并印起来，使看者一面得到原文的意义，而一面得到译文的神韵。

我前译《卢骚忏悔录》，就在运用上所说第二项的文学译法，即在于直译与意译之中间求得一种折中的办法。卢骚的原文，雄厚而不免于沉重。我的译文力求轻倩与醒豁。常常力求神似而不十分注意于是否形貌之相似。近见有莫君批评此书说我译的"头一句就不对"。不知批评者的真意何在。他只说这六个字，我也不好乱扯说。头一句就不对，其余全书均对呢？或头句不对全书都不对呢？其在我，我以为"头句太对了"，虽则全书里，我就不敢断定了。他说不对，我偏说对，此所谓相对论也。此亦一是非，彼亦一是非也！我只好将原文及译文写下，以便质诸世人之自以为对者！

Je forme une entreprise qui n'ent jamais d'exemple et dont l'exécution n'aura point d'imtateur. Je veux moutrer à mes semblables un homme dans toute la vérité de la nature; et cet homme ce sera moi.

译文：

"我现在来成就一个前无古而后无继的计划，在把一个人十足的天真给予世看。这一个人将来一经写就了，就是我。"

（《卢骚忏悔录》世界书局出版）

思 子[1]

安儿！你来上海吗？明明友人说亲见你在北四川路上闲行呢！然而我至今尚未见你来。你终不来吗？领带你者之忍心一至于此耶？

我们离别好几月了。我本是不愿他人带开你的。可是我那时想到社会去拼命。你幼弱，不能和我做事。你跟我，你累我，我也累你。所以吞泪饮血，放你走了。你尚记得在香港轮上送你吗？当你轮开时，我几乎要跳到海去。你去后，我入屋不见你形，尚闻你声。在前楼上我时时尚见你由甬道，散学跳跃而来，我真正看去，竟是别人的小孩！

香港之一概行道上，有你和我的游踪处。自你去后我都不能回想。一回想我神思恍惚，如见你亲在一样。所以和你别后，我不敢出去散步，一人冷清清，哪禁得起你的回忆。

所以和你别后，我不久也出香港到各处漂流了。幸而未有死，至今尚在此沪滨。前接息知你在庐山。怎样你竟在此地耶？

自我知此消息后，我精神几不能主持我的第二性命！我的小孩！望你快快来见我，或由领带你者送给我一个住址。你若永久不来，我就要与领带你者为难了。

---

[1] 1934 年 7 月 21 日《青光》。

再谈"极大"[1]

金圣叹为我所最崇拜古人之一（苏东坡也其一）。不但崇拜其文，而最使我崇拜是他的为人慷爽阔达。他的死，更使我五体投地崇拜到如神明一样。我少时反抗满清，固然发动于民族思想。但我思及满酋凶横地之杀圣叹，便觉无明火冲上三千丈，誓非铲除这个满酋的宝座不可。

若论他的文呢。他擅长处就在于"极微"中表现出"极大"的本领。我前曾论及他的极微学说了。我今再抄他一些在别一篇的序文来互相助证。

> 今夫以造化之大本领、大聪明、大气力而忽然结撰而成一洞天、一福地，是真骇目惊心之事，不必又道也。然我每每谛视天地之间之随分一鸟、一鱼、一花、一草，乃至鸟之一毛、鱼之一鳞、花之一瓣、草之一叶，则初未有不费彼造化者之大本领、大聪明、大气力而后结撰而得成者也。……（见《西厢》请宴序文）

"极微"乃从其相题上说，"极大"则就其命意着想。今以吸香烟做题为喻：香烟乃一至无聊的题目，只说俗人如何吸，更觉为极无聊赖的事情。若能说只许三种人吸，苦力吸得，可以舒筋骨；美人吸之

---

[1] 1934年7月26日《青光》。

可以助雅趣；名士借烟而越显其思想之清高，这才算是提高一步着想。再进而论烟之缭绕有如云霓的变幻，于氤氲中领略味的清香而鉴赏其花容月貌与夫一切云霓中所有的万象，到此，始能在香烟极微的题目中发挥出极大的文章。

再从其极大推论：那么，我们何必吸烟而后始能如此。何不看云的缭绕而幻想为香烟？昔人所谓吞云吐雾者是也，又何以天地为心而与云雾相周旋？由香烟而看出宇宙之极大。从宇宙而想及香烟的极微，极大与极微就是这样相反而相成的。

近有人说我的"极大论"已把"极微论"打得粉粹了。不，不！这是不可能的。极微中原有极大之所在。除非那班固守于极微者如论烟只是烟，那便与"极大"相背驰。至于那班善于极微论者，如金圣叹，如曼殊室利菩萨等人，他们不会谈小而忘大，论及一花一草而忘及大山岭大丘壑的。

然此中确有不同处：谈极微当谈及极大，始不至于猥屑卑鄙；然谈极大可不必留意于极微。例如谈香烟不可不谈及云雾，然谈云雾可不谈及香烟；此如说丝巾必要衬及美女，说美女可勿说及丝巾也。

我赞成幽默，也如我赞成小丑一样。我看重小品文，但须其内容有伟大的含蓄。我们文格卑贱已到极点，若再从卑贱不伟大的小品文着手，愈觉文气有再堕落，人格有再降下之虞。一班喽啰已渐形成这个趋势了，如"某刊物"所署名之"藐然"便是一例。

从极大处着想，有时自会流入于空泛，荒疏，然比于卑屑鄙贱者胜得多多。所以我宁可大而不愿于小也。苏东坡文章也是从大处落笔，他也从大处做人。

> 哀吾生之须臾，羡长江之无穷。挟飞仙以遨游，抱明月而长终。知不可乎骤得，托遗响于悲风。

这是何等笔墨，何等胸怀！

别矣！上海[1]

——四月来旅沪的检讨与前顾

这是我旅沪的第四次，乃最无聊赖的时期。当民元前第一次到此地，度了半年多的学生生活。终日念些法文间或助法籍教师教同学体操，无大兴趣也无大厌恶。春时见了江南柳丝丝向人垂眉：一种情愫正在含苞待发，说不出多少天涯游意。及到民国元年，革命四起，我再来沪，当了南方议和代表处秘书（实际秘书乃是参赞汪精卫先生，一切文书均出其手）。此时痛快之情难以言喻，每次由寓到代表处（即设在伍廷芳氏家），我最喜欢当电车疾驶时，作势下地，有时要在地走了好几步始能站住不跌。及和议成时，那一晚与同事痛饮后在静静的大道上放开喉咙大歌大叫。大家以为满帝既倒，民国从此蒸蒸上进，不久就要与列强争雄了。这颗幼稚的心思由今想起可笑又复可怜。可是我们那时自负的气概却不可侮。试想数千年的专制政体，二百余载的外族统治，一旦由我人推倒，这是何等痛快的事情。又有最新最欧化的中山先生为我们总统与指导人，这是何等有希望的前途。我想不是我个人的兴奋，全国都抱此种紧张的心理。即在外国也极以此举为稀奇的。当我于民元冬时由马赛坐火车到巴黎，车内有一位法国绅士，酒气醺醺，臭味四射，絮絮向我询问中华民国的局势。他问，我不能不答。但每一次问答后，我不得不走到大便室，吐呕一次。这样呕吐了六七次，始见天色微明快到巴黎了，他始闭口不语。

---

[1]《时事新报·青光》1934年7月30日至8月10日连载，共十二期。

这个回忆更愈使我对民国起了骄傲。

那次在整装待发时，我在上海尚有许多少年浪漫的故事，现在不谈了，留待将来做《自传》(？)材料吧。再谈及第三次住沪，乃是"美的书店"及《新文化》时期。那时竭力提倡性学，是功是罪，由今日看来都是过去陈迹，无再说及的价值了。然在此时我的奋斗力确实伟大。除了几个编辑同志外，全上海数百万人可说都是仇敌。文氓方面假借我名大作淫书以加害。书贾方面密议全力消灭美的书店。因潮州会馆的产业不肯继续被几个商人所操纵，我遂带领学界与他们打官司。在进行诉讼时，仇人们用了暗箭写了十几封匿名信向上海市政府诬我为共产党。可是凡此种种阻力，都不能使我退却。我仍然照我预定步骤做去。卒之，一切事都失败了。我的勇气并不肯失败。最有趣是当上海临时法院对我们译的那部全世界风行的霭理斯"性心理丛书"，每一次判断罚金时，使我多一次增进反抗的勇气。每一次传票到时，我都极快乐承受。我实在要看他们将这部极具理性的书一本一本被罚到无一本干净，看书店一文一文待罚到尽头，关门大吉罢了。我此时如处在被火烧的囚徒一样：外面柴火愈旺盛，我的身中火更加旺盛。虽不免终于烧成为焦土一样，但此间热气爆发得极光明。

在此第三次旅沪时，尚有一件极伟大的行为，应该特别提出的。在此长长的二年久时间，我独自一人过了鳏夫的生活。此时机会本极多：有些女士专送到我门来（有一女子专到我屋过了三夜的空床独叹生活呢）！然而我守身如玉，永久未受了一次的诱惑。我想凡提倡性学者，自己对性行为应该特别慎重与正经。故我敢夸说是"性之圣"者也。凡长于理论者，未必长于实行。我对于性便是这样人。

在前次这些痛快硬干之后，这回相形之下，更愈觉得惨淡，无色彩。我此次到此已有四月了。论理论不及前次的丰盛。论实行不及第二次的有意义。我前次在盛暑之下，电风扇当面对开，每日在我笔下发出几千字。此次呢？每数日仅做了一篇《奇论》，字数只有数百。《食经》乃去年做成的，自然不能算入。我此期的理论可算极枯槁的了。

别矣！上海——四月来旅沪的检讨与前顾

在《奇论》中，意在泛论一切。其中一半属于理想，在事实上做不到的，所以名为奇论。这是由于与友人谈及旧宫古物而起的。友人说管理此项古物者，已被人控告其盗窃。那么，还不如公开拍卖为好。我思维后，觉得极有道理。为因我国极穷，又当此外患临头之时，将此项古物拍卖，所得巨大的款项，一半拿来经营国民的生利事业；一半花费为整治军旅之用；这样，比把古物死储一处较有千万倍之用处呢。所以我主张，拍卖古物以应国事的急需。但明知我国终无这样大胆的政治经济家，不过拿来当理论一谈罢了，所以就将此篇论说，叫做《奇论》之头一篇。这不是说文奇，也不是说理论奇。只因此等事在我国事实上走不过，所以见得为奇也。在欧洲时，报纸好几次载苏俄政府拍卖先时皇宫的物品。可见此等事在苏俄看起来并不奇，而对我此等理论更目为平常了。

我在《奇论》中最满意是谈"极大"那些文字。本是谈我对于伟大的意见——伟大的行为、壮美的艺术、痛快淋漓的情感。意在提高微小的人们去做比较伟大的工作，不想竟引起一些幽默的小丑们的反动。甚至有骂我为"佧"的。我曾对此在《社会月报》第三期发一论文说：若以我提倡极大者为佧，则他们之所谓人者不知是什么人了。我又说我不但欢喜极大、极微，并且欢喜到"无"。这个"无"处，即是金圣叹所说："子弟解得无字亦能为一章。因而回思初布之十来多句为一章，尽成撒吞。则其体气便自然异样高妙；其方法便自然异样变换；其气色便自然异样姿媚；其避忌便自然异样滑脱。"凡做小品文字，以及幽默文章，更要从这个"无"字做功夫。叫惜时下之人无此种魄力，自然达不到这个化境了。

我常说现在的幽默派，不过在角色中充小丑。小丑也有用处，然全剧只有小丑独唱独白，未免觉得讨厌无聊。故小丑们当知除自家角色外还要让别人去扮演别种戏法。我劝别人也让小丑们自由地去胡诌。要用什么政治力去干涉，千万可不必的。

在那些篇《奇论》中，要算有实用处应推那篇为救济赛金花募捐启事。赛金花乃于三十余年前当八国联军打入北平城时，曾挺身出来救活我国许多人民。现在她的暮境极苦，所以我们提倡帮助。结果不知她是否得到实益？我不过尽点义务罢了。

我在此期的理论上，尚有在《社会月报》上登了《农村复兴与实验谈》，乃写出一点关于本人去年在地方对于开辟公路，及振兴农林一些事情。又在《上海夜报》，撰了一篇《中西食品与文化》[1]，此文也可延长到数万字，然因我要离上海，恐怕不能再行多写了。

说及性学一门，因前时，社会对我发生不少误会，以为性学便是淫书。实则此两事完全不同。然因避免麻烦起见，我已有几年不再谈起性学了。先前美的书店所有书籍，也已毁版好久了。在文字上，我更极外留心不愿对此问题有点发表。乃有上海曼丽书店竟假冒我名，说我为它新编一部《爱的丛书》。今我已请律师代为起诉，胜利当然在我。必要达到赔偿名誉损失，及改正，与把此书毁版，然后罢休。现在假我名捣乱的尚不少。不久之时，有人在香港用我名发表一篇告别父老书累我受害不少。故我以后对此项假冒姓名事件，决定不肯干休。例如那些性史，及性什么的书，均是奸人文氓假名射利，我定要出全力与他们交涉到底，势必达到毁版然后已。

以上乃是关于理论方面的检讨。我也如别个文人一样，处此时期，不能完全自由地说要说出我个人的话，这是"言论的统制时代"，文人自然有钳口难言之苦。那班幽默的小丑们只有逃到"滑稽突梯"的一途上，也是他们不得已的苦衷呵！我想逃到哲学及艺术方面不更高尚伟大吗？在此时期的画报尚较发达，也是艺术进步的证明。可惜我不能为艺术及哲学做点工作，只好转过头来说到我的生活。我在此数月间的生活，是上海文人的无聊赖生活，这是显然不能避免的。初来时住在一间小亭子间，与一向在大自然的通风屋子比较，觉得身如在监狱一样。那低低的门，那不能完全开阖的窗，冷时如地狱，热时

---

[1] 此文因上海图书馆保存的《上海夜报》散失严重，故不得一见。

如火炉，外国监狱比这样亭子间还要好呢！

上海文人生活就是这样挨受长期监牢的痛苦。每日卖文，所得不够个人的生活，更谈不到供养了家庭。我曾说，这班文人应该联合起来，非有一千字最少之五元价值不要出卖的。如卖不出呢，只好听之，若能联合起来，那些书商要用稿件终必屈服呢。外国各种工会的效力便是在有团结以提高待遇的。

以我个人说，此期的卖文价值，每月平均不过六七十元，连旧时一点版税，仍然不够开销。每月我个人一切费用要一百二三十元（我后来住的房子比较好）。凡事都极省约的。最省约是我的食，在此暑天我节省食量比平常月份可低一半。每日仅有一平常餐，其余二餐只食一些水果，或点西茄或点酸黄瓜和些面包。往往相连一二日这样半食法，未免走起路来觉得肚饿，饿到有时似乎要呕。可是虽这样饿，而我精神极好。在那大热几天，得到这样饿的利益更大。这样饿极省费。且我住屋无伙食，这样饿免用出外食早餐或午饭餐，也极得到种种的便利。故我甚喜此次对于省食试验的成功。在我辈这样穷的地方，又是那班过分多食的人，应该逐渐来效法我这个节食的方法，不但救穷而且合卫生。那些凶食的人，又在这样热的时候，不知因食致病或伤命者多少呢。

我深深记念是午时无食，走到友家去，他们夫妻为我备了西瓜或板瓜，有时兼有一碗极稀的绿豆汤。我们且食且谈，过了一个好午候。此时并吸了几根香烟。我吸香烟的脾气甚奇特，自己个人极少吸，但遇有友人吸时，我就非吸不可。友人虽不吸，然当与他们闲谈时，我也喜欢吸。似乎吸烟可以助起我清谈的兴趣。我念余年来，就想吸香烟，但每每吸了一二月之后，就觉无兴味或有点喉炎遂即放弃了。独至此回竟能延长数个月久，恐要再延下去吧。以我的年纪每日抽几根或十几根，想无妨事吧。我不是论语派[1]，主张人人吸香烟的。

---

[1] 20世纪30年代初在上海形成的一个现代文学流派。论语派以林语堂、周作人等为代表，因在1932年创办《论语》杂志而得名。他们提倡文艺以创作具有讽刺意义的幽默小品文为主。

我以为必要念岁以上,又要经济充裕的人始可吸烟(并且也不好吸太多)。我常说只有三种人比较有吸烟的资格:苦力、美人与名士也。最使我看不惯者就是那班买办阶级,学起外人来每日不知炷了多少根上上的雪茄,其用费可抵得平常人一家的生活。这班人最应戒烟的。因他们不用苦力,不用心思,又多是怪难看的大腹贾,试问香烟于他们有何益呢。

我这几个月过的是困苦的生活,有许多时尚有被通缉的恫吓,我所消遣的不是跳舞,并无女人,也非醇酒,我所消遣的只有香烟。一点极高大的空洞的理论,时常在友人家高谈大笑。我所玩赏的,只有花园的花、青草地、多少蛙声、晚上的明月,与清晨的鸟声。

此期的情感也如一切的空虚无着落。我最怕是经过丰裕里想起我前次尚有婴儿哭叫阿妈声的安慰。空虚、无聊赖的情感,我要求一个着落而不可得,我不敢多求呵。我只要求一清静的中年寡妇为伴侣而也不可得!

无聊赖中,在友人家有一个月来认识一位少女,似乎无情有意。我今再要往民间努力了。曾托友妻问此少女能于我离开上海时与我通讯否?少女向我友妻笑问:"他晓得 love 么?"这使我记起十余年前在法国有一十七岁窈窕女郎要与我调情,我反问她:"您晓得爱吗?在您这样年纪,安能晓得爱情?"她极恼我对她的藐视。不意我今又被人藐视了。我想到此不免来胡诌一些诗意。

题目就是:他晓得爱吗?

呵!我哪晓得什么是爱?
我也不晓得:怎样有
春之花、夏云与秋风?
我怎样知道蝉为什么叫?
夜莺为何啼?
海涛怎样怒号?

我怎样知道爱呢?
除非在小白脸、大黄金堆中!
除非在虚荣与实利,
怎样去寻求
人间的爱情?
爱在哪里?
呵,我只知道
她在深林中,微风里
麦穗浪,和了熏风
静静地一阵一阵
随绿叶黄蕊飞去!
在那翠柳的黄鹂,
在那绿渊的白鹭,
在秋色里,在悲风
呼啸中,虎豹狂吼时,
当燕子喃喃;
我常见爱神
排荡那金光翼
与那默笑的心窝。

前进吧!努力吧!中国的文人。上海的文氓,一切的青年,一切无职业的人民!我们应当打出亭子间,在无生活中打出一条生路,中国是我们的。他们有势力要我们,我们当出来救,他们不要我们,我们也当出来救我们可怜的中国。

救助中国的路途有二:(一)从国民经济入手,(二)从自卫军努力。要达到这两个目的,当亲到民间去。在城市上做高等流氓永久无济于事的。到民间去:一面,复兴农村,便是复兴国民经济;一面,于工作中,把农民统统武装起来,可以抵御土匪,也可以与外国打仗。

一二个人到民间去，或者不免于失败。但约好一区或全县同志同往乡间去，定能做出许多事来。定县之成绩已极可观了。梁先生漱溟的效力也不可轻视。现时一班专门或大学毕业生的父兄在地方上都占有点势力的。利用这个地方势力，不怕做地方事无成功的。若能与官厅一气合作，其成绩更加远大。

彼地方官厅与有势力者也是中国人，也知当此国难当头与地方破产时期，势非聚合一切人民，一切人才共同合作，定必同归于尽。故凡要到民间去做事的，不要先存成见以为有势力者定与为难，要当抱定硬干的宗旨，在可能性中当时时与官厅合作。万不得已时始行自己努力。我想"至诚所感，金石为开"，凡抱至诚要去地方做事，多少总有点成功。

就我个人经验说，我愈觉在上所说的话甚对。去年，我个人在本地方独力经营公路及农林，究竟所得成绩尚算不错。后来虽被仇人诬控以至于通缉，但极高机关甚能谅解我。我被通缉令终于取消了。我真感谢广东第一集团军总司令陈伯南[1]先生，他于仇人诬构之时，不但谅解我，而且再要信任我为"民垦军训"的事务。故我虽在仇人环视之中，因为有这样谅解的长军，我不怕一切，仍然要去粤省再干些地方上的事业。

我此时虽有人请我为大杂志编辑，有请我为译述，有约我开书店食店等等，并且他们都劝我勿往粤再陷危险。可是我想有此机会，定要去地方上实行一番事业，实不愿在理论上讨生活。且实行乃理论上最好的材料。待我实行多少年后再来理论，或者比现在更加着实些。

可是我此后的态度要多多改变了。我要改变先前个人单独的努力，时时采取与最高机关及各官厅合作的精神。请看我此后的成与败，又到何种地步吧。所谓"民垦军训"者，即是使人民开垦，同时用军事训练部勒。这样人民既有食用，同时又有自卫的能力。这个方

---

[1] 即陈济棠。

法不仅是一个地方的重要事情，实在是全国所必采取的。现仅就我们广东说，此举更为重要。我们先前每年到南洋去工作，不下数万，或数十万人。现南洋破产，此等移民已被禁止。那么，民间农村本已破产，又加上这许多失业的人民，地方当然更加困穷，盗匪因此越多。如能把这些失业人民开垦荒地或种植大树林，或从事工业与各项生利事业，则人人有生产，地方自然富裕起来了。

说起我粤荒山荒地甚多，就专门家计算，每个山县，能将其山造林，每年仅此一项已可得到数千万元。他如矿产海利等等其产之大实难统计。由此可知我国原来遍土黄金，可惜货弃于地。人力未尽，以致民穷匪多，国家因此也不免于衰弱了。

处兹外患孔亟之时，例如以最厉害的日本说，他们全国皆兵，又有极好的军器，无论何时，他们动起武来，我们总是失败。论起我们人数比他好多几倍。乃因我们人民无军事训练，以致无作战能力。故人虽多，有如一群弱羊，只好任他极少数的虎狼吞噬。现在为救亡图存计，只有把全国民武装起来，如其不能，也当于国民若干人数中练成有作战抵抗的能力。这个就是训练乡兵的急务，因为民兵费用极少，而人数可得极多。而最好的方法，就在于民人工作中同时而以军事部勒约束，既可足食，又可足兵，一举而可以得到两利了。

我就是抱定这个希望到粤省去工作的。我希望所有文人，所谓智识阶级者，人民领导者，各界领袖以及手握有势力的人们统统到各省各县各地方去，去进行这个"民垦军训"的工作。一面，把地方与国民经济复兴起来，一面把人民武装起来预备与敌国见个输赢。

郑重"活国宝"之一封信[1]

大雄先生如握：

阅今日贵《晶报》《张竞生千里鹅毛》一则，纪载翔实，至足佩服。"鹅毛"一物轻而意重，先生亦喻此意矣。仆诚穷人，不能对赛女士多所帮助，心极歉然。若向友人纠缠，或可多得助费，但仆意既在报上公开求济，如人肯表同情者，当不必再用辞费，各具良心。我尽我的，也望他人之各尽其在自己者。向友亲开口，友亲勉强应纳也不可，不应纳也不可，所以仆不愿亲身向任何人为赛女士讨人情（除了当时一二发起人外）。为自己存人格，也为赛女士存人格。看重友人，同时并看重赛女士也。

仆此次对她在报上公开求助之动机，全因看重"英雌"一念而起。她，中华的"活国宝"也。今任其颠连困苦，于情于理，均说不通。仆与她向来毫无关系，唯因其如此，乃敢凭良心说话。若有人说我存丝毫不肖观念者，我当学孔老夫子发誓曰："天厌之，天厌之。"

贵社友朱先生之假设，乃极妙之论也，但去事实太远。赛女士乃中华的"活国宝"也，我人当如神明奉祝之。今有人偷盗"死古物"，我辈尚极力攻击，岂有亲身去偷"活国宝"耶？美人也如名花奇葩，

---

[1] 1934年7月27日《晶报》。此信为张竞生对7月24日《晶报》上刊登的一则消息《张竞生千里鹅毛——对赛金花之廿五元赠与金》（署名西阶）的回应。

只许人远远地鉴赏,不许存丝毫狎亵之态度;美人也如名花奇葩,只好留给众人共同鉴赏,不许个人占有。个人占有,就失了天地精英之价值。先生们以此言为然否?

弟张竞生谨具

来　函[1]

天庐兄：

昨晤尊友，谓君今日可返。想已到矣。适我兄时行，未能一谭，至念也。今附陈者，本月三日《青光》栏《食经》及《别矣！上海》均漏下好多字，以至文事不堪卒读。兹附改正文大致如下：

（1）《食经》最末条"……限定把……"以下漏了许多字，约是"九州全条山脉……"然后接"汗流……"。又同日（八月三日）的《别矣！上海》内文第十条"……篇假冒姓名……"乃"……一篇告别父老书累我受害不少。故我以后对此项假冒姓名事件……"。

此两项所漏原文，已记不起，唯大意记上，请参照原稿改正至祷。（编者按，查原稿已失落。已函张先生于刊单行本时补入矣。）即候

撰安

张竞生
八月十一日

---

[1] 1934 年 8 月 15 日《青光》。

张竞生先生来函[1]

在先生主编之《一周间》第四期里的"名人名言"栏有某之女性廿四元素云云,这件"名言"(?),据某所知乃由香港某报所胡诌而来,并非某之言也。此中错得最糊涂处是"汗毛"之长,不几变为猢狲吗?又说鼻梁要阔,那么,又变成非洲的妇人了!

阿拉伯固有这样的判断,其纲目如下:

四黑——头发、眉毛、眉睫、眼珠。

四白——皮肤、眼白、牙齿、腿。

四红——舌、唇、颊、齿龈。

四圆——头、颈、前臂、踝骨。

四长——背、指、臂、腿。

四阔——前额、眼、胸、臀部。

四纤致——眉、鼻、唇、手指。

四大——脊背下部、大腿、下腿、膝头盖。

四小——乳峰、耳朵、手、足。

(参看彭兆良著《理想之美人》。)

你看上所做借我说者,原来是阿拉伯人所发明,在我实在不敢掠美也。现时有一班人专假我名而含有作用,尤其在汕头、香港、广州一带之宵小常常假借一些非牛非马的文字,诬为我的,以冀败坏我名

---

[1] 1934年《一周间》第1卷第6期。

誉，使我在社会不得做事。（此事说来太长，容在别处特别揭出此等小人的伎俩。）

若得先生之力，使上所声明能在下期之《一周间》同栏中允予改正，更为感谢。即候
撰安

弟张竞生启
廿三年六月十二日

张竞生启事[1]

（一）《军国民》专刊为每周一次，定于每星期日发表。

（二）欢迎投稿，稿费从优，每千字由三元起。

（三）欢迎各学校军训生多多对于军国民精神努力宣扬，并对于本校内的军训是否振作与腐败的情形详细写出，发表时不用真姓名亦可，唯通讯当用真住址与真姓名。

（四）我本人通讯址请由《群声报》编辑部《军国民》专刊转即到。

（五）第一期因收稿不及，暂由我本人独唱。从下期起，便有许多军训及军事专家担任编纂，特此预告。

---

[1] 1935年1月13日《群声报》。此日起该报增设副刊《军国民精神》，张竞生任主编，每周一期，1月13日为第1期。

前进调[1]
——智、仁、勇,三端合一

(一)

是我中华最美、最好、最伟大的道德!

请先说勇。

说来真可惜,为什么现在一班提倡旧道德的人常常忘却这件宝贝!勇德-勇气-勇力-勇敢-勇于任事-勇于情爱。

回溯我族从昆仑山脉直冲黄河而下以至于扬子、珠江,一种英雄豪爽之气,绵延了数千年的光荣历史。春秋战国时代,武士道的风气如长虹之经天。荆轲、聂政之俦车载斗量,以至于妇人小子,亦能执干戈以卫社稷,我族挟了这样伟大的勇德,能用北拒夷狄,南征黎苗,疆土日见广大,文化日向上升。

虽则,满清入关,宰割中夏,然我民族的勇气并未消减。太平天国之奋斗,最为出色,及至辛亥孙总理提起大无畏的精神,终把满虏打倒。当初革命党人的气焰万丈,再败再起,民国所以能够成立,全赖孙总理与革命党的勇敢与决心。

而今局势又不相同了!国势至此,衰弱万分。疆土日削,而强邻的贪婪无厌,我们长此退怯、懦弱,坐视我国灭亡吗?好男儿!不!我知断不愿终久这样衰弱卑怯。好男儿!我们宁可奋斗到一点血不存

---

[1] 1935年1月13日《群声报》。

留而死！不愿为低首下心受尽耻辱的亡国奴！

（二）

我们的出路唯在勇敢的奋斗！

第一，从军奋斗是算最有效力的。现在各处的民团与常备及后备警卫队已经成立了不少，学生方面受军事训练也极多，我们常希望这班军训生毕业后，多多到民间去加入民团与警卫队，把这些组织成为"民众武力"的军队。一面可以抵拒土匪，而最切要的，则可以防御外敌。必须这个"民众武力"有规模的组织起来，然后我国方能图存。

组织民团与警备队之效力甚大，我们大家都知曾国藩所以能削平太平天国，完全得力于其湘乡之民团。曾氏不知民族的意义，固然是汉族大罪人。但其办理湘勇之方法，极有可取。我们希望一班军训生回归家乡，凭借相当的势力，好好将民团及警卫队组织起来。将来遇有事时，定可干出一番事业。

政府近年最美善的新政，即在组织全民警卫队，及在学校行军训。可是，我辈希望把这两件事联合起来。即在使军训生毕业后，必要回乡指挥警卫队。这样军训生毕业后，才有出路，始能继续军训的精神。至于警卫队得到这班本地人的军训生为指挥，然后能办得有成绩，然后能成为民众的武力。

学校学生之行军训，我记得袁世凯时代也曾办过，终于无多成绩。其原因就在军训生毕业后，不能继续发展其军训的精神，不久，也就把这件事混忘了。所以军训生要有真正的成效，就在到民间去做军训的事情。毕业生由此也免失业，因办理民众武力时，也可兼办教育，及生产的事业。

现在有一些省份，组织全民警卫后备队。但人民众多，警卫后备队的人数也必极多（就粤省说最少有百余万人）。这些教官及指挥官，所需的人数当然甚众。派军队人员充任，总嫌与人民的习惯格格不相入。况且警卫后备队最需要的，在"持久的组织性"。那班外来军官一时虽可任指导之职，但永久的指挥人，最好就由本地人之熟悉军事者担任，然后警备队始有美善的成绩。故由本地人之毕业于军训者，担任指挥，其地方之警卫队，实在为最适当的人选。这层极望当局去实行。

眼见我国这样衰弱，这样被日本欺侮，民众武力的组织实在刻不容缓。十年前有一日本的军官说：只要日本一旅兵（四千余人）就可打平中国，这虽是一种放肆的口吻，然可见我国全无抵拒的力了。当时我曾向朋友问此事是否可能？他说：日本一旅兵（就当时我国情势说）或能打败中国，但他们断然守不住。这个说得有理。假如我们有民众的武力，日本虽可一时打胜我国，但他们断不能永久占有中国呵！

记得二年前，日本威吓汕头。当时汕头的军队表示与日本抵抗。我适于此在本县督工造路，曾向东区绥靖公署打了一电说坚持到底，勿为日本所屈服，我们岭东人民愿作后盾。这些话说得虽硬，但我暗中与友人论及：设不幸潮汕的军队被日本打败了，则日本只有数千兵就可占据全潮州区之九县。因彼若派数百兵到一县治，而以重兵驻汕头与潮安县城为策应，那么我潮人数虽有百万人，不能抵抗数千的日本兵，你看这个不是天下至大的羞辱吗？若我们数百万众有武力的组织，则日本要占有潮属九县，须有数万或数十万兵始可。可是，日本的兵数有限，万万不能如此分散。故他们虽能打败我国的官军，但不能压服我国的民众武力，这样我们就不怕与日本打战了。这个可见民众武力的伟大。因民众是众多的、能持久的，可以时时起而反抗的，不比官军的人数有限，一经打散就无法收拾了。故今后我们与日本抵抗，如不能进取，只要能守得住便好，守得住，则日本眼见无利可图，无地可占，他们就不敢轻易向我挑战了。以我国幅员这样广大，区区官军，当然不能守得住。要全靠我们百姓自己，要全靠我们的民众武力然后能守得住。能长久守得住，就可进一步而为进攻了。

你看用军国民精神，以抵抗外敌的重要有如此者！

（三）

实则，军国民精神的重要不在战争，而在锻炼国民的体魄，提高勇强的精神，使个人的持身与社会上的百凡组织均得了一种军纪化的严密，迅速与正直的成功。这些更值得提倡的。

提倡战争论者，谓战争可使人民的志气紧张，与社会组织缜密，道德提高，与风俗严肃等等的好处。这些话是错的，因为战争的结果在破坏，无论胜败两方面均要食亏，前次欧洲大战后之结果便是如此。可是提倡军国民精神，确能得到这些的好处。

提倡军国民精神并不是提倡战争，这是两件事的。处在我们这样被蚕食的国度，我们如提倡战争，不过是在防御，并不在于进攻。处在这样弱肉强食的世界，我们如不预备战争，便必至于灭亡。故我们要图存，不能不提倡"防御的战争"，这是不得不如此的。可是我们提倡军国民的精神，并不是专一在提倡防御的战争，乃在由此种精神以救我们衰弱的民族。这层尤值得提倡的。

军国民的精神好处，就在使糊涂散漫的社会变成有纪律，堕落的人格变成高尚，衰弱的体魄变为强壮，腐败的风俗变为善良，迟缓的办事变为迅速，污朽的生活变为卫生，百凡不振作的变成为振作起来。这些更加值得提倡的。

我国行政办事上的迟缓、敷衍、幼稚与虚伪，是全世界闻名的。凡一事在一天本可办好的，一延搁就须数月，做事有头无尾，畏怯怠惰又充满了小孩子的幼稚气。至于虚伪更为著名：所有公文上说得天花乱坠，按诸事实，毫无一点相符。因此凡百新政、凡百新建设，多是有名无实，只是塞饱了几个人的钱袋，于公家及群众方面不但无益而且有害。这些办事人所以弄到这样腐败地方，因为他们缺乏了军国民的精神，缺乏勇气，缺乏勇于任事的精诚。故今后要救这个腐败、敷衍、幼稚气、贪污性质的风气，当从军国民精神入手救起。

（四）

话说到此，学校教育与社会组织不可不注意军国民精神了。昔时德国战胜法国，识者归功于小学校的教鞭，现时日本人最怕处也在我国每年有数十万儿童之灌入仇日的教育。但单独教以仇日是无益的，军国民的精神教育，并不在于仇视任何物件，而在于得到活泼强壮的身体与勇敢尚侠的精神。

现在童子军的组织固然极好。我们希望国民学校与小学均应普遍组织起童子军。同时对于童子军的训练应就我国人特有的国情与儿童的特性，特别编成有系统的教训，不是抄袭外国童子军的成章便足了事的。

以我辈意见，我国童子军，服装应再俭素些，以便贫穷子弟也能加入。至于训练体格之外应注重精神的修养，以便养成勇敢的德性即军国民精神。此中德性最重要的为行为整饬，做事认真，诚实不说假话，这层最重要，因为小孩喜说谎。尤其重要的教练儿童对一事物严密组织的方法，与对付外敌的种种设备。

说到高等中学以上的军训学生（希望将来初中也受军事训练），我们更具无穷的希望，希望他们将来成为民众武力的主干人物。现在闻说有许多军训学生不甚喜欢上操与上军训的教课，这真可惜。因为军训的教官不晓得文学校的学生脾气，每每以教兵士上的方法去教他们，难怪他们讨厌，所望主持军训者切实改善其教法。又希望军训学生自己注重军训，努力修养军国民的精神与才能，以备将来组织民团与教导警卫队，养成真正民众的武力。一方可以使现在的雇兵制改为征兵制，一方可以养成社会全体上具有军国民的精神。

这个后层关系尤大。我们社会现在太过散漫无纪律了，今当以军国民精神灌输入去。第一，设法使人民办事要认真、迅速与正确。第二，各种行业要有整齐、组织。第三，政府当使社会军队化，例如商会、工会、农会等应以军队方式去组织，并且使各种行业有其基本的军队，如商军、工军、农军等。当然其指挥权属于政府，庶不致各行业因此有越轨的举动。第四，政府当统制与利用人民的力量。平时则强迫若干的民力为公家服务与为人民自己工作，于工作时完全以军纪约束之。遇到与外国战时则尽量统制人民的财力、人力，将全国各地方的民力集合在统一实力之下，庶能对外有一致的行动以免于失败。

（五）

我们想提倡军国民精神于广东，算为最适合的地方。因为我广东为太平天国之发祥地，又为革命党的大本营。广东民气自来是发扬奋励的，这确是南中国的特性。因为我汉族数千年来向南征讨，永久是进取，永久是战胜的民族，永久有光荣历史。故我们南方的汉族，到处是主人翁，是汉族最纯净的血统。因为我们一向是战胜的主人翁，当然不愿与百蛮之民种相混合。我们的潮州话尚保存周时的语言文字，我们的广东话乃秦汉时的正音，我们的客家话乃宋时的嫡系。

我们这三种支派一直保存汉族最纯净的血统（以语字及移民历史为根据），所以我们有初时汉族民性的好德行，如勇敢，如冒险，如善于进取，如有精细的心灵与长于创造。故我们这三支汉族的嫡系能够步步逐走南方的蛮夷而占据其土地，我们尚能膨胀其势力到南洋至于暹罗，远而至于南美洲。

至于我们北方的汉族的因受北方夷狄威力所胁迫，只能保守固有的势力而不易于进取与发展。又不幸常被强敌所侵入，不免与之相混化，所以我们的北方汉族乃是与外族相混合的，比不上我们南方正道的纯净汉族了。因其与外族混合，又因先时陆地交通方便之故，故其语言较为进化与掺杂，而成为今日的"普通话"。至于我们南方的语言,乃因种族一向保守纯净,又因先时海洋交通不方便之缘故,所以较少变迁而仍保守我们先民的"汉族话"。

因我们广东人纯净的汉族血统所具有的勇气、冒险及进取的精神,与主人翁的气概;又据有亚热带性的地上,人民的血液更为热烈,土地肥腴,出产较为丰多,养料比北方较为充足。凡此种种条件,自然较适合于军国民的精神。故我广东民族是极强烈的,日本人所以有"中国可灭,而广东一省不能灭亡"的戒心。所以我们广东近数十年来,着着占在优胜的地位:无论经济、政治、文化与民气均为上乘。说者谓广东文化低,因广东向来保守,是汉族纯粹独一的文化,与努力于争逐蛮夷的土地,所以对于我国历来的书院式的文化无暇摄取。及至近时与欧美接触较多,而新文化亦遂而发展,若合广东本省的人才与散居于上海、北平、南京、汉口及本国各大都市,又合南洋美洲的广东人才计算,无论质与量在中国当占第一位,今后的发展正未有限量。可惜,我们是顶老的汉民族,未免有一部分守古之人。故广东人有极端开通者,亦有极端守旧者。以上所说,算为答复胡适先生最近关于广东文化批评之一点。

军国民精神的"前进调"将写完了。在此,我们注意的是提倡军国民精神全与提倡军阀主义不相同。我们提倡勇,同时亦提倡智与仁。所谓智、仁、勇,三者合一,然后勇不至流入于暴与愚蠢。

有小勇,也有大勇,当然我们是要提倡大勇的。所谓大勇是"卒然临之而不惊,无故加之而不怒,此其所挟持者甚大,而其志甚远也"。可是大勇未易一时养成,也不能使人人有。我们希望普通民众人人如能从小勇做起,也算好了。在我国人这样胆小卑怯的劣性,能有小勇已极可贵了。我们不必期望人人如张良之助汉高打平天下,只求如他能于博浪向秦皇椎击,已算英雄一世了。曾见一书记在北平有个外国水兵酒醉乱打车夫,其时有百数十个中国人代抱不平向他咆吼,可是无一人敢近水兵的身旁,只在远远的距离咆吼而听水兵远去了。这个可见我人,尤其北方人的卑怯,无勇气,这真可辱的行为。

若在欧美与日本,只要有一个本地人已把酒醉的水兵打倒了。民胆小卑怯一至于此,我们更觉急切要来提倡军国民的精神,我今就来摘抄一首廿余年前我在陆军小学时所念熟的《中国男儿歌》:

中国男儿!
中国男儿!
要将只手撑天空!
睡狮千年!睡狮千年!
一夫振臂万夫雄!

侠！民众的侠[1]

必要具有"主持正义""同情心""不怕死"三种德行，然后为真侠为大侠。

在我国现在极少看见侠了，最多只是一些刺客。刺客而出于支持正义，或具有同情心，当然是真侠。可恨上海有的刺客，乃被雇佣的，只要有三二百元，便可雇他们杀一个人，不论好的坏的。这不是侠了，是刽子手，是最下流的刽子手，刽子手尚不愿杀好人！

侠魂何处去呢？我要招他来，来拯救我国人懦怯不肯支持正义与无同情心。侠魂来兮，我要到何处去招来？

其到民众读本之地方乎？市上书摊，不少那些《七侠五义》《十三侠》一类的书，所说飞刀走剑杀人不见血的那些奇异，固足取快一时，可是曲终人渺，看后所得仍属茫然。其中尚有许多迷信的，受害也不少。《三国志》销路极大，可惜其中侠气极少，打仗——终究是打仗。最好看的是计谋——曹操的机智与孔明的策略，许多神秘的预言。最有趣而与侠义相近的还算是《水浒》，谁不喜欢李逵？这个天真烂漫的黑鬼，提起双斧就杀人！这个终究被狡诈的宋江所利用的黑大汉，究竟不失了一个侠客，重信义，有同情心，不怕死的侠客。除了宋首领吴军师一派人外，《水浒传》的人物，多数具有侠气的，连那妇人们也染上了豪爽的男子气概。说及《红楼梦》言情处，

---

[1] 1935年1月20日《群声报》。

算顶好了，终嫌不免流入于儿女气，唯有史湘云尚写得不错。其余民众小说无论做的译的都与侠气相错甚远。《三剑客》[1]本意甚好，但译笔太坏，社会上几乎不知有此种书了，还是在电影幕中领略此中的意味吧。可惜电影戏，也不能满足这个要求，最通行与最具权威的乃美国式的影剧，只会以女子大腿见长，又以亲吻著名，几乎每一剧就有几条大腿与三番两次的亲吻。无此两种把戏，就不成为荷里活[2]艺术了。我常想我国现在与将来，得了这样电影的结果，只有男女亲吻术向前大进步，可惜我辈无福去消受了。

戏剧在北方尚有多少悲歌慷慨（我所指的是那些唱大净、须生之类。至于旦剧虽出名如梅兰芳，也不值得提倡）。愈南愈不成样子，到了广州与潮州不知所唱所做的是什么东西了！

何处有民众的侠魂？如有呢？我要它归来，要把它馨香奉祀使其投入我们国民行尸走肉的躯壳内。如无呢？我希望制造，希望一般人从群众读本、学校课本、电影及戏剧去制造！

我们要制造大批的荆轲聂政！我们要制造大批的救国救民族的英雄与女英雄！我们要制造大批的李逵、张飞、关云长、岳武穆。制造许多许多的不怕死、主持正义与有同情心的男女英雄。

"民众的侠"，这是我们现在所最需要的。大家都读过法国革命时代的历史吧。当法王鲁意十六[3]拥兵自卫不恤民意之时，巴黎人民怒气不过，一时蜂拥起来，男妇老少全数加入，所恃为武器的不过一些刀棍，最好看的是妇人辈只持了大帚把。因这样多民众，如海涛一样咆吼而前，守宫卫兵虽有锐利的枪弹与刺刀，在阶陛上虽杀死了一堆一堆的民众，但不能阻止民力的突进，终于把卫兵全数杀却了，王与后也被擒住了，终于把王斩首了。法兰西共和国于是成立，这是历史上民众的侠气最伟大的表示。

----

[1] 又译《三个火枪手》，法国大仲马代表作。
[2] 今译好莱坞。
[3] 今译路易十六。

在我国近代恍惚相似的只有义和团，不必论义和团无分别的一律仇外是错误的。但他们的侠气是极伟大的，大师兄、小师兄与徒弟们，所恃的只是拳头，他们八国联军所有的是最厉害的大炮。究竟大炮吓不退拳头，肉身有时也敌得住炮火，我们的肉堆在此遭上算是善于利用了。大师兄说，只念咒语，大炮是打不入的，小师兄、徒弟们也就相信起来。炮火仍然打上肉身去，可是肉身那样多，炮弹有些也不免落空，任他枪弹怎样打来，兄弟们只将肉身去应战，自然肉身有时也能打败枪弹队。到后来，纵然义和团的肉身打败了，可是义和团的精神与侠气永远打胜。日本某元老说：庚子时代外国所以不敢瓜分中国，乃因看见义和团那样奋斗，知道我国民众不易压伏的缘故，可见我们受了这个民族的侠气（或说是民气）之赐不浅了。

最近淞沪之战，十九路军能够支持那样久，初时能够打败日军，自然许多也靠了上海民众精神上与物质上之助力。可惜上海那时民众，不能表示出民众的十足侠气，结果十九路军不免被迫到浏河。若上海我国民众三百万多那样一齐咆哮起来，能如法国革命时那样一齐加入战线，能如义和团时那样义气英武，我敢决定日本虽添派多次兵，终必被我们所打败。可恨上海的民众无这种勇气，无这种民族的侠气，十九路军不免终被打败了。

至于上海的日本侨民，就比我们格外不同，他们一齐帮助起来。那些戴高帽穿绅士衣服们尚且加入战线，掘起战壕。幸而他们人数少（全沪日侨不过数千人），若他们有我们那样三百多万众，不知上海闹成什么样子了！

民众的侠气，这是我们今后最需要的事了。我们人数虽多，但如散沙一样，要有这个侠义，始能把这些沙粒紧粘起来。要能主持正义，要有同情心，要不怕死，然后能真有侠气。岂有眼看自己军队、自己人民被日本所残杀，上海民众如有同情心，岂有不全数加入战线之理？如能主持正义，岂有眼见日本凶横到如此地步，而我江北一些流氓当时尚肯作汉奸之理？如不怕死，我们全国的民众与军队，岂有坐视上海十九路军独自抵抗,而各处默然不动之理?我曾说,如在外国时,当东北沦亡,淞沪争战之时,全国民众必定咆吼起来助战,咆吼起来!各处各向日本反抗起来!我们决定日本是无法对付的,他们实在无许多力量能够把东北及全中国侵吞下去。因为我们无民族的侠义,只好听日本一处一处侵吞,这个真便宜了他们。日本要的就是一处一处逐渐侵吞了。吞了台湾,力量待到充足了,再吞朝鲜;过了消化的时候,再吞东北;待东北消化好了,再吞华北,逐渐到扬子江流域,再到珠江地方。我们真是蠢极了,待他缓缓吞去,何不一齐咆吼起来,与他抵抗,敢于决定他们一口气不能全吞我们的。纵然手无利器,只要如义和团一样,单用拳头已足以打倒日本了。纵然失败,我们这样的肉堆,他们定然吞不下!请民众们不必怕他!

　　民众的侠气,何处去呢?我们要寻它回来,要培养它。我们要提倡正义!要有同情心,要不怕死!

　　怎样有民众的侠气?我们不但要在民众读本、学校课本、电影及戏剧上制造,我们尚要在事实上组织,从军团民组织——从军训生组织——从民团与全民的警卫队组织!

女人与军国民精神[1]

说及斯巴达的妇人算最翘楚了。她们与男子同受一样军事训练的,遇战争时,她们自然能为国家尽力,未能赴敌者则勉励男子以战死为光荣。"愿你负盾则归,否则,负你以盾而归",这是女人们于男子出战时候的口号的标语。这就是说,望你战胜保全盾甲归来,不然的话,也望你战死或受伤,容我们把盾甲抬你归来。这是何等的勇气与兴奋的说话!在历史上永久留存不朽的一件事,是斯巴达一位老妇人有五个儿子从军,当人向她报告她的一个儿子战死了!她答:"老娘不管这些事的。"继续又有人报告她的第二、第三、第四、第五个儿子全死了,她总说这不是她所要知的。末了,报告斯巴达战胜了!她始发狂一样奔告国人这个喜讯。这又是一件极端感动的事情!因为斯巴达有这样军国民的女子为妻,为贤母,所以同时有军国民的丈夫的子女。斯巴达因此能以最少的民众打败极大的国家,而在历史上留了永久的光荣!

我国女人就无这样的气概。在先前我们也有多少女子顾念国事的如木兰慷慨从戎一类人。也有不少著名刚强英武的女后,也有一些喜欢男子的英武不悦子皙的美貌。可是大多数的女子都是文弱的,势利的,喜欢小白脸,不喜欢刚强。即如我们最崇拜的孟母,她所迁住的不是好勇尚武的地方,乃是礼让彬彬的环境。幸而孟子尚不至死守母

---

[1] 1935年1月27日《群声报》。

教，不至终生为文弱的书生，看他所提倡的至大至刚浩然之气就可知了。最可羞耻的是苏秦的妻与嫂，那种势利熏人，不意水做的清秀女子更有这样败类。到现在，一蟹更不如一蟹了。现在女人所要的是住洋房，坐汽车，食大菜！所要的男子是小白脸，文绉绉酸溜溜的书生。她们所顾念的是金钱、丈夫、儿女，与猪鸡。和她们谈什么国难吗？她们塞耳不闻。与她们打麻雀，玩戏园，那就高兴了。

这也是风俗使然。男人们尚且如此，又何足怪女人。不过女子比男人更衰弱，故我们今后对于女子军国民精神更加要费力去提倡了。我们要提倡女人如德国一样喜欢嫁给有被刀剑所削伤的面上瘢痕，我们要提倡女人如法国一样喜欢嫁给军人（广州妇人也喜欢嫁给背皮条的，可惜那是为势与利，不是为英雄而嫁的）。我们不要提倡如江浙女人的喜欢小白脸，也不愿提倡如欧美女工人的一样喜欢有金钱的人。

怎样挽回这样堕落的女性呢？最切实的莫如从女学生做起。我们所以主张女学生也当如男学生一样受军事教育。现在的女学生，只有极少数在小学或中学受些童子军教育，高中以上，只学看护，这是万万不够的，我想不如与男学生同受军训，较可得到一点军国民精神。

说者谓女子一切与男子不同，与其受军事训练，不如使其学习看护。因为军事训练，在女子有种种阻碍。例如：生理衰弱、月经来期、意志尚文等等。但我们意，正因其如此，所以女子更要受军事训练。女子身体衰弱，更要受军训以养成强壮的休格。况且学校的军训，并不如军队那样严重，这不过比普通体操严格一点罢了。女子们当然极受得起这样的训练。说及月经，我们根据医学立论，凡女子愈勤于操练的，愈免受月经的痛苦。唯有那班不勤作而致衰弱的女子，每月始受长期的月经磨难。若身体锻炼得好的女子，每次月经期甚短促（可以缩短至一二日久的），而且血液甚稀微（如锻炼得好，可以到不见血的），于自身上丝毫不觉有怎样不便。不必说及此类模型的女子，即我国许多乡下有工作的妇人，完全不以月经为意。当月经时，仍然照常一样工作（有的乡下妇人，对于生小孩也不觉得为难）。可见女学生如受军训（认真的训练），不但可以使身体强壮，并且可以打破这个天然（月经）的难关。至于女子的意志当然不免偏重于优秀文雅，也因其如此，更要授以军国民的精神，一方可以矫正其衰弱的风气，一方可以宏大其优雅的度量。

依上所说，女学生受军训，只见有利而无弊。在军训时可以同时学习看护，也使男学生一样，军事与看护一同学习。因在战场救伤扶危，需要女子，还不如需要男子为急切。

现在的学校，只教女子以看护，未免太看轻女子了。有许多女学生曾向我表示她们极愿受军事训练的。当局正宜顾及男女平等的教育，与平均的发展这个道理。假如我国受军训的男学生，人数极多，也无妨只限于男子。可惜现在的男军训生，最大省份也不过万人。我们处此国难时代，这样少数实在不够，极须得到女子的帮忙。又假如女生极多，也无妨对军训上特为放过。但照现在高中以上的学校计算，女生数目仅有男生十分之一，则把这些女生加入军训，最大的省份每年也不过得到女军训生千余人。我国普通女子既然那样多，又都是酸溜溜的。假如得此学校稀薄的女子军国民精神渗入社会，尚恐不能振起这个根深蒂固的衰弱女子风气。岂可连这点根苗拔去，不愿它生长繁殖呢？

所以我们主张女学生要受军事训练，这不但为女学生自己的体格与德性着想；而最重要的，乃为振起全国女性着想的。这个振起全国女子有军国民精神的风气极为重要，因为女子是男子的妻与母。他们是男子的永久伴侣与创造人，假如女子无军国民的德性，怎样会成为"良妻"以助其丈夫？又怎样为"贤母"以教其子女？与怎样使其丈夫子女们都养成有军国民的精神呢？现在的世界是男女合作的，假如女子无这样军国民精神，男子独方面断不会完全负起这个责任。

中国女子人数这样多（二兆余人），都是靠男子为生活。男子大多数为女子所拖累，经济的受累受害尚小，而女子大都无志气，男子精神上的被害，所损失更大，故现在有妻子的人大都无远大的志气，有妻子的军人也就不能成为好兵士了。这个原因就是女子无受军国民的教育"累累赘赘"，不但不能助成男子伟大的前程与救国的事业，而且使他们退化到只为家庭经济上和虚荣上的小动物了，故养成女子的军国民精神，同时便是养成男子们的同样德性。若女子有刚强的志气伟大的心思，就可以助成男子的前进。遇战争时，女人们也可参加战争，或做国防的各种工作。平时无事，则善用此军国民精神，以任社会的各种事业，然后对于各种事始有切实猛进的效果。现在欧美各国的女子，一部分固为金钱，而大部分都富有军国民精神，所以男子所能做的事，女子也能做得来。男女合作，互相促进，而成为一致的向前进取。我国女子因为缺乏这种精神，所以萎靡不振，于社会事业无一件能站得住。不但害自己，并且害及他人，害及她的丈夫，与其子女了。故今后我国对于女子的教育不是"小姐的教育"，而是有军国民的勇气的教育。有此勇气，不但可以救国，而且对于社会一切事业均有向上的发展了。

说到此，我又要来提及我粤的特别情形了。我前说我粤乃最适宜于发展军国民精神的地方。这不但男子具有特别奋发的性质，即其女子也有一种男子的气概。广东女子，尤其是客籍女子，虽无江浙人的白肉色与其婀娜的风度，但她们有的是活泼的气象。她们的美不在肉体，而在精神；不在面貌，而在眼神；不是女子的温柔，而是男子的刚强。广东女子生来便有军国民的资格，只要有教育与培养，便能使这个天资充分发展起来了。

广东女子呵！你们要善用这个天资，你们要以刚强活泼取胜，你们要以骑马、有用、与及一切体育去取胜，你们要以坚忍勇敢去取胜。你们如要以搽白粉涂胭脂与江浙女子竞争，只好终久失败了。你们要以赤铜脸，要以膂力，要以军国民的精神与体魄为骄夸，则全国女子不能和你们斗得过了。

全国女子呵！你们也要军国民化，你们不但要从经济及教育与社会各种事业求独立，你们更要从军国民精神上求优胜。你们如有军国民的德性，其余一切均可得到了。若无此种德性，你们一切均失败了。全国女子呵，尤其是一班女权运动家，你们切勿忘此点：军国民精神不是男子独有的，女子也当去取得。

武 化！[1]

武化若对文化而言，那么纵使我人已有文化，尚且需要武化。何况我国现在纵有一些文化，也不过洋八股与老古董。甚至所谓文化乃是文氓与文弱的别名！提起我国的教育可说完全失败了。试看科学则灭迹销声；论及实用学问则绝无仅有。学生要的是一张文凭可以在社会鬼混，混到幸而得到一官半职时，连一点墨水已滴不出来。全国均为衣食与虚名着急，谁人去管文化？更有谁人去管武化？

实则，处此国难时期，唯有武化始能救中国。假设有真的文化，也值不上几文钱。在昔欧洲，斯巴达是武化，把文化的亚典[2]打败了。罗马是文化，被北方的野蛮民族所征服了。在我国宋朝的文化抵不过成吉思汗的武力，明朝的雍容文章典物灿烂炳耀，不免被满清黑龙江的铁骑所蹂躏了。以我国现在的文雅，泱泱大国满不在乎的风度，若不从武化努力，定必为敌人所吞灭，这是无疑的。

可是，我所谓武化，并不是野蛮，全用武力之谓。我于武字下加一个化字，便是说武力也要有文化的。不过这个文化，并不是衰弱的萎靡的，乃是刚强有力量的文化。

就学问说，纯粹的学理本极重要的，有益于社会的学问更是好不过的。但武化的学问，则专在利用学问于战争，在我国现在的时势

---

[1] 1935年2月3日《群声报》。
[2] 今译雅典。

说，这种学问更为重要了。例如习化学者，知道化学的基本道理，这是平常而且应该的事。应用化学以造日用家常之物，更进一步有用了。若能制造一种极厉害的毒气，把敌人全毒死了，这才是救国的学问。我国现在需要的，就是这种学问。我人现在所当研究的也当着重这种学问，不然的话，徒有空虚，不切实际而不能救人类与救我国的学问，所谓万卷撑肠何所用呢？我之所谓武化的化学，推而物理、生物、心理、社会科学，以至于一切的中国学问，均当以武化的学问为学问，不当以空虚的不切实际的文化为自足。

我所谓武化，就行为说，乃是具有军国民的精神与武士道的风度，即是行为严肃中而带有豪放；做事要迅速，有系统的迅速，要有组织的科学的办事方法，言论要爽快，直捷了当，是便是，非便非；说话要有力量，简单的语句而含有单刀刺入与极简练的命意。重信实，尚侠义，心口相符，见义勇为。

我所谓武化，就群众说，假使我能规定新生活的条件，那必是：男的穿短衫，或民装，或中山装，不准穿西装与长衣。布料要用国货，食的要简单与清洁，一切费用均要节俭，婚姻丧祭不准奢费，使有钱者留起来为生利的建设费及为国家购买军用品。女的不准蓄长发，但发剪宜短，不准长发披肩（烫发利弊当在《闲情》中申论）。女人衣服长短随便，但我们要提倡短衣长裤，短装比长装也有一种姿致并且有尚武的精神。欧美有一时期的女子也以短衣装为时髦，在夏天时更为相宜。

男子一律要有礼貌，但不当从事于无谓的应酬，不准赌博，不准吸鸦片，人人要做工，要谋生产，要讲卫生，多事体育，并习军学与军事训练。

我所谓武化，若对于学生说，则全施以军事训练与军队管理法，这不但限于高中以上的学生，均应以军事部勒约束。你看意大利国已够强了，但他们仍然提倡童子的军队，我们看了他们那些八九岁的小孩军队，手执真枪，步伐整齐，难怪墨索里尼在检阅之下大加满足。

武 化!

我国这样的积弱,童子军不过一种玩耍法,实在不够为军国民,故我们应以真军队代替今日童子军玩耍式的组织法,然后才能救中国。

我之所谓武化最重要的就在使所有军人均有文化相当的修养,这层关系更大,因为捍卫国家最大的责任,全靠我们的军队。但军人必须有相当的学识智慧,然后对外能打胜仗对内始能为人民造福。

我所谓武化,不是使兵士们完全为目不识丁的武夫、武槌与巴图鲁[1]。凡兵士们平时在营中均当使其识字与教以一切的常识,教以仁爱,使其爱国爱民,教以勇德,使其防御外敌。

我所谓武化,凡下级军官应有军学的修养,同时对于一切常识及普通的文化修养;同时对于一切常识及普通的文化应有深切的认识。务使这些下级军官与其所管的兵士们在战时能够独当一面,在平时能够帮助人民的各种建设。

我所谓武化,对于中级及上级的军官不但使其好武,并且使其爱文。使他们将军队文化起来,在严肃杀伐之中而有宽和的雅度,使其军队能勇而又能仁,使他们自己对于一切常识及普通学术与及社会政治的组织均能了然,使他们能治军兼能治民,能破坏又能建设,能安内兼能攘外。

总之,我之所谓武化,对于文的使他勇武起来,对于武的尤其是现在手掌大权的武人,又要其文化起来,然后武人始能为学术提倡,为国家建设,为疆场立功。外国名将中我们得到这样文化的军人最著名的有二人,一是亚历山大,他在各处搜罗科学的材料及各国的政治规模供给其师亚里士多德研究,使亚氏得此做成千古不朽的名著。其一在近世乃是拿破仑,他编成在当时最进步的法典(名为《拿破仑法典》),使其征服国遵行,同时他又为本国创立了许多文化的学院。

全国武化起来!把衰弱的中国振兴起来!把我国最大的仇敌打出去!

---

[1] 巴图鲁为满语中"勇士"一词音译,后来成为清朝时期赏赐有战功之人的封号。

中国半亡半不亡论[1]

近人有作《中国必亡论》者。当广州创立大元帅府时,参军张继先生曾回忆游珠江向我说:"我们在法国时,或在任何自主国的地方,何曾看见在我国的外国军舰自由开驶,外国兵自由驻防这些现象。人说我国快亡,实则我国亡了许久了。现在问题,就在能复兴不能复兴了?不是亡不亡的问题。我国实在已亡了好久了!"溥泉先生这些话,乃就事实说的,比了"中国必亡论"者更加沉痛。孙总理也说中国乃"次殖民地",比安南、印度、朝鲜等国,灭亡得更痛苦,更加一层的下等!

可是也有许多主张中国不亡论者,最简单是一个现在不革命了的老革命党对我说:"中国不会亡的,因为人人都知中国必亡了!"这是幽默派的说话法呵!

我于十余年前,久住欧洲后,回到我国,见到一切毫无建设与组织,又我所看见的乃上层阶级——军阀与士大夫们的糊涂昏乱,那时,我也说,中国是必亡的,中国是不能复兴的。我个人打算只有两条出路:一是跳东海自杀,一是到西北区和一班同志仍建一个新国家。到底跳海不成,到西北去,那时朋友说新疆土劣的杨增新是不容许我们有所冀图的。迫不得已,只好在北京大学做蠹虫,一蠹就几年,再到欧洲去;这次回来,我反而觉得中国是可救药的、是不亡

---

[1] 1935年2月10日《群声报》。

的、是能复兴的。因我此次乃从下层看起，看见我国有这样多且好的人民，大且肥饶的土地，我人若能从这下层做起，前途是极有希望的。故我现在的见解，是中国一半亡一半不亡论。

一半亡！这是在一班敷衍的士大夫，好乱的军阀们、洋八股、老古董们，从一班新土劣们说起的。这些人实在不能救中国，并且只有急促推陷于灭亡之一途。

一半不亡！若我们从民众看去，从一班能建设的士大夫们、奋发有为的军人们、从事实学的智识阶级们看去，中国确实不会亡的。最多只是亡了一截，尚余一截在活动而有生气，可从此一截的生气恢复那死亡的一截的。

现在，请以事实立论，中国的城市，是死亡的，愈大的城市愈是死亡的现象。城市所借以生存的，一边是外国人的唾余，一边是农村的膏血。城市所养活的一班是外国的走狗，一班是本国的高等或下等流氓。可是，我国的农村，现在虽么么破落，仍然是有生气的，与有希望的前途。农村的人民是主人翁，是一班好百姓，他们能够生产养活自己。若有好法子帮助他们，农村不但能够自足，而且能养活城市。故我国今后的复兴，当从农村复兴起，从农业与工业的农村复兴起。

其次，农村不但有储藏的无限地力，而且有无穷的人力。这些人力，一方固可变为生产力，一边又可变为武力以防御外侮。

据熟识军事的人说，自民元以来，华北一带退伍的兵士约有四五百万人。这个数目具有一种极大的武力，一朝有事，就在这些地方可以聚集几十万，或几百万的民众武力。不看河南的红枪会[1]吗？由人民互相联络，合成了几十万的民众武力，就能把那些拥有许多兵力的军阀们打败了。至于东南虽无这样多的退伍兵，但这些地方别有一种武力，就是青帮与红帮的组织。这个力量又极伟大的，孙总理也曾提及这个力量，长江许多大城市——尤其是上海，便为

---

〔1〕 红枪会是民国时期各种教门武装的统称或代称。

这些帮头所占据。故要维持或夺取上海的势力,全靠这些帮头的扶助,虽外国人也怕他们呢。到了南洋,在我们侨民中这些帮头也极有力量的(他们的名称虽与青红帮不同,但底里是一样的。)这些外,现在地方上面有民团与警卫队的组织。这些都是极厉害的民众力。故中国如今朝与敌国开战,如能好好利用这些民众的武力,定能帮助官军打胜仗。

这个可以决定我人从何层面去工作了。在城市做事,只是做消极的工作,消费的不是生产的。往农村去,同时可以利用人力多事生产,同时又可组织民众的武力,使其从好的方向走,这一层尤关重要的。例如青红帮及一切民间与此类似的组织法,他们往往被人利用去为非作歹,原来的好意与侠义已不知消失到何方了。南洋与美国的堂门,所争执乃为自己有利的姓氏界或贸易界,以至于互相残杀,徒为外人所耻笑。假设有人能够改良其组织,引导于正规,使其为民族的武力,平时则严守纪律,互相保卫;有事时则组成为精良的民军,以捍卫外侮。那么,这样多的民众武力,任对付何种敌国是不怕会失败的。

说到此,我们的军训生或一班退伍军人及具有复兴民族的人,不怕在社会无事可做了。他们如想像先前的毕业生及寻事者一样往城市钻营,定然无事可做,定然至于自己失败,于救国事业,也必毫无成就。这是数十年来的成例可以证明的。实在不必如牛拖磨一样久久这样旋转而无结局。若他们能从新的方向走,走到民间去,和人民工作,把人民的力量好好从生产及武装两方面组织起来,则后来的胜利必定操左券的。

城市的不可救,不但在经济上如此,即将来与敌国开仗时,在军事上沿海的大城市也是不可救的。淞沪之战,我们南京政府即搬到河南,将来如真正与敌国战争时,势必退至西北。这种退法是极无可奈何,但也有极大利益的。因为退到内地去,敌人的战舰和飞机攻击不到,而我们得利用民众的力量——生产力和武力,缓缓反攻起来。俄罗斯先前打败拿破仑便是利用此法。即苏维亚[1]政府成立时，也就利用此法，把京都从圣彼得堡移到内地的莫斯科，深深固守，虽各国从西部与东部西伯利亚进攻，也无方法得胜。记得前次欧战开始时，法国报纸画了一个强大的"白狼"代表俄国，说它虽一步一步倒退倒退，但当其反攻时，任何猛兽也敌不过它了。

所以我们今后对内经济的复兴，与对外作战的策略，就在利用向内地的倒退法。只要有一班奋发有为的首领，认定方针，肯向内地倒退，后来定能反退为进，反守为攻。如开战时沿海城市，虽初时不能固守，但结果我们定能从内地攻出来收回。

这个倒退的取胜法，不但在华北、长江等地要利用它，即到福建及我西南各地，也当利用此法。故政府与人民应一同认定此目标，把僻远的内地中心，好好整理起来。这样整理好的内地，就是我国复兴的地带。我所谓中国一半不亡的，就是靠住这内地。从这一半不亡的地带就可拯救那一半已亡或已在灭亡进程中的沿海，或沿大江一带的大城市了。

这是铁一般的证据：沿海沿大江的大城市已在灭亡的进程，经济灭亡与军事的灭亡，无志气的大夫们、军阀们、新旧土劣们，也是灭亡的。看不正目标，一味向大城市钻营的新青年们，或乡村的人们，也是在向于灭亡的方向走去。唯有远见的政治家、军事家、知识阶级、人民，能够向生路的农村与内地去组织生产及防御的事业，才是复兴中国的路径，才是救了灭亡的大城市之不二法门。

中国能够不亡？能否保存一半不亡？能否由这一半不亡者以恢复那一半已亡者？就在看政府与人民肯不肯真心去内地的农村及民众的武力做工作。

---

[1] 即苏维埃。

儿童的军国民精神[1]

凡事当从头做起。从头做起，始能做得坚固、着实、妥善。军国民精神也当从头做起的——从儿童做起呵！

历史最著名的斯巴达军国民精神，即是从儿童做起的。他们由国家元老于儿生时详细评判他是否将来具有军国民资格，如他身体衰弱判定将来无望的，则把他丢入"弃儿谷"。这是极残忍的行为。因为初生儿身体纵衰弱，将来也可变成为强壮，又纵使永久衰弱，则凡身体衰弱者，智识也未必下等，古来许多名人，身体极衰弱，但不能阻止他们智慧上的超越。

可是，这不是斯巴达所顾虑的。他们所要的是强壮的身体、雄健的膂力，他们是要武化，不重文化的。他们历史的经验也不大错，不然的话，斯巴达怎样有那么好的军国民，那样强盛，那样雄视四方。在他们的严厉主张之下，遂生出了欧洲人的名语："强壮的身体，生出强壮的精神。"

可是，我们近代人终不愿如斯巴达人之野蛮，把衰弱的儿童丢入于"弃儿谷"。我们另有制造儿童好身体的方法。这个方法有两点：

一方面从先天努力的，就是父母的身体要强壮，而且要"缓结婚"。大概父亲三十岁以上，母亲二十四岁以上所生的儿女，大都有好身体。照现在我国说，结婚过早，父母常是十几岁，他们仍然是小

---

[1] 1935年2月17日《群声报》。

孩,这样小孩生小孩,哪里生得出好小孩来?况且我国为父母者身体太不好,自然生不出好小孩。又生小孩过多,也生不出好小孩。

故要小孩先天好,为父母者,自己身体要好,又要在强壮的年代生,又要不好生太多。生太多,母体太受亏损,自然不能有好小孩了。

至于小孩的后天,即生出后的种种卫生法,更要十分讲究,然后小孩的身体会好,会康健,会雄壮起来。养育小孩,乃是专门的学问,非经过相当的经验与学识,定然做不得到的。以我国现在的父母,自身尚是小孩,自己尚不知怎样生活,怎样为人,怎样卫生,怎样能叫他们去养育小孩?所以,无论我们的小孩,先天已经不好。纵然有好的,到了后天,也被父母,学校及社会逐渐的摧残,以至于变成最不好了。就以死亡率说,"小孩期"(从生时至七足岁)为最高。因为小孩无抵抗力,遇有疾病,尤其是疫症,大都挨受不住,不免于被牺牲了。这个小孩期死亡率在欧洲尚极高,以法国说,贫人的每千人死四百余人,富人的死三百余人,国家育婴院则减低为二百人左右。育婴院乃用科学管理的,自然较免于死亡。我国,因无切实统计,不知死到何种地步了。每见北方的乡下在其家之周围,"小馒头"(小坟墓)累累然!我国那样多生的,也就那样多死!所悲惨的乃在母体无谓的牺牲!

以上乃说我国要有好军国民,当从小孩的先天及后天入手制造有好的军国民根基及资格。如这个根基不好,及到成年更难于着手了。

就现在我国说:几万小孩在社会如小猪小狗一样滚混,乃极占多数的,只有极少部分幸而入幼稚园与入小学校。这些幼稚园小学校自然是照新式教育的,可是要养为军国民尚差得极远。近星期日在广州中央公园见到幼稚园与小学校的"儿童同乐会",当然这班小姐哥儿养得极肥白可爱,但可惜总跳不出小姐哥儿式的娇弱与贵族式的教育。

他们小孩所从事的只有游戏、唱歌与跳舞。但为什么不学技击、打拳与兵式体操呢?偶然见到一队小孩于散会时彼此互相用手推挽,这是好的。小孩天性是喜欢打战的,最宜利用这个好战的天性,使为有纪律的、友谊的、团体的国家的武力。例如,用竹削为刀剑,使他们比武,这样,游戏中兼有军国民的精神,小孩是极乐意的。比之使他们唱唱歌、演点小猴子的把戏更能使他们提起精神呵。

拳术在我国现在极提倡。如使小孩习极简单的拳法定能引起他们的趣味,如打太极拳,教小孩极简便的太极拳式,定比老头子之打这样拳为好看为有益。老人快要死了,学太极拳希望长生也不会多久长生的,至于小孩的生命正长呢,使他们长生,当然能极长生的。

自来名将,在小孩时就喜欢聚沙为兵,点豆作战,我想于幼稚园生及小学生在游戏之中,教以军队的组织、作战的方法、攻击与防守的技术,这些比任何游戏,总是较能使儿童生起兴趣与有心得,因为小孩的天性是好战的。

在德国时,曾遇见他们的"儿童节"。他们的儿童节不是我们的儿童节专以果饼哄小姐哥儿的,他们的儿童于是日都是全副武装的,手执假枪、纸炮,随路做战争之状。有些儿童则做成各种野蛮部落的装束,表示要吃人肉的。这个"儿童节",这个"儿童月"或许叫为"儿童年",假若我国有这样名目,当应使儿童学战争,学打仗,学食仇人的骨头和肉饼。因为我国这样衰弱,这样被人欺负,我们确要提倡这个儿童的尚武风气与军国民的精神。待到国家强盛了,那时,我们才改这个儿童节为礼让彬彬的季节。

故我们要的在使儿童一律穿起短衣短裤,这是一张尚武精神的表现。就对自然说,儿童的天真烂漫,巧小玲珑,穿上短窄的服装确实好看。怪难看是一个几岁小孩穿上长衣马褂,戴上缎制中国帽,穿起缎和布的方鞋,十足成一个小滑头、小腐败,于他的行动上也不方便。故儿童最相宜是短服装,省布又免于太易肮脏,但求勿过于束缚就好了。女小孩虽穿上短的长衣较娇媚,但作男子装也别具一种姿致。

小孩不论男女,当要养成其俭朴的习惯,衣服只求整齐洁净,质料不必求奢华。整齐、洁净,及俭朴,即是军国民的美德。奢华不是军国民,也并不是美。在整齐、洁净及俭朴中,自然是美,奢华是丑不是美。

小孩的服装可配以颜色,美的颜色,使小孩养成爱美的习惯。军国民精神要有美德,然后免流于残暴。女小孩的服装更要配以颜色,但这些当用本国的布质的颜色,不是用丝绸及外国货的颜色以骄人的。

于衣服外,食的一途与小孩相宜的,只是简单。每餐只食一样菜,不可太油腻,鱼和肉,不宜多食。菜蔬,水果有节制的给与,这些才是合卫生的。小孩固宜肥,但太肥便不好身体。肉体多见日光与多接触空气,使之成为赤铜色;不可过白,白是死人色,不是好肉色呵。大概,小孩的锻炼如得其法,必是不肥不瘦,多筋肉,少浮肉,赤铜色,不是死白色。这样小孩才是好身体,才是好军国民。

说及智慧的养成,小孩要的是简捷,切实与痛快的教育。标语式,口号式,与简明精练教育法,与他们为最相宜。啰啰唆唆不切边际的事物,使他们白费脑力,究竟打不入他们的膜里。简捷、切实,与痛快,便是军国民的智慧。在聪明一途,小孩也极接近于军国民教育的。

小孩的教育看起来极浅易而实际极困难。教大学生比较小学生为容易,德国许多老博士始能担当起这个教育小孩的责任,在我国这个责任叫谁去负担呢?

就本地说,广州的女青年会对此事似有感觉兴趣,她们且定本年二月为"儿童月"。关于儿童的种种教育,都有相当的努力,其最大胆者于"母亲会春季研究班"且研究"节育方法"。这算为进步的,可是儿童教育关系如此重大,断非区区的宗教机关所能独当得起,还望政府及教育界与社会人士共同担任。

要而言之,我们小孩教育应是尚武的。尚武的教育,又确与小孩活泼的天性相宜。我希望宗教办的小孩教导法,切勿以宗教的和平学说麻醉我们的小国民。我们不愿让人打右颊再给他左颊,我们如被人打一巴掌时,就还踢他一极厉害的脚腿。宗教的和平学说,在我国现在是行不通的。故我极望我国的教育界,对于儿童教育,当另立一个新方针——即是教小孩成为军国民,不是成为小滑头;尚武的不是尚文的;活泼与天真烂漫,不是笨拙且阴险狡诈。强健的身体加上一个敏捷与好胜的精神,这些才是小孩的新教育法。

军国民的美
——壮美与伟大的人生艺术[1]

我们有两种美的情感：壮美与优美。如对住高山深壑、大海长江，对住这样伟大的环境，我人自觉极倭小细微，好似要被吞入去，这就是"壮美的情感"。又如遇暴风烈雨，极厉害的雷电，俯临深渊，或仰视那矗入云霄的建筑物，不觉心中起了一种危惧恐怖，似乎我人也要被了这些物所牵挽吸引入去，这也是壮美的情感。但碰到清风明月、奇花名卉、鸟音呖呖、泉声幽咽的时候，我们似乎反要将这些外象吸入与自己同化为一体，这就是"优美的情感"。那么，壮美与优美不同处，就在个人感受上的差别。暴风狂雨的声音在个人习惯遇到的，也并不觉得怎样恐怖，或者反而觉得与泉声幽咽一样优美。

军国民的美，第一就在领略壮美的外象；第二，就在习惯于壮美的外象逐渐养成自己优美的情怀。军纪的严肃、军乐的激扬，与及冲锋陷阵，炮火连天，如凶兽般的厮杀，如地狱般的战场，这些都叫平常人觉得恐怖，可是军人一经受惯了，觉得在这些壮美之中自有优美的兴趣。军队的生活本是苦的，唯在能领赏这个壮美与优美的情绪，才能觉得苦中有乐，才能免于枯燥的生活，与才能免于变成为机械及残忍的行为。在伟大的军人，其感触与普通不同，更能觉得于壮美之中同时又能养成自己优美的人格。

在历史中，这样伟大的军人最著名的则有关羽与岳飞。关云长于

---

[1] 1935年2月24日《群声报》。

日间在万军丛中骑赤兔马挥青龙刀斩杀仇人头颅时如"探囊取物"一样容易,一样平常。但当其夜间,秉烛读《春秋》,一变为儒者之雍容,其态度又何种优美。岳武穆驰驱中原为赵家向匈奴夺还天下,虽则金牌被召,冤死九泉,但其胸怀何等壮烈,志气何等雄伟,我人一读他的《满江红》词的"三十功名尘与土,八千里路云和月"与"壮志饥餐胡虏肉,笑谈渴饮匈奴血",那种壮美中而兼优美的神气,更使人佩服到五体投地。

我望军人有这样伟大的气概与优雅的情怀,我尤望国民都要有这样伟大的军国民精神与美德。伟大的气概可以学习到的。譬如乡下人住惯了几尺高的屋宇,到了城市看见了二三层的洋楼,便以为天堂了,可是住惯了纽约与诗家谷[1]的数十层楼的,反而以二三层洋楼为低小了。小孩子探首几尺深的坑陷,以为深不可测,甚且至于头昏眼眩。成年人见此反以为儿戏,谁也不以为意的。未见到伟大建筑的,看见广州中山纪念堂与纪念碑以为雄壮无伦了。但我们唯嫌其尚未伟大,最少当使这两个建筑物加多了几倍高与几倍大,始能配称孙先生的伟大功业。在内河弄小舟惯的,一出大海,见了波涛侵天便至手足无措,而驾驭数万吨的船员,遇到风波也似履平地了。故我人的气概可以练习成伟大的,在伟大的环境,驰骋伟大的心思,自能成为伟大的人格。

我们视日本为小儿,为日本蛇,中国则为大象,可是,我们虽则自夸为泱泱大国风,至于今并不见得比他们伟大。日本人的胸怀虽然狭小,但在物质上自改用了现代的新政,凡事都有伟大的建设。尤其是军事一项,他们的野心甚大,将要并吞中国,进而为亚洲的主人翁了,可是我们遇事畏葸懦怯,坐视日本的阴险,至于今我们比他们更显小儿了!

所以今后我们要成为伟大的国民,当先养成有伟大的气概,同时

---

[1] 今译芝加哥。

便是养成为军国民的美德。这个伟大的气概，当从壮美去求得，如多到大自然去领赏那高山峻岭、那巉岩崭壁、那鸟道羊肠、那深谷幽壑。多出去碰撞那暴风狂雨，迅雷急电，那严寒酷热。多去参加那恐怖的社会、那悲惨的群众、那残忍的战场。多读伟大的书籍，如苏东坡的《大江东去》，如文天祥的《正气歌》。多锻炼自己的至大至刚与浩然之气，多鉴赏那些奋励激发的音乐，高大的建筑物与一切宏丽乔皇的建设事业。

人人可以成为伟大的，伟大并不是要有权力。乃由自己充实其人格，推此人格以化及家国，与社会及宇宙，这样魄力比世间的权力更觉伟大了。有此伟大人格，虽无权力，也足以自豪了。而遇到大权在握时，更能扩充此伟大势力。如无此伟大人格，虽有势力，也并不见得能做出什么大事来。故伟大，并不是有权力之谓，而是充分发展自己伟大的人格，这个可见全由自己可以做得到了。我们如能习惯于大自然，习惯与有心得于伟大的艺术与社会的伟大事业，习惯与有心得于伟大人物的心思与行为，这已得到伟大的一部分了。或又要身体与力行，从大处着想，向大处努力，就大处牺牲，这已得到伟大的全部分了。凡人能这样做去，无论谁都能成为伟人。社会有这种人，自能生出许多伟大的事业，这个便是壮美，也即便是军国民的精神与美德。

又，壮美，不但是养成伟大的人格与军国民精神的要件，而且是优美的基础与主要的成分。我国现在的美德最缺点的，便是优美中缺乏壮美的要素，以致优美变成静止、死的状态，无进取、卑弱、苟陋而成为低调的恶趣。不信吗？请看现在社会最通行的山水画：在幽静的小山细泉中画上几个儒服儒巾，休暇地围着玩棋或谈话品茶。在戏剧中，只有梅兰芳式的作鸟声最受人欢迎。至于音乐，则满是单调或小调靡靡然叫人肉麻。文学最叫座的乃幽默派的小丑式，说几句漂亮话，哼几声滑稽调，便以为小品文之最高峰了。至于政治家只会穿长衫马褂，或西装，说几句大话，说及办事毫无头绪，敷衍，迟缓，有名无实，专会做官样文章。这些就是我们个人上，社会上，文艺与政治上所谓的美德，都脱不了鄙陋低贱与偏小狭窄的下流。

若论军国民的美，即以壮美为基础的。假如有这样的画，它应比现在的山水画更要有活动生机，大概是飞泉吧，深林中虎豹在狂号，樵夫牧子在悲哭吧。战场中，枯骨横陈，马勒枚，人卸甲，正前进吧，我们的音乐当是军歌正在奏前进曲与冲锋吧，农人呼饥，工人号寒的大乐吧，惊涛怒号，匹马悲鸣吧。我们的戏剧，打倒梅兰芳这个男子作鸟声的女人式，而代以秦腔梆子调的悲歌慷慨吧。我们的文学，要打倒小丑式的幽默派，而代以大净式的豪放派吧。必要把这个卑鄙衰弱的恶趣打倒，必要将这个官僚式的人生观打倒了，而代以奋发雄壮的艺术与伟大的人生观，然后始能得到真正的美趣，与真正的社会及伟大的人格。

真正人生的艺术是壮美的，军国民的艺术更是壮美的。在我国的壮美最有名的为万里长城与运河。这些不但是伟大的艺术，而且具有伟大的作用。得了万里长城的保障，使东和北的匈奴部落若干年来不能攻入关内，我们民族得以繁息，我们的文化也得以发展。至于运河，乃联络南北的运输与交通，其于民生的关系甚大。在现在我国衰弱的状态，对于壮美的提倡更觉为急切。我们当利用众多的民力，从事于万里长堤，或万里又万里的农业与山林的建设。我们当利用众多的民力建设多处及各种伟大的工业，我们又当利用千万人的民力为群众的武力，在我国这样破残的局势，而外边又有强大的敌人，我们非从伟大去建设与非从伟大的组织，断然不能图存。故我们要有伟大的计划与伟大的魄力，把一切社会事业及军政，都从伟大的基础建筑起来。这个伟大的心思与伟大的事业便是壮美，便是军国民的美德。我们当学德国，凡事都从"魁梧"着手的。他们有世界最长的大炮，有最大的飞艇（齐柏林式）。我们也当学美国，凡事当求"世界第一"，或称为"大王"，如某某大王，或某事业，或某建筑物（如七八十层的高楼），为世界第一之类。我们现在太卑小了，不但物质上太缺乏以致不能从大处着手，即思想上也太卑小了。谁敢想建设我国为世界第一等强国？谁敢想我们将建设一件事物是世界第一的？谁敢想去希马拉亚[1]最高处旅行？现在国人连这样伟大的思想也不敢做梦了，更有谁胆敢希望去实践？故我们要救这个衰弱卑小堕落的民族，当从伟大做起，从壮美做去。使我们回溯我们祖宗的盛德与伟大的事业。要使我们从大处着想与落手，然后我们才配称为泱泱大陆国的大国民，然后我们才配讥笑日本为"小鬼"。

或许优美，也有它的位置。但它要以壮美为基础，为要素，然后它才具有艺术的价值。

以壮美为基础的优美，然后于绘画牧童横牛背吹无腔的短笛时，我们又远远见到碧空中一轮红日正向西斜；然后于霸王别姬中，我们不但听到梅兰芳微弱的女声，并且听到贯大元之大净式所唱的项王，叱咤风云响彻上天的雷音；然后我们能在垂死的群众中，寻到一班不怕死亡而一味向前锐进的少年。以壮美为基础的优美，然后于黉宫书生中得有一班埋头苦干的军训精神，在政界中可以得到老成深算计划远大的政治家；在军队中，然后可以得到许多李逵式的兵士与谋定后动的将才。

---

[1] 今译喜马拉雅山。

给军训生及军国民谈"军国民的外交书"[1]

（特对中日亲善而发的）
（本编一切言论责任全由编者自己负担）

我在未深入这个问题之前，先要和诸位谈的是我国的实力及在世界上的位置。

诸位都知我们是弱国，可是我们已向强盛的程途进行了。循序而进，不久将成为世界的一个强国了。这件事可惜谁也不知道，谁也不敢存有这样的自信心。就是这件事，我要诸位先知道的。

实在，我所说的不是夸张，乃是根据事实的。我国现在确有了政治及军事上的中心力量了，各种事业也在建设中，有组织的大批土匪将归消灭。有许多省份已在进行全省皆兵之势，诚然许多事尚未上轨道，坏蛋还极多。但一切如上了轨道，我们岂不变成为强国吗？现虽未完全达到这个局面，然确向这方面进行了。

此外我们尚有一种力量，更是国人所忽略的。这个力量，就在外国要在我国疆界上打战，我们那时就能发生极大的帮助力。

唯有日本人最知我国这两种力量，所以最近大唱与我亲善的论调了。它要与我好的，固然一面在用欺骗的手段，但最大原因乃见我国确有相当的力量，尤其是当它与别国开战时，那时，我的力量更大，那时我国举足可以轻重，助日则日胜，助别国则别国胜。我人要知道我确具有这些力量，你们乃中国的主人翁，更要知道这个力量之可贵，不可轻轻被人欺骗与利用。随便被敌人把这力量消灭了，因此事

---

[1] 1935年3月3日《群声报》。

太重要了，所以让我详细来讲吧。

日本因并吞东北四省后，受了国际的嫉视，悍然不顾，退出国联，到此，它在世界上完全立于孤立的地位。及到最近因海军比率问题失败，与英美两国更成为尖锐化的冲突。它与俄国，因主义及利害冲突，更是积世的仇敌。俄国现在对于远东的军事加意准备，西伯利亚铁路改为双轨近将完工。远东陆军增至二十万余人，尤其是空军，比前更增几倍，中有许多大轰机，能得到日本东京及各内地攻炸。（东路售予日本虽有成约，但这不是表示日俄的亲善，乃是一种经济的策略，因东路事实上已在日本势力之下，俄国只有虚名，不如卖去较可得到一笔巨款。且俄国今后远东军力也可以海参崴及其附近为中心，于东路上也不觉得重要了。）此外尚有一件使日本最受致命伤的，乃是到现在已有三十余国一致抵制日货这件事。

就此国际情势看来，日本立场只有两途，一是向英美俄屈服，一是向其中一国打战以求出路。日本以头等强国自居，断然不肯屈服的。故它宁可退出国联，宁可孤立，宁可因海军比率问题与英美决裂，但终不可屈服。不肯屈服只有出于战之一途。要战，只有向中国联络，然后始可侥幸取胜，或失败也不至于一败涂地，这是什么缘故呢？

第一原因：就是我国已有相当的力量，要成为独立与列强争胜，固然现时尚不可能。但我们确有帮助人的能力，帮助谁则谁胜，这样帮助的力量实在不可轻视的。日本人就看中此点，所以要与我人亲善了。

第二原因：因我有丰富的原料，乃日本生死问题所关系的。就平时说日本一切工业的原料，取用我国的甚多。而此中最重要的，乃为工业及军用品所不能缺少的铁砂，每年由我国取去的多至二百余万吨。假设我不给它这些原料时，日本的军工厂及许多种工业就要停歇了。

所以，日本现在要与我国结合，一因国际上无路可走，一因我确有相当的实力,这个实力遇到它与别国开战时,其效用更大。因它与我的地理上特别关系,无论它对俄,或对美或对英打战时,其战场必在太平洋,与满蒙各地,这些都在我国的地方。我如助日本原料上、运输上、军舰及军队救济上,与及一切人力的援助上,日本则可以取胜。尤其要用持久的战争,更非靠助我的助力不可。我如助其敌人,则日本必败。尤其是持久时,日本必至于一败涂地。

故据熟悉日本国势者,谓它现在不敢乘俄国于远东军事未完全完备之时与它开战,也不敢乘美国军舰未造成之前与它寻衅,独一原因,乃因拉拢我国尚未到手之故,一经拉拢我国好了,日本即时与它们开战了。

由此,可见我国地位的重要,我们现在虽不能与日本对敌,但当它与人打仗时,我国举足即有重轻之势,到此,我们一向立于小弟的地位,一变而为大哥了。

我们应知有这样优势,应知日本有哪些弱点。故它如要与我亲善,须有切实的保障才可。如以空谈提倡,或缔结一切似是而非的条约,那么我们不免上它大大的恶当。

大约,日本如有诚意与我合作,先决条件应:

(一)归还我东北四省;

(二)缔结两国平等的条约。

可是这尚靠不住,因为,我与它由此合作了,平时与战时助它打胜敌国了。待到那时,日本当然更加强盛起来,它就撕毁与我所定的条约,重新侵夺我土地,那时我国如未达到充分抵抗的力量,也就无可它奈何了。

故最确切的保障方法,就在日本改变它的"北进政策"而采取"南进政策",然后我们才能相信它的真诚,然后我始可与它合作到底。

所谓南进与北进政策是什么呢?日本向来就有这两个政策:(一)是北进政策即在吞灭满蒙进一步而及于华北;(二)是南进政策,乃在夺取南洋而及于印度及澳洲。因日本海军力量尚不及陆军强,又因我国终比英国弱，所以它放弃南进而取北进了。在此进行中，我国当然最受其祸，若日本不改变此政策，则所谓中日亲善出于日人之口则为欺骗，或不过为一时的利用，出于我人之口则为受人欺骗或为乞怜与投降。因为日本如不改变北进的政策，则利害在与我为直接的冲突。在此情势之下，不是它死，便是我死，所谓"共存共荣"，完全是一种外交的文章，底里的实情乃是"一存一亡"与"一荣一辱"！

我所谓"军国民的外交"就是我国采用二种态度：第一，我们应知我对日本确有两种力量——平时与战时的力量。我人当继续保守固有的实力，又复更加努力于国内的团结、百政的建设与普及军国民精神的修养。在政府或许因外交上的便利与日本作表面上的敷衍。但我们国民当更加醒悟，更求毅力，更加作有文明的、系统的与纪律的去对付敌国，又当遵守商法与国际法而更加坚决以断绝与敌经济关系。我人如能作有强力的表示，表示绝不轻易与日本合作，那么日本不敢与英美俄任何一国打战，则远东的和平也可延长而保存，这是我人的功劳与责任了。

假设日本不顾一切，仍然与人开战，则我人不得不助其敌人，这样定能将日本打败了。这个也是根本的办法。因现在世界上只有日本能吞灭我国，以我眼前固有的实力，对于别国，我们确有实力足以抵抗了。这是熟悉军事家者从事实上对我们这样说的。

亲日派者或说：日本一亡，列强必瓜分我国。所以他们的警句是说："中国非日本不存，日本非中国不立。"这些话真是瞎说。自庚子后，列强不能瓜分中国了。我国所以不灭亡，乃因列强的均势所维系，并不是有日本的存在。日本存在，只增加我的负担与危险，近十余年来的事实足以证明：列强要我的仅是经济的利益，并无侵夺领土的野心。至于日本对我的经济利益也要，领土与人民更要。故我国以后如无日本，就可逐渐变为强国了。因无日本的侵夺与阻挠各国对我建设上的帮助（如最近日本反对国联派员对我技术上的助力之类），我们更加快速振兴了。至于"日本非中国不立"一句话，确有充分的道理。因为日本的原料与其工业的销路，全靠我国为市场。它抢夺了我的台湾、琉球、朝鲜，以及东北四省，扩充了比它本国版图大了若干倍的土地，增加了一倍的人民。它利用关税的便利政策，大批货物冲入我国，使它财政及经济上的丰裕。它利用领事裁判权，在我国的领事馆（如上海、南京、汉口、厦门）尚且设了密探与警察，随便可以在我国拿人。它利用强国的势力，纵了许多流氓（浪人）在我国各地兜卖鸦片、吗啡、红丸、白粉，及各种毒药，与开设赌场、妓馆及当店。每年不知毒死了我多少人民，吸收了我多少金钱，日本实在非中国不立的，可恨它固然由我而立了，可是我因此而灭亡衰弱了！因两国利害的冲突，我与日本向来不是"共存共荣"，而是"他存我亡"；或则将来有一日，乃是"我存他亡"了！军国民的外交，就要认清这一点，对日本作根本上的检讨，勿如宋朝的秦桧，只求眼前小利而与金讲和，也勿与它合作，如宋朝之与元合作，虽则把金打倒了，宋也不免被元所灭亡了。故日本在未改变北进政策以前，我若与它合作，与它同去打倒它的敌人，将来我国也必如宋朝之灭亡了。（未完）[1]

---

[1] 未知何故，张竞生的文章到此戛然而止。由于编者也仅见到3月前的《群声报》，其他则因破损严重，未能翻阅，不知是否仍有刊载。

闲　情[1]

一　雨中观梅说女鬼[2]

人只知雪里观梅，雪与人与梅混成一幅真景的美丽。但人不知在满天黑暗、细雨微风中，鉴赏那烂漫梅花的暗香浮动，在雾霭里看她的疏影横斜，这一幅幻景，具有一种如李夫人是耶非耶可泛观而不可捉摸的怪趣。

我就在这样情景到罗冈洞[3]观梅。到时梅已残谢，被雨花打得更加憔悴，湿气满身，满山谷的果树均含湿气。登上山巅，见全山被云雾罩住。一阵东风又加一番冷雨，纵然青青的有那些橄榄及荔枝的绿叶，纵然有游客男女的笑声，纵然对这个满山果树的叹赏，终于敌不住这样漫天遍地阴惨惨的感触。在茶室又看见文天祥的诗句"阁外莫陈胡骑动"，更增加我的不快。

可是我此游也有一种愉快，就是见到罗冈洞的成绩与平素的见解相符。即凡小山可全种果树，大山半山以下也可见种，一切山坡及谷窝间可以种五谷、豆及薯类。半山以上始造林，这样农村始能复兴得快，因为五谷半年可以收成，果树三四年也可以见利，且其利益甚

---

[1] 以下四篇统称为《闲情》，载《群声报》的《群众园地》。
[2] 1935年1月28—29日《群声报》。
[3] 位于广东番禺，以梅花著名。

大。至于林利须缓至十年后，虽为根本事业，但按其缓急，我们现时首先当多种五谷、桑、麻、棉，次及水果，再后始造林。

我就带这个愿望归来，雨气仍然浓厚。天比前时更加黑暗，我就这样在惨淡和愉快中归来。见小园病梅躲在僻角静静开了几蕊不成颜色的素花，香气几等于零。望其结子更不可能。若我不睁开眼睛，几乎不能辨别她是梅是枯枝。

"梅妻鹤子"，我此时也觉得有这个需要。小园无鹤，但有极多的小雀。我以小雀为子乎？在墨云密罩之下，天似是仅有小园那样大，宇宙缩小时也不过一个瓮，万物都是我们的伴侣、子息。以梅鹤为限，林逋究竟尚未达观。

闻说我们的小园时有女鬼出现，但不知是哪种鬼，如其为玉兰、耐冬、芙蓉，各种女精，那是最好不过了。即那病梅，那残谢的梅英，我也当爱惜珍护。在阴惨惨的雨夜，我更喜在此园徘徊，冀望一见女鬼，可惜尚未得遇，将终于不可遇么？鬼尚怕我么？

心如皎月一样白，情比梅花胜三分，我在月色下的梅株徘徊中又有一番的心怀。

二　坐　谈[1]

每日客来乱谈，无所不谈。百位客中只有一人谈学问，只有一人谈国事，其九十余人所谈的是敷衍话、客气话、引荐话、虚话与无聊的话。

外国人的时间是金钱的，我们的时间是虚牝，大禹惜寸阴，我们一生数十年的全光阴都费于无聊的应酬。

尤其是广州的"水会"，养成健谈的风气，瓜瓜叫，满茶室均是

---

[1] 1935年2月1日《群声报》。

谈声。大声的叫，喉咙叫得愈响的，愈是水会的胜手。叫得喉干时，茶水饮得更有味。一壶，二、三、四、五壶，以至于无量壶，横竖茶博士的水锅流不尽用不完的。

至于我自有其理想的谈法。

第一，专骂日本军阀者，我愿与他坐谈；谁骂得好的，我与他长谈；愈骂得痛快的，我愈愿痛快的与他终日终夜谈。

第二，谁能主张豪放的文学与艺术的，我喜欢与他长谈。我喜欢与人谈金圣叹的批文、苏东坡的文章、辛弃疾的词句。谁能批评幽默派的，谁能证出幽默的文章不过是文学上的丑角者，我更愿与他们默然一笑，神与意会。

第三，我宁可避开无谓的应酬，独自或和友到电影院看影片。这种坐看胜坐谈多多，喜欢高谈者到此钳其口，默然无声，胜于终日的谈叫。

坐谈，已成为风气，这固有其好处。坐谈可以联络感情，可以得到差事，可以吸几条免钱烟，可以喝几杯茶。坐谈可以多认识几种人，在坐谈中得到好的机会极多。

可是，我主张坐看，而反对坐谈。坐看有用的书籍，坐看有用的影剧，坐看时可以吸自己的香烟，说自己的话，用自己的心思与头袋。坐看日本侵略我国的新闻，可以拍自己的桌子，骂自己的本国人。

我要以自己的"坐看法"代替国人的坐谈风气，但不知能不能。

三 女发问题[1]

不成问题的女子剪发，经蒋委员长的通令反对，便已成为问题了。这个通令固有对的，如用电烫发，确有害卫生。但有些错误的，

---

[1] 1935年2月6日《群声报》。

是说女子由此当保存发髻，并禁止军人娶剪发的女子。

就事实说，用电流数点钟之久烫成女发作波纹状，使先前粗直的发条变为柔软的曲线，于美观上确实有益。但若以显微镜观察这些电烫的发，则见其中的毛细管已被电烧肿或烧断为段截。先头借这种毛细管以灌输油质到发里的效能，到此已完全消失。故久经电烫的发虽外观上较轻松与少油腻，实则发的生命已被电所烧毙。这些发一落后，头下原位置就不会再生新发代替它。故妇人们不愿于四十岁前太快秃头者，当万分谨慎，切勿去用电烫发。

况且用电烫发，对于神经刺激性的女子，常常加重其病症。常时有许多女子于发电烫后觉得头痛、神经刺激、牙痛与呕吐。有时，因电器不好，还要被电击死呢！（以上二段所说，乃照欧洲最新的医理观察而立论的。）

由上的事实看来，对于久电烫发确当禁止。但不能因此而说女子的剪发不好，剪发比无剪，好处极多。如头上洁净卫生，省了梳发的时间，表示得活泼与少年等等（四十岁的女子，一经剪发后有如三十许人了）。

就此说来，剪发比无剪好。不好处只在电烫一件事。那么，不用电烫就好了。假设女发剪得短，或用分开装，或用鬓上双勾装，使短发贴伏符紧，严肃中不碍于散放，虽无烫发也够好看了。至于要长发披肩的，当然有烫比无烫为美。我们女发粗硬，若发长时不使蜷曲，其丑好比女发鬼。最难看是这些长发鬼穿上短裙，短度仅到膝头，而与上身的长发相连，好似一身全变成为一团茅草乱蓬蓬了！

实则女子长的短的发，有波纹状比无的都较好看。可是不用电烫也能使发成波纹状，这是用"水熨发"。把发湿上些少含有火酒或盐的水，然后把发分成极小绺，就将这些小绺发紧紧围住纸条一圈一圈的缭绕，打成螺丝状一样。或用市上所卖的发夹，夹是三叉，两边固定中间一叉把小绺发压入，候到发干时就将纸条或发夹抽取，这样发就成波纹状了。这个水烫法不至有害卫生。它的缺点就在不能持久，大概数日间发的波纹状就消失了（夏天更快）。但它的便利处，就是女子在家中自己能做，数日中不过一次麻烦，要美者当不至退却。

那么用水烫法使发成波纹状，只见有利而无害。剪短发不用什么烫法，更是有利而无害。至蒋委员长所要的是发髻，此中也有美的，如有钱人家能梳得雾鬟云鬓与做种种新装。可惜民众无这样暇工夫去打扮。儿时，见我地新嫁娘发梳航翼装。每晨下了一二点工夫始能梳好，可惜一行睡下就全崩溃。现在最省事的如堕马髻、抛家髻等，又不宜于少女装束。广州有些妇人索性不剪发，也不修理发髻，只用力严密地打成一条发辫，一见到就要作三日呕吐。

在这些发髻中最难料理的是洗发一件事。因我国女发甚繁盛，又极粗硬。若要梳发髻，只好多敷油使其胶黏，发多又油多，更难于洗涤。遇到夏天远远就闻得女子的油头味，若剪发者，洗头甚便，可免这个肮脏。

故在这些女发装束中，如剪发，如发髻、发辫等，还算剪发的为最卫生（就水烫法或无烫说）、最省事、最美观，配上现在的旗袍时装，有剪发的女子愈显出活泼、窈窕与齐整。或许外国与中国的女发装和女服装在变动，但这个剪发的原理与其利益并不因此而变更的。

四　春假即事[1]

照阳历计算，春季乃是三月廿一日起至六月廿一日止，年年都一样的。冬季则为十二月廿二到次年的三月廿一间。那么，我们阴历现在算立春了，就真正的天文学说，我们正在"冬深"的时候（阳历的节季乃依准地球与日之关系推算的）。

就广州气候说，阴历比阳历较对，我们确在春气融融泄泄之中，

---

[1] 1935年2月11日《群声报》。

季候也是适用。"相对论"呵,实则,广州可说无冬季,这地方只有春,特异的夏,到了秋,跳再入春,冬季就抹煞过了。故我国地方这样广,东西南北气候不相同,阴历也行不通。最好就从各地方上制造一个"地方历"。这个提议谁敢赞同么?

我一向不知广州更有这样雅气,遇阴历年,在各大街上所排设兜售的乃是各种的美花。我最爱的是水仙,他如牡丹、梅、桃、吊钟也觉楚楚可怜。我最反对的是插瓶的花枝,一株美花把它分体摧残,只供人短时间的玩弄,还不如盆供的为有生趣,也较得天道。故我向来不买插枝花,为的在看它憔悴,反而难。美花只好让它缓缓开,顺其自然而开放,听其极端开放到尽头,且看它绿荫子满枝。插枝花好比美女之夭折,稍具人性者当不喜欢这个残忍,万不得已时,遇到佳人鬓上有时衬托一二美葩,使美花与佳人相得益彰。在此层上,唯在此层上,只许于群蕊中偷抽一二,尚不失于雅道。(在此项上,我记得一件趣事。当我在法国某山园过暑假时,一园玫瑰由我管领,住客要折花,都遭我反对,只有少女尚可通融一二。遇老妇人强要时,迫不得已也只有以残蕊奉赠,园主人甚称我管领得法呵。)

过阴历年(美其名为放春假),借此观花买花,我唯有见到广州人这样雅气,在北平就看古董,在上海只好行街与赌麻雀。上海人太市侩气,北平又太暮气,只有广州人为较花气,所以我极称赞此种雅气与花气呵。

广州人在此时候也多赌牌,最令人讨厌的是无限定时间的乱放纸炮。过年那一夜,适遇我不好睡(或许无老婆的刺激),通夜闻炮声,由蒙眬睡态中被此种炮声打醒好几回。我心想这也是公安的问题,政府怎么不限定居民只许于一定时间放炮呢。(放纸炮闻点硫黄味,疏通些广州市道的臭气,这本是好的,唯放得太多与太无限制,难免犯了野蛮民族的幼稚气。)

再说一遍,在广州阴历年比较阳历年为有春气,阳历年尚在深秋中(假设无冬季的话)。到了阴历年,春气确实到人间来了,一年辛苦到尽头，借此春气，休休息，多食点好味，多看或多买一些美花，阴历年除迷信之外，较比阳历年为有趣。难怪人民喜欢它，这也是季候问题，也是人情习惯的问题。也许是春气和花气的问题从中作祟吧。

青年当前两问题[1]

个人的生活与社会是相关的，处此破碎困苦的社会中，自不免于惨淡无聊。可是，于惨淡中求痛快，于无聊中求有聊，并非不可能的事。

青年们可别再徘徊于十字街头，因当下已有解决它们的办法：

一、当兵——当兵原是国民的义务，不但是锻炼身体，养成纪律的好机会，也可养成团体生活的习惯。军队生活在单调中见严肃，无聊的中也有聊的，残忍中可以发挥侠性，奴隶中可以做出主人翁的能力。希特勒的长处就在敢荒天下之大唐，而这是从军队中养成的。莫索里尼[2]也是一样。"女兵"谢冰莹敢大胆冲破女性的界限，也是"兵性"常常在发动的缘故。智识分子认真去当兵，社会定能出一番朝气侠气，敢作敢为的好风气，总比沉沉死气好百倍吧。

二、劳动——假如当兵生活不合脾胃的话，那么就回到家乡拿起锄头来开荒，打起杆子去赶鸭，这也总比住城市，鬼头鬼脑投刺求差来得有益。在家乡做自己的及群众劳动事业，不但是青年们植立做事的能力，于社会国家更其有益的。

以我个人二年之陆军小学与乡村劳动的经验，提出这两个问题，与泛无实际的方案是大不相同的。

---

[1] 1937年《时代动向》第1期。
[2] 今译墨索里尼。

我的社会教育观[1]

第一，怎样使社会教育普及化——强迫国民教育一问题，嚣然尘上者已十余年，然而终久不能实现，这其间理由谁也知道即经费无着与教员不敷。可是我尚有一种意见，就是识字与智慧完全为两件事，以我国文字之艰深，纵使人人受过三二年之国民教育，恐连识字的程度尚嫌不足，安能成为健全之国民呢。故我几年来有一运动，即"广播音教育法"以代替普及的国民教育是也。此法是这样组织的：凡方言区设立一中央播音台，例如粤省说，设广州话播音台于广州，潮州话于汕头，客话于梅县，这项播音台购置建设费统共不过二万元左右，而播音所及之直径可达周围三百里之远。每年经常费不过数千元就够了。可见只有一间市立小学教育费之数额，即足使千数百万人民受了播音教育之利益了。播音台每日请当地教育界照原定有系统的计划顺序播音。而每一乡里千人以上者当设一收音机，由本地教育界或乡长里长管理。每晚七八点钟时候，即乡民晚饭后就睡之前大家到收音机旁静听。大概每晚播音一点钟久，使听者于其间得到晋迪常识、国际情报、本国政治与农工商应具之才能及各种娱乐的消遣。所以这样有兴趣的教育法本来不须如何强迫，人民无不乐于接受的。收音机场以本地学校或公所，或祠庙，以能容千数百人者为合格。这样场所本难得到如此广大，但于门前广地能够使听者插足就好；乡下演

---

[1] 1937年《社会与教育月刊》第6期。

戏也是这样站立聚观的。管理者即由教育界，或乡里长义务担任，只要数十元买一收音机，三二元放大筒与及常年灯胆及电土费十余元统共不过百余元足矣，若由本地筹措当极容易。这样之效果甚大。因本地一切人民老的少的男的女的都可有兴趣的参加，免如学校之有一定限制；其次，播音中有土话唱歌、音乐谐谈等等，比学校教育较有兴趣；末了，播音教育是一切社会智识之总宣传，不是学校全靠死书本之硬板板。苟能这样做去，不到半载一年，全人民都知我们的国势如何，日本如何欺负我们，国际情状是什么，国民是应负何种义务，应具何种道德，农夫如何耕新式之田园，工人对于实业如何振作，商人怎样始能经营有利益之生理。这虽不能从声音中得到认识中国字，但种种智慧总可尽量得到了。我常说：识字有什么用处？无论小孩子进了三二年国民学校，连牛字马字尚认不清楚，即使读过小学中学后，识上数千四方方的古老字，究于智慧有何裨补？所谓健全的国民最重要的是具有一种智慧与一种谋生的技能。试问今日小学中学毕业生，几人能知怎样自己好好做人，外敌如何情势，与其本身谋生之技能呢？既然，普及教育之缺乏经费及教员难于实现如此；况即使能够达到，能够人人识字，而人民应具有的智慧才能尚须另外培植之艰难又如彼；故我劝今日之教育机关与教育家，应当放弃先前失败之教育法，而去别寻一种惠而不费与极有效力之教育法，如我所提出之广播音教育法之类。

我之主张必以方言区为中央播音台组织者，因我国方言甚形复杂，且各具有历史性。必须以其本区之方言播出，然后使听者起兴趣而且感受得分外深刻，譬如向潮州土人说普通话或广州话，彼等如"鸭子听雷"不知是什么似的，当然格格不能入，望望然摇头去之而已。若与他们以潮州话谈天呢，与他们奏起潮州曲，唱起潮州歌呢，则彼乡民即时眉飞眼舞起来了。他如客人之客话播音与广州乡人之听广州话播音都有此种情感。然我人并不以方言区为长久封建思想而自足；于播音时间应当在短促期加入一点普通话的教育，使人民逐渐认识乡土话与普通话沟通与使用上之利益。又在播音时，我人虽重在智慧与才能之宣传灌输，使人民在最短时期，如半载一年即能得到普通之智慧与才能，但认识中国字，也属国民应具之条件，故在每次播音时内抽出一些时间如五分钟吧，教导人民认识多少粗浅字义。这事全靠收音场管理之组织，如设备一大黑板，遇到播音台说及认识字义时，就由管理收音场者一字一字写上黑板，向听音者照法教导解释。如此，也可于听音时得到一些粗浅国字了。可是我对于国字之普及教育也有一点意见，即

第二，以注音字母或拉丁字母代替四方形之国字教育法——中国字实在难记，尤其是对于脑质幼弱之小孩。可怜的小孩，入了几年学校，死记上千数百字形，再进一步，又须连缀这些死字做成句法、段法、章法、篇法，苦矣哉！我们的小孩！我们的国民！常常有许多人并不甚么蠢，但读了几年书，认不上几个字；或认识了好些字，但无法做得通。故国家一年冤枉了多少教育费，教了一些半识半不识字与半不通之国民！总使有些地方之学校儿童数量上极可观，但质上，这些受教的国民连识字做文的初步力量尚不及格，怎样使他们得到应有之常识与必具之才能呢？故鄙意今后的普及教育当从上说之广播音教育法去努力，至要使人民得到识字与做文之能力。当废弃死板板之中国字粒，而采取注音字母或拉丁字母拼音法；即将数万个方形字粒打倒，而代替以二十余或四五十个注音；即是照进化法则把音代形，以简驭繁，以少胜多，以用力少而收效大为经济原则。一切小学校或初中均废弃方形字，而代替注音法（至高中到大学或可教识中国字义），社会上当多多发行注音法之报纸杂志宣传品。这样，我人既节省许多人力于认识那么多的老古董方字粒，而可多用精神于作文及多求智识与才能。这个要求，我知对中国人未免苛刻，好久来之注音运动已失败了。然我敢大声说：要使教育易于普及，聪明易于发展，要使我国迅速进化，跟各文明国同进于大同之域，唯有努力实现注音之普及。这虽是难事，虽是难与人民谋始，难与社会所有抵抗力挣扎之难事，但由一二有权力者坚毅决断大刀阔斧做去，也并非不可能的事。写到

此，使我佩服凯摩尔之为人。他于用拉丁字母代替土耳其字（即亚拉伯字[1]）时，虽其教育部长反对也不管他；他于用拉丁字代替市上土耳其字之招牌时，虽人民反对，也强力执行。我国有凯摩尔其人乎？能起行而打倒数千年阻碍我人思想之死方形字乎？我人不禁万拜祷祝这等人快快出现！

第三，识字是一事，智慧又是一事，技能更是一事。使国民皆入学校识些方形或注音字，这是不够的；使人民从广播音教育法好好得到些智慧与艺术，比前的好了，但尚嫌不足。识字拿不到蟹蜞[2]，只知道国民经济生活如何颓败，这些又有何用处？空头叫喊，满脑呜呼，又如何能救国与自己肚腹？故我人今后之教育运动最重要处，就在教人得到谋生之才能。例如广州市说，现在最重要之教育就在使市民得到一技之长，如设立：

（一）普通工程师夜学。凡驾汽车，修理机器，染色纺织，物理，化学药学，养花卉，农，林，渔，养蚕，土木工程，水利工程，各种特别手工艺，如抽纱、做皮鞋、做家具等等，各设专科使人民人人有于夜间入学之便利，学得一二年后，就给予普通工程师文凭（伦敦市便有这样十几间夜学）使得在社会谋生。

（二）厨房夜学校。使男女佣之任烹调工作者到此校学习三二个月，主妇大小姑娘们也可加入。使得到厨房艺术之微能以极少的食料费而得到极佳妙的食品，以副我国好厨房及"食在广州"之名实。

（三）佣人夜学校。使男女雇佣得以于其间学习清洁、礼节、管理之种种好方法。

其他，尚有种种之谋生技能，都当设立专班讲授，使人民大多数都有谋生之技能，所谓"万金在家，不如薄技在身"。我今来添入下二句话也算做这篇之结论，所谓："万言字在腹内，不如一枝油漆刷在手。"

---

[1] 今译阿拉伯字。
[2] 潮汕俗语，意思是识字抓不到螃蟹，比喻秀才难成大事。

张竞生所写解除赌博契约之文凭[1]

东汉所欠龙合五十六元、溪六十元、河平九十元,乃系赌博之数,因被迫而写给河平之屋契一张,内载上欠一百六十元。按诸本姓乡约,所有赌博积欠一概取消,合将东汉所给河平之契照例取消,如彼敢再执契追讨,定按家法惩治。

此据

张竞生字(盖章)
廿七年四月廿五日

---

[1] 此件手稿原件在张竞生之子张超处保存,题目为编者加。

潮人一致起来组织"潮州大学"[1]

余有许多遗憾事,前任金山中学校长时未能于此极好之机会,成立潮州大学,亦算一件也。

兹数年来,常将此意要求潮人之有力者代为实现。幸值现任我区专员克华先生大力提倡,我全潮人应一致起来赞助,务使潮州大学即日出现。此事并不难为。第一,潮地大而南洋华侨亦富,经费筹集甚易。况值现在汕头没收敌伪财产甚多,如南兴公司一数已有万万元,设拨一大部分为此项基金,陆续没收者亦照成额聚集,眼下即可有筹备与建立之资金矣。第二,潮人子弟读大学者人数不少,为地方文献计,为费用与旅途计,"潮大"实有即日成立之必要。假如潮有大学,何至此次由汕到港大部分大学生损失若此之多耶?我们痛定思痛,更有立刻起来建设本地大学之决心。祈望潮州代表人士一致热心协助克华专员之提倡,一致集中财力人士以求"潮大"即日建立起来。余虽不才,且于未往南京之前当尽一点力量,共同建立此潮州未来之学府。想明达人士不以此言为河汉也。

卅四,十一月,十七

---

[1] 1945年12月22日《导南报》晚刊。

台湾纪游[1]

被倭寇霸占了五十年的台湾,一旦收回光复,谁不欢喜去逛逛?况且我属潮籍,与台湾地理相近,人情语言又相似呢。偶然地从汕头往上海,船过台湾北岸的基隆,又因台风阻碍逗住台北五六日。乘此机会游赏台北周围,也算偿了宿愿了。

台北市为台湾长官公署所在地,一切首脑行政机关,高等教育,及重要工商业都汇集一处,日本五十年来对台湾纯用殖民地政策,举凡一切衙门机关以及官立学校的建筑都是辉煌炫目。交通孔道也极广阔,铁路公路俱称便利。可是纯粹是殖民地政策,故对人民剥削敲夺,遂使在台北市最繁丽的中央区域,人民住屋,以及普通商店均极矮小龌龊,至于内地人民的生活更是非常困苦。"主人与奴隶划分了两个不相同的世界",殖民地的现象,全地球都是一样的。

自台湾接收后,中原官僚代替了日本侵略者的恶魔。日本五万余的公务员都已滚蛋了。当我此次访问各机关时,最瞩目的是满屋满厅满房都满了人员,男的女的密集一块如蜂如蚁。尤其是女职员继承了日本的制度比内地机关格外众多。这本是好现象,为女子多求出路,多使她们参加社会事业。可惜是人多事务少,效率当然谈不上。你看我,我看你,谈谈笑笑,会会客,食食饭,混过了日子就算了事,闻说长官公署有意将现有的一二万公务员裁去十分之一,以求公费的节

---

[1] 1946年《寰球》第12期。

省。当我离台时,我写信给陈仪长官说应裁去五分之四,或把同类支出的机关并合为一;或将无用的消灭。

因为在此接收初期,许多事业,在官僚手中顿呈收缩,甚且腐败化官僚化了。一切事业既然冻结,现在公务员虽则比日本统治时较少,然大部分都无事可做。我参观了一个农业机关,里头的职员有二百余,只养了几十只猪,哪一门使我满意哪!

台湾本是农业区,日本统治下,为他们主人翁衣食上着想,整顿振兴得尚算不错,满山都造林了。各种农作物也极兴盛,尤其是凤梨,尤其是蔗糖为特出。"鱼米之地"台湾人民本是衣食不怕缺乏,可惜前时被日人所榨取无余,到光复后一年来又逢旱灾,又遇政治无办法之际,今日生活,除鱼、菜果外一切比内地并不便宜。

在此次战争时,倭寇以台湾为南侵根据地,对于工业,尤其是军需的工业也曾竭力经营。自光复后,交通不便,原料不足,许多工厂的烟囱无烟,呆立于空中如饥民的待救济。故今后,台湾行政最重要的在恢复原有的工业与怎样复兴农商矿渔等事业,尤其是在使农业怎样工业化。在使山利尽量发展,水利与水电尽量利用的各种部门了。

台湾为一孤岛,周围是海,日本人沿岸除西部外筑一条环岛的铁路,从台北至台南十二点钟内可以通达,沿海交通算是有办法了。可是内地属于山丘,交通尚极不便。这些山内,尤其是高山尚属夷民所占据。日本本来对这些"山民"视为化外,防御诛锄唯恐不至。自光复后,政府对他们另取宽和政策。然而怎样使他们同化汉族,恐非一时所能做到;可是这些山民如无办法使他们开化,则这些山利当然不能开发,这是台地大大的损失了。

说及荒地,台湾尚可利用者甚多,就日本人所占领的好地可耕者说已有千万亩之多。这些主人翁,滚蛋了;田地已没收了。然而怎样分配,怎样承受,也是急切待办的问题。

我十余年来留心农政,故此次游台,最留心调查的为农事,以我愚见,今后台湾的发展当以农业为首要。糖利为台湾生命线,在日本统治下已有相当成就了，今后当更为发光荣大。凤梨亦大有前途。台南的咖啡与椰子也可经营。尤其是稻之一门更须注意。我近来访问各方军政代表及农林专家所得到关于农业的意见都是普通条件，如怎样改良水利，稻种及农具等等。而根本的一个大问题，即"山利的利用"，彼等都也如俗见的，只知造林；实则山利不只是造林，而大可为耕种之地。以我十余年来的经验，我西南与东南诸省的山窝与山麓都可种旱谷（旱谷有许多种，但我们近发现一种在春季种在山窝与山麓中不过三个月即可收获），各种豆类、甘薯、木薯、蔗等。在山窝再高上几丈地，都可种各种果木；自此以上山地始去造林与畜牧。这样山利才是巨大。这样始能使山尽其利。

我为何常常使人注重这个新式的山利呢？因为我国东南与西南诸省之田地甚少，山地较多。例如以广东说，每人平均田地不到一亩，但山地每人（不论男妇老少）可得一万多亩；所以我近来主张我国最重要的在"造产"，至于土地分配另是附属问题。因为就我国普通说，每人不过二亩多地，假使分配全然公道，仍然不够生活。至于改良水利、稻种，及农具等也是附属的问题。假使这些能够改良，所出产的仍然不足生活，故我们如不迅速造产，如不从东北西北，东南西南，竭力向山利上去造产，则农业极难得到繁荣。至于黄河、长江与珠江流域则注重水利，使沿岸多多出余地就好。总之，造产又造产，多多开垦山利，多多利用沿江的旁地。"造产第一"呵！

我们人多，造产之余，又须注重有系统的移民。我此次在台曾促请农林处注意移民一问题。日本廿余万侨民已滚蛋了，代身的当然要外来人民来补其缺。台民近有六百五十万，若能利用山利，与各种农工商厂，与渔业，最少尚可移民五百万人。我潮漳泉及福州诸地人民，与台湾地理连接，语言风俗气候又相同，由上各地移民到台湾，实在是极便利与最适合的事。

以上是说了大纲。下边再说些我此次游历的个人观感吧。日本统治了台湾五十年，台民当然不免"倭奴化"了。土人除本地话外，人人都会说日本话、看日本书。今光复仅仅一年，一部分台人仍然免不了保存日本人的性格、风度与行为。最易看得出的乃一部分的女子，可说为"日本型"。

至于男子，先前习惯做日本的奴隶，到今日一部分人觉悟了想做台湾的主人翁。可是，执政者偏偏不愿作美。公务员成分中已有百分之六十余任用台人，但中上职位完全为国内人员所占有（中以江浙籍为多），以致台人大抱不平，在报上及社会上发出许多埋怨的声音。我也曾向公署中人询问这些意见，他们都说彼等台人实在太不满足，因为彼等在日本治下所养成的人物，只可做中下级职员；中上职业，彼等实在干不来，哪里可以付托呢？（我说句公道话，当使逐渐成为台湾人的台湾。）

至于一部分男子，因为习惯了日本奴隶的生活，一旦解放了，一变而为日本浪人的行为。我最近在台北旅行，所最痛恨的那些本地旅客，虽然坐上二等车，一有位置就翘上他们那两只最肮脏的脚，到旅客身旁，东倒西歪全身向座位蹂躏得全车无一片干净处。这虽然车中管理者也当负一部分的责任，可是这班"浪人"的行为，在国内极少见到的。至于各种"怠工"的风行，与遍处偷伐山林，听说也都由这些浪人所主动。

说到女工（下女），在日本习俗上是极有礼貌、极清洁、极勤劳的。我此次在台北市住居在最高等的旅舍，但见那些女工无礼貌，又懒到连地也不扫，终日谈话、说笑，自身打扮得尚不错，大约对于旅客尚不免做些"副业"！台湾总比内地好。在那些大地方尚少见到乞丐；至于妓女呢，暗娼仍然不少，这因为一受高等生活的引诱，一染上了日女型对于性欲随意发泄的习惯。在这样生活强迫之下，禁娼是做不到的。最要的在管理做娼者使其得到人类的待遇。

虽则在台北仅仅数日的勾留，而最使我满足的，仍在农业试验所见到的一些研究员正在化验"肺病特效药"。这是一种"左旋性洛定酸"，乃从桧树中提炼取得。因它手续繁多，成本高贵，现在拟从台湾特产的香茅中提制，成本甚轻。治愈一个肺病者约需药品一公斤，合现在法币十余万元。以一个待死的肺病人，费了十余万元法币即可治愈，本是极合算的。可是这个"洛定酸"不是治肺病的万灵丹。据四年前台大医学院日籍教授桂重鸿及野副铁男二博士所发现此药之临床效果，得到有效治疗的百分率为三十余，又安知此种效率其中不是由病者的抵抗与调摄所致？我个人完全立于"自然医治派"的场位，否认"化学药品"的万能。大概我人的健康应从饮食、起居、日光、空气、水、体操、性欲及精神种种修养上多多去努力。药品是不能使人健康的。偶逢有病，也应由以上各种自然方法去调摄，自能使病重者变轻，轻者可复康健。单单靠住药品，究竟毫无把握。到万不得已时只好有系统地逐渐取用原来的自然物品。譬如提制的"洛定酸"是极难消化而常发生危险的附属毒害质。"化学药品"多与人类不相宜。唯用自然物品，较易为身内所摄取。就此而言，与其用"洛定酸"，不如长期逐渐饮香茅汁（不用提制，而单将香茅煎水服饮）。

　　台湾的山水风光，使我深深觉得满意。初到岸时见到满地青葱碧蓝海水相辉映，不觉精神舒畅异常。台湾确实值得一游的，它有特殊的政治社会、风俗人情，尤其是特殊的山光水色。我永不会忘的那日与法制委员会主委方学李先生及高等法院杨鹏院长一家人同到碧潭垂钓和游泳。峭壁高耸，中有异木奇卉；有不少的柚树，满生了许多野果，采摘而归放在花瓶中鉴赏。渔夫网得了一些溪鱼，买回家中充膳。在这个大自然中求得大自然的生活。这是日夜在办公室中的人员，与在大城市的住民所极需要的。台北左近尚有二处温泉的设备。佳时令节到此既可领略大自然的趣味，又可以沐浴，又可以饮用。温泉中含有硫黄质可以洗肠胃与医治各种皮肤病。此中又含有千分之一镭气，在身中更能发生无穷的活动力。故每人能够每日饮这些温泉（山泉同样含有镭气），包管比药品强千万倍！

　　山川的利源真正浩大。不但可以耕种畜牧，而且其中有许多矿藏。台北的基隆煤炭极出名；台中的日月潭瀑布，发电厂更为特色。

只要会去利用，由山泉引水到近山各方面去，这是特别的水利应用法。

拉杂记来，已说许多话了。今将我与陈仪长官晤谈的一些话作为结束吧！在讨论多少农业技术方面之后，我问长官对农民政策如何着手。他说："当使'耕者有其田'。"我说："怎么不去实行？"彼此相视一笑了事。

台湾移民议[1]

台湾沦陷于倭寇至五十年，倭寇努力经营全为私利私用。而我台民虽得丰富之区，但被管为殖民地，故虽劳苦终身，住居简陋，衣食不足。当我视察之后，怨怒之气上冲云霄。

今幸国土重光，蓬莱佳境依然存在。席其天然富源，气候温和，不但台民从此不被剥夺可以优裕，而乘倭寇经营之后，出息丰足，如米，如蔗，如鱼，如凤梨各种水果遍地皆是。以风景优美说，可说是"蓬莱仙岛"；以其出产说，可说为"鱼米之地"。况且交通便利，全区朝发夕至，与岛外交通亦极繁盛。

台湾虽不算大，但因出产丰多，且渐入工业化，人民虽有六百余万，然总可再容纳外来人数至二三百万。若我潮属（漳泉厦同样）移民到台可得各种利益，气候相宜，人情相同，语言同系，耕种相似，且可得些新法与新种（如米的蓬莱种大可移种潮属），且地区接近，一日可达，旅费所需亦微。假使比较移民南洋，旅费动至数十万元，气候炎热，疾病死亡甚多，又在外人势力之下，敲剥苛侍备受种种惨状。今在台湾，当然自己是主人翁了。

现在潮人当大战及旱灾之后，求生无路，坐待死亡。故虽往南洋种种不便，尚且趋之如蚁，若能移民台湾，节存旅费，以为初步经营之用。况倭寇被逐之后，留下田亩至千余万之多，正可利用发展。又

---

[1] 1946年10月29日《大光报》。

蔗区方在恢复,需用劳力日见迫切。最近接到住台潮人之经营糖棉要员的消息,亦均赞成潮属有移民台地之必要。

为今之计,潮人应即时在汕头设一"潮属移民台湾之机关",由社会人士共同维持,鄙人当尽力参加计划。最近我辈所主持之饶平初农(初中程度)毕业生数十人,已决先到台湾,亦可算为将来有系统移民时的向导了。

潮州智识界怎样来维护潮州大学[1]

潮州大学已在孩胎快要生出来了。这个待了好久的难产婴儿出世既这样艰难，生出后怎样来养成他，更比他受孕时千万倍的艰难呵！

照有钱出钱，有力出力的规矩，潮人富者已乐于捐资，民普遍每年当负担许多经常费，这些有钱出钱的已算尽责任了。可是有力的怎样来出力，这是一个要待潮人来解决的问题。

你们潮属智识界分子呵！你们有脑力，要你们把这些脑力贡献出来，把这个孩子——潮州大学好好教养成人。

要这个孩子长成一个有用的人，第一固然要有好好的爸爸妈妈，我们要有多多好爸爸，如陈嘉庚一样肯来倾家破产供给他富足的滋养料，使他成为一个肥肥白白的婴孩。第二要使这个孩子好，不但要生出来"肥壮大健"，并且要他受了好好的教育。

你们潮州智识界的人呵！我们知道你们无能力做起父母的任务，可是教师的责任，定然要在你肩上负担起来。

你们不肯负担么？你们便不是潮州人！你们潮州人在外地为人学教授或高等职员有声名的，应当全数负笈归来，能够终身服务于潮州大学更是上选，最少也应有数年的义务责任心。归来归来！潮州人的大学教职员们，你们或许在外支了极优裕的薪水，每月数十万元吧。但归来归来，来到这个我们宠爱的小孩家里，大家虽支取极薄少的薪

---

[1] 1946 年 11 月 20 日《大光报》。

水，或许每月只有数万元，可是你们也要归来归来，咬起菜头根，饮了薄粥水，大家要有这个义务责任心，"只讲感情不论金钱"，大家归来归来呵！

你们如为自家生活计算，不能长期支持这个薄弱的待遇，可是数年久，二三年亦好，把这个好小孩好好教养起来，以后放开交给别个好教师，亦算尽一定潮州人义务责任心啊！

你们，潮州人的大学教授们，归来归来！你们如不肯归来，我们就不承认你们为潮州人，你们也不许说："承认不承认算了什么屁！"可是我们不承认你是潮州人，当然不能用法律驱逐你们出境，然而我们的道德制裁比法律更厉害啊。我们如能够的话，当于潮汕通衢中，竖一大石碑，上写的字大概是这样："某某某，潮州某属人，现任某处大学教授，因贪厚薪，不肯来潮州大学尽义务，特此通告大众，共同来在'屋内'，晨起晚睡时，如念佛经一样，时时咒骂他们，使他们灵魂生前不安宁，死后不得上天堂——阿门！阿门！"

完了，我写此时已先咒骂得痛快了，料想你们，潮属的大学教授们，将来必定为义务责任心，大家一齐归来，归来。通衢的石碑不用竖起，把咒骂的声音变为欢迎的拍掌声。阿弥陀佛！阿门阿门！

卅五·十一·五日

一种"疗饥物"[1]

——为桂省府公布疗饥丸制法而发

近在《大光报》见到桂省府公布疗饥丸制法,因为是食的问题,况且是饥民的事,使我觉得有来说一说之必要。

我在十余年前已在什么奇书中看到这个桂省近来才发明的奇方。那时候曾照方炮制,呵!结果真可笑又可怜!花了那些钱——黑豆,芝麻,是二件价钱昂贵的物品呵。结果,我食了一些,觉得原来好物件,一经遵古法制后竟是毫无味道。结果,只好付给鸡食一大顿,结果鸡也不见得三日至七日或半月免食。相反地,它们食后又须照样抓垃圾,寻食别的食物去果腹。至于我试食后,也如鸡一样,不见得不须进食,虽然觉得肚有一些饫饫似犯了不消化病!

要用些化学的饼仔来疗饥,许久前,法国某著名化学家也曾想过。至今日,外国化学已算千巧百怪,可是尚未曾发明这个奇迹,这因为人肚如个袋,必须把这个袋装上相当物件,然后觉得不饥。至于所食物够不够热力,另是一个问题。

就一物干制,缩小至极点,然后伴饮以相当水液,这个本合科学的。如日本军用米、亚拉伯枣干,以及我国柿饼之类。但要再想进一步,将这些物品加工制造,无论如何遵古法制,结果总是"巧妇不能

---

[1] 1947年1月15日《大光报》。

为无米之炊"。只有将该物缩小更缩小，但不能变出什么奇怪新质；最惨的，有些结果竟将好物变成恶物，如我上举例的黑豆芝麻丸！

现在原子能大时髦，日本鬼也会出风头，前时报纸，竟为它宣传发明什么"原子食物"，结果日本人到现在尚在大多数挨饿。他们所发明的"原子食物"，究实无补他们的粮食。我国呢不会时髦，但会守古，遵古法制出些丸饼膏药等等，究之发明已好几千年，一些饥民肚子终须挨饿！

我于去年本地饥荒时，曾想及制造一些较科学化的食物，大概以植物为主，如香蕉茎及干，和些紫金叶，及各种水菜而夹上多量的番薯与树薯，加些盐及辣椒等，总求味道尚好而又有些养料及生命素。

如在城市左近，尽量利用大菜馆的菜叶，薯皮与及鱼骨，猪牛骨等，舂成粉末和上项的物做成干品，可以耐藏为主。

上提物品最重要的为香蕉茎及干。香蕉中以粉蕉或名寸蕉为佳。其茎的中间肉及干每株可得一二十斤重，味道我自己试过甚觉香甜。本来初民种蕉，不知果实可食，主要在食其头。安南饲猪也靠这些粉蕉茎及干。数年前，闻饶平隆都饥民偷掘蕉头几至于尽，可见彼等也知道善用这个了。

特一问题是在这些疗饥物不见得容易寻到。故如香蕉类，地方人应当多多种植。在我潮无论何种地都宜种蕉。乡间空地，厕所旁边，沟墘溪墘，随地都可种起，尤是粉蕉极易生长，且甚繁荣，每株可以生出几株子芽来，合起茎与干，每有数株，可得一二百斤，煮制起来，可为饥民若干人若干日之用。如免食其茎干，留为蕉实，更觉可食，卖价也贵。

我之所以特提出者，使有政权的人，从事于种植，免使人民饥饿最为上着。如逢饥荒，也当从科学食法入手，不该从那些奇方去想救饥的办法。

卅六年元月八日于饶平

百岁法[1]

小　叙

余近在曼谷陈先生景川家中，见到余先生子亮所遗的《百岁法》小册子。书为旧式西医专在注射药浆延年者。殊不知"自然派"的医学，对此道别有发明，它不重药而重在合于自然的生活。若从医药可以延年益寿，则凡富人免忧短命。实则富人类多夭亡，可见医药不足倚靠了。余悲我国夭死者太多，而有为之士死得更早，故聊于海船中无事时，写成这本《百岁法》小册子。

张竞生卅六年三月底于七洲洋

论百岁法

长寿！长寿至一百岁谁人不要？尤是有财有势的人更要呵！可是愈富愈短命，我们曾论到那班大官巨商极少食到五十岁，维活到也罹了痼病，难救治的病，这什么缘故？因为他们生活太过分又不讲卫生，遇有病时只想有钱有药可以治愈，这真太奢望了。我今简单根据

---

[1] 汕头《大光报》1947年4月5—9日连载。

自然医理来提出一个有把握的长寿法如下：

（一）衣——勿穿过多，以热地或夏天说，只穿一上衣一短裤即足，今人穿二三重衣又学西装打领结，使毛孔不透气，常致身弱而且有肺病的危险，袜可以不着，鞋以宽松者为佳，在屋内以赤足及拖鞋为宜。夜睡时最好全裸体，不得已时亦当穿宽衣，睡时裸体山东至河北一带人都行，既省衣费，又合卫生。

（二）食——富者食过多，难消化，与贫者食太少，犯贫血症同样不能长寿，故富者当少食，时不时饿一顿更合卫生。"饿出精神"，多食者当记得这句箴言，鱼与肉以少食为好。菜蔬，尤是干且甜的水果，应多食，菜与水果多含生命素，且无毒，不是肉与鱼的易臭烂与生恶菌，容易在肚肠内滋生毒病。

社会请客常在晚间，饱食后即睡更不合理。故宴客以改在午间为佳，又请客在饭馆，多费而且肮脏。凡有公馆者当在家请客，养成合理与省俭的请客法。所谓"家宴"只由自家厨子多添几样干净菜食，且显得更亲热了。

（三）住——城市多空气恶劣，稍有钱者应在乡间住家，周围应多种大树。此遭在曼谷最使人不快乐是随处少见树木。无论街道上或屋周围应多种树，既可取荫，又得清气，且有树花可玩，树果可食。

（四）行——这不是简单的行法，如出门坐车之类。这应是运动。有钱人既多食又不肯活动，行一步就用车，纵然好身体，久之久之就成废人了。一件铁做的机器，久不行就生锈，况且是骨肉做的人体呢。

所以，凡商人、教师及无事做者，每日至少应步行二点钟，且应急促步而行，使五脏活动，能够每日打一回拳，或八段锦，或太极拳更好，每日或跑马或游泳一二点钟更佳妙，最少，也当伸伸手，弯弯腰，踢踢几下脚跟，总求肯活动，多运动。活动就是生命，终日食饱后谈谈天，且常常躺卧，出门就要坐车，这些是死象、病态，终不能长命。

（五）日光、空气与水浴——在热带当不怕无日光。但在窄街巷住的，应于早晨晚间多到旷场散散步，吸吸新空气。猛烈的日光应当回避，温柔的日光应多去承受。晨曦与夕阳都是无限好的。应该每日至少有一次向早晨的太阳举行鞠躬礼。向她行了"深呼吸"，做下多少柔软体操。或当夕阳时，向这个将落下的太阳，表示无限的惜别。向她弯弯腰，行行深呼吸，做下多少的柔软体操。

说及水浴也非常重要，尤其热地人更是不可少的卫生物，每早起午间与睡前，不论"新唐"与"老唐"，都应从头至脚严加擦洗。就是你不觉得热气，每日仍应这样去行三次水浴。头部更应洗涤，脊部应伸手去摩擦，擦得一丝一毫的污泥不留在皮肤上，这个脊部，通条脊骨，使它干干净净，擦得粉红，擦得痛快，便可使全身无病了，这是近来新发明的卫生法呵。至于能去多多游泳，更是水浴中的无上妙法了（以上原意为暹侨写的，实则无论何地都适用）。

（六）性欲———四五十岁人每五七日交媾一次是无妨害的，若遇兴趣时亦无妨多做，但以兴趣来时为主，兴趣又有大小，当以大兴趣为主。若无兴趣虽一二月不去做也是好的。若夜夜去行且毫无兴趣而勉强做，这是有妨害了。大概交媾后觉得痛快，明日觉得精爽，强健，这是好现象。交媾后，觉得明日困倦，无精打采，这是恶结果，应再延长时日，减少次数去交媾。这是个人最好的交媾标准，连上所说五七日一次也是呆板的。凡交媾嗜好，固然以个人身体及习惯而定，但刺激一端极占重要，所以最好晚间勿与异性合睡。一人自睡一间房，一张床，以免受性的刺激，这样可以熟睡，可以减少无聊的性交。

有钱人最危险的是嫖妓，花柳病多得很，怎样能康健？怎样能长命呢！

（七）正当的娱乐——我国人的娱乐在性交，在赌博（且有在鸦片者），是应去提高升华，从事于文艺，各就所好的学问，多多去亲藉。好的戏剧与电影，也应多去鉴赏，多去旅行，高山流水，名胜区域宜常去游玩。如能每周去玩赏一二日更好，至少一二月间当旅行一次，每年中至少到名胜区徜徉一个长久的期间。在旅行期中，应多行路，不坐车船，应登山涉水，不辞困苦，应于困苦中求快乐，应于锻炼中求得壮健的身体与崇高的精神。

（八）乐观与慈善的人生观——穷人不能乐观尚有可说，至一班饶富的人也是眉头不展，这因不知安分之过。人生应乐观，愈穷贫者愈应乐观，始能有勇气去奋斗。凡做一事纵然失败，不可灰心。应再去做，做到六七次，终有一次成功的。至于富者除了乐观外，应时时存了济世的胸怀，拿出巨资做公益及慈善事业。这样善念，也是长寿的一道哪。我今将长寿法的要点列出一表，凡要长生的可抄一通为座右铭吧。

百岁法十条约

照此实行，不能百岁，亦可长寿。

（一）每晨早起来，向太阳做卅分钟柔软体操，并行"深呼吸"十分钟。

（二）要乐观——遇事快乐，虽失败不灰心。待人温和，虽遇反对也不介意。

（三）每日立心做一好事——大小勿计。凡公益及慈善的好事应该去做（迷信除外）。每日要看有益书籍一二点钟。要有职业，最好每晨晚间能手执锄镰治园圃。

（四）和家人或朋友辈每日要大笑二三次，最好与家人孩童辈玩耍一番，虽老亦要学少年。

（五）鱼和肉每日最多食约一两，卵不过二粒。多食菜蔬及水果（因菜果多含生命素及清洁少毒故）。不食过饱，约食到肚量七八成。

（六）每日要水浴一二次——每日洗澡至少一次，能加游泳为佳。浴时自头至足，尤是脊背，要用力擦拭至皮肤呈粉红色。衣服勿穿过度，以觉得"不热"为佳。

（七）每日要大便一次，二三次也好，务使屎不积肠免毒入血。

（八）凡人都犯一种病，应当细心卫生防御，遇有病时不全靠药，仍从卫生方法着力。如少食，或全饿，多休息，仍多做合理的运动，从饮食、空气、日光、水浴及按摩与锻炼诸种疗养法，而求病根的断绝。

（九）夕阳将下时即到郊外散步一点钟（用急步法使五脏活动），至见星辰始归家，有月时当与月徘徊一些时，领受大自然的景致，同时检点日间所做事是否合条约。否则，想在明日补救。

（十）每晚十点上床睡眠——除非有特别艺术，不去玩赏；除非有大兴趣，不行交媾。单床独睡，裸体而睡，不上酒楼，不嫖，不赌，纸烟薄酒适度而止，最好全勿吸饮。

卅六年三月在海船中

幽灵？破除迷信吧！[1]

刻见到本月八日香港马场"幽灵"的通讯一则。这种"新式的迷信"更须要破除，故我不得不揭出此中之谜！

在照片中洗出意外的影像，并不算稀奇，或许是摄影者有意造谣；或许是光影射入。总之，就科学说，不能离此二理由。也就科学说，神鬼不能存在，社会应该除此迷信。

先就第一端说，我辈应记得巴黎廿余年前风行摄出"鬼相"之事，及后，由专家调查，乃知摄影者故意造作。其中构造，乃将许多原有相片，颠倒加减其状态，如将他们的目，或耳，或面部，或唇，或发，与须等等故意涂抹得与人类及鬼类混似不似之间，然后安置于秘密地位，而其光线能射入镜头者，故意使观众在摄影室内一无所见，而摄出后，确有一种相貌在内。后来由专家考究所得，此中原有相片有些是现任总统及部长等所改造者！真相揭出之后，摄影师当然服罪，而社会中人始如梦中张开目，看明此种把戏了。

我不知香港此中幽灵秘密的所在，是否有如上所说的招摇以神其说，而使摄影店的生意大行兴盛？！或许别有下头的原因，即是：跑马时有许多骑师连跑一气——相离不远——其影当然可以相射入，依稀另有一影。但看不出真相貌。或许观众中有一影射入所照骑师的相片中，依"投射影"现象有时极远的影能投入其中的一角，如我饶平

---

[1] 1947年5月15日《大光报》。

的塔山，其塔影能射入饶城内的池塘一影。

　　总之天下事不是偶然，当有一定科学的道理，即是"有果必有因"。旧时神鬼说所以不能成立，就在不合科学定律，就在有果而无因这件事。依照近代科学，我们知空中什么物象，即使是一种微薄的气体，也当占有位置，也可测验出来，岂有鬼在空中行动而永久毫无踪迹、推验不出来的道理。况且照物理、化学及生物学的道理，我们真知人死后有些化为物质，有些化为气体，并无有旧时所谓"鬼"那种现象能够成立。故苟知天文、物理、化学、生物学及心理学等等科学，当然不能承认有"鬼"这件事了。

　　要之，在我国眼前这样，"不科学的社会"，鬼神迷信，当然尚有些时间占据人心，故如香港人对幽灵那些三件事的推测当然免不了。但都是"毫无根据"，幼稚到不科学的可笑，我们当从科学入手，教育民众，才是根本的办法吧！

卅六，五月十日

代表——代表什么？[1]

（好代表的条件）

我国已向民主政治前进了。今后各种代表当乘时产生：在县有县参议员，在省有省参议员，在中央有国大代表，又有监委立委种种。民主真不真，政治好不好，全靠这些代表假不假。

料在这初期数年间，全民代表尚难做到，只有一些特殊阶级出来做代表。这期间当有不少政客与土劣混杂在内，然也有一班社会贤达及智识阶级加入。乐观呢？未全乐观。悲观吧，也可不必。我今特提出一些好代表的条件，使一班好代表努力，又使一班坏代表改善。

要做一个好代表，第一条件要有一种抱负，一种救国爱民的抱负。最好当加入党派，因为党派有一定政见，可以遵循的。加入党派后，努力成为党的代表人物；为党计划，在议会努力党政的实现，在社会争取党的地位。加入大党派更易实现其政见，但当以政见为依归，不是为"食党饭"而胡乱加入的。若与己个人的政见不合，则虽有大势力的党派当前引诱也勿加入。苟与政见相合，则虽至小至无力量的党派也应加入。或由自己努力或与同志组织另一个新党，也勿顾虑初时力量之不足。或全无所可，宁可一人独当一面，独行其是。在议会，在社会，宁可有一士之谔谔，胜于千百人之诺诺。宁可有一雄狮的怒号，胜于千百羊群之受人宰制！

做好代表的第二条件呢？在议会抑或在社会，要敢言，要多言，

---

[1] 1947年6月13日《大光报》。

要如现在沈之敬君在参政会的"话匣子"一样。切切不可死气沉沉，旅进旅退，一无表见，空负代表头衔，徒耗国家旅费。要敢言，不避权贵，要多言，多言民生的建设。

做好代表的第三种条件，就在所建议的要兑现。故不但要敢言，尚要使所言的能实行。今日我国议会的通病就在"议而不决，决而不行，行而不力"。一个好代表在议会所提的条件，既经表决了，当使其能实行。如官厅不肯实行，当设法使其实行，与或警告，或提出弹劾。总之当时时刻刻以成案在心，坚持不懈，从各方面督促其实行。

第四种条件呢？我以为一个好代表，在竞选时应向选举者提出一种切实的政见，使选举者为公事并非为个人而选举。一经选得后，当负责使所诺言者见诸实行。否则，就应辞职以谢选举者，这样见出为代表者是为公事不是为个人地位而来的。

总之，一个好代表，当负有一种使命——公家的使命，一种责任心，一种勇气——不避权贵与反对党派的攻击，一种雄狮呼号奋发的态度，一种敢言敢作敢冒犯一切危险的代表人物。

卅六年六月六日

日本想保存在台湾特殊移民权？[1]

——一封致外交部长及台湾省长公开函

雪艇[2]部长、道明[3]省长雅鉴：

近阅报知日本外交部有要求在台湾特殊移民权，此称荒谬主张，全国人均有拒绝之必要。日寇抢夺台湾五十余年，久假不归，国人共愤。今幸回归祖国，虽一草一木誓不再许日人抢夺了。

日人自有这个要求的理由，就是看台湾这块经济肥肉，又是侵夺我国南疆及南洋之军事根据地。为今之计，我国当从积极上防御日人再起侵略之念头。我从去年两次参观台湾后，归国及往南洋时就热烈提倡内地移民到台湾去的主张。诚因我国，尤是闽粤二省内地人口膨胀，费了极大旅费到南洋去当奴隶者不计其数。而对台湾的移民，地近，旅费省，且人情风俗相同，若能以往南洋的组织与勇气的移民法到台湾去，不但经济可以充量发展，而且国防上可以得到办法。这是人民自动移民的一事。

其次，台湾自日人退后存下公私土地甚多，省府有分田于民之计划，今后当本此政策，切实做到分田于本地人民及外来移民之实惠，这是公家奖励移民的一事。

如能照上二项去充实人口及谋经济的发展，才是根本上断绝日人再度抢夺台湾荒谬念头的办法。我们极望二位，尤是台湾省府迅速与

---

[1] 1947年6月18日《大光报》。
[2] 王世杰，字雪艇，当时任国民政府外交部长。
[3] 魏道明，字伯聪，当时任台湾省主席。

切实做到上面两项的根本政策。

当我去年在台湾时，日人最末批撤退的归去者口口声声，誓在廿年内再回台做主人翁。在日人夸口中，益增我国的羞耻，这是我人应该警惕和振奋的地方。

当今年我到暹京时，提出内地移民台湾之计划后，旅暹台湾同乡会一些代表表示反对，理由是台湾人口已充满（一方里有一百三四十人）。根据事实反驳得振振有词，彼等终于无充分理由反对了。台人近来排斥内地人民，这是因一班官僚到台湾铲地皮之缘故。若移一班苦力与智识分子，尤其是实业家去共同发展其经济与充实地方之强力，台人都是漳泉民族的后裔，与闽南及潮人血统语言和风俗习惯种种，同源同系，定能水乳交融，这全靠台潮当局及代表人物之努力组织与宣传。我辈当誓为后盾，使台湾永久是中国的台湾，断断不能给予日人再有插足的机会，恳求二位和台人一致努力吧。

张竞生

发于汕头　卅六，六月

我对于东江教育的观感[1]

东江,具有特殊的历史、地理与人文。语其历史,我辈若祖若宗从中原来,与黎苗百蛮争夺此地,席其余威,今且推其势力于南洋各处。故东江教育,第一,当特别在发展子弟此种先人冒险的遗性,而使其成为南洋的领袖人才。举凡法国与安南、英国与十三州、荷兰与爪哇等地政治的关系与其语言风俗及经济的状况,务使人人有这些普通观念于其脑中。又当再进一步而设立殖民专门学校,于毕业后,特往南洋与人争其短长。须知东江未来的世界乃是南洋,则当明了东江教育应注重南洋人才的养成的特别意义了。

以言地理,东江一边大海汪洋似襟带,一边则高山峻岭拱护如屏障。此中山海鱼盐之利,取之不竭而用之无穷。诚富宏农林人才的造就与鱼盐事业建设。俟其实业既兴,民生充裕,然后择海边风景及深山胜地,办理艺术学校以为养成情感与艺术教育之所。

东江人文,又有可特述者:嘉应人刻苦自励,代有作家;我潮文物彬彬,因经济较充裕,故人不肯努力,但其人才不出则已,出则一鸣惊人;惠州,民俗磊落桀骜,能出盗贼与英雄。前国民党叛徒陈炯明曾说,嘉应出人才,潮州出钱财,惠州出将才。斯言虽夸,但东江固有特别的民性,希望教育家发展其所长而铲除其所短,则人文从此当济济更有可观矣。

---

[1] 1947年8月《潮州乡讯》第1卷第1期。

教育固当重其原理与普遍性，我又望东江教育在发挥此地的特殊历史、地理与人文教育之后，应当再进一步而求教育的纲要与及研究东江人在人类上、在世界上、在本国和本省上占如何地位，与如何教育而后，才不愧为人，为世界人，为中国人，为广东省人。这些希望都极伟大的，故东江教育者所负的责任更觉其重要了。

张竞生参加饶平国代竞选函[1]

【本报讯】本报前日据饶平来讯,谓张博士对国大竞选,似无意活动,情志前报。顷接张氏来函表示,对国代竞选表示坚决参加,不问选票多少,有蔼然风度,兹将来函原文志后:

关于饶平国大代表竞选事,本十二日贵报曾记鄙人似无竞选之意,实则不然。我关于国大代表已照合法手续登记为候选人,但非以国民党党员资格提出,故党员提名当然无名。然对此国民应尽义务,积极坚持,至吾于将来选举票数若干,当听诸选民意旨,我对此从未加入丝毫求情与疏通,这为全饶所熟悉,不用多谈了。

张竞生
卅六年十一月十四日于汕头

---

[1] 1947年11月15日《大光报》,题目为编者所拟。

张竞生为王潘展造纸厂宣传函[1]

【专讯】饶平王潘展，为发展家庭工业，于抗战期间，即开始造纸工作。当时主饶平县者为陈暑木氏，陈对于新兴事业亦极有兴趣，为提倡故，鸠资聘王君主其事，创纸厂于饶平南关。当时造纸尚属幼稚，唯益鼓起潘对于造纸研究兴味，不断努力，今已达成功地步。昨潘自饶来汕，带所制白报纸，拟再予改良后，备作新闻纸之用。视其出品，质料颇佳，较其他各地所出之"土报纸"，则有过之而无不及。彼现于浮山设明新制纸厂，决招学员扩展造纸（详细情形已见广告），对于造纸智识，不稍秘密，尽量公之于世，求以有补助民生。昨日张博士竞生特来函介绍，兹录张氏函如下：

兹本区造纸家王潘展先生，近在饶平浮山设立明新制纸工艺社，招集生徒，从事制纸。其中有特出新裁者，乃由香蕉丛废料，与稻秆合成，所制纸料，坚韧可用，远超于洋纸，经由余亲眼所见者。窃纸业为我国极需要，而香蕉与稻秆废料在本地甚多，且极便宜。成本既轻薄，而手续又极简单，为本国纸料开一来源，为本地多一出产，诚为农村手工业别开一新局面也。今值王君招集生徒发展纸业之际，特为介绍。余尚望后来为此业写一专文，以供国人之参考。

---

[1] 1947年12月21日《大光报》，题目为编者所拟。

反对变卖金中校产
——响应杨睿聪先生[1]

我曾为金中校长兼管校产人,这是陈炯明长粤时代,由潮属各县议员力争保存金中校产不能移作任何费用,只可为金中或全潮性的的教育基金,由地方人组管委会完全独立等决议案,由当时省政府备案,认为"金券铁铭",永远不能变更者。不意在抗战时期,校产同遭沦陷,而金中当事人一则忘记这前案的重大意义,一则为顾照当前事实,遂姑且承认校产由教育厅管理统筹统支,这个已完全背叛前约。我今将旧事重提,使地方人知金中校产省方是无权干预的,又使今日的什么委会晓得除有权处理校产的出息盈余外,无权可以变卖的。

可是彼等要变卖者所提出的理由,乃在建设校舍。这个理由,固然正当,但建校舍可以不至变卖校产,此中有许多办法:一、向潮人捐题;二、捐题不足时,由省方补足;三、省方不能时由潮属各县认足;四、上各法办不通者,暂时金中在开元寺不搬,而将校产整理得其余资,陆续建设新校舍。金中在外播迁已有年所,尚且可以维持。今后再多三数年在开元寺苟且借居,究于学业无大亏损。

又我意凡一建设当按财力,若当局持以毅力,虽无大资亦可逐渐

---

[1] 1948年1月23日《大光报》。杨睿聪,又名杨小绿,生卒年月不详,潮州市区人,民俗学专家。

完成其美满的工作。就金中建校说，凡事当从俭约入手，我们不盖洋楼，只好先设平房，矮的讲舍亦可读好书，四五层洋楼有什么用处，若盖好洋楼全将命根子卖却，这真是世界至愚蠢办法了。

昔在陈济棠主粤时，我省人有一句讥谑流行语即"建设者建筑也"！主持人一切不能建设，只能去建筑，动则盈千累万，经手人多得中饱的利益，谁人不肯提倡与赞成？盖起了外面的洋楼，确实是众目共见的成绩，可惜是建筑中饱之外，底里空空如也，真是冤枉了公帑，阻碍了事业的前途发展。我们要建设新金中，当先从真正的建设入手，不是要从"建筑"，下了全部财力。诸位读过美国的"黑人大学"建设史未？从毫无财力而全由校长与学生建起了一间辉煌的大学。金中当局或建委会诸同事如肯振作，纵不能有黑人大学当局的能力，也当如太戈尔[1]的办理"国际大学"，只要一张帆幕，就可在金山顶建起一讲堂。学生呢，席地而坐听，连课椅也可不用了。当然我们不能这样吃苦，但极平常的平房逐渐盖起，横竖老窠在开元寺，如在金山顶多盖起一平房即多一件扩充。这样做去，即由自家校产设法也得逐渐做到完满的工程，连外界助力的有无可以不管呢！

说及金中校产的整理，廿余年前我已想及（今杨先生也举出）。如将茭定地等处的下等房屋所改造为中等处所，则每年就可多收我在当时所预计之二三十万龙元（光洋）了。可惜我不是教育家，又在那时是极悲观的，故速速辞去金中，若我再延长数年，敢夸口说，我的数年整理后，不但金中发展有办法，尚且计划建设潮州大学呢。时到今日比廿余年前，潮人开通得多，汕头尤加繁盛起来，若用众力协同将校产整理发展起来，年租钱就可多出数十至三二百亿（现时国币）。哪怕金山顶不能盖造平房，即将洋楼也可逐渐实现呢。

我人今日不此之务，而唯以大建筑为能事，一动手就要八百亿

---

[1] 令译泰戈尔（1861—1941），印度著名诗人。

元，就将全部产业变卖净尽，在当事人也算痛快了事，可惜我们的金中"命根子"从此就永远呜呼哀哉了。故凡潮属有心人当起来力争，断不肯让这个全潮性的教育命根子，断送于彼辈之手。

附注： 我上举的黑人大学及国际大学之苦斗例子，不但要想金中建校者去仿效，即今日在筹谋的"潮州大学"也要这样做，始能迅速而且有实际的成功。

卅七年正月十五日

附

金中变卖校产建校　杨睿聪争请保存[1]

——认此种舍旧图新无异补疮剜肉

【潮安讯】省立金中学校当局及校产会暨重建校舍委员会三机关，联衔呈省教育厅：建议变卖校舍，以充建校费用。事为校产会委员杨睿聪闻悉，认为变产建校，得不偿失，力阻无效，特陈具理由，函姚厅长请予保存，以维持金中校产之完整。其原函如下：

宝猷[2]厅长砚兄勋鉴：

近金中重建会，学校当局及校产整理委员会暨重建金中校舍委员会三机关，实有联衔向教厅建议变卖金中校产之举，查该建议书系于十一月廿八日油印，唯事前并未经校产会推员草拟审核，即建校会及金中学校当局，亦未尝有所议决，弟虽忝列校产会及建校会委员，亦

---

〔1〕1948年1月11日《大光报》。
〔2〕姚宝猷（1901—1951），名良珍，字健生，广东平远人。曾任广东《民国日报》社长，中山大学教授、广东省教育厅厅长等。

反对变卖金中校产——响应杨睿聪先生

绝未闻知。直至最近始获睹该建议书全文，并聆悉已联呈教厅正式建议，遽听之下，骇愕万分。窃思金中校产，系前清方照轩[1]军门所捐拨，其培养后进、扶植教育之意义与功效，彰彰在人耳目，凡属爱护金中人士，理宜尽力维持，护校产之完整，且使之有所增益，绝不当有变卖减损之行为，以辜负前贤创业之苦心，违悖整理之意旨，而动培植后进之基础。查该建议书中所举理由，极不充分，办法亦属空泛，倘一旦付诸实行，不仅陷金中校产于万劫不复之境地，更将影响全潮教育前途之发展，心所谓危，不敢不告，谨将鄙见胪陈于后，幸垂鉴焉。

意 见

一、重建金中校舍，使成为最理想之学校，人人同具此心，人人均思促其早日实现。惟应先行体察时间与环境之可能性及经济之能力，然后确定计划与进行之步骤，始克奏效。断不能操觚从事，好大喜功，而自斫丧其生命根基之校产。须知建校未必需要变卖校产，即变卖校产以建校，亦非得计，充其量不过表现当事者筹措无能为力之弱点已耳。

二、照杨工师所计划建筑之校舍，概位于金田小丘之上，山石嶙峋，古刻林立，施工诸多不便。据估计全部校舍建筑工料费数在港币二百万元之谱，以港币一元伸合国币二万七千计算，需国币八百余亿元，倘变卖金中校产以充此全部校舍建筑费，势非变卖十之八九不能蒇事。夫校产为学校命脉，设变卖殆尽，学校命脉已斫丧无遗，似此得不偿失，不智孰甚。

---

[1] 方耀（1834—1891），又名方辉、方照轩。广东普宁县洪阳人。曾任潮州总兵、广东水师提督等。重视教育，创办金山书院等。

三、金中汕市校产，虽间有建筑简陋，租益略少，但建议书中所言芙定地、道安里、一本里、康乐后巷等处校产，均属汕市繁荣地区。只因过去欠缺整理，遂致沦为贫民居住之所，倘能悉心妥定整理办法，加以改造，不难成为一极有价值之产业，堪与现今汕市最繁荣之小公园一带相媲美。至于澄饶各地鱼塭沙田，年来因受天灾影响，以致失收，然此特一时现象，不能因噎废食，遽断为无用。且堤围崩决，赋额庞大，即欲变卖，价贱可知，今竟欲变卖有繁荣希望之汕市店屋与贱价之沙田鱼塭，以兴建工料昂贵之钢筋水泥校舍，而夸称化无用为有用，人非至愚，断不出此。

四、建议书中谓校舍建成，亦即校产之一部，变卖校产以建校舍，不过挹彼注此，舍旧图新。此谬论也。若执是以为理由，则我国当此兵燹之后，疮痍满目，试问岂能将边远地硗瘠省区，割卖他国，以供优举建设之费于所谓舍旧图新者，特一偏之见耳。且主持建校及整理校产之人应有办法筹款建筑校舍，俾于学校有所增益，始足称道。若仅以挹注转移为能事，则剜肉补疮、削足适履又何虞乎有此。

五、建筑校舍筹款匪易，人人共知，当事者自应审慎计划于事前，方不致竭蹶于事后。倘乏深长精密之计划，欠缺切实之把握，贸然施行，及至捉襟见肘，即倡议变卖校产以谋补救，此例一开，行见提理由以建议变卖金中校产者，将接踵而起，其势非至全部校产变卖净尽不可。今社会上拍投公产虽办法尽善尽美，而流弊百出，不无假公济私行为。为防微杜渐计，为金中校产完整计，仍应全部保存，毋使丝毫减损。至建校之费，尽可从校产整理入手，逐渐筹措，庶不影响全潮教育经费之前途也云云。

戏论胡适的恋爱观[1]

近报上载有"北大"女学生，廿余芳龄呵，竟然爱上自家校长胡适先生，并说："如你不爱我，就拿手枪打死我吧！"又载胡适先生疑她有神经病，叫巡警把她带走了。

这或者有点神经病吧！可是胡君也"咎由自取"，谁叫你生得那样漂亮书生脸，又生得那把口会说漂亮话？最近尚对燕大学生说出："你们男的女的，在这美丽的环境大家可作些香甜的梦吧！"

香甜的梦呵！这个女学生就想去试一试，可惜试不成，竟到巡警衙门去完成这个香甜的梦了！

胡君想将近六十岁"芳龄"吧，可是廿年前我在北大时，见他美貌总是跳过了年纪，那时他已近四十了，看去尚是三十岁左右人。近年来或者为国事为学术，头上黑发不知有些丝丝变白吗？然而多少年来，他在美国优养，大食好面包，想必是如潮州话"肥白蓬咙大"[2]，即是粤语所说，然是"靓仔"吧！

以我"性育大家"的眼光（夸口夸口），年龄与恋爱并无什么直接关系，"老牛尚能磨麦"，人老心不老，君不见世界鼎鼎大名哲学实证派杜威已到七八十岁，去年尚"燕尔新婚"呢！

反而说来，有些少年人，已成为"银样镴枪头"，中看不中用了，

---

[1] 1948年3月5日《大光报》。
[2] 潮汕方言，指一个人白白胖胖营养好的样子。

尚有什么可成为恋爱的对象呢？那个女学生，虽有神经病，然总有点"爱的常识"吧，她不去恋少年而来恋老人，此中别有一种见解吧。我闻欧洲女人有许多专爱老人的，老人比较少年会温柔，好脾气，不会拈三弄四，一直打到底呢，不会时常闹离婚吧。

我在某书中看到胡君谈及"中西恋爱的不同"，他说："我国人由不爱渐渐而生出爱。"他个人便是好例子，他与夫人是父母主婚的，夫人貌虽不扬，但胡君愈看愈爱，所谓在德不在貌吧（以上几句话是我胡诌的）。

罪过罪过！请胡先生原谅我吧！我也有一番苦衷：我不见你已经二十年，回想北大同事或夜间聚谈的情景（你那时最喜欢夜间上小馆子与友人闲谈的），我也时常起了"单思病"呵！近来想与你通讯，但学术荒芜如我，又是变了老农夫，竟不敢向班门弄斧，今借此题，聊当与你谈点性学吧，恋爱学吧，人性考据学吧。总之，你当能原谅"老同事"的戏论，若能取得你一开颜，或胜过于当大学校长教授们，只好吃苦粥，侈谈什么哲学的实证派吧。

卅七年二月于满园李花开时桃又含葩的日子

口腹建设法[1]

我提出这个问题,不是向社会及潮汕建设协会诸公开玩笑,我意为这个嘴实是太无厌足了,这个腹实在太可恶了。日日要,一日要三餐、四五餐,一瓮米不几日就要被一家口食完了。一缸糖、一些油,连一包盐,一个短时间也吃清光了。故对这个口腹问题确有提出来清理及建设之必要。

第一最经济的建设法,就是长期绝食,能够绝食到终久免食(死),真是最好不过了,不过长期绝食,不是人人能做得到的事。已死的甘地,算是世最著名的绝食家,他对绝食法有两种,一是短期的属于忏悔法,如遇自己小孩不听话时他也绝食几日以表示自家真诚不足以动人,聊借绝食以忏悔。我想如自己老婆不做饭或发脾气时,也无妨如甘地一样的忏悔法去绝食几日,看看是否能感动老婆柔气和声来劝食一番,纵老婆不服气,自家省几日家饭费,也不算是一件蚀本生意。

甘地又有一种"肛腹不抵抗主义"的长期绝食法,如他要印回二族和睦或国家大事时,他就实践起来,非达到目的,终不进食,甚或至于饿死也所不惜。其绝食法可贵重处在,一是忏悔性质不是要挟的,一是为公不是为私的。反观我国这回的八位国代绝食法是否与此二种中有一种相合?

---

[1] 1948年5月1日《大光报》。

我不提倡长期的绝食法，但短期的，则极为可取。例如甘地主张凡人应于十五日绝食一次（一日间），这个"空腹计"对于……（此处缺一列）日、每月就省下二日饭钱，每年就有廿四日节省了。然则十余人中肯实行起来，就可多养活一人了。

所以我的"口腹建设法"，最可实行的，就是短期的绝食法，尤是少食法。我人的肚乃一个可伸缩的袋形，一碗可饱，十碗也可不满足，全凭个人食的习惯法。例如一个人食惯三碗的，若只食二碗半，这个无理性的肚筋就张动起来表示不满足，这个人尚觉有些饥饿了。若他习惯食二碗，遇有二碗半时，连这个半碗也不觉得需要。实则，有钱家普通都是食过度的，口腹为他的习惯，并非为生理所要求。以生理说，一个中年人免做劳苦工作者，每日二餐，每餐一二碗便菜饭，就够卫生了，多食与大食不但费财而且伤身，只使全身生……（此处缺一列）。

当我为中学生时，全国教育界有"废止朝食"的口号，因养成这习惯，三四十年来，我晨餐食得极少，常时饮了些茶水就算事，到午饭时并不觉得饿。广州人每日食二餐，大可取法，虽则有钱家，中间用茶点，但乡下人并无这些食用，而身体及精神并不衰弱。廿余年前我在日本九州稍久地住居，见到他们男女，食得极少，比我国普通人少食至一半。他们身体极高大，精神也极壮旺呵（日本倭子，乃属于日本内海几个县属，在九州山区，人民甚高大，有如山东佬）。

在这个贫穷的社会，能习惯于少食，有钱的可节省出来救济人，无钱的可以调整多少的家用。至于营养合理的数量，要视各人的年龄与职业而定，然我总觉得我国有钱人，自少就养成多食，大食与奢食的习惯，这于家庭及国民经济大有关系，故特提倡来……（此处缺一列）。

"潮大"校址及其他[1]

我们老同学翁兄子光[2]提出中离山为潮大适宜校址的建议,他所提出的四个条件,都是好的。然我意潮大校址在"岩石旧炮台"一带以至妈屿对面的海边山岭,更比中离山为佳,这些理由是:

岩石因汕头关系,交通便利,比桑浦山更为潮属之总汇,且名为潮大,读书是不分界限的。我们潮大,当为岭东全区的高等教育区,则梅属以至惠属的士子,当必凑集于一堂。由此说来,桑浦山更万万比不上岩石了。(我辈与海滨老[3]本意就想改潮大为岭东大学的。)至说风景幽美,岩石囊山海胜地,比桑浦山有山无海,更为优胜。此中所差的,中离山为薛先生讲学故地,似乎有乡贤遗踪,后生可以敬仰。可是中离中离!仅为我潮贤人,名望并不伟大。今日后生小子,对先贤观念薄弱,还不如岩石旧炮台有赳赳的雄姿,大炮虽无烟,台迹尚俨然存在,令人发生一种老大帝国先时抗敌的观念。国防重要比先贤"心防",更能使学子起了兴奋的敬礼。(这些不过笑话罢了!)

完全的大学,并不限定各科系聚集在同一地方。只要有一中心办事点,各科各系可就人地相宜分设于各处。故潮大中心点,仅求省费而能适中于指挥,便可安置,初不必计较于各种条件的完全。然为潮属——尤是岭东区的高等教育计,应于汕头左近——就是岩石为最满

---

[1] 1948年7月1日《大光报》。
[2] 翁辉东(1885—1965),字子光,潮州人,书法家、教育家。
[3] 邹鲁,字海滨。

足种种条件了。

　　说到此,真好笑煞人!潮大何在?近来有许多学生问我,潮大如何进行?渺然!飘然!风然!电然!一无所然!我们不知潮大筹备诸公何所然?而我们也不知其所以云然!潮大何在?我欲招魂,"潮大的魂兮尚在飘然!",还说什么是校址在何处为相宜?

　　为今之计:潮大筹备诸委员当兴奋起来,限定于最短时间内,使极节约的建校经费有办法。我曾举黑人大学与国际大学的苦干经营。中国到今日民穷财尽,凡做一事当按穷人家娶媳妇的方法,只求圆房,不尚奢侈的花烛费。我们潮大——即如金中,平房好了,帆幕也好了。不必想建设高大的洋楼,花费于形式,致精神上不副其所望!

　　潮大何处!魂兮归来!快快救我潮我岭东的贫穷学子,不能向外升大学的一班在社会彷徨的青年吧!

　　又如能在岩石设潮大中心,并附文艺系。于中离山设农学系,于龙空涵设政法系,于汕头设医系、工商系,更至完善了。但这些远大的规模,终久是画饼充饥吧。

　　编者按:主张以中离山为潮大校址,是翁子光先生的意见,文见本刊第三期,现在张先生主张应在岩石旧炮台一带,且提出俭约的建校的办法,分系的意见,诚可引人深省。潮大为岭东最高学府,不但校址,即校舍建筑,经费筹办以及其他校务进行等问题,事关全岭东高等教育,大家尽可发抒意见,以收集思广益之效,目前潮汕正闹着粮荒,人心愁怨,潮大之事,似被忘却了,兹得张先生快论,大可引起热心者憬然明白做事"打铁赶热"之道,先求速成,后谋全备也。

讲和平[1]

国内战争，凡属国民都感痛心疾首，故和平为全国人民（除多少党派利益外）所企求、所祝祷、所愿即时实现的。

远在若干年前，一班觉悟人物如张治中、邵力子、张群、梁漱溟诸位已极力设法谋求和平的实现。近在数月前，上海一部分代表也苦心焦虑研讨和平的方法，鄙人也曾加入签名同行呼吁，无奈时机未到，徒呼负负。今则国民党已表示愿意和平了。而截至今日（元月七日）中共虽则决绝和议，可是和平，可说到今日虽为党派利益的人物，也乐于讨论了。中共想也有同情，不过要看"讨价与还价"的条件如何吧。

在我们纯粹立于国民地位说，除他们国共外，我们应该迅速起来组织一个"国民和平机构"，这是极需要的。因为国共虽也重视国家的利益，但妥协的条件就觉得不容易实现。至于我辈以国民地位来调处，自然能以整个国民利益为依归，妥协的标准性较易实现。前次"政协会"所以不能成功，就因国民仅在旁观的地位，未曾加入主动的缘故。

或说我们国民组织一个和平会议当然无兵力为后盾，似乎毫无何等力量。实则不然，我们虽无兵力，但我人有的是国民，是舆论，是经济的许多力量，况且我们国民加入和平调处人的地位后，如遇

---

[1] 1949年1月18日《大光报》。

有一派太顾自己利益不愿和平时，私人可以鼓励"全民"作为反对，在平时国民固无力量，然当助一派以攻击一派时，则其力量可大至无伦。

故为整个国民利益计，为谋一个有力量的和平调处人计，我人应当迅速起来组织一个"国民和平机构"！

在昔时国民党不愿和平，我人提倡和平，或者有多少危险，今则和平之声洋溢全国，我人起来组织一个和平机构，当极顺利进行了，故我人希望潮汕人士切勿失此机会，速速起来组织一个"和平会"，并希望号召或加入全国性的和平机构。

说及和平的条件，应当由各方从长商讨，若由我人粗枝大叶说来，似乎从事实上，暂时许可各方在各地上保存实力。在中央则组织联合内阁，而最重要是全国实行民主精神，由各级选举，与各界的组织，都从民主化进行，则临时虽由各实力派操纵，但在不久的将来，可使全国一切统一。由割据式而进于统一，由党派武力而进于国力，由地方独立式而进于中央集权，由野蛮而入于文明，这是眼前不得不承认的过渡办法，但苟能在和平条件中注重精神的实践，则今后中国前途的光明，定可达到的。

编者按： 张竞生先生是一个站在民众中间呼吁和平的人物，这篇文是他旬日前寄的。虽然收到的时间是在毛泽东发表八项和平条件之后，但他的"组织国民和平机构的主张"，正说出了一部分人民的意见啊。

关于召开"潮汕国民和平改革促进会"的通告[1]

谁都知道,我国内战如果再不停止,将无以挽救憔悴之民生、破产之经济,尤无法以遏止日本的势头与国际的危机。现在国共双方都愿意和平了,只是其间尚有种种的暗礁,到这时候,唯有让我们国民来做他们的桥梁,扫除那和平的暗礁。全国性的"国民和平改革促进会"已于一月十日在上海开会,要求全国各地人民派出代表参加,与商和平的方法,并进一步讨论和平后国政兴革的步骤。当然,这个会议是非常重要的。我们潮汕为华南重镇,在此全国共赴和平之程途上,自应集结文化界及一切民意力量,参加和平工作,竭尽国民的责任,同人等用有组织潮汕国民和平改革促进会之发起,唯因时间忽促,对诸地方先进各界名流未及周请署名参加,以资号召,殊引为憾。兹为集思广益,筹维今后和平工作之进行,特定本月廿四日下午四时,在本市中正路市立图书馆举行座谈。敬请各界热心和平人士踊跃参加,俾汇集多数人民之意志,而于和平工作之进行有所贡献。区区之意,其垂鉴焉。

> 张竞生、钟鲁斋、吴文献、饶宗颐、郑瑞璋、
> 郭应清、黄勖吾、刘正杰、卓效良、傅尚荣、
> 唐　人、丘华修、张凌云、张声彤、许宛如、
> 潘立科、林润生、吴　珏、余声仝敬启

---

[1] 1949年1月23日《大光报》。

锄头下的思想

（一）自由真诠[1]

谁不要自由？"不自由，毋宁死！"可见自由比生命更为重要了。

近我国人有种种自由的要求，例如蒋总统元旦对于和平的文告，又如孙哲生[2]先生最近对于中共二项要求的谈话，又如胡适先生在台所讲的"文化里的自由传统"，凡此种种都在呼号勿改变人民的生活自由方式。

我个人意谓自由有学理的根据，那就是"自然的完全自由方式"。但自由在社会实用方面则有一种受限制的方式，可惜在这二项分别上，我国人全然不知其真义，故一面误认在政治力量上可以剥夺人民的一切自由，而一面误认为个人的自由可以不受何方所限制。

实则，真正的自由于理论及实行上两方面均应顾及的，大约有如下开的分别：一、思想上应完全自由，行为上当受限制；二、个人行为上或许可自由，但群众行动上应受限制；三、合理的生存应充分自由，过分的应受限制；四、职业上，专门的应完全自由，普通的可受限制。

---

[1] 1949年4月20日《大光报》。
[2] 孙科（1891—1973），字哲生，广东香山县人，孙中山先生长子。

现就来稍为详细一谈吧。

思想自由,这项应是天经地义的,因为思想无论怎样危险,充其量不过思想罢了。当加里黎亚[1]想及地动时,就听他思想罢了,何必劳你教皇去监禁,即把他处死,地球仍然是动的。故禁思想,真是愚蠢不过,他个人思想错误了,不久当然无人去信仰。如他对呢,虽用压力也是无法长久压得住。因为思想自由,于社会极有利益,由他可以发现许多真理;而对反对派上也得到许多警醒的好处。

又如信仰自由一项。例如对宗教,固然有些牛鬼蛇神与那些迷信的宗教,在理应禁绝的,但与其用暴力禁止,不如从教育与宣传入手为根本。又如信仰一种党派,与其用政治及监狱与枪刀以杀头为手段,则不如改良一切不好的社会事情为入手,较为根绝的妙法。

可是个人行为举止上,则不能完全自由。所以欧人自由的定义,以"个人的自由应以别人的自由为限",因为行为上一有不当,即在社会发生不良的反响。路遇一美女,在思想上,无论你如何去设想总是不关紧要的。可是你在行为上要向该女人表示亲切,当以该女人能接受为界限。你想向她握手吗?亲吻吗?如她不肯,你就要受警律处分了。故行为上,不论个人或群众的,应受法律的制裁与风俗的阻止。

进一步说,个人行为或许可以充分自由,例如要与某女亲吻,不论她肯不肯,你就去亲吻,最多就去警所监禁罢了。个人行为,无论如何危险,力量总是有限。良善的政府应该多多原谅他。至于纠集群众的活动,则应受一定的限制。在义明国,群体罢工,可受保障,但集体暴动,则不容许的。

说及人民生存上,如其合理上的衣食住行娱乐,在政府上应给予人民一定的标准。如政府不能做到,则当听人民取得此项的标准生活权,不能借何名义任意削夺的。可是过分的生活费,如报载某豪门在

---

[1] 今译伽利略。

美国一家一日的生活比国内任何大家庭一年度的费用尚有过之,这样的生存权应予以合理的节制。

论及职业一项,凡属专门的,如文艺界,如教授,如工程师等的职业,应予以充分的自由。但如普通的职业,例如拖车夫遇地方有紧要工作时,则可暂时停其职业而令其别种工作。又如我国农人大都为小农,每年余暇甚多,若使其有用去工作,则虽出以强迫,也为事势所容许。在我国,今日百事废弛之时,一切能善用多余的苦力去工作,只要执政者出以大公无私,诚为事势所要求,断不能以强求职业自由为借口而拒绝。

总之,自由有三种解释:(1)个人不妨碍社会时,可以利用自然所赋予的"完全自由",如在自己房内可以裸体体操及睡眠之类。(2)个人对他人时,则个人自由应以不妨碍别人的自由为限。(3)个人对社会上,有时个人自由可以削夺,而以社会福利为标准。

现在,我国有权力的,自己则完全自由,甚且以剥削他人自由以为自己利益,或以表示其权威,自由到此,诚如罗兰夫人所呼叫:"自由,自由,世间多少罪恶假你之名而行!"

附注:即如国民党的平均地权,又如中共的土地改革法,初看似乎在改变人民素来生活方式,实则苟其制度有利于整个民生,虽则剥夺少数人的利益,也不能说是侵害人民的生活自由。

(二)红颜祸水?[1]

近在《大光报》四月七号看到龚德柏先生的《红颜祸水》之简文,这些似是而非的论断,大不适用于今日。

所谓红颜未必是祸水,祸水未必是红颜。红颜中固有祸水者,但

---

[1] 1949年4月25日《大光报》。

祸水中大都是黑面的男子，红颜在政治中也有些好功绩。

例如外国著名的英国维多利亚后，近如荷兰后，尚算为好政治家。现在尚有一批一批的女议员、女政务员、女部长、女特使，大都极称职，并不让于须眉。

在我国最著名的武则天，她确实为女界争气。因男子传统的压迫，致使她不能尽量发其政治才能，但已非男界所能望其项背了。汉唐时女界尚有一件最大的功绩，即是"和番"。那些优秀女子，献身到番地去亲爱调和。这些"和议代表"胜于今日男界代表万万，因为她们终身牺牲于韦構毳幕，作枕头旁的折冲，即是最强悍的番酋，也肯低首下心归服于中国政治之下，这些和议代表实在能干一番长久的政治工作。男界的硬板板，如宋末的派些和议代表到金元去，都是辱国不能胜任的。

至如龚君所举的四位红颜祸水，除郭德洁夫人[1]正在工作不能一时定其功罪外，宋美龄夫人我一时不要论列。若如宋庆龄夫人在孙先生生时则助其工作，于死后仍然提倡三民主义到今日尚未变节，安得说她是祸水。我于汪精卫之妻陈璧君女士最属深知，此人实是一只"母猪"，贪食爱钱，当民初时同在法国留学，我一日问她近来何作？她答说食饱睡如猪豚，这确是实状。因她想学哲学，我遂送她一本法文的哲学史，大概她不会去涉眼的，她有如女子普通的歇斯的里癫病。汪精卫确实怕老婆，怕她这个刺激病，怕她有许多子女，要离异不可能，只好一味怕她。连在旅行上她有鞋索松放，也大声叫哥哥，汪哥哥只好屈下膝施其手来为她整理。如不这样做起好丈夫，可就要激她一番大风波了。

这不过私人怕老婆的祸水吧。世上怕老婆的岂独是汪哥哥，"怕老婆也大好，里边有李老老"（李皇帝呢）！但这不是祸水的根源。

我想汪精卫所以敢去做日本奴隶的大汉奸，自有别的理由，并不

---

[1] 李宗仁之妻。

是陈璧君的促成，汪君是聪明的。他做汉奸之前，自与他的手下如陈公博之流打过一番大算盘，然后才实行的，当他投降时，我因为先前关系，想写一封长信去劝诫，思之又思，细想他在政治上比我聪明，虽写万言书总不能使他回头，终于将书不写了。又屡屡想他投降的动机不出，经过许久，才得到一个结论，即是"投机"。他必想德日一方必定胜利的，做日本奴隶终可有一时在中国扬眉了。又想中国历史上及近二三十年来无所谓是非，只有胜则王败则寇的恶观念，等到他胜利了，中国人尚赞他有先机之明，谁去说他是大汉奸呢！这个投机事业不幸失败了，德日倒了，日本奴隶的大汉奸也随而倒塌了，这是他们独一的动机，即投机的大失败！后来南京某高等院长审判这些汉奸时的动机结论，也说他们是出于"投机"，不幸我的预料是中了。

我写这些事实说明汪做大汉奸，完全由于他的聪明与人格所误，陈璧君并非主动，所谓"祸水"，只是些月经水，浸不死怕老婆的汪哥，安能为中国政治上的大祸呢？

龚君的"牝鸡司晨，唯家之索"，是食古不化的，不独不适用于近代，即古代也不能一概说得通的。近代的女权膨胀，乃有其社会与教育的根由。我们正望女界好好出来干政治，与男子合作来干政治，定比纯男子的政界，为较光明与净洁。

又龚君是有"大炮"之名的，记得在袁世凯时代，一班反对派也诬蔑孙先生为"大炮"，不过，孙先生的大炮是正式的英美所制造，耐用而且能打倒敌人的。至于龚君的大炮乃是明朝时的铜炮，打不远，伤不起多数人，只好放在博物院中作古物吧！

争取一自由、六平等[1]

编者附识：汕头市党部为解除侨胞痛苦，俾华侨在海外得到平等待遇，在国内得到应享权利，特于本月二日由陈书记长伟烈[2]函邀在汕华侨巨子及各界名流，举行华侨问题座谈会。席间陈暑木、张竞生两先生发言最多，语多中肯，均为研究华侨问题富有心得之言论。当中张竞生先生起立申明争取华侨在海外一自由、六平等之提议，全席无异议通过，并以此为成立华侨问题研究会宣言之基础。兹将原提议刊下，以供关心此问题者之研究。

溯我华侨与英国旗，追随太阳普照大地同一光辉，顾华侨到处受人蔑视，几至不齿于人类，稍具人心，念及泪垂。以彼等之勤劳，到处披荆斩棘，为大地造出无穷大之生产，为人类创造无穷尽之资源。而当地政府恩将仇报，念及更眦裂发指。我闽粤华侨占最多数，或身为华侨，或父兄宗族谋生外国。对于华侨之待遇，自然倍加亲切关怀。当此日寇投降，南洋问题，即行国际解决，我人更觉有急起直追之必要。前数月间，闽粤各县参议会曾对此问题作过普遍热烈之讨论。愈认此事不独是闽粤问题，而是全国之问题。不是华侨本身问题，而是整个之民族问题。我人愈觉争回华侨应得之权利。今日于汕

---

[1] 1945年10月13日《新潮汕报·纵横谈》。
[2] 陈伟烈，时任国民党汕头市党部书记长。

头开会讨论此问题，其大纲在争取一个自由，即移民自由是也；在争取六个平等，即（1）在法律之平等，（2）教育平等，（3）依其才能获得职业之平等，（4）由选举途径，参加政治之平等，（5）依其财力纳税平等，（6）在社会上一切平等是也。凡此要求，一本人道主义，不敢有丝毫逾轨之举动。举凡稍具天良之国际人士，对此当予以充分同情。抑又有进者：我人宗旨，在促全社会对华侨问题之注意，同时希望政府更予以最大之鞭策，使此重大问题，得到全国人民与各地政府之合作，齐心协力，共底于成。譬彼顽石，尚可点头，顾兹人类岂无心肝，想当接受我辈之苦泪耶。以上所陈之一个自由与六个平等原则，不过粗举概凡，至其详细条文，当陆续汇集，作成有系统之案件，以便提出于我国中央政府，及国际议场。除上述原则外，我人又当视力所能及，对于各地华侨问题，作成个别详细之研讨。凡此将来能够成就，全靠社会人士共同协助，尤是靠各地政府予以长期及事实之指示也。谨此提议，敬候抉择。

为锦成兴号题字[1]

锦成兴号,自祖创业于兹,三代子孙勤苦继承,唯劳唯俭,蔚成大业,尚望后嗣和洽,以宏祖业于无穷,余忝为同宗,亦与有荣焉。

张竞生
卅六,二月时过西贡

---

[1] 此为1947年张竞生访问越南西贡时为当地华人商铺所题,题字仍然为后代保存。

张竞生复罗香林书[1]

香林院长委员雅鉴：

　　近奉大札，谦恭为怀，至所钦迟。贵院校未知有无农林系？有无都可由校组织农场，使员生合作，自食其力，且可养成大自然的鉴赏与健体提神也。附上拙提倡品一件参核。并颂
勋福

张竞生手具
卅五，十月十九

---

[1] 此件为手稿，出自《罗香林书信集》。

张竞生给潘友生[1]的信（四封）

（一）

友生兄如握：

到金边数日流连，承时刻照顾，不胜铭感。一路承李君招呼，甚形便利。抵暹谷后即住德记[2]，又蒙令叔费神。子亮老更加客气，多予周旋。现住此若干久尚未决定，候后再详。孟华[3]女士特此致意，即候

近安

正炎兄及曼谷诸同事均此

张竞生于曼谷
1947年3月2日

（附去一函致耀臣老，请代封写后寄去，又致芸萱女士一封亦请代交，又附去令叔一纸函。）

（二）

友生兄：

前到此时即请李兄回带一函，未知是否转到。芸萱、孟华二位想

---

[1] 潘友生，泰国饶平同乡会会长潘宗仁之侄，饶平同乡会秘书。1947年初张竞生访问东南亚时由其陪同多日。这里的几封信即是由潘友生于20世纪90年代初转交给张超保存。
[2] 德记，潘宗仁的商号。
[3] 孟华与芸萱皆华侨子女，陪同张竞生一起游金边。

好。另致芸一函请代交。正炎及诸友均请代候。我来此备受各方之欢迎，但终觉空洞，拟在数日后即飞香港矣。

此间见到公辅诸人正在苦斗，阁下英勃，望于暇时多自修养，以望前途大成就也（即自修英文及经济学）。

余归国后当有信奉上。即候

近祉

张竞生启
1947年3月13日于曼谷

（三）

友生阁下如握：

在暹曾奉函道谢在金塔招待盛意。今余已回饶久时，前情尚萦绕于脑际也。祝阁下高超发展，有机会见面更为翘企。不知芸萱女士已否回国，使予通知其国内住址，兹上她一函。又施孟华女士近状想好，亦望代达鄙意。极望彼此在国内会晤可。余近抵到南京、上海，对政治及文化有所努力，后情再叙。即候

近安

诸同事均此致意

张竞生启
1947年5月20日

通讯址以饶平浮山农校转为佳

（四）

友生兄如握：

前上一函谅已达到。余近因子亮老及本地人士之助力，决定使饶平成为著名柑业区，想数年后获利，当无穷矣。

兹因本地需用高棉好"棉只"，请阁下代买十磅付族弟张德带来。闻此种棉只乃在秋天开花者，极合本地繁殖之用。望注意买新鲜者。

阁下近况如何，有意回饶否？

芸萱女士近况如何，已回国否？孟华女士又如何？饶平能成为柑区，将来可养活多少人，不往南洋亦得度生矣。即候

旅安

诸同事均候

张竞生于饶平
1947年9月4日

为徐主任鼎铭《精神催眠学》小序[1]

凡人都有一种神经病——因为生理有神经,自然有时不免些缺憾。愈有思想的,愈有神经病态,可惜先时有视为天然的,有视为神鬼作祟的,以致患者愈闹愈深,遂使不可收拾。今世界学者对神经病已视为一种学问,从医药,又从心理去救治,未有不痊愈的。

徐先生对此道研究有素,今将其心得撰书问世,必大有造于人类也。

窃大神经固当纠正,但小神经如我国所谓"癖"则也无妨存留。阮籍喜哭,不害其成名,李白好酒,更助其诗意,癖固于人类不可少,也不能尽予戒除。

今我国人已多患了贪污神经病,愈富贵愈贪污,这不是癖,而是一种社会普通病态了。安得徐先生辈尽予救治,使成为一清白的世界,岂不懿与美哉!

至于好学深思者,爱国、爱社会事业者,愈成为癖,愈成为一点神经病态,愈于学术及社会有裨益,也望徐先生多方奖进,使其癖愈深愈佳。

有此真正爱情者,于事不成时,则双方宁愿玉碎,不愿瓦全,或投入火山,或跳落深渊,神经固然变态,但其一往情深,也无可

---

[1] 此文录自一份手稿,据考证非张竞生先生之笔迹。徐鼎铭(1908—?),广东揭阳人,国立广东法科学院毕业,随中国催眠术创始人鲍方洲博士赴日专研精神学多年。

厚非。

  故神经病未可一概鄙薄的,有些坏,也有些好。坏的,想徐先生有法救正。好的,又属于何人肯去使它更好呢?

卅七年七月六日

《马来亚潮侨通鉴》书后[1]

南洋潮侨就人口及产业说,本可称雄。但因国势衰弱,尤以侨胞缺少领袖人才,以致受制于人。我前年游安南、暹罗,有意提倡华侨的高等教育,曾以新嘉坡或槟榔屿能设华侨大学校,为南洋侨教中心点,定于侨务前途有远大的发展。顾在殖民地高深思想难期美满,如今暹罗侨教已受摧残,故一班侨领有意在汕头设侨校以培植高等人才。此事极望各地侨领同心合作,以底于成。(编者按:此为民国三十八年间事,或因环境变迁,上议乃作罢论。)

英人自夸有三位英人的地方,就能成立国家,以南洋华侨之多,如有领袖人才指挥其间,纵国势未能振作,自能周旋应付,以谋各种事物的兴盛!

今潘君醒农所编的《马来亚潮侨通鉴》,堪称完备。现仅将侨胞最需要的高等教育说一说,以备参考。华侨先时去南洋的,类皆苦力;苦斗其膂力乃其特色,今后世界当苦斗其脑力,始能与人争立于南洋的世界。

民国三十八年七月六日

---

[1] 潘醒农编《马来亚潮侨通鉴》,南岛出版社,1950年4月,第418页。

张竞生旧体诗三首[1]

赠王浩真[2]

分手赠剑气如虹,南下沧海斩黄龙。

何当直捣黄龙府[3],金浆玉液共庆功。

镇海楼和伯煌(黄希燧)

镇海楼高望眼夸[4],沉沉暮霭日西斜。

征途甚远同舟济,游子有谁不忆家。

访菊园(1953年)

菊萎园空枉携儿[5],不堪回首画楼西。

忍抛鲽眼长开恨,教子成名望展眉。

---

[1] 广东省饶平县政协文史组编辑《饶平文史》,1989年第1辑,总第7辑,第169—170页。
[2] 王浩真(1903—1984),澄海县澄城镇东湖人,归国华侨,柑橘专家。1957年任广东省农业科学院柑橘研究所副所长,长期在饶平塔仔金研究柑橘。
[3] 黄龙府原为侵犯中原的金国首都,这里指根治柑橘黄龙病。
[4] 镇海楼在广州市北面,明洪武十三年(1380)永嘉侯朱亮祖创建,楼五层,高八丈。
[5] 菊园为博士夫人黄冠南故居,在广州市越秀南路。

法国自然派的生活方法[1]

这是好久时候的事情了！但在我今日回忆起来尚有虎虎的生气！当我第二次到法国时，住在巴黎近郊的人家，与一位小姐是卫生机关的服务者发生情人式的关系。因为那时每期《自然主义》的杂志，那些裸体画，那些新奇的主张，太引动社会的心情了；我们就想去享受自然派的伴侣生活。她向机关请了数个月的暑期假，我们从巴黎到法国南海边乘了自然派会社所特备的轮船到达了我们理想的目的地了。

看呵！这是多么美丽，多么天然的岛屿！它的名真不愧叫做"日出岛"。到时，岛上已住了几百人，男的女的，小孩与老人，一群群，一阵阵在码头上，在海边，在青草场中，嬉笑玩乐如羲皇以上的人民！成年的男子，全身赤体，只在性具上绑了一片小三角布仅仅把阳具遮住，其余是一丝不挂了。女的，除性具遮布外，又加上一小奶袋，愈显出奶部四周的丰隆。至于小孩们一体都是全身赤体的。回顾我们二人仍然是巴黎装束，未免相形见绌了。

这个"日出岛"，位在地中海，成一长形。南北长二三十里，东西广数里。昔日拿破仑筑有许多堡垒。还是由法政府给予自然派会社全权自由使用的。我们到时，岛上已筑好了几十幢小屋与许多布幕。小屋构造，饱满日光与空气，周围绕以藤花，矮小玲珑，使人居其中乐气融融。我们住的是在一个小阜下的木屋子。小阜上有旧日的屋

---

[1] 1955年3月16日《南洋商报》。

宇，但已破碎不堪。在此断壁残垣，于朝朝暮暮，日出月升时，徘徊凭吊，觉得满腔有无限的幽情。在暗夜中，恍惚有幽灵出没，是拿破仑的败兵残卒嗟叹怨恨的声音吧？

这个"日出岛"虽无高大树林，但有的是密集的灌木与满地的青草，四周的海波与蓝色的天空蔚成了一片幽静的、原始的、和谐而合于卫生的宇宙。当夜静时，虫声唧唧与海上的涛音，有如天籁与地籁，有如引人入睡的美音乐。

这个法国自然派的创始人是杜尔美兄弟。他们都是著名的医生，又是文学家与社会家。兄弟二人在巴黎共同创办一所自然主义的医院。对于病人不用药品，只用按摩或兼用电气治疗。但最重要的是对病人的卫生方法。例如只允许食素菜与水果。食材因病而分为上中下三等，总以食少为主。不许饮酒与吸烟。不许食鱼与肉类。因为肉与鱼含有毒质，于病人极不相宜。饮只清水，绿茶与咖啡只许少用。浓厚的有害胃与刺激神经的，一律禁止。除合理的饮食与起居，休息睡眠外，尤其是注意身体的锻炼；此中按其病情，从轻柔到激烈的动作，从散步到游泳、跑步的规定。此外，又注意精神的修养：和气、乐观、不刺激、和平处世、公道待人。对于自己病情，有信心恢复得好；对于自然治疗法，有决心永远执行。由上所举的种种卫生方法，故病情不论轻重，总能克服。健康恢复，足有必胜的把握。

在此会上，杜尔美兄弟，扩大了他们自然的生活方法。他们创办了自然派的食店；所出面包，不是如市上的机器白面，而是掺入麸（麦皮）的。所用米，不是机器白米，而是糙米的（或如我国的"九二米"，半糙半白的）。这些米麦，不但有滋养料，而且富有"维生素"，以免有胃病与脚气病及污血症。当我们入这样食堂时，觉得有一股香气袭人。美丽的紫葡萄、香甜的梨、秀色的芒果、娇嫩的菜蔬，可以生食（外国人的菜禁止用屎尿做肥料的）。即使煮熟的，也有一种特制锅只煮熟到三四十度，完全保存了一切维生素。我们饮的是葡萄汁，不是法人普通用的葡萄酒。说及糖类，更为讲究。机器白糖,因含有刺激质,禁不使用,只用黄糖(潮人叫做乌糖)。又多食蜜糖(可惜在法国尚无麦芽糖)。这种黄糖富有滋养料与维生素,多食有益。在这种食堂内,无鱼无肉,免生气味与害卫生。

在"日出岛"的人,于起居饮食适合于自然之外,尤其是注重锻炼。一切体育都在积极提倡之列。在屋内,在野外,都盛行了种种的体操。赛跑更加提倡。最少每日也当散步一二钟点。日光浴、空气浴,与全能的游泳等,更是壮健身体与养神经的好方法。全岛社员,日刚出时,就成群成阵到野外运动,海边游泳场,已成为众人日常的自己浴池。总之,全岛是一个运动场,全岛的人是一种运动的器具。无论男妇老少,都是日日运动,时时锻炼,此中人都是活生生虎虎气的,都是面红红皮赤赤的运动家,不是如城居人的青白气息,丧疲精神!

说及精神的修养,杜尔美兄弟也著有一部专书。这是他们第四部名著(他们第一部书是专论饮食,第二部是锻炼法,第三部是普通卫生法)。在这一部书中,杜氏也有独到的见解。他们的大纲是肉体固然影响于精神,而精神也能影响于身体。大凡,人要处心和平,勿贪、勿暴、勿刺激,事事抱乐观,时时大笑几声,大乐几下,自然可以却病长寿。有些小病,能从精神振作,便可痊愈。纵极重大的瘤病,如犯第三期的肺病之类,如能从精神上抱了必能克服的信念,又加以合法的起居、饮食,与锻炼、休养与好睡眠(完全不用药料),也就能缓缓恢复起来。他们举出一著名的例子:如德国大文豪歌德当他为卫马[1]大公爵的宰辅时,有一时犯了瘤病,不能起身。但想到明早是大庆日,非他参加出席不可。他于是健起精神,终于在大庆时间,好好起身去参加了。

杜尔美兄弟的主张,确实在欧美医药界中起了大革命。他们讥笑医生是神化的人物;群众对医药是迷信时代的信仰人民。他们不从病

---

[1] 今译魏玛。

原去究治，只想吞入几点丸、几包药散，使可无病的迷信法！杜氏兄弟讥剌西药是"化学品"，是无益于治病而有害于人类的健康的。他们举出许多例子，如犯小瘤疾来说，通常是用奎宁丸的。但瘤疾虽然治好，而胃病与神经刺激病也从此而生。若用自然派的卫生法当然不至于有瘤疾。有小瘤，也只用热水洗浴擦身，与用体操锻炼，便可以救治，使身体有抵抗力，自然免至于再犯了。这样才是根本的治疗法，一切药品是白费的。

来此"日出岛"的固有些病人，但都由自然派卫生法治好的。此中大多数人是热烈实行自然主义，本无何种疾病，来此全为增进健康的。即如我与伴侣当时是极壮健的。她那双水汪汪的蓝眼睛、柔软的金丝发、丰润的身体与奋发的精神；我呢，是"短小精悍"。我们来岛后的身体更加着实了。她的面庞更加发出光彩，那双眼神越加醉人。可恨我们在此岛不过数月，因为俗务所缠绕，不免再回到巴黎，回到这个人数众多，乌烟瘴气，无日光无空气的近代大城市。比较那岛中的自然风光，真有如天堂与地狱的差别！别了！别了！你这个自然的天堂，何时能再来享受你的艳福。当别离此岛时，我们有无限的留恋与销魂！由今说来，更有无限的遗恨！

由于杜尔美兄弟的努力，与许多人的拥护，法国政府虽然是资本主义的政府，也不得不承认这个自然派会社是有益于人类而予以正式地立案。并且在巴黎近郊，给它一个小岛，与这个大的"日出岛"。在巴黎近郊那个小岛仅为体育锻炼的所在，至于日出岛，竟把行政权也让给了。仕此岛上，有教育机关，有邮政局，有"保公所"，在此可以结婚。最奇特的是结婚男女都是一丝不挂（除遮羞布片外），而主婚人也是赤裸裸的。但愿天下有情人，都成了"赤裸裸"的眷属！阿门。

我们的结论是：自然主义，在法国十八世纪时已经有系统的提倡；最著名的是卢骚。可是杜尔美兄弟是著名的医生。他们的自然主义，不是文艺而是医学，而是人类的生活方法。把自然主义的理论，联系于人生福利的实践,这确实在自然主义中别开一种新面貌了!有人批评说这个不是德国"全裸派"的彻底,因为他们尚有身上那片遮羞布。可是社会的改革是有背后条件的,杜尔美兄弟为迁就法国社会,不得不取折中的办法,故让未成年的两性儿童完全裸体,而对成年的,则加上一片遮羞布与一个奶袋。但就全体的作用说,并不会因此减少赤裸的卫生利益呵!

吃香肉[1]

近日有一晚,与香港来的友人到广州专家食店大食狗肉。狗肉又被人叫做"香肉"。实则这种肉比别种肉并不见得怎样香。或因各种香料的加入,与葱蒜的调和,及辣芥的掺杂,而使这种肉香味化了。

狗,本种是野狼,大概肉中富有一种胶质,我曾写了二本《食经》,可惜未尝研究到胶质的特性。曾与一位讲究中国食谱的友人,谈到胶质在中国食法中占了特殊的位置,为外国食谱所未曾丝毫注意及的。例如八珍的猩唇、驼峰等,又如鱼翅、燕窝,都属于胶质之类。今日广州盛行的牛腩,都属用牛身的各种胶物,炖到烂熟。本来,这些胶质如炖得烂与调和各种香味,使得它比较易于消化,是极有滋养料的。

说及我,一生如那晚的大食狗肉,尚是第一次。我们潮州福佬系是不食这种肉的,但客系则以此为独一美味。记得儿时,那班狗买家,到我们乡下收买狗去宰杀,未免觉得奇异,以为这样专食小孩们的大便的畜类(乡下狗都以大便为活,主人们极少饲以谷物的),那样肮脏也能用为食料哪!

因为是我一生第一次享用这样大量的"香肉",又属于食后就睡。我半夜后肚腹痛起来,过了一夜不舒服;使我不得不于晨起后,大食泻药大泻一番,然后才无后患。可是我终久保存这一晚的特味,与保

---

[1] 1956年8月16日《潮州乡讯》第19卷第1期。

存K君同食时的特殊兴趣。

我看一书说到番薯初期传入欧洲时,欧人视为极好的补养品。实在,番薯中有一种甜薯,这些美味并不比香肉为逊;而且易饱与易消化,且滋养料比肉类一样好,而价钱则极便宜。我们乡下人幸而得此为主要食料。

近日又得到香港友人送到一罐花生酱,这确是又香又甜又最好的滋养的食品。记得我在故园时,极喜食花生,常常食得过多,在大便时尚残留有余味,使大便也香味化起来了。相传香妃的大便是香的。我猜想她的食品,大部分必是那些香料品为主体的吧。

我是主张素食的。但世人既然喜欢肉食了,那么,凡属肉类都可容许为食品,只要好烹的,煮熟后,糖质浓厚。又有一种酥质的,其粉质轻松到堵住咽喉。调与合卫生就好了。在德国也有食狗肉的。法国人又喜食马肉。"食在广州",大概就是广州食味有许多特别处;如狗肉、猫肉、蛇与蟾蜍、禾虫等等,为各处所无。凡想吃食一些奇味的,当然非来广州食一番不可。即如此次苏联展览会的港澳参观来宾们,到狗肉店去大嚼一顿,也是乐事。

我的自白[1]

近由港友剪来笔名"大弟"在《南洋商报》上记我一些逸事。大多数是杜撰开玩笑的！所以我想不如自己来坦白比较为切实吧。关于我家庭及长"金中"时的一些事情，看我将来的"自传"中就可以知道，我在此不必辩正。现在只写出我近来的一些计划罢了。

我于一九五一年到广州南方大学思想改造后，本想为人民开办一个大农场。那时负责省政府的方副主席对此是极愿帮忙的。可惜方主席调开后，我的计划就落空了。假如我办大农场，当用最先进的改良种植与畜牧的方法，除一些辅助的方法之外，最主要的是用"什交"的方法，即是把各地不同的好种互相配合起来，例如把番薯接种在月光花，一个番薯可得数十斤重；又如把一些好种的雄猪与母猪交配起来，所生的仔猪长大时可得一千斤重。这不是奇迹，而是一种科学方法与人工可以做得到的。

说到此，人类也是一样的。例如把各国民族互相配合起来，这样混血儿格外聪明，郑成功便是一证（他的父是中国人，母是日本人）。我国华侨不少在当地与土人结婚，其后裔普通也比在本国同血统所生的为较聪敏。

三年前，我曾写了一本《什交通化论》[2]，可惜不能出版。因为农

---

[1] 1958年5月17日《南洋商报》。
[2] 《什交通化论》书稿已佚。

牧的计划不能实现,我遂转入省文史馆做书本的生活了。

去年饶平归侨在黄冈筹备开办中学校,蒙他们负责人请我为副主任。因我在广州隔离太远,只是空负虚名,不能加入实作。中间也曾去信主张开办一班农林与一班渔业,使学生能够利用自己去农林与海利上实行工作,得以自己供给生活费,不用家庭去负担(现在国内正在这样提倡的)。又条陈侨校是所有华侨的事业,饶平侨校,顾名思义,当然应由饶平华侨大力支持,但外县华侨如肯热心帮助,也应同样欢迎。故我主张也可向外县华侨招集校费的。以上二个主张,正由负责人在审议中。

我也极愿下放到乡村——尤其是到山间去工作的。可惜有许多条件不容许,只好在广州继续居住了。

可是我极想为社会做一点实际的工作,我近想组织一个"老壮会"。目的在使一班老人能够活到一百岁或以上,而且极壮健,能为社会服务的。我希望这班老人,聪明继续发达,性趣与情趣也不会比少年时减少,这些是用科学艺术的双面方法做到的。通常是一般人到老了,不必说聪明减退,而且连记忆力也消失,更不必说性趣的消减了。我所谓"性趣"不是性欲,而是一种"精神的性快乐",由此而同时可以发展了情趣。这些作用,在老妇人们更须讲究,因为妇人一到闭经后,便自视为"烂茶渣"了。实则无论男女即到七十岁后尚可发挥其性趣的。所谓十七岁的性趣与情趣及美容,是天然所赋予的,而七十岁的性趣、情趣与美容,才应由人力去争取的。

这个什交法是我从达尔文及米丘林的学说所发展的。至于老年的性趣与长命法,我夸说乃是我所发明的。究之,什交也罢,性趣也罢,读者或许又误认我是"性学博士"了,实则我完全是以"哲学博士"的学说来立论的(关于性趣与长命的问题,是需要极详细的说明,在此我不过提纲一说罢了。读者如有兴趣可直接与我通讯讨论)。

末了,大弟说到我正在为死后谋建自己的墓地,这又完全凭空捏造出来的。在我连梦也不想及有这回事呵!附带说,如我死后,我可能是火葬，或裸葬，即一身赤条条地葬入地内，我生前是极主张裸体生活的，我希望死后，也把身体一丝不挂地裸葬为好。

　　说到我已是七十岁之人了，但我尚"壮健如牛"（大弟语），但我希望活到一百岁，尚且活一日，就一日如牛一样的壮健，如猴一样的活泼，但不愿如猪一样的安眠坐食！请你们看此发一大笑吧。

一九五八年四月于广州

给高伯雨的信[1]

（一）

贞白哥如握：

本廿四日信到。灵凤[2]君加入译社至为欢迎。请代达意。我前去信人民出版社，要求特派人到香江切实征求译述家，到今尚未接复。此事进行当然有许多曲折。我到今日尚未与他们定合约。故只好在《知识》半月刊写些文章度生。

十几日前我的新爱人由南京来到，现在算是在"度蜜月"，我俩这回的结合，给我许多资料写出"情人手抄本"与"爱情的估价"二条文字。拟在《知识》出版（又次溪[3]来信请你代买香江有好的《近代史资料》寄来）。

《说郛》与《扬州画舫录》已取到（《沧海遗音》，李子说已失落），当向文化局请准寄出。

---

[1] 本文诸信件均录自香港大学冯平山图书馆馆藏高伯雨所收张竞生的信件，特此说明。高伯雨（1906—1992），原名秉荫，又名贞白，笔名有林熙、秦仲龢、温大雅等。广东澄海人，著名学者、散文家。曾留学英国，主修英国文学。返国后，在上海工作。抗日战争期间回港，后定居香港，以谙于掌故驰誉香港文坛。代表作《听雨楼随笔》。

[2] 叶灵凤（1904—1975），原名叶蕴璞，江苏南京人，作家、画家。

[3] 张次溪（1909—1968），广东东莞人，中国现代史学家。

因爱人的旅费使我近来经济更形支绌，但情爱上的享受使我从新领略，这是极大的补偿了。此候
近信

竞生
1957 年 3 月 29 日

（二）

贞白兄：

前去信请把《放歌集》及《潮州戏剧》二文件寄来，想已达到，日来正在等候中。

我近有一件大计划，把内子[1]与四个小孩（大孩已寄宿在此间学校）好好安置于南京。因内子自己在南京有好住屋，而我们在此住居太苦了。她有父母在家中也可助理家务，可使她好好学习文化。而我在此独居，可以多用功。凡此种种都好，所以我俩决定把这个移居计划实现。可是一家人的旅费与治装费成了大问题。我知你是无法帮助的，我望你在港中向有些相识相知的友人代筹这笔费（大约须要港币七八百元），我当然逐渐在香港与北京的稿费中清还。请你代我设法吧。忝在知友，所以我敢于知无不言，望为原谅。

此候
撰安

竞生
1957 年 5 月 19 日

―――――――
〔1〕 内子，南京人汪翠微，由张次溪介绍认识，不久即分开。具体可参见张竞生《爱的漩涡》。

（三）

贞白兄如握：

本廿一日信已到。所说退稿，且待你子来广州时，同时带来未迟。同时如能为内子带来玻璃丝袜（九码大）一双、手巾二件，并望代洗过一次，混充旧物，诿说由你子带给家人的，这样较易过关吧（别的物件，请勿浪费带来）。

今接次溪信，请你在港代他买《周佛海日记》《金陵春梦》《末代皇帝秘闻》三书，即寄我处代转——价钱并请告知寄还。

又我在不久的将来，将为家人筹一根本的出路（待后告知），但需要一笔款（约在港币近千元）。我知你是无能为力的，但不知有无与我相知的人，由你代向他们筹集？一候我稿费到时，当即还赵不误。余不一一。

即候

近佳

竞生

1957 年 5 月 26 日夕

（四）

贞白兄：

连次去信，代复未到，想太忙吧。兹别邮上《近代史资料》一本，到时告知。

我近来的生活更加拮据了，因为须要顾及伴侣在南京的二老生活费。故我想如南洋，例如新加坡的《商报》之类，如确是"中立"的出版社，我想寄些稿去找钱。请你代为安排吧。

《知识》半月刊稿费太少——又该社如有退回我稿到你寓时（我预先通知它的），请你暂代保存，勿寄来。

又前有芙蓉埠林振华学友问我告知他关你的住址事，此君说在新加坡看到你发表关于我的信息而后始知我们的近状云云。究之，你那次所登出的我的事件,能否剪给我看后寄还?

此候

近佳

竞生

1957年8月10日

(五)

贞白兄:

本十六日信到,多谢为我兜稿。所说《大公》《新晚》如无办法,其他报刊也可。望再予催促以应急需为盼!我想如《南洋商报》或暹京《中原日报》如确无反动立场,也可寄稿。前往暹京时,《中原日报》正为我捧场,不知此刊现在是什么立场。望代查复。

在介绍时,说我在自传中以社会背景写出个人的特别身世,自然无政治关系,可免介怀。

近接次溪信,望你代买前寄信内所开的书籍,如可能时,望迅实现。

振华兄已见面,我近想到南洋一行,因(一)饶平归侨办一中学,列我为副主委,意望在华侨招些开办费;(二)我想集中潮侨投资在我潮开农果场;(三)我任省文史馆,关于东南亚与华侨关系的史料,顺便就地搜集。

可是此愿不知能否达到?

此候

近佳

竞生

1957年8月20日

(六)

贞白兄:

十九日信到,《热风》也到,多谢照顾。我的自传主旨是写出我的

"乐观的生活",包管轻松爽快,请你无妨就这个意思去接洽。先前香港有《工商日报》姓温的对我极好,不知现尚有此报?也请为我探询。

近为经济关系,新伴侣已离开我,去进入解放军属做保姆了。藕断丝连,前事渺茫,月来受她打击甚大,但也无可奈何了!!

现寄上《近代史资料》第五期,到时通知。

即候

撰安

前信想已收到。

竞生

1957年10月16日

（七）

贞白兄如握:

久未通讯为念。《广东历史资料》买到时即寄。

今有干部友人托搜求《桦山资纪与台湾》(或许是日文),又割让台湾事件的外文资料,特别是丘逢甲的材料。

你如能搜集或代买或代抄来为盼。如撰稿当可得到酬费。

此候

撰安

竞生

1959年3月23日

（八）

贞白兄:

前接信说买《近代史资料》事,我此间买不到。又已于去年请次溪代买,一心以为可得,殊知近接他信又有一番窘局(信附上参考)。

前寄你旧书总未接到吧?现在中英邮政未有定约,以致来往信件未能责备何方失落。即如我去年从香港寄来我的《爱的漩涡》,连寄六七次，永久未接到一本，徒呼负负而已！

际兹春节，想阖府幸福。我近得到哲学上一系统的学说，但无时间写，又写出也恐一时未易出版也。港方想无此等出版物的承受者。请代一问为盼（书数万字，名为《生活力发展论》《心物交化的立论》[1]者）。

即候

撰安

竞生

1959年2月9日

香港清风街二十一号二楼高贞白先生收

由广州法政路35号张寄

（九）

贞白兄：

接近信知你对我关怀，不胜感谢。兹另邮寄上《近代史资料》第三期。

你的儿子何时来广州？来时请另带来织绒线针（粗细全套），是金属质，不是竹类与化学类。这是女子手工器，只是一套，想可过关吧。

如他能带来你前时给我的花生酱米，愈多愈好，我们此间对花生是极少尝口的。

前寄文生转给你启事一则，今再抄上一纸，请转高朗[2]兄在《大公报》或《新晚报》代登一下，更为盼切。

此候

近信

竞生

1959年6月13日

---

[1] 此二书未见遗稿。

[2] 高朗（1924—1977），笔名吴法，湖北人，香港报人。

启事一则，能代抄多少份寄去南洋各地登出更佳，结果如何统希示知。

又

哲学通讯所启事

临时所长哲学博士张竞生

通讯址：广州法政路三十五号二楼

我们国内近定在一二年内所有干部都要学习新哲学。因为哲学就是教人怎样"搞好思想与行动"的必要方法。我个人是素习哲学的，并且在"北大"教了几年哲学书。解放后，我对新哲学也有相当的研究。因我个人的爱好与国内的热潮，使我推想海外人士也有些愿意学习新和旧的哲学吧，所以我们就来设立这个"哲学通讯所"，所内聘请哲学教授与我共同负责。举凡对于哲学（内分哲学史、逻辑、心理、玄学各部门）旁及与哲学有相关系的科学与艺术（或许包括自然派卫生学及性学），若有提出问题讨论之处，本所无不尽力予以解答。至于手续费（包括文件印刷费及邮费），由通讯人量力帮助，不论有无与多少。我们不是以财利相交易，而是以学术互相切磋与进益为目标的。

（十）

贞白兄：

昨上信介绍张云史兄弟文件想已达到。云史有一些小天才，文字极有趣味可取。

谈及次溪可寄些"北京掌故"与你报如何？

兹附上拙文二页，望转给杜君。文如登出，望剪来三份。

诸凡累你费神,望谅。你近状想安好。

祝

康健

竞生具

1959年8月26日

(十一)

贞白兄:

三三信到,我是一九二〇年十二月间到金中接郑国潘任,一九二一年十月间,我卸任到"北大",我是请当时的教务长李春涛代理校长的。杜或许是接李任。

我已在数日前回广州,此次饶平行稍满意,拟在本中旬到此县为长久的"山民"了。大概我暂任"华侨农场"事务。当然我宗旨在用科技方法开发山利,但当局要我还监管华侨事务,此县已办有华侨中学及华侨旅社,尚拟办"华侨新村"及我接办的华侨农场。你知政府极重视华侨的,不知你能否介绍华侨加入工作(人力与财力),当然以饶平籍为主。但一切华侨愿合作的,都可合作,不分界限的。前饶平在港的"乾泰隆"号陈姓甚有财力的。但想他们不愿合作吧。

即候

撰安

竞生

1961年3月7日

(十二)

贞白兄:

我来此去一信想已达到,近状如何?极为系念,望予告知。兹附上一信,请看后封好,并寄航空信为盼。因此间不能直接寄越南信,须由港转,望为原谅,我在待款到后去办华侨农场。承暇在搜集材料,拟写一册《新饶平》[1],又在译法心理学大家的《情感的逻辑》。有便请代问高朗君或他出版家有无需要我所拟写一些"生活兴趣"小作品,大旨在从烟、酒、食饮、性育与大自然的鉴赏一些精华的趣味游戏文章,望予费神介绍是幸。

此候
康健

张竞生
61年6月5日

(十三)

贞白兄如握:

接五(月)十二日信,知你眼疾未愈有碍工作,至为焦急,但重珍摄为幸。我想除药外,如能常时用热水按摩患处,自可迅速痊好。

兹附上熟人请托信笺一纸,请照信内住址封寄暹罗为祷。这家人极惨,但内地通讯不到,故请你代劳。明知这小事劳你费神破钞,实不应该。我们是被批评为"温情者",也无可如何也,一笑。

即候
康健

竞生
61年7月4日

香港清风街二十一号二楼
高贞白先生收
由汕头饶平黄冈华侨旅社张寄

---

[1] 此书未见刊出。

（十四）

贞白兄：

久未通讯，想安好与努力工作吧。兹介绍老同学许寿康认识，他想得些古老书籍，不知你能否帮助？

我正在待款办华侨农场，在这个暑期做一本《新饶平》，修订《辛亥南北议和见闻录》与译成一本《情感的逻辑》，尚不至于虚掷光阴！

即候

康健

竞生

61年10月8日

香港清风街二十一号二楼

高先生

信封：

香港九龙邮箱5805号

许寿康君

由饶平黄冈华侨旅社张寄

（十五）

贞白学友如握：

上月廿七日曾寄上挂号信内有拙稿件，未知是否收到？我想香港信件不敢担保必到，所以要待你复信后始敢再寄稿。

兹附一信，望看看后代封好，贴上港的普通信邮票为祷。此为家侄女致在暹家属信，而此间极难寄出的。

即候

安好

竞生

63年2月8日

（十六）

贞白学友如握：

本十二日信及夹李君信读到，特此致谢。并附上拙稿十二页，如蒙登出，得钱若干后，预备在港买鱼肝油给第二儿用，他现在华南师院读书，品好苦读，但患神经衰弱病，如多食鱼肝油，稍可补益也（请先问李君我的稿费若干后，就即告知，以便商买肝油事）。

又我近来向各方提议设立中国老人节，这个节的设立可有三个意义：（一）可以鼓励老人们的勇气，积极上再为社会做出多少事业，消极上，可免倚老卖老为社会的寄生虫；（二）定这节日在每年十二月廿六日举行，因是日为毛主席诞辰，又是他今年的七十岁，正好由他领导一班老人共同奋斗；（三）当这节日，由各地领导单位召集一班老人集合共同研究，怎样长命与健康的方法及老人们工作及待遇等问题……如你同意，请向一班老人共同促成之。

又我近将足成我的《哲学系统》（又名《创造性的唯物辩证法》），约数万字，二三万字吧，但未免有些高深，此或与香港读者的程度不相合，有机便时，望代向《文汇报》接洽登出，或他们需要一些译稿及别的文字，也望告知。

即候

安好

竞生

63年2月25日

（十七）

贞白学友如握：

二月廿五日寄上（挂号）拙稿三节，想已达到。前说如得稿费可买鱼肝油，现因此物贵且难寄，小儿表示不要。故如你有可能，则请代买来一个最便宜的手表。因家侄在福建做工头，需要手表计算工人工时也。（此信到时，或许你尚未搬家吧。）

如《文汇报》照顾，前说的《哲学系统》未易登出时，则可发表拙稿的"四怪"论文，即《怪美》《怪说》《怪人》《怪事》，都是针对学术立论，与现行政治无关。这些是短文，"四怪"共总不过一二万字而已。该报对稿费待遇如何也望告知。"四怪"如不要，可否要我写"自传"呢？便代问更祷。

即候

安好

竞生

63年3月11日

（十八）

贞白兄如握：

前去信久未得复，至为系念。不知《文汇报》登出拙稿否？

兹大儿发现有第二期肺病，致暂停学休养，所需西药此间缺乏，而且极贵，又须大量服用，实非我的经济所能支付，故特请你代买：（一）链霉素三小瓶（是白色粉末，掺水注射的药），（二）雷米芳三百片［粒］。如可能时，请为迅速寄来。我知你的经济有限，在可能时，当将药价清还。

此候

安好

竞生

63年5月18日

前说代买便宜的手表，不知何似？

所说药品，如能直寄下址较为快到。

广州—石牌

华南师院政一乙

张彪收

（十九）

贞白兄如握：

前信想到？所请寄肺病药类事，刻接儿信，知有华侨同学赠送许多，足以应用，不必再寄了。如能得到稿款，就请买一个便宜的手表寄来为盼。

即候

撰安

竞生具

63年5月22日

近来有何撰作？我拟在数月内写成《哲学系统——创造性的唯物辩证法》一书，但未易出版吧！

知香港也干旱，极望珍摄。

（二十）

贞白兄如握：

本十七日信及拙稿已到，多谢费神！

所说向文化部告状一事，我以为不必。因大多无效果，且势力也不能及香港，故不如《文汇报》"虚与委蛇"尚可得到它后来一些帮助。这个世界要忍耐又忍耐，对失败事只好付诸一笑，再图补救就是了。以上鄙见，你以为何如？如有意见，望再告知照办。

又有要稿，当自己留存底件，这样就不怕稿失落了。我现在就这样做的。

知你家费支绌，但要节约与努力写稿或可支持吧。我近因大儿肺病，药费难以支持，只好硬头对付，余不尽。即候

撰安

竞生具

63年7月25日

（二十一）

贞白兄：

前上一信说及你稿被报馆遗失予以忍耐对付一事，想已达到？

兹附上一信，请看后封好代贴邮票为盼。因你知此间不能直接寄去的。

我的《哲学系统》一书最近将完稿，书不过一二万字，但自问对于智识上及哲学上都有极好的意见。可是国内未易出版，不知港方有些书店能印行否？

暑热望多珍摄。我极佩服你写作的精神。即候

安好

竞生

63 年 8 月 12 日

（二十二）

贞白学友如握：

久未通讯，遥祝新春佳胜。你近来稿费如何？我想写"自传"得些家费，不知能否介绍？

附一信，望看后代封代寄为盼。此间邮寄想不如由香港寄出较易达到。即候

安好

竞生

64 年 2 月 27

又我已搬迁下址：汕头饶平黄冈丁未路 452 号，望多来赐教。

（二十三）

贞白兄如握：

久未通讯，遥祝佳胜！

兹附一信，看后代为航空转去为祷，此间与越南通讯，诸多不

便，望为原谅。

我为多子所累，都在读书消费，有时不免求些熟友帮助。附信中所说王君，前时曾得我力始能渡洋。前几月他回乡再往越南时，特来我寓问候。故我求他些助力，或许不至落空。

你撰述想如前努力。如有新出版，望为赐教。即祝

安好

竞生具

64年11月7日灯下

（二十四）

贞白学友如握：

久未通讯为念！

我月来与柔佛一位教师商量出版我的《哲学系统》，他与一些商人愿出人民币五百元把这本书在香港自行出版。我初想由他们寄款给我，然后委托你在香港代理。现他们说寄款内地再转香港手续麻烦。我因贪图汇款所连带的购物票证，遂想直接由我接款办理。今他们怕我的稿件不能寄到香港，又对汇款手续有所顾虑，故我请你指示办法。稿件并无政治问题，想可如愿达到。至于汇款，如你能先行支出，然后由你指定在国内照数交还更好！否则由你直接领到汇款也可。

这本《哲学系统》约二万字，书本格式如你前寄给我那本你的自印书便可。五百元人民币，可能印到若干本，也望你告知。我意能印一千本便足，多印无用。如印一千本后有余款时，可另设法对付。

这本书是注定无大销路的。因为哲学已不大入人口味，况且我的《哲学系统》未免艰深。初想写好后"藏诸名山"，不意柔佛一些人闻知，遂鼓励我自行出版，我遂乐意照办了。

如何？望你复知。

即祝

安好

张竞生具

65 年 5 月 17 日

饶平黄冈丁未路 452 号

（二十五）

贞白学友如握：

拙作《哲学系统》（又名《系统的知识》）将行完稿。我拟到北京集一些人共译世界名著，以完成夙愿，知你是此中健将，极望你加入译述（自然可在港译述），并望就近介绍外文深入者的同志加入为祷。

即祝

安好

竞生具

65 年 11 月 6 日

（二十六）

贞白学友如握：

接你去岁信，多谢关怀。兹附一信（当然请你看后才封寄），望代转给与余子亮先生有关系的出入口商为盼。

余君在解放前曾请我到他槟榔屿别墅译书。那时，我因我国尚未"成人"，极愿归国奋斗，所以未就他所望做去。今想实行他的夙愿了。

你所望我为你们杂志写些文章，待有空时当写去。

即祝

新禧

张竞生具

66，正月初三日

（二十七）

贞白同志：

十六日信到，多谢关心费神。知你生活不如前，极为挂念，望努力奋斗，前途远大。所说许晚成[1]要我书先交一百元港币云云。这个人是"文化间谍"，数年前曾向我说他是我们的大学生，要我为他寄些旧书报。我因忙，遂介绍一位熟人代为。殊知他不是要旧书报，而是要搜罗"时务"，换句话说就是为"文化间谍"。我即时就知许计，叫熟人不要与许文字来往。他不听。致后被发觉，在广州被扣留二年，连一点职位也被开除。致出牢后，到今日仍过极可怜的生活！——总之说起这事，我就满腔愤恨。但许某到现在仍逍遥海外，又想出卖我了！可恨可恨！

当许某那时化名为许寿康，向我通讯时，我曾疑虑就向你请求代查他履历。你复信说只有许晚成曾犯案，不知许寿康是何人。因其调查不明，致我代为介绍他给那位熟人（他姓张，那时也入省文史馆），致累他到这可怜地步，使我怀恨终身！

今请你把上情代告许晚成说不要再害人了！连我这样清白身也想来陷害！这真是太无人性了！

你汇款尚未到，到时当即原数璧还，这样肮脏钱，我断不愿接收。所谓代我出版书籍事，完全是假话。你可向他说，我五十多年前，已在法国信仰社会主义了，到死仍然不变节！

祝安好！望再来信！

张竞生具
68，正月二十三

---

[1] 江苏金山人，大夏大学毕业。曾任上海《晨报》《时报》《新闻报》特约撰述，龙文书店总编辑。

（二十八）

贞白老友如握：

昨信想到。今日接你汇款一百元港币，已请该侨汇店退还你。总之，如许晚成这样人，我倒千万要警惕！切切勿大意上他的狗当！

我已八十一岁了，当然日日在读书。近年来写成哲学论文有四篇。自以为"杰作"，所谓敝帚自珍，遇有机会时再行呈正。

你岁数相当老了，是否犯有些"老人病"？我前犯了多尿不能好好入眠。近月来吃了"复合维生素B溶液"，觉得夜间尿少，一眠就几点钟。夕我以为"长命"（百岁吧！）更有些把握了！一笑！

祝安好。

张竞生具

68，正月廿四日

（二十九）

贞白老友如握：

二月五日信到，现在想已收到我退回的款吧？极望予以告知。

知你六十岁尚体健如童年，至为可贺。我虽八十也如青年人一样。本来照生长规律说，人类可以活到一百二三十岁呢。

你近来有何出版工作？我年来对高级知识几个问题有一些著述，例如规律与系统、本能与顿悟、记忆的作用等等想去出版（约成万字）。不知能为介绍？又九龙的三育书店是否存在？高朗近有何作为？他们前为我出版《浮生漫谈》的。

祝安好努力！

张竞生具

68年3月5日

我近的通信址：汕头饶平黄冈菜场街三横巷三号。

（三十）

贞白老友如握：

三月廿八信到。即往问侨汇店关你汇款退回事。据店中人说即往问此间汇给他们的银行。又再问汕头银行、香港汇店等等。看来手续多层，不知何日结束后，即行通知你办理。

你所问事约答如下：我于二十一年（那时的民国十年）春回国。即任金山中学校长，前任校长是郑国潘（我于二十一年秋离校），接我任时是李春涛。他被国民党反动派暗杀后，即由杜国庠（杜之前，或许有别人任金中校长？此事可问汕头礐石金山中学负责人，就可明白）。

我今年确是八十岁（相牛的），我是旧历正月初九日生，确实是八十足岁了！我户口籍误登为八十一岁呢。

祝康健进步！

张竞生具

68年4月10日

（三十一）

贞白老友如握：

前信报告一些我在金山学校的历史想已达到吧？

此间汇批局说那百元港币事，已去此间银行探问如何下落。据说此间银行应向汕头、广州与香港等处调查，不知何日有答复？

兹请你查问在香港你前寄钱的那间店负责人，问他对此有无办法？（望即复知！）

祝安好！

竞生具

68年4月26日

（三十二）

贞白老友如握：

三日信到，知百元港币已经收到退款，不尽欣慰。又知你儿女都能成立，不胜庆贺。

说到我的五个男儿，除二儿师范学院毕业待分配外——大儿尚聪明肯用功，但因前犯肺病不能考大学，现无聊在教小学。第三儿高中毕业后，不能升学，只在自修英文。四、五二儿初中毕业后不能升学，现都在农场工作。总之，我先前的志愿，五人都读大学，毕业后都往乡村工作，到如今都成泡影了！

兹附上一信，请看后代封代贴邮票。劳你在香港寄出，或许较易到。

祝安好！

张竞生具

68 年 5 月 11 日

附

文生[1]弟台如握：

近信接到。对我痔疾关心，至为感谢，经过省医院的注射治疗法，已算痊愈了，请免挂念。你前说来此设学校，我极赞同，我近请想设一哲学通讯所，以"唯物派的发展学说"为中心，自问可以提高一切学识的程度，不知海外人士有此种需求否？（兹附上启事一纸，望与贞白兄一谈，请其代转高朗先生代发表，以通讯式，不是以广告式发表吧。）

---

[1] 未知为何人，此信当写于 1959 年。

便条:
有人来信谈及张所译书,转你一阅。

至戚张竞生君近译法人著《中国针灸学》[1]极拟出版,未知上海方面能想办法否。

---

[1] 此书遗稿未见。

张竞生给王鸿升的信

鸿升[1]学友如晤：

你一号信今日始到，可说是迟极了。总之多感谢你与友人对我书[2]出版费尽量帮助，我的稿件已整理好，望你们汇费一到，即可发出印行，将来出版人由你们出名，如售得出，即将你们助费清还不误。

请照我现在地址寄款来，如一次不能全寄，则请分期寄，我就照数寄给印书局，祝你
安好

日通老友及其令郎逊茂同此致意

张竞生具
1965年4月15日

附

张竞生之子张友复信报告老父病逝的信札

日通[3]叔台、逊茂兄台惠鉴：

昨接华函，敬禀者，家严不幸于六月十八日（阳历）早在厂埔偷

---

〔1〕 王鸿升，新加坡华侨，生卒不详。曾替张竞生代为在新加坡出书及发表文章。
〔2〕 这里的书系指张竞生的新书《哲学系统》。
〔3〕 许日通，华侨，其他不详。张竞生的学生辈。

偷与世长辞,并无半句遗言,放掉我们兄弟流离颠沛,各无所宿。幸奈邮递方便,"六法三艺"等句,晚辈年幼无知,未能代复,望祈深谅,望叔兄台多加教导,并祝
福安

愚侄
1970 年 10 月 19 日

美的生活——美是更好的生活[1]

个把月前,无聊赖中,读熟了一本《生活与美学》,是帝俄时代的车尔尼舍夫斯基[2]所著的。这本书原名为《艺术与现实之美学的关系》,由英译人改名为《生活与美学》,经周扬译成中文,是海洋书屋于一九四九年刊行的。

我今来介绍这本书,为的它不但是一本美学的好书;而且说来有些奇怪,它又是挽救我当前的消极与悲观。在个把月前,我又一时兜起了三十余年前自杀的念头。就我自己的分析,这两次所发生的念头并不相同:先前是自己久居欧洲归来,所有怀抱在那时的恶劣社会都不能实现,以致我有离开尘世的幻想。可是这一次的动机是自己老了,七十多岁的老人赶不上新时代的巨轮;而且日日为数个小孩做伙食,管家务,觉得如机械一样的无聊生活;又是高血压呵,内痔疮呵,种种疾病相交缠,夜里不能好睡眠,日间又思睡昏昏,由此而组合成为一个整体的厌世观念。

叫是有意识的自杀实现,并不是一件容易事。我前次的自杀念头,被到"北大"任教时的自由生活所解脱了,而这一次的念头竟为这本《生活与美学》所解脱呵!

车尔尼舍夫斯基在这本书提出与先前统治的美学概念一个对立的

---

[1] 1972年9月15日香港《大人》第29期。
[2] 今译车尔尼雪夫斯基。

定义。他反对"美是观念与形象的一致"的旧观点,而主张"美的生活"的新概念。他说:"在人所宝贵的一切东西中,他所最宝贵的是生活:第一宝贵的是如他所愿意过的,如他所爱的那样一种生活;其次是一切的生活,因为生活总比不生活好,但凡活的东西在本性上就恐惧死亡,恐惧不存在,而爱恋生活。'美是生活''任何东西,我们在那里面看得见依照我们的概念应当如此的生活,那就是美的;任何东西,凡是独自表现生活,或使人忆起生活的,那就是美的。'"(周扬译文第十五页)

车氏所提出的"美是生活"有二种意义:第一是生活要有丰富的"生命力"。他说:"在简单的人民看来'良好的生活''应当如此生活',就是'饱食,安居和睡眠充足'。但是在农民,生活这个概念同时包括工作在内。生活而不工作是不行的,而且这会叫人慵倦。"他举出农村男女在饱食有工作,所以才有玫瑰红的面色和结实的身体,这就是美的必要条件。

第二,"美是生活"是从唯物观点去认识美的。车氏说:"反之,从'美是生活'这个定义,可以推断真实的最高的美,是人在现实世界中找到的,而不是由艺术所创造。根据这样一种对现实的美的概念,艺术的起源就被完全不同地给解释了;这样对艺术的重要性,也被用一种完全不同的眼睛去看了。"

他又说:"从'美是生活'这个定义,就可以明白:为什么美的领域不包含抽象的思想,而只有个别的事物——生活,只能从现实的,活生生的事物中看到,而抽象的,一般的思想并不是生活领域的一部分。"

因为真实的美只有在现实事物中显现出来。所有艺术,如建筑、雕塑、绘画、音乐、戏剧、诗歌、文学等都不过是"再现现实"。这些艺术充其量只是表现了现实事物美的一部分,片面的、外表的、暗淡的、不确切的。总之,一切艺术和生活美及自然美比较起来是无力的、贫血的。例如一幅海景的画与一首咏海景的诗,任它们怎样逼肖与动人,但怎样能够匹敌真的海景与人们亲身面对海景所鉴赏的激动情怀呢?

所以从生活与自然中的一切现实事物去鉴赏美,才是真的领受与享用。至于一切艺术不过是生活与自然美的一种"备忘录"、回想物。即是艺术仅仅是在现实事物不在时被借助为事物的回忆罢了。这就是车氏对于生活美与艺术美比较上,也即是对自然美与人为美比较上的结论。虽则是车氏也承认艺术有"再现现实",尤其是"说明生活",与为"生活教科书"的各种作用。

可是要生活就要斗争:向社会斗争与向自然的斗争。平常人的生活不过是一种普通的无斗争的生活,所享受的也不过是普通的美感。但凡愈有斗争的人,就愈有特别生活的意义——愈能得到特别的美感。

今就以车尔尼舍夫斯基自己为例证。他从三十四岁起就被帝俄野蛮政府所监禁与放逐到西伯利亚做苦工,一共有二十一年之久。在被独身监禁二年之后,还被执行"假死刑"的威吓。事情是这样的:在一八六四年五月的一天,车氏被带到绞台,一个执行人在他胸前挂上一个黑牌,上面写着"国事犯"。一个执行人于宣读判决后,拉车氏到竖架前,把他的两手透入链圈里,这样约有一刻钟之久。最后,执行人松开链圈子,把他拿到绞台中央,粗暴地取下他的帽子,强迫他跪下,于是拿起一把刀在他的头顶上折断。经过这样的死刑威吓后,又把车氏拿上马车去监禁。

这是古今中外所未有的一种极大的侮辱,以死刑侮辱这位伟大的作家。但是无论如何威吓,总不能使车氏屈服。野蛮政府以死相威胁,车氏也以死相抵抗。他虽在二十一年久的监禁放逐中,仍然写出他许多优秀的反抗文章,与抱革命的精神及在斗争中保存战胜恶势力的乐观。他不想在放逐中脱逃,也不想向沙皇求情。

这就是我读车氏的传记及读他这本《生活与美学》之后,使我深深感动,使我更加了解今后怎样地好好去生活!

自达尔文提出"物竞天择,优胜劣败"的斗争原则之后,科学家们见到这个原则不过是一面的事实，此外，尚有"和平共处"一方面的原则，于是有克鲁泡特金的"互助论"的提出。

实则，生物界有斗争也有互助。大概在同类中是互助的，对异类时是斗争；在食物充足时就互助，在食物缺乏时就斗争。斗争与互助是"对立的统一"。至于人类的生活与思想中，斗争与和平是集合在一起的。

安静的生活是普通人所喜欢的，但非我们所要求。可是太过斗争式的生活也是苦恼的、悲剧的。美的生活是有安静又有奋斗；应安静时就安静，应奋斗时就奋斗。说到此，我近来觉得无聊赖，就因为生活太过安静。试问日日一样为小孩们做三餐饭菜，夜夜按时按刻睡觉，朝朝照时刻起床，于我好动的个性怎样能够相合呢？

幸而遇到天气静和，当小孩们上学后，我常常独自一人上越秀山散步。虽则时间不长，但我深深领受了大自然的风光；时不时极快乐地听到鸟声与蛙声，嗅到玉兰的香味。说到鸟声比先前少得几乎绝迹了。这因人们为打杀有害的麻雀而连累到别的鸟类了。至于蛙声，也因整理池塘而使蛙类也几乎绝种了。记得廿余年前我在越秀山最怡情是听到稚蛙与老蛤一气合唱得如音乐的节奏一样。我当时曾写一短文，以为葬在这山周围那班文艺家的"幽灵"寄托在这些蛙的声音上，始能有这样和谐的声调。因为我在乡间所听到的蛙声单调无味；怎样越秀山的蛙声别有一种音调呢？

越秀山经过整理以后，越加显现了多彩多姿。除古迹的五层楼与中山纪念塔之外，新建的有体育广场、北秀湖游艇、溜冰场与各处茶室，及临时各种美术展览会、花卉展览会。可是我对这些已司空见惯了，并不觉得有什么趣味。我每次上山不过为散步而散步。有一个时期，我在路旁与树林中拾起一些残枝回家引火。友人们为我引取笑元稹悼亡的诗句"落叶添薪仰古槐"！

我对山是具有无穷兴趣的。我生长于山村，极爱上多娇多媚的山光风景。假使我无家累，能够长期在越秀山徘徊留恋，鉴赏它的晨曦,夕阳与月色星辰,虽则在无聊中,感情也聊胜于无。可是我因小孩们的伙食,每次只能在这山中散步一点多钟,就须回家做"炉边斗争"了。这又是一种苦恼而无意义的斗争呵!入市排队了许多时间买得一点菜蔬,归家起了极艰难的煤炉,一饭一菜动需二三点才始能就食。这样的"炉边斗争",在我又有什么意义呢!

在这样无聊的生活中,我当然时常在想变动,在寻求一种美的生活法——更好的生活法。

就具体说,生活组成的部分是工作、休息、娱乐与睡眠及思想。车尔尼舍夫斯基说得好,他说:"生活这个概念在农民说来是包括工作在内。工作繁多却不致精疲力竭,那样一种丰富的生活的结果,使年轻农民和农家少女都有鲜嫩的玫瑰红的面色——这就是美的第一个标准。"实则,一切工作,都能使人得到康健愉快。不过农村生活比较别的工作更加卫生罢了。我近来见到许多相识的下放到农场工作的干部,都是精神奕奕与比先前得到一个着实的身体呢。

可是工作就个人说要适合个人的才能与兴趣,不适当的工作埋没了人才,而且也损害健康。要使人尽其才,在有些国家已设有科学检定标准,即是经过心理、生理、智能等等的测验,从而定出一个适当的工作单位。孙中山先生的考试制度大纲上是对的。先前上级对下级的分配工作是依据资历的,但这样机械式是有许多不合理的。现时的分配工作仍然有许多不合理的。我在数年前也曾条陈政府实行考试制度的。

总之工作最好的标准是身心并用,即体力与脑力同时锻炼。先前一班读书人只知在书本上用功,以致"四体不勤,五谷不分",遂成一个衰弱的身体,而精神上也萎靡不振。现在政府实行"干部下放"的政策,这是极好的;但只要勿太久的下放就好了。

实则工作为生活,但生活并不是全为工作。因为生活除工作之外,尚要有休息、娱乐、睡眠与思想。在现在的社会有些人工作太过度了,以致精疲力竭,不能好好地休息与睡眠,而最伤害是不能有时间去好好运用思想，殊不知人类的生活最要是思想呢！

　　检点起来，觉得我个人对生活作用的错误，起了极大的懊悔。在解放前约近廿年的长久时间，我因对政治腐败的不满，遂决定归回山村作"隐居"的生活。除从事果园种植外，我尚且被迫做起"大绅士"了！处在那时的半封建社会里，乡里间，姓氏界的纠纷，以至于打官司及械斗，我都用调解方法使之消除。他如个人因赌博欠债，我也为他们豁免。而此中最突出是一些无丈夫的妇人要改嫁而为家庭所阻挠，我都做主听她们的志愿，因此，我隐然为一县的妇女改嫁者的法官了。这样无聊的绅士态度，虽则不是为个人利益，但究之于社会也无能起大作用，只有把我有用的光阴消磨于无谓的应酬罢了。在此十余年间的工作，比较上算稍有价值的是开办一条公路，管理点苗圃林场，与一间农校。可是这些对我思想上都无上进的启发。我先前在"北大"及在上海开"美的书店"时的思想何等勃发！而今在这山村间孤陋寡闻，除却偶然在报上发表一点点短文之外，不必说我个人固有的思想全行消沉，连普通的译述也懒于执笔了。

　　由今想起，追悔无及。我在这一段长久的"隐居"生活，可说是一具缺乏思想的死尸罢了！但自一九五〇年到广州至于今日，我又太过于思想，而缺少体力的活动与社会事业的实践，这又是别一种无意义的生活哪！

给彪儿的信(五封)[1]

(一)

彪儿:

信到。你为人是极稳当的,不是如超、晓的乱冲横碰!但你当好中再求好,例如当求一个专门学问,以便更加为社会服务的能力。以你的情况,断不可于数年内结婚,以免有家庭的负累。

我虽老,仍然在求学问。最近有许多刺激,但我自求宽慰,希望吃到一百岁吧。

祝安好。

父字

69年10月21日

(二)

彪儿:

前信想到?

初来此地,寄食人家,买物及送人,用费稍多,又闻馆薪本月可能减少消息。故望你即日寄给我数十到一百元为幸。

优已入赘人家,我被他拿去许多钱,望你勿受他骗!

我的新址:饶平县樟溪公社永乐大队厂埔村(新址只为疏散,并

---

[1] 此五封信件均为张竞生三子张彪所提供。

无他故,不必挂念)。

祝安好。

父字

69年12月8日

（三）

彪儿:

三月二十三日信收到,知尚在主持斗批改中,望努力尽职为要。

附剪报二纸,可与该站（良种站）接洽。该剪件乃从省《南方日报》剪出的,也可与该报（《南方日报》）接洽。总之,良种研究极有价值,望与你生产队共同努力。

附优信一件。

我们都好。

对你对象事,望多多认识后才行结婚,以免受子女及家庭之累。

祝安好。多来信。

父字

70年4月2日

（四）

彪儿:

四月十五日信及夹交优之笺都到。

我于十余日前突然患病,不想食好几日,只觉困顿要睡。这是我一生中最大病!今已好了!望勿念。

你说三二百元建房事,我想这不成问题。但我望你最大问题是缓缓结婚。认识不患早,但结婚愈迟愈好。你能待多几年才结婚,便可少些子女累,而你作为父母者也可得些闲福了。

祝安好。

父字

70年青年节

（五）

彪儿：

本月七日信到。欢喜你对象脱离——这个女子是不配与你的。她势利，嫌你穷；又乱说俺家庭成分。自解放后二十余年来，我是民主人士、政协干部，党政对我极优待——高级薪水待遇。

总之，她是普通的俗女，早脱离俺家，早好一日。你尚壮年，缓缓再求对象未迟。

热心待你年假来相晤。

祝安好。多来信，我们都好。

父字

70 年 6 月 14 日

张竞生部分未见书目及文章

1. 1934年《上海夜报》连载之《中西食品与文化》
2. 1935年4月后《群声报》因报纸破损无法翻阅之文章
3. 抗战时发表在饶平本地报纸之《吃少女的狼》《饥饿的潮州》
4. 1945年《导南报》连载之《小学教师与农村领袖》不完整
5. 1946年前后《杀狼记》
6. 1947年张竞生上宋子文书
7. 1948年汕头《大光报》连载之《山的面面观》不完整
8. 1949年汕头《大光报》连载之《新食经》《时事数件》不完整
9. 《群声报》上之《三年富强中国策》
10. 《什交通化论》
11. 《回忆金山中学》
12. 《回忆北大时的李大钊烈士》
13. 《中国针灸学》翻译手稿
14. 1961年《新饶平》
15. 1961年《情感的逻辑》翻译手稿
16. 《兴中会革命史迹辑》张竞生、张次溪同编
17. 《中国同盟会革命史迹辑》张竞生、张次溪同编
18. 《辛亥京津同盟会剪影》稿本
19. 《怪美》《怪说》《怪人》《怪事》

张竞生年谱简编

1889年（出生）

清光绪十五年己丑。公历2月8日，农历正月初九。广东省饶平县浮滨区桥头乡大榕铺村，张氏家族的传统的"天公节"，张竞生出生于一个家道殷实的新加坡归侨家庭。取名江流，属牛[1]。在兄弟中排行老三，长兄江湖，二哥江楼。后其父纳有一妾，生甲申与甲乙。

祖父张公向若，早年间与众多潮汕人一样，作为"水客"来往于新加坡与潮汕之间。虽漂泊劳碌半生，然也度日维艰。

父亲张节（致和），粗通文墨，务过农，也曾跟随其父向若公下过南洋，后在新加坡继承其岳父"批银"事业，用心经营，克勤克俭，攒下了一份家业，家境在饶平当地还算殷实。

1896年（7岁）

清光绪二十二年丙申。张竞生入设于浮滨公下村的私塾，受业于一老秀才，老秀才为张竞生取学名"公室"，出自于李斯《谏逐客书》："强公室，杜私门。"

1904年（15岁）

清光绪三十年甲辰。秋，张竞生与邻村两名学子，赴饶平县城三

---

[1] 目前所见关于张竞生的传记及生平年谱等，都认为张竞生生于1888年农历正月初九（公历2月20日）。而据张竞生在给高伯雨的信中所说，他自己"相牛"（即属牛），据张竞生次子张超证实，张竞生确实属牛。由此推断，张竞生应当生于公元1889年农历正月初九，公历2月8日。

饶镇参加童子试，最终名在孙山之外。这也是张竞生参加的唯一的一次科举考试。

1905年（16岁）

清光绪三十一年乙巳。是年，张竞生入三饶琴峰书院。后琴峰书院于1906年改为县立小学。

1906年（17岁）

清光绪三十二年丙午。本年初，张竞生考入爱国诗人丘逢甲创办的汕头岭东同文学堂。

8月，张竞生考入广东黄埔陆军小学第二期法文班，与陈铭枢、蒋光鼐、李章达等人同班。其时，清政府正处于风雨飘摇之中，革命党人渐成燎原之势。陆军小学成为传播革命思想、发展革命同志的温床。该校副监督赵声（1881—1911，字伯先，号百先）就是一位革命党人。他在学校中宣传革命思想，很快成为张竞生、陈铭枢等一班热血青年的精神领袖。

1907年（18岁）

清光绪三十三年丁未。在陆军小学时期，是张竞生个性逐步发展显现的阶段。在入陆军小学二年后开始接触《民报》等革命党人的报刊，逐渐有了叛逆情绪和反清思想，带头和部分同学闹出了"剪辫子"风波，在学校和社会上引起了很大的反响，校方大为恼怒。按照规定，剪辫子的学生应当被开除，但由于涉及人员较多，加上赵声从中斡旋，最终剪辫子的学生仅被记大过一次了事。

1908年（19岁）

清光绪三十四年戊申。由于学校监督韦汝聪暗中降低陆军小学学生伙食标准，克扣伙食费，致使陆小学生伙食过于粗劣，引起学生不满。张竞生与同学王鸾等人发起了整理伙食运动，在学校饭堂上演了"饭厅风潮"，为韦汝聪所忌，新账旧账一起算，借机将张竞生和王鸾开除出陆军小学。

被开除出陆军小学的张竞生和王鸾在革命党人赵声的介绍下，

于本年秋冬之际[1]赴新加坡投奔时在新加坡的孙中山先生。孙中山先生在其寓所，也是同盟会南洋支部所在地晚晴园会晤了张竞生与王鸾，并劝说二人回国参加革命党。在新加坡逗留月余后，二人返回国内。

张竞生回到饶平后，向父亲表达了北上求学的意愿，遭到父亲的反对。张竞生一怒之下，将父亲告到县衙。最后经调解，父亲同意张竞生北上求学，但必须先成亲。张竞生无奈之下妥协，迫不得已与邻村女孩许春姜完婚。这是早在张竞生十岁时（时许春姜八岁）就已经由父母定下的一门亲事。婚后月余，大约于是年年底，张竞生独自离家北上上海，进入法国教会所办的震旦学校学习，为时一个学期。

1909年（20岁）

清宣统元年己酉。春，张竞生参加了京师大学堂（北京大学前身）的入学考试，并被录取进法文科。

秋，张竞生入京师大学堂。在等待进京师大学堂期间，曾就读于法国教会所办的位于北京宣武门内的法文高等学校，为期半年。

1910年（21岁）

清宣统二年庚戌。1910年4月16日，同盟会会员汪精卫（兆铭）与黄复生等人因刺杀摄政王载沣失败被捕系狱，4月29日被清廷判处终身监禁。同盟会积极组织营救，胡汉民、赵声和汪精卫未婚妻陈璧君等人四处活动。在赵声的介绍下，陈璧君联系上了张竞生，陈璧君请张竞生假冒汪精卫表弟的身份去法部监狱探监，借此打探消息以图营救汪精卫。后虽因革命形势变化，营救计划未能实施。而张竞生先后两次探监，遂与汪精卫结识。翌年，武昌起义爆

---

[1] 根据张竞生回忆，他在陆军小学学习了两年多时间被开除，去新加坡投奔孙中山先生时逗留月余，第四次往谒孙中山时，胡汉民代为接见。查胡汉民年谱，1908年7月从香港赴新加坡，1908年秋任同盟会南洋支部支部长，次年2月赴欧洲。所以，张竞生与王鸾最早应该是在1908年秋冬之际去的新加坡。

发，清廷不得不释放部分政治犯。1911年11月6日，汪精卫与黄复生获释出狱。

1911年（22岁）

清宣统三年辛亥。在京师大学堂时期，张竞生在位于马神庙西侧四公主府内的藏书楼中读到了德国人类学家施特拉茨的《世界各民族女性人体》一书，引起了他的好奇与兴趣。

汪精卫出狱后，继续积极从事革命活动。11月27日，张竞生离开京师大学堂，与汪精卫同赴天津，筹组同盟会京津保支部。

12月1日，京津保同盟会在天津成立，汪精卫任会长，李石曾（李煜瀛）为副会长，张竞生正式成为同盟会会员。[1]

经汪精卫介绍，张竞生被孙中山委任为南北议和团秘书，12月7日（旧历十月十七日）至1912年2月15日，协助南方军政府议和总代表伍廷芳和参赞汪精卫等与清廷议和代表唐绍仪进行谈判。

12月25日，流亡美国的孙中山回到国内，在上海吴淞口登岸后，受到革命党人黄兴、伍廷芳、陈其美、汪精卫、张竞生等人的热烈欢迎。这是张竞生与孙中山自新加坡以来的第二次见面。

1912—1915年（23—26岁）

民国元年，即1912年4月1日，孙中山正式解除中华民国临时大总统职务。就在其解职的当天，孙中山签署补发了委任张竞生为南北议和南方代表团秘书的《委任状》。

---

[1] 京津保同盟会又称中国同盟会京津分会，同盟会京津保支部，1911年12月1日，由刚刚出狱不久的汪精卫在天津意租界成立，与会者有13人，计有汪精卫、黄复生、李石曾、杜黄、袁羽仪等人，众人举汪精卫为会长（支部部长），李石曾为副会长，设党务、总务、参谋、军事、财政、文牍、交通、妇女、谍查、暗杀十部。在多数关于张竞生的传记或介绍中，将张竞生加入京津保同盟会的时间定于1910年，这应该是来源于张竞生于1953年自己填写的《广东省文史馆工作人员登记表》上登记的时间。事实上，张竞生对这个时间记忆有误。在《浮生漫谈》中，张竞生回忆："幸而武昌起义，汪精卫得以出狱，到天津组织京津保同盟会。我才得离开京师大学堂往天津加入组织。"可见，张竞生加入该组织的时间为1911年12月。

1912年4月，蔡元培与胡汉民、唐绍仪、宋教仁、张竞生、李石曾、汪精卫等人发起创办天津《民国报》。

南北议和结束之后，在孙中山的首肯下，中华民国政府临时稽勋局经过选拔，确定了第一批留学生25人，分别派往法、美、日、英、德五国。张竞生在25人中位列第一，同谭熙鸿一起赴法国留学。从民国政府教育部发放给张竞生的留学派遣证明书来看，最初是"派其赴法国国立里昂大学学习哲学科"。

也正是在上海等待启程赴法之前，张竞生改名为竞生，源于达尔文"物竞天择，适者生存"之进化论思想。

10月，张竞生与谭熙鸿登上邮轮，从上海启程赴法。

12月上旬，张竞生乘邮轮到达法国马赛，登陆后转车去往巴黎。

12月10日，张竞生到中华民国驻法京巴黎辖法兰西全境总领事馆（时任总领事为廖世功）报备入境，旋进入法国巴黎大学就读。"初则想学外交"，后改读哲学。

1913年11月，与蔡元培有书信往来。（见《蔡元培年谱》）

1914年终前后，蔡元培筹划"学风丛书"编印，后因欧战爆发未能发行。但从原计划来看，丛书中有张竞生译《野弥儿》（即卢梭《爱弥儿》）一说。可见张竞生最迟于此时开始接触卢梭并开始从事翻译活动。

1915年5月28日，在入读于巴黎大学三年之后，张竞生从巴黎大学文学院毕业，获文学学士学位。

1916—1919年（27—30岁）

1916年3月29日，蔡元培、李石曾、汪精卫、张竞生等人与法国议员穆岱、法国巴黎大学教授欧乐等在巴黎举行华法教育会发起会。李石曾所宣读的中国方面的人员名单是：方君瑛、吴玉章、吴稚晖、汪精卫、李石曾、李汝哲、李晓生、李圣章、李广安、李骏、余顺乾、范淹、姚蕙、徐海帆、陈冰如、陈子英、张溥泉、张静江、张惠民、张秀波、张竞生、陆悦琴、曾醒、彭济群、褚民谊、黄仲玉、齐致、谭仲逵、梁耀霭、蔡孑民。该会于1916年6月22日在法国巴黎成立，蔡元培和欧乐分别任中方和法方的会长。

1916年，张竞生向《旅欧杂志》[1]投稿，在此刊物上总共发表各类文章、书函6篇（封），而这6篇发表的时候，都是汪精卫担任编辑的时候。这是目前所见的张竞生最早公开发表的一组文字。具体是：

《空间研究法》，《旅欧杂志》第三期（1916年9月15日）；

《空间研究法·附篇》，《旅欧杂志》第七期（1916年11月15日）；

《空间研究法·附编》（续）《旅欧杂志》第八期（1916年12月1日）；

《女权问题》（署名竞生），《旅欧杂志》第七期"纪事"栏（1916年11月15日）；

《死后问题》（署名竞生），《旅欧杂志》第七期"纪事"栏（1916年11月15日）；

《上蔡元培先生书附呈教育部书》，《旅欧杂志》第九期（1916年12月15日）。

《空间研究法》为张竞生早期哲学学习和研究心得。他认为，哲学上探讨空间和时间问题，唯物派和唯心派都存在缺陷，只有空间，没有时间。

《上蔡元培先生书并附呈教育部书》是对即将执掌北京大学的蔡元培建言并呈教育部，在北大设立哲学专校与哲学专科事宜。从书信行文方式来看，此信没有落款和时间，当不是真的寄发给蔡元培，只

---

[1] 1916年6月，华法教育会成立，1916年8月15日出版了《旅欧杂志》半月刊，"以交换旅欧同人之智识，传布西方文化于国内为宗旨"（该刊《简章》第二条）。《旅欧杂志》共出版了26期，编辑有蔡元培、汪精卫、李石曾等。

是张竞生借《旅欧杂志》这一平台所表达的个人设想与建议而已。蔡元培于1916年10月2日登邮轮从法国马赛启程回国[1]，11月8日到达上海。12月26日接受教育部受命，1917年1月9日发表就职演说。作为《旅欧杂志》的创办人和编辑之一的蔡元培自当可以读到此信。1921年，蔡元培聘请张竞生任北京大学哲学系教授，应该与此信有一定之关系。

1916年11月19日，旅法学界在巴黎中国学会举办黄克强（黄兴）[2]追悼会，张竞生参加追悼会并作演讲（详见《旅欧杂志》第九期"旅欧华人近况"栏，1916年12月1日）。

从巴黎大学毕业之后，由于受到第一次世界大战期间德军进攻巴黎的影响，张竞生考进了里昂大学攻读博士学位。

1919年4月8日，张竞生以选题为《关于卢梭古代教育起源理论之探讨》（法文版）[3]的论文通过答辩，并被授予哲学博士学位。

从里昂大学毕业后，张竞生在德国、瑞士、比利时、英国等欧洲各国游历。

1920年（31岁）

4月6日，张竞生参加华侨协社各团体及国际和平促进会在巴黎哲人大厅召开的关于华工问题的讨论会。是日下午一时开会，首由主席张溥泉（张继）先生述开会词，后由主席请到会者自由发表意思，于是张竞生君李书华君相继演说，词颇恳切（《旅欧周刊》"旅欧新闻"中消息：《和平促进会记六日之各团体大会》，1920年4月17日）。

4月24日，张竞生应华侨协社邀请在该社作题为"希腊哲学之刻

---

[1] 见高平叔撰著：《蔡元培年谱长编》（第一卷），人民教育出版社1999年版，第616页。
[2] 黄兴（1874—1916），原名轸，改名兴，字克强，一字廑午，号庆午、竞武，湖南省长沙府善化县高塘乡（今长沙县黄兴镇凉塘）人。中国近代民主革命家，中华民国的创建者之一。1916年10月31日病逝于上海。
[3] 2012年，张竞生的博士论文由张培忠编，莫旭强译，广州暨南大学出版社出版中译本。

苦派与勤工俭学之精神"演讲（《旅欧周刊》[1]"旅欧新闻"中消息：《华侨协社之哲学演讲》，1920年5月1日）。

是年春，张竞生的潮州同乡，时任广州国会议员、粤军代表邹鲁等人举荐、邀请张竞生担任潮州金山中学校长一职。[2]

9—10月间，张竞生从法国启程回国。在邮轮颠簸一个多月之后，约于11月中旬张竞生到达香港。转道广州领取金山中学校长委任状，面见时任粤军总司令、广东省省长陈炯明。并向陈炯明提交了一份建设广东的施政建议书，着重提出从广东开始实行避孕节育，限制人口发展，提高人口素质。提议引起了陈炯明的不满，斥张竞生为"神经病"，因此拟撤销金山中学校长的任命。后在邹鲁等人斡旋之下，陈炯明方才答应委任张竞生为金中代理校长。

11月底至12月初，在广州逗留期间，张竞生与时任国民党广州特设办事处干事长张继一同拜会了孙中山，并向孙中山请教了关于"系统"问题。

12月，张竞生到潮州金山中学赴任。

1921年（32岁）

从1920年12月至1921年9月，张竞生在任金山中学校长期间，大刀阔斧地进行教学改革。张竞生深知愚昧不能使中华民族繁荣昌盛，决心以金山中学为基地，将它办成知名的金山中学。而要办好学校，选聘称职教师为第一要旨。因此，他不讲情面，辞退不称职教师，聘请了几位留学生来金山中学任教，提高了该校的教师素质。此外张竞生还做了如下事情：

---

[1]《旅欧周刊》1919年12月13日在法国巴黎创刊。

[2] 据《邹鲁年谱》中称：（1920年）春举荐学成归国的张竞生担任省立潮州中学（今汕头金山中学）校长。其时张竞生并未从法国回国。陈炯明于1920年8月12日在福建漳州誓师，率驻闽粤军回粤驱桂，10月29日攻克广州，11月4日，邹鲁任广东省政务厅厅长，11月10日，陈炯明接任广东省长（《申报》1920年11月13日）。结合张竞生的《浮生漫谈·辜负潮州父老》中的回忆来看，张竞生最早也应该是在1920年11月中旬以后才回到广州。

第一，反对男尊女卑，提倡男女平等，男女同校。1921年4月12日广东省颁布《男女同校令》之后，金中招收了第一批女生8名。第二，整顿学校纪律，培养读书风气。他认为要吸收外国文化，首先要掌握外语。他聘请了几名优秀的外语老师，而且还要求理论课的科任老师用英语授课。由于他的倡导，使读书蔚然成风。第三，不畏权势，清理校产。金山中学原为地方学校，校产甚多，但多为豪绅所把持，从中渔利，如不整顿清理，金中经费将成为问题。历任校长为此头痛，但因惧怕恶势力，不敢出面清理。张竞生却不顾个人得失，立意清理，虽因此得罪豪绅，被迫到任9个月而辞职，但为金山中学争回了校产，为金山中学保留了办学的经济基础。

任职金山中学校长期间，经常在汕头报纸发表讨论制育的文章，提倡计划生育和优生优育，因此被人攻击为"卖春博士"。

9月28日，孔子诞辰，因在金山中学的改革与整顿遭遇了极大阻碍，加之金中学生在韩江溺毙事件的影响，张竞生辞去金中校长一职。

时隔多年之后，当年金中招收的8名女生之一的唐舜卿撰文《忆张竞生任校长时期的潮州金山中学》，文章回顾了张竞生在金中时期所作的多项改革措施，其中也提到了张竞生去职的原因：

> 某次上体育课时，教员俞侠民未请示学校就同意学生下河游泳，致学生林邦任不幸溺水死亡，张校长因此遭到学生家长的指责。此前，因上任后辞聘的人员中有若干名是客家籍教师，有人认为是歧视客家人，故有一些客家籍学生闹事，酝酿反对校长。于是，张校长在府学官前举行孔子诞辰仪式后便引咎辞职，自撰《告学生书》，校务由教务长李春涛代理。他离校之日，学生们列队到车站送行。十天之后，省教厅派黎贯校长前来接任。(《汕头文史》第19辑，2007年12月，第146—149页)

10月中旬，从金山中学辞职之后，张竞生应北京大学校长蔡元培之邀北上进京。

10月22日，张竞生正式被聘为北京大学哲学教授。蔡元培为张竞生签发聘书。

在北京大学期间，张竞生担任"论理学""唯实派""行为论""行为论史""孔德学说研究"等课程，并兼任本科和预科法文课程教授，并将"论理学"更名为"普遍的逻辑"。（据北京大学档案馆藏《国立北京大学职员录》[1]）

在北京大学期间，张竞生同时还在北京中法大学[2]和孔德学校[3]兼职授课，主要讲授实验哲学和孔德哲学。1923年10月入中法大学的陈毅元帅也曾听过张竞生的课（见《我所知道的陈毅求学时代》，黑龙江大学中文系资料室编辑《陈毅同志诗词选辑》，第339页）。

11月22日，张竞生在《北京大学日刊》上发表通讯《哲学系张竞生教授致本校教员学生函》，提出了对北京大学教育教学的改革主张，主要包括减少教学时间，减轻学生负担；改变注入式的教学；教师应将图书馆缺乏的教学资料或参考书籍公之于众等等。

在此期间，张竞生与时任北京大学图书馆主任李大钊过从较密。1921年11月17日，马克思学说研究会在北大成立，吸引了包括张竞生在内的许多教师学生参加。多年之后，张竞生在《浮生漫谈》中专文谈及李大钊，对其表示深深的敬仰之情。

1922年（33岁）

3月，世界基督教学生同盟定于4月4日在清华大学召开第11届

---

[1] 另据《国立北京大学职员录》中所载，张竞生在北京大学期间住址初为米市大街青年会，后为前什刹海北河沿18号。
[2] 中法大学，李石曾于1920年将西山碧云寺原有的法文预备学校扩充为中法大学服尔德文学科（一说西山学院）。
[3] 孔德学校，1917年，蔡元培与李石曾联合马裕藻、马衡、沈尹默等人在北京东城方巾巷建立孔德女校，1918年1月正式招生，开始只招收女生，后来又招收男生，改名为孔德学校。

年会。这一消息激起了北京知识界的反对。3月21日,李大钊、刘复、陶孟和、邓中夏、谭熙鸿、张竞生等人发起非宗教运动。张竞生密切配合李大钊,印发《发起词》,在校内外号召大家签名。

4月19日,美国提倡避孕节育的著名学者桑格(Margaret Sanger,一译山格)夫人应邀来北京大学作关于《生育制裁的什么与怎么》[1]的演讲,胡适任翻译,张竞生陪同。演讲全文由胡适翻译,刊登于《晨报副刊》1922年4月25日第一、二、三版。

5月9日,孙中山在广东韶关誓师,准备北上讨伐非法总统徐世昌。6月3日,由张竞生草拟,以蔡元培、胡适等北京大学教职员200余人联名向全国发出专电,吁请孙中山与徐世昌同时下野,以免再生战事。据胡适6月2日日记载:"下午七时,张镕西邀吃饭……席上蔡先生提孙中山的问题,他想邀在座各党的人同发电,劝孙中山把护法的事作一结束,同以国民资格出来为国事尽力。席上,诸人因往日党派关系,多怕列名。我劝蔡先生拟稿即发出,即邀李石曾、张竞生等列名,以友谊劝他。蔡先生说,今天本是石曾、竞生发起此议,他明日即发此电去。"

5月10日,非宗教运动大同盟成立大会在北京大学召开,张竞生在会上作主题发言,呼吁大家团结起来,扫除宗教毒害。张竞生与李大钊、李石曾、邓中夏、谭熙鸿等15人被推选为干事,负责日常事务,推动活动的深入开展。

是年暑假,张竞生往日本度假。6月21日从日本九州给胡适书信

---

[1]《生育制裁的什么与怎么》为胡适译法,有另一种译法为《生育制限的什么与怎么》。1922年4月20日,即桑格夫人演讲后的第二天,《晨报副刊》即分8期(1922年4月20—24日、26日、28—29日)连载山格夫人著,祁森焕翻译的《生育制限的过去现在和将来》。在4月20日那期上有"记者识"曰:"山格夫人是新马尔萨斯主义的鼻祖,是提倡生育制限(Birth-Control)最力的人,八年以来,为此事入狱数次。至最近一年中,始能成立'生育制限协会',赞成者已有五万人之多。夫人此次到日本讲演以后,便道来中国游历,并在北京大学演讲,题为'生育制限的什么与怎么',讲稿另录。兹将夫人去年为日本改造杂志所著此篇,由祁君译出,先行披露,务望有志研究者诸君特别注意。"从其英文来看,译为"生育制限"则更符合原意。

一通，索要《努力周刊》。

8月1日，张竞生与胡适、李大钊、马寅初等17人被选为《北京大学社会科学季刊》社会科学组编辑员。8月19日《北京大学日刊》刊登消息：八月一日讨论会决定："王雪艇、陶孟和、胡适之、蒋梦麟、朱经农、张竞生、朱遏先、黄辅馨、何海秋、周鲠生、燕召亭、陈惺农、高一涵、张慰慈、李守常、顾孟余、马寅初为社会科学组编辑员。"

8月15日，民权运动大同盟在位于北京烂缦胡同的湖南会馆举行成立大会，出席会议有400多人，该会确立"伸张民权，铲除民权的障碍"。决定创办《民权周刊》。大会选举张竞生为主席，李大钊、李石曾、邓中夏等15人为执行委员。据史料记载：

> 1922年北方发生直奉战争，直系获胜，恢复的旧国会宣言制宪，北京各界人士认为有在宪法上争取确立民权（包括人民权利和自由，尤其是集会、结社、言论、出版、游行示威和罢工之自由）的必要。发起组织"民权运动大同盟"，进行广泛的争取民权运动。发起人为李煜瀛（石曾）、王法勤、王用宾、胡鄂公、焦易堂、彭邦栋（以上五人是国会议员），李大钊、王士杰、高一涵、皮宗石、周鲠生、张竞生、马叙伦、黄侃、马裕藻（以上北大教授），邓中夏、杨钟健、朱务善、范鸿劼、黄日葵、范体仁、杨副时、高君宇、李世军、韦青云、许孝炎、邓文挥、范予遂等（以上各大、专学校学生），刘相臣、许腾霄（以上商人），刘华、吴汝明（以上工人）等，于是年8月15日在湖南会馆开成立大会，到会四百余人，由张竞生主席，选出李大钊、李煜瀛、邓中夏、胡鄂公等十五人为执行委员。决定发行《民权周刊》，经费由李煜瀛等捐助。民权运动大同盟成立后，首先与中国劳动组合书记部联合，发起劳动立法运动，拟定劳动立法大纲十九条。又联合北京学联向国会请愿，并由李

石曾出名，招待宪法起草委员会委员，陈述大同盟主张；并由张竞生、邓中夏、范体仁等分别著论在北京《晨报》《京报》及《民权周刊》上发表。其次，是发起取消《治安警察法》运动，由高一涵撰文列举《治安警察法》对人民集会、结社、言论、出版及示威游行等的无理限制是违反"约法"，不是"民国"应该有的恶法，要求废止。同时商同学联对此举办示威游行，向黎元洪递上请愿书，要求废止此法。此外对于北京学联驱彭运动及1923年京汉路"二七"大罢工惨案均积极支援。对京汉路"二七"惨案，《民权周刊》尽量记述并著论声讨，大同盟曾发阳、蒸两电声援。大同盟在1926年"三一八"惨案后被迫停止活动。[1]

张竞生在此期间，不仅积极参与各种校内外的活动，也经常举办学术讲座或演讲，如：

11月20日，《北京大学日刊》刊登消息《爱因斯坦公开演讲》："兹为爱因斯坦博士演讲之先导，特选择关系于相对论各题，分别定期公开讲演。……"专题演讲共7讲，主讲人包括丁西林、何育杰、高叔钦、夏浮筠、王士枢、文范村、张竞生。

12月13日，张竞生在北京大学第三院大礼堂作题为"相对论与哲学"的讲演。[2]

12月17日，在北京大学成立25周年庆祝大会上，张竞生作题为"现在和将来的行为论"的演讲，由校长蔡元培主持。

12月22日，《北京大学日刊》发布《北大广东同乡会布告（第六号）》，谓接到张竞生等10人联名来函，称秘鲁驱逐华侨3万余人回

---

[1] 见中国人民政治协商会议全国委员会文史资料研究委员会编：《文史资料选辑》（合订本）第二十一册（总六十至六十二），中国文史出版社1986年12月第1版，第311页。

[2] 事实上，爱因斯坦最终因故并未如约到访北京大学。

国，为此北大广东同乡会于本日下午四时半在（北大）第三院大礼堂召开特别会议，商议对策。

本年，张竞生自编讲义《普遍的逻辑》，作为北京大学印刷课教材印行。该教材共2章，近5万字。

1923年（34岁）

1月16日，北京《晨报》刊登一则新闻：《谭仲逵丧妻得妻，沈厚培有妇无妇》，有编者按语与沈厚培致书《晨报》全文。事由北大教授谭仲逵（即谭熙鸿）而起。谭熙鸿原配陈纬君[1]因病于1922年3月18日去世，留下年幼的一双儿女。1922年6月24日，张竞生与蔡元培、李大钊等10人联名在《北京大学日刊》发表《谭陈纬君夫人行状》（落款时间为民国十一年六月二十三日），以旌表陈纬君美德，寄托哀思之情。不久之后，谭熙鸿与从广东来北京求学的陈纬君的妹妹陈淑君相恋并订婚、结婚。沈厚培以陈淑君与己已有婚约在先为由撰文谴责谭陈，其后陈、沈互有申辩，此事经媒体炒作之后，社会反响甚大。

2月，张竞生的《行为论的学理与方法》在《国立北京大学社会科学季刊》第1卷第2期上发表。

4月29日，张竞生在《晨报副刊》发表了《爱情定则与陈淑君女士事的研究》，公开为陈淑君辩护，并提出爱情的四项定则。

张竞生此文发表之后，舆论哗然。《晨报副刊》编辑孙伏园围绕此事组织策划了系列讨论。从1923年5月18日至6月25日，《晨报副刊》共刊文36篇（其中讨论文章25篇，信件11篇），包括鲁迅、周作人（署名荆生）、许广平（署名维心）、梁镜尧、冯士造等参与了讨论。另有其他报刊如《学灯》等也有一些文章参与了讨论。

5月1日，张竞生在《晨报副刊》第111号发表《劳动界的四个兵略》。针对劳动界与资本家之间的斗争提出了四点策略。

---

[1] 陈纬君乃汪精卫妻子陈璧君二妹。

5月20日,张竞生在《时事新报》副刊"学灯"栏上发表了《〈驳张竞生君《爱情的定则……》〉的反驳》,对余瑞瑜、梁纶才1923年5月6日在"学灯"栏上发表的《驳张竞生君〈爱情定则与陈淑君女士事的研究〉》一文予以反驳。

5月24日,北京大学风俗调查会成立。会议推举张竞生任主席(一说主任),并通过了张竞生拟定的"风俗调查表",决定从北京开始试行调查,并征集风俗器物,筹建风俗博物馆。

5月25日,许广平以"维心投稿"为名在《晨报副刊》发表《爱究竟是怎么一回事》。

5月30日,《北京大学日刊》全文刊登了张竞生拟写的《风俗调查表》。[1]

6月12日,《北京大学日刊》刊登了《风俗调查会简章》。

6月14日,张竞生以调查会名义在《北京大学日刊》上刊登启事,发动学生利用暑假时间开展实地调查:"风俗调查,为研究历史学、社会学、心理学、行为论,以及法律、政治、经济等科学上不可少的材料;但须实地调查,方可责实征信。暑假在即,同学诸君定多言旋,正可借用休业时间,就地分别调查。此不唯于自己的见识及学术上的贡献,两有裨益,抑亦暑假中一种最好的消遣。"不过,风俗调查会的第一次征集活动并没有太大反响和成效,仅收回《风俗调查表》31份,收集风俗物品200余件。

6月15日,《北京大学日刊》刊发了《国立北京大学研究所国学门风俗调查会启事》。

6月20日、22日,张竞生在《晨报副刊》上发表了近两万字长文《答复"爱情定则的讨论"》(上篇)与《答复"爱情定则的讨论"》(续篇)予以回应。这也是张竞生爱情观的一个总结。

---

[1] 除了在《北京大学日刊》刊登之外,《风俗调查表》在1923年7月7日《晨报副刊》与1923年12月《东方杂志》第20卷第24号上也同样全文刊登。

7月18日，上海《民国日报》的《妇女评论》第100期刊登了署名"褚松雪"的"谈话"《我的离婚略史》。[1]文中哀悼自己的不幸婚姻，表达了自己有志于革命、奉献于社会的远大志向。正是因为这篇文章，张竞生与褚松雪开始了书信往来。张竞生后来在《美的情感——恨》（1927年4月15日《新文化》月刊第1卷第3期）一文中提到这一经过：

> 一晨上我在某报副刊中见到一篇为我们所要求者的女子文字。此作者为楚崇石（指褚松雪。——编者）女士。大意是伊看不起伊丈夫不争气，愤而脱离家庭关系，只身从遥遥的南方到山西教书以自给。末后叹惜婚姻由兄命牵累到这境地，并誓愿今后为社会而牺牲等语。此时的我，竟引起了非常的同情心。
>
> "同是天涯沦落人，相逢何必曾相识。"我也因不愿意在家庭过了无聊的生活而出来的，我也因婚姻不得志而摆脱的，我也想为社会奋斗而生存的。一切的境遇俱同，难怪我即时起了同情心，立刻就写一短信去安慰她，并向她诚实地说我简略的身世。

在《浮生漫谈·怀念情人》中，张竞生也提道：

> 在这个文战抢攘中，有一日，《晨报》[2]上登出一位女士，自述她逃开不争气的小官僚丈夫，独自走到北方为小学教师。在我眼前出现了一个娜拉。我悲哀她的身世凄凉，遂与她通一封信，不意由此我们变成了情侣。

---

[1] 据禾塘考证，稍早之前，褚松雪于1923年4月15日在天津《新民意报·女星》第8期也曾发表《我的离婚》一文，署名"松雪"。但从褚松雪与张竞生后来的文章来看，张竞生所读到应该是指《妇女评论》中的这一篇。见蠹鱼书坊印行《蠹鱼》（第2卷第1期）"褚问鹃诞生一百二十周年纪念专号"《褚问鹃著述年表》。

[2] 此处张竞生的记忆有误，应该是《民国日报》，而不是《晨报》。

在褚松雪（褚问鹃）后来的文章中有两处提到张竞生跟她的通信缘起，一处是在《花落春犹在》（第一册，台北中外图书出版社1983年7月初版）中：张竞生（在书中化名黄适）听到北京大学山西籍的学生谈起褚松雪在山西阳高县为扩充教室，顶着巨大的压力把庙里的泥菩萨搬离的事（即所谓的"打偶像"），所以特地写信给褚松雪，想认识她；一处是《生命的印痕》（收录于《女作家自选集》，耕耘出版社1943年版）中：

> 那时候，天津出版了一种《女星》周刊，内容很丰富，主编李峙山先生是一位思想前进的女子。我深深被后来她的言论感动，便也写了些东西去。由投稿通信，而成为志同道合的朋友。
>
> 写作的兴趣，一天天浓厚，投稿的方向，也由《女星》到上海《民国日报》的副刊。信从各方面寄来，都是未经识面的文字之交，内中一位是研究哲学的，她的学问的光辉，使我的眼睛眩耀起来，她也在与封建势力搏战，社会上对他攻击得非常猛烈。由于同情遭遇的一点因缘，便引起了少年期久伏在心头的"奇士"的感觉，终于堕入情网。

褚松雪，笔名褚问鹃、问鹃女士、松俦女士、一舸女士等。1896年8月27日[1]生于浙江嘉兴南门姚家埭一书香门第。1917年父母双亡，由哥哥包办婚姻，嫁给了一官宦子弟张传经（字伯纶）。婚后随夫迁往北京。因二人志趣不投，于1921年秋离婚。离婚后，褚松雪独自前往山西省阳高县办学校。也正是因为《我的离婚略史》一文的

---

[1] 关于褚问鹃的出生日期，说法不一。据张竞生次子张超先生所言，1994年褚问鹃去世时，其子黄嘉（即张应杰，张竞生与褚松雪所生）所发讣告上所写日期为1896年8月27日（详见蠹鱼书坊印行《蠹鱼》第2卷第1期，"褚问鹃诞生一百二十周年纪念专号"《褚问鹃的出生日期》）。

发表，从此与张竞生结下了"剪不断，理还乱"的一段情缘。在与张竞生互通书信时，褚松雪正主持刚刚建立不久的阳高县立高等小学校（女校）。

是年暑假，张竞生往哈尔滨度假。

1923年下半年，在北京大学新学期开学之后，张竞生在哲学系开设"风俗学"课程，主要内容是讲授风俗学的大纲与定则，研究风俗学的方法，比较各地的不同风俗等。

9月6日，北京《晨报副刊》刊登褚松雪的《读"纯阳性的讨论"答协中君》。

9月15日，天津《新民意报·女星》刊登褚松雪的《对于现代女子教育的怀疑》，署名松雪。[1]

9月30日，张竞生出席北大国学门召开的恳亲会（《晨报副刊》11月16日）。

10月13日，《晨报副刊》刊登褚松雪的《十二年双十节的感想》，署名松雪。

11月14日，上海《民国日报·觉悟》刊登褚松雪的《诗经上妇女的地位观》。

12月15日，天津《新民意报·女星》刊登褚松雪的《对离婚问题》（讲演稿）。

是年秋天，在张竞生的帮助下，褚松雪从阳高县立高等小学辞职赴京，准备就读北京大学研究所国学门研究生。

1923年底，志同道合的张竞生与褚松雪互相吸引，遂同居。

1924年（35岁）

1月16日、17日、26日，《北京大学日刊》第1387期、1388期、1396期连续刊登张竞生拟定的《北大风俗调查会征集各地关于旧历新

---

[1] 褚松雪的文章部分来自于禾塘辑录的资料，见蠹鱼书坊印行《蠹鱼》（第2卷第1期）"褚问鹃诞生一百二十周年纪念专号"《褚问鹃著述年表》。

年风俗物品之说明》[1]（写于民国十三年正月十四日[2]）。

这次征集活动，历时半年多，收获颇丰，其中包括调查表64份，"神纸"580件，花纸151件。

2月16日，《晨报》第2版刊登了张竞生、李大钊、蒋梦麟、胡适、周作人、郁达夫等47位北大教授联名发表的《国人力促恢复中俄邦交——北大四十七教授之公函》（此函写于1924年2月15日）。

2月18日，上海《申报》第11版以《北大教授请复中俄邦交》为题再次发表此函。

3月初，张竞生在北京大学发起组织成立"审美学社"。3月2日，《晨报副刊》第3—4页，3月8日，《北京大学日刊》第1414期第3页分别刊登《"审美学社"启事》。

张竞生"将这些美的观念从研究便当上分析起来，得了数条纲目"，而"这些纲目原是属于一个'整个的美'"：

（一）美的衣食住

（二）美的体育

（三）美的职业

（四）美的科学

（五）美的艺术

（六）美的性育

（七）美的娱乐

（八）美的人生观

这则《启事》，被视为张竞生美学观念的总纲，也是他考察人生与社会的初步心得。

3月15日，张竞生与李大钊、胡适等60位北京大学教授因教育部所制定的国立大学条例一事联名致函校长蔡元培，着重对在包括北

---

[1] 这份《说明》，后来还陆续在《北京大学研究所国学门周刊》1925年第1卷第10期、《京报副刊》1925年第28期、《北京大学研究所国学门月刊》1927年第1卷上刊登。

[2] 此处的"正月十四日"，应该是元月十四日。

京大学在内的国立大学校设立董事会提出反对意见，函请校长向教育部严重交涉，根本取消。

3月17日，《北京大学日刊》第1421号刊登了《北大教授致校长公函》。

5月15日，北京大学研究所国学门风俗调查会召开会议，议题是审查调查会简章。

此后，张竞生组织老师并指导学生做"北京风俗"的调查，其中以1925年4月30日至5月2日对北京城外妙峰山进香风俗的调查最具影响。这是中国现代民俗学史上第一次有组织、有目的、有计划的专项田野调查。调查组成员包括顾颉刚、容庚、容肇祖、庄尚严、孙伏园5人。后5人分别撰文将调查成果在《京报副刊》刊载（1925年5月13日第147号至8月27日第251号间共计出了6期"妙峰山进香专号"，具体是第147号、157号、163号、171号、210号、251号）。

5月底，张竞生的讲义《美的人生观》作为北京大学哲学系教材印行。5月27、28日《北京大学日刊》刊有《张竞生启事》：

> 我的《美的人生观》讲义，定于本星期内出完，希望考"行为论"诸君，取做参考书用。
>
> 五月二十六日

8月27日，周作人在《晨报副刊》（第3—4页）发表了《沟沿通讯二》（署名开明），对张竞生《美的人生观》中"美的性育"项下的"神交法"提出了质疑。不过周作人从整体上还是比较肯定了《美的人生观》。

褚松雪与张竞生同居两三个月之后，因生活矛盾，褚松雪遂离家出走。不久之后因发现身怀有孕，又回到张竞生身边。两人言归于好。

是年秋，张竞生与褚松雪举办了婚礼，并租住在北京什刹海十八号。

10月23日,就在冯玉祥发动北京政变进入北京的那一天,张竞生与褚松雪的儿子张应杰出生。

本年春,张竞生与褚松雪联袂到天津学校演讲,张竞生演讲的题目是《冒险的美趣与快乐》,褚松雪演讲的题目是《离婚问题》。

1925年(36岁)

1月4日,《京报副刊》头版头条刊登消息:

> 一九二五新年
> 本刊之二大征求
> 青年爱读书十部
> 青年必读书十部

也许是应主编孙伏园的函约,不少名家诸如胡适之、汪兆铭(精卫)、沈兼士、周建人、顾颉刚等人都予以响应,其中包括张竞生。

2月27日,《京报副刊》第73号刊登了张竞生所选"青年必读书目":

(1)《建国方略》(孙中山 著)

(2)《红楼梦》

(3)《桃花扇》

(4)《美的人生观》(张竞生 著)(夸口夸口,玩笑玩笑!)

以下六本为译本,能读原文最好:

(5)《科学大纲》(英 丹森 著)[1]

---

[1]《科学大纲》(*Outline of Science*),英国著名生物学家、博物学家兼科普作家约翰·阿瑟·汤姆生(John Arthur Thomson,1861—1933)爵士主编的4大本科普巨著。汉译《科学大纲》第一、二册由商务印书馆于1923年4月出版(并分别于当年10月、次年3月再版),第三、四册于1923年10月、1924年1月陆续面世,后作为"汉译世界名著丛书"之一于1930年编入"万有文库"第一集,分订为14册,译者包括任鸿隽、竺可桢、胡先骕等22人。

(6)《创化论》(法　柏格森　著)[1]

(7)《结婚的爱》(斯妥布士　著)[2]

(8)《相对论浅说》(爱斯坦　著)[3]

(9)《社会问题详解》(共学社出版)[4]

(10)《互助论》(克鲁泡特金　著)[5]

从1月14日起,至1月21日止,《京报副刊》分7期陆续刊登了张竞生《美的人生观》中的《美的思想》篇。

1月21日第37号,《美的思想(续)——〈美的人生观〉之一节》

2月3日,张竞生在《京报副刊》第50号发表了《山格夫人来信》。

2月9日,《京报副刊》第56号刊登了张竞生的《再谈制育》。

5月1日,张竞生作为北京大学代表出席了在北京召开的国民会议促成会。据《中国共产党历史名词解释》(上册)中资料"国民会议促成会"条:

> 是年,国民军首领冯玉祥、胡景翼、孙岳电请孙中山北上。

---

[1]《创化论》,即《创造进化论》,法国哲学家亨利·柏格森(Henri Bergson,1859—1941)所作。最早的中文译本为张东荪根据美国密启尔的英译本所翻译,商务印书馆1919年10月出版。

[2] 在张竞生的译法中,斯妥布士译为司托泼夫人。即玛丽·司托泼(Marie Stopes,或译为玛丽·斯托普斯,1880—1958),植物学博士,英国节制生育的首倡者,与其丈夫于1921年在伦敦创建了首个节制生育诊所。《结婚的爱》(Married Love)较早的中文译本为胡仲持译,开明书店1924年出版。

[3] 即阿尔伯特·爱因斯坦(Albert Einstein,1879—1955)。

[4]《社会问题详解》是日本社会思想家、国家社会主义的倡导者高畠素之(1886—1928)的著作。最早的中译本为盟西译,上海共学社1921年4月出版。

[5] 克鲁泡特金(1842—1921),俄国地理学家、无政府主义运动的最高精神领袖和理论家。《互助论》是克鲁泡特金用无政府主义观点写成的一部社会发展史,1902年发表。书名全译是《互助:一个进化的因素》。最早的中文译本为周佛海翻译,商务印书馆1919年12出版。

中国共产党向孙中山建议,发表北上宣言,正式提出打倒军阀及帝国主义,并提出"开国民议,取消不平等条约"两大主张。但段祺瑞先到北京,张作霖拥段为临时执政。段只主张开官僚政客式的善后会议对抗。不幸在筹备会期间,孙中山逝世。但该会终于1925年5月1日在北京开成。出席者为工、农、商、学、民众团体、各党派代表、各大学代表和华侨代表等,共到会170余人。中共代表李大钊……国民党代表汪兆铭……北京大学张竞生,顾孟余……(详见山西大学《中共党史名词解释》编写小组编:《中国共产党历史名词解释》上册,1980年10月,第35—36页)

5月,张竞生的讲义《美的人生观》作为"审美丛书"之一由北京大学印刷课代印出版。全书共2章,8万余字。

6月11日,张竞生在《晨报》第2253号第6版"时论"栏目发表《对梁启超先生提案的修改及我的作战计划》(写于1925年6月10日)。此文是针对梁启超《我们该怎样应付上海惨杀事件?》(刊载于《晨报》1925年6月10日)而写。

从9月4日开始,至10月31日止,《京报副刊》陆陆续续共30期刊登了张竞生《美的社会组织法》各个篇章。

10月,《美的社会组织法》作为讲义在北京大学差不多印行完毕。

11月7日、9日,《北京大学日刊》第1801期和1802期连续刊登张竞生的《"壮游旅行团"启事》(写作时间为1925年11月6日),号召人家加入"壮游旅行团"。

11月9日晚8时,"壮游团"在北京大学第一院召开成立大会,与会者60余人,推选张竞生为主席。

11月12日,《北京大学日刊》发布《壮游团成立通告》。

11月13日,《北京大学日刊》发布《壮游团启事》,定于15日作第一次壮游之举,地点为西山。

11月13日、14日,《京报副刊》第327号和328号连续两天刊登了张竞生的《壮游团启事》（即在《北京大学日刊》上刊登的《"壮游旅行团"启事》）（落款时间为1925年11月11日）。

11月25日，《北京大学日刊》发布了张竞生撰写的《壮游团往游圆明园启事》。

12月10日，《京报副刊》第353号刊登了张竞生的《快救东省》。

12月24日，《北京大学日刊》发布了张竞生撰写的《壮游团前海溜冰会》。

1926年（37岁）

1月5日，张竞生的《介绍一个大问题——男女关系》发表于《京报副刊》第375号。

1月19—21日，《北京大学日刊》发布《壮游团启事》，号召团员购置冰鞋，学习溜冰。

2月2日，临近寒假，张竞生在《京报副刊》第403号第6、7页上刊登了性史征文启事：《一个寒假的最好消遣法——代"优种社"同人启事》。

2月8日，《京报副刊》第409号刊登了江波的《对于〈一个寒假的最好消遣法〉的疑点与妄度》与张竞生的回应文字。

2月22日，《京报副刊》第423号刊登了金满成的《征求性史的讨论行者》与张竞生的回应文字。

2月27日，《京报副刊》第428号发表了张竞生的《两件较大的答案》。

3月7日，《京报副刊》第431号刊登了白苹致张竞生书信《对于征求性史的忧虑》以及张竞生的《答白苹先生》。

3月10日，上海《新女性》杂志第1卷第3期上发表了慨士的《什么是神交——评〈美的人生观〉》（写作时间是1926年1月1日），对张竞生《美的人生观》中所说的诸如"神交法""避孕法"等进行探讨与质疑。

3月28日，《京报副刊》452号刊登了褚松雪的《哭死难诸女烈士》,署名松雪。

4月10日,《新女性》杂志第1卷第4期刊登了张竞生的《三点声明》(写作时间是3月5日),这是对于慨士的《什么是神交——评〈美的人生观〉》一文的回应。

5月10日,《新女性》第1卷第5号发表了张士林写给张竞生的信:《通讯:对于"三点声明"的疑问》(写作时间是4月6日),对张竞生《三点声明》中的说法提出商榷。

4月,张竞生经过精心整理,从性史征文的200多篇文章中遴选出7篇,结集为《性史》(第一集),最初由北京优种社出版[1],书底不刊版权。这7篇每一篇之后都有张竞生针对性的按语,如关于"第三种水""如何协调夫妻双方性生活""手淫"以及"如何避孕"等问题的解读或说明。

关于张竞生出版《性史》的初衷,彭兆良后来曾描述过:

> 他虽然以《性史》(第一集)一书,大名轰传国内,但他著作的兴趣并不在此。在《性史》(第一集)以前,他还曾以《美的人生观》《美的社会组织法》二书,驰名文坛。编辑《性史》(第一集),只是一种偶然机会。那时他在北大讲风俗学,因讲风俗而从事采访奇风异俗——却发现那些怪诞的风俗中十之九含有性的重要元素,而且大都由于原始人性知识愚昧所致。他以为如果一般人性知识开明了,风俗也许可以敦厚。(兆良:《记张竞生》,《茶话》1947年第19期,第33页)

尽管张竞生在《性史·自序》中称"这部《性史》断断不是淫书,断断是科学与艺术的书",但《性史》的出版在社会上引起了轩然大

---

[1] 《性史》是中国第一部性学著作,但就目前所见,国内各大图书馆都无法找到其最早的版本。该书在被冷落了20多年之后,于1951年被译成日文,1968年又被译成英文,定名为《中国最早的现代性教育论述》。

波,被视为洪水猛兽大加挞伐。而社会上各种冒张竞生之名出版低俗读物一时泛滥成灾,如章克标曾言:

> 利之所在,众所向往,群趋之恐不及,于是伪造盗印的就多了起来,许多不明来历的出版社、印书馆印造了此书,还冒用张竞生的名字,出版了《性史》第二集、第三集乃至到了十几集,还有性质相同的《性艺》《性典》《性史补》等等题目的事,一哄而起,通过特殊的发行渠道,在社会流散,成为灾祸,引起了很大反响,都归罪与张竞生了。……张竞生被群众奉赠了"性欲博士"的头衔,好端端的哲学博士一变而为"性学博士"了。(章克标:《张竞生与〈性史〉》,《章克标文集》下卷,上海社会科学院出版社2003年版,第492页)

5月27日,北京警察厅开始查禁《性史》(上海《申报》1926年5月28日第5版)。

6月18日,《民国日报》第3730号刊登了张竞生的演讲《美与俭》。

6月23日,张竞生离开北京大学,到达广州。据广州《民国日报》(1926年6月25日第5版)消息《广大今日请张竞生演讲》载:张竞生因出版《性史》触怒北京军阀政府,于前日安抵广州,广东大学学生会邀请张竞生在该校大礼堂进行三次演讲:"恋爱与革命"(25日下午7时)(说明恋爱与革命是相成相长的,没有恋爱的社会,极难产生真正的革命的。所谓儿女英雄,与所谓英雄儿女,原是一物。但英雄常被儿女所误,乃因不晓得爱情之故);"性的真义"(26日下午7时)(说明性的正态,与恋爱的意义,提倡性的正态与升华);"中山先生的多育说与制育和优种学的讨论"(28日下午7时)。

7月17日,张竞生到达汕头。同日下午,到潮州金中附小参观(潮州《金中周刊》第135期"附小纪事")。

7月18日上午,张竞生在潮州金山中学为师生作题为《在那时做那事》的演讲,并赠送《美的社会组织法》一册予金中图书馆。张竞生演讲内容经黄光远、杜绍文记录整理,刊登在《金中周刊》1926年7月21日第133期。

据褚松雪说法,张竞生"在《性史》畅销之后,他十分高兴,常以中国的Ellise[1]自居,要到各处去周流讲道。北大考毕(当指学生课程考试后学期结束。——编者)即南下"。结合《金中周刊》的消息,张竞生于7月17日到达汕头,"在汕头招学生讲授'美的性育'。乃听者寥寥,不能成班,于是到广州,上书国民政府,要求设立'考试局'而自为局长。不得要领,又谒广大校长褚民谊,求为教授,亦无结果。愤极!遂回上海……"(褚松雪:《与张竞生君脱离关系的经过》,《中央副刊》1927年4月30日。)

张竞生在《十年情场》第二章"我竟守身如玉"中回忆说:

> 这是一九二六年与一九二七年的事了,我因在北京大学教了四五年书,照例可请假与照领薪水到外国再行游学一二年,但当我到上海不久,大贼头张作霖打入北京,派了刘哲为北大校长,宣布一切教职员欠薪截止给发,一切蔡元培校长在北大的规制都被推翻了。我只好留在上海与友人合资开了美的书店。

由此综合判断,张竞生应该是于1926年6月23日离开北京到达广州,于7月17日到达汕头,同日下午到潮州,18日到潮州金中。在汕头招生失败后返回广州,后于8月底9月初去往上海。

8月,天津南开大学校长张伯苓首先在南开学生中宣布《性史》为淫书,禁止学生阅读。不久,他又说服警察局在天津查禁《性史》《情书一束》《女性爱》《夫妻之性生活》及《涤明篇》5种"淫书",

---

[1] 霭理士。

各种报章杂志纷纷发文声讨张竞生,指责张博士宣扬淫秽,污浊社会,毒害青年云云。张竞生遂被冠以"性博士"之名。

9月初,张竞生应上海艺术大学校长周勤豪(据褚松雪说法)邀请担任上海艺术大学教务长。据上海《申报》1926年9月4日第3版刊登的《上海艺术大学开学通告》和《上海艺术大学招考男女生》来看,时任校长为吴稚晖,总务长周勤豪,教务长张竞生。另据叶正亚《〈新文化〉上的广告》(刊于《语丝》1927年3月第124期)一文中称:"张竞生是去年夏来上海的,一到上海,便任上海艺大教务长,请张继作校长。"另据上海《申报》1926年9月28日第12版消息《上海艺大欢迎张继校长》:

> 江湾路上海艺术大学校长吴稚晖自就任以来,对于该校颇能极力拥护,唯近因事忙,且不久有欧洲之行,为此不能兼顾,恐与该校前途发展有所阻碍,故特提出辞职。兹经该校校务会议决,知吴君辞意甚坚,故遵从其提议,另请名望素孚之人继任此职。闻由该校创办人周勤豪、教务长张竞生、音乐系主任傅彦长为代表前往聘请张溥泉担任此职。已于本月二十五日下午三时在该校开欢迎大会云云。

可见,张竞生是应上海艺术大学周勤豪(也是学校创办人)之邀担任该校教务长,而数日后在吴稚晖辞职之后,由张竞生提议并出面邀请张继担任校长。周勤豪则兼任副校长。

9月24日,《申报》消息:《上海艺大新聘教务长》:"上海艺术大学新聘张竞生博士任教务长。张博士已于日前到校任职当召集学生谈话。"(上海《申报》1926年9月24日第22版)

9月25日,《语丝》周刊第98期刊登了吴鸿举与周作人(署名岂明)关于《南开中学的性教育》的书信往来。

10月9日,《语丝》周刊第100期刊登了王华甫与周作人(署名岂明)的《南开与淫书》。周作人针对南开学校的做法提出批评,为《性史》予以辩护。

10月初,褚松雪与张应杰被张竞生接到上海,暂居艺术大学校内。此后两人因为家庭生活问题及志趣不投经常出现纷争。褚松雪因热心于社会事务与政治活动,开始与上海的共产党接触,后来担任上海市党部妇女部长。因无暇顾及孩子与家庭招致张竞生不满,最终在一次严重的冲突之后,褚松雪不辞而别,独自一人去往武汉,积极投身于各种政治活动。对于脱离关系的原因,两人各执一词。后来张竞生在《新文化》月刊第1卷第3期(1927年4月)发表了《美的情感——恨》,则带有明显的偏激与非理性的感情色彩。在张竞生的《美的情感——恨》发表后不久,褚松雪就作出了回应,在1927年4月30日武汉《中央副刊》[1]上发表了《与张竞生君脱离关系的经过》,指出两人分手的原因在于张竞生"性情暴戾,遇事专制,不尊重对方的人格""他不愿意参加社会运动,也设法不令我去参加",等等。

10月,周建人在《一般》杂志第1卷第2期发表了《关于性史的几句话》,文章指出:"《性史》全书一四〇面,除在首尾的是张先生的序和赘语外,内有性经历的自述七篇;各篇是独立的,并没有统系上的关联。所以本书不是有系统的科学的著述,只是几则论料(data)的结集。"并指出张竞生按语的错误之处,最后认为:"总括的说起来,《性史》这书的重要,在科学方面并不多,在'爱的艺术'这种运动方面或者比较些的有意思。"

11月,张竞生在《一般》杂志第1卷第3号发表《答周建人先生〈关于性史的几句话〉》一文予以回应,认为《性史》"就性的事实说,当然是科学的事,但对付性的方法,完全是艺术的",而周建人对《性史》的批评存在误会。

---

[1]《中央副刊》为武汉《中央日报》副刊。

同期《一般》杂志还发表了周建人的《答张竞生先生》,继续批评《性史》的伪科学性。

11月初,张竞生筹划成立"旅沪潮州学会",于11月7日在上海召开成立大会,被选为执行委员,任临时主席。但"旅沪潮州学会"遭到部分与会人员的反对与抵制。首先是上海《申报》1926年11月10日第20版刊登消息《旅沪潮州学会开成立大会》,紧接着,《申报》1926年11月12日第1版刊登一则声明《否认包办式之旅沪潮州学会》:"迩有少数旅沪潮人,私集党与,谬称某某学校代表,阴自成立旅沪潮州学会,同人等一致否认。特此声明。林少残、黄本英、姚学渠、蔡文玹……方俊等八十四人同启。"

同日,《申报》本期第1版还刊登了两则消息。其一,《潮州各界注意》:

> 本月七日,旅沪潮州学界假座大西洋开同乐会,同人等以属美举,欢然赴会。讵开会时,临时主席张竞生君竟宣布改为潮州学会成立大会。同人等以不合手续,有涉少数人包办嫌疑,要求改为筹备会。讵为一部分会众所不许,不得已自动宣告退席。关于该会一切行为,同人等概无与闻。特此声明。诸唯公鉴。林少残 黄本英……同启。

其二,上海各高校《潮州全体同学启事》中称:

> 同人等对于少数人非法成立所谓旅沪潮州学会,认为不合手续。为旅沪潮人利益计,一致要求改组,谨此布闻。

11月10日,张竞生参加上海新亚印刷公司于大西洋菜社举办的开幕式,参与者还有叶灵凤、胡愈之、欧阳予倩等各界人士百余人(《新亚公司宴客志盛》,上海《申报》1926年11月12日第17版)。

11月13日（农历十月初九）晚，张竞生参加了上海歌星、影星黎明晖[1]在上海俭德储蓄会新会所篮球房举行的18岁生日宴会。参与者还有蔡元培夫妇等（吉诚：《黎明晖二九寿宴记》，上海《申报》1926年11月17日第17版）。

11月，张竞生计划筹办新文化社，创办《新文化》月刊。社址位于上海法租界内萨坡赛路丰裕里九十四号。

11月23日，张竞生在《申报》"出版界消息"栏刊登广告：《〈新文化〉月刊出版有期》：

> 法租界新亚公司自开幕以来，于印刷编辑两部，积极进行。编辑部由新文化社发刊《新文化》月刊，请张竞生君为编辑主任，撰述者有孙福熙、陈学昭、华林、江平、马宗融、彭兆良等三十余人，定十六年一月一号出版。内容分社会建设栏、文艺杂记栏、性育美育栏、批评辩论栏，封面画插图由陶元庆担任。装订美丽，定价每册二角五分。

12月2日，张竞生以新文化社名义在上海《申报》1926年12月2日第3版发布《新文化》月刊出版预告和征文广告。

12月3日、4日，张竞生在《申报》第1版、第2版连续两天发布《张竞生启事》：

> 现市上所卖《性史》第二集系假我名，内容恶劣，价钱奇贵。我已预备在上海将假造者控诉了。

12月7日，张竞生于上海艺术大学教务长一职不辞而去（《上海

---

[1] 黎明晖（1909—2003），中国早期影星、歌星。著名作曲家黎锦晖之女，儿时曾主演过歌剧《葡萄仙子》《可怜的秋香》，1936年主演《清明时节》（与赵丹主演）等。

艺术大学教务长去职》，上海《申报》1926年12月9日第8版）。

12月20日，上海美专部分同学在校方支持下组织同学会，并请张竞生到校演讲《艺术与革命》（陈洁：《上海美专音乐史》，南京大学出版社2012年版，第205页。另见上海《申报》1926年12月21日第8版《美专风潮昨讯》）。

1927年（38岁）

1月1日，元旦。张竞生主编的《新文化》月刊创刊号正式出版发行。刊物设有"社会建设栏""性育栏""美育栏""文艺杂记栏""批评辩论栏""杂纂"6个栏目。张竞生在《新文化》创刊号发表了6篇文章，分别是：

性育栏

《怎样使性育最发展——与其利益》（张竞生）

《如何得到新娘美妙的鉴赏与其欢心》（张竞生）

美育栏

《裸体研究：由裸体画说到许多事——为晓江氏女体速写而作》（张竞生）

批评辩论栏

《新淫义与真科学》（张竞生）

《调笑"一般"之所谓主干也者》（张竞生）

杂纂

《性史之史》（待续）（张竞生）

另有褚松雪的《我的诉状》刊登于《新文化》创刊号，署名松俦女士。

此外，本期"性育通讯"还刊登了林乔甘、正谊、空谷、李辛之、天天、世芬写给张竞生的6封来信，主要是关于《性史》（包括冒名的第二集）的相关问题，张竞生还对前两封予以答复和回应。

创刊号中还有以张竞生名义发布的"征求上海各学校腐败的实状"消息；另有《张竞生启事》二则，其中第一则是关于《性史》第二集假冒张竞生名印行之事的声明：

> 现市上所卖《性史》第二集假我名，内容恶劣，价钱奇贵。曾经涉讼，现已由调和人商妥，双方和平了结，除赔偿我个人名誉及存书销毁外，并登报（由我名义，而报费则由假造者出），将该书内容宣布于下，以免买书者被骗。冒我名的《性史》第二集每篇之名及作者如下：
> 我之性生活——SW生
> 春风初度玉门关——映青
> 别有一番滋味在心头——冠生
> 我的性经历——志霄女士
> 佳境——我们性交经历——沦殿
> 我之同性恋爱——浮海客

《新文化》创刊号的意义，还在于发起了关于"妇女承继权"的讨论，邀请了吴稚晖、蔡元培、张继、华林、彭兆良等人撰文参与讨论，并举行了赞成"妇女承继权"的签名活动。

1月9日，为黄天鹏创刊的《新闻学刊》写《美的新闻纸》一文。

1月28日（阴历腊月二十五），褚松雪离开上海前往武汉（见叶正亚：《〈新文化〉上的广告》，刊于《语丝》1927年3月第124期）。

1月，潘汉年在《幻洲》半月刊1927年第1卷第7期上发表了《与张竞生博士谈谈"新文化（？）"》，批评张竞生假借"最有新思想"的幌子而自负"新文化"运动。

2月20日，《新文化》第1卷第2期出版。本期将"性育"与"美育栏"合为"性育美育栏"，并增设"性育通讯"栏。张竞生在本期刊登如下文章：

性育美育栏

《第三种水与卵珠及生机的电和优生的关系》（张竞生）

批评辩论栏

《是也上海流氓的一种》（竞生）

《一个抗议》（竞生）

《新文化》第2期继续开展关于"妇女承继权"的讨论，并建议国民政府通过法律程序来保障妇女承继权，设立"妇女承继权监察委员会"，以监视执行。

本期还刊登了《张竞生特别启事一》《张竞生特别启事二》。《启事一》说明了褚松雪与自己脱离关系的原因，以明真相。《启事二》为社会上各种关于《新文化》月刊与张竞生本人的谣言予以辟谣澄清。

在本期最后还刊登了《张竞生为上海潮产致潮人一封公开信》，信之内容为呼吁潮人对位于上海法租界内"潮州山庄"之类的潮人公产被私占问题的重视。

2月，周建人在《新女性》杂志第2卷第2期上发表了《性教育运动的危机》（写于1927年1月9日），对《新文化》以及张竞生的性育观予以批评。

2月26日，周作人在《世界日报》副刊发表《时运的说明》（署名岂明）。周作人从此时起，一改先前对张竞生的支持与理解，而颇多批评。

2月，陈晓江绘，张竞生编《美的女体速写》由北新书局出版发行。该书主体部分《裸体研究》，原刊于1927年1月上海《新文化》创刊号，原刊"附图二幅……（1）裸体二幅……（2）陈晓江氏裸体速写四幅"。张竞生将之加上《序》单独出版成书，为张竞生主编"审美丛书"之一种。

3月，《湖北妇女》刊登褚松雪的诗歌《三月八日的春光》（署名松雪）。

3月26日，《语丝》第124期刊登了叶正亚致周作人的信《〈新文化〉上的广告》及周作人的"按语"（署名岂明）。叶正亚因张竞生的《美的情感——恨》一文的发表，以褚松雪友人的身份为褚松雪辩护，称张竞生"是一个阴险，奸诈，凶恶的伪善男子"。周作人作按语，批评张竞生是"一个思想错乱，行为横暴，信奉旧礼教的男子"。

3月，周建人在《一般》第2卷第3期上发表了《张竞生博士最近的工作》。

4月，《新文化》月刊第1卷第3期出版[1]。本期仍将"性育美育栏"分设为"性育栏"和"美育栏"，共刊登了张竞生6篇文章：

社会建设栏

考试制度的研究（竞生）[2]

美育栏

《美的情感》[3]（张竞生）

批评辩论栏

《性教育运动的意义》（张竞生）

《医氓与性学》[4]（张竞生）

《打倒假装派》（张竞生）

杂纂

《一串极重要的问题》（张竞生）

以及以新文化为名发表的《美的裸体游行组织法》。

在本期"性育通讯"栏中还刊登了张竞生的两封信函：

《张竞生致汪精卫信》（写于1927年4月4日）

《张竞生等致"监委"函》（"监委"指中央监察委员会，写于1927年4月13日）。

在《新文化》月刊第3期的末页，刊登了《新文化社附办美的书

---

[1]《新文化》第3期在《目录》处标注时间为"民国十六年三月"（即1927年3月），但从版权页上的"民国十六年四月十五日"来看，应该是1927年4月15日以后出版。

[2] 在文中题目为《中央考试院意见书》，署名张竞生。

[3]《美的情感》在文中的标题为《美的情感——恨》。

[4] 在文中题目为《"医氓"与性学》，署名竞生。

店通告》。

4月，依托于新文化社，张竞生筹划开办美的书店。由出资占股最多的潮州同乡谢蕴如任经理，张竞生任总编辑。最初的股东还包括彭兆良等。书店地址初位于上海四马路510号。

4月21日、4月29日、5月27日、7月11日，武汉《中央副刊》分4期（第29号、第37号、第64号、第107号）连载了褚松雪的《中国妇女运动浅说》。

4月30日，武汉《中央副刊》（第38号）刊登了褚松雪的《与张竞生君脱离关系的经过》。

5月，《新文化》月刊第1卷第4期出版。《新文化》月刊第4期的发行者从第3期由新文化社发行改为美的书店发行。本期刊登了张竞生6篇文章，分别是：

社会建设栏

《哀女生张挹兰》（张竞生）

性育栏

《性部呼吸！》（张竞生）

批评辩论栏

《砍不尽的上海文氓头与泸胞及周建人》（竞生）

《又出了一个怪头》（竞生）

《美国的快活政策》（竞生 蔚文）

《勉〈新女性〉编者章锡琛君》（竞生）

在本期"性育通讯"栏中刊登了署名罗汉、周君、曹君、卓哉的4封来信，张竞生署名"竞"予以答复回应或点评。并与华林、湘萍一起参与"周作人君真面目的讨论"，张竞生撰有《竞生的评论》。

本期扉页有美的书店开业的广告，书后有《美的书店开幕通告》。《通告》称：

> 幕已开了，其中有的均是新奇的中西书籍。所用女店员都是

长于商业常识，招待周到自不必说，又为答酬购客起见，用特赠送大美女画一张以为开幕纪念。

地址：上海四马路五百十号

又本书店所卖的以性教育书籍为大宗，著名文艺与小说及诗歌和外国文等书籍亦在卖售之列。

书店以"美的"命名，显然是张竞生"美的人生观""美的社会组织法"思想的一种补充和延伸。正如其美的书店的股东之一彭兆良所言："这书店题名'美的'，就是从'美的人生观''美的社会组织法'上一贯来的。"（彭兆良：《记张竞生》，《茶话》1947年第19期，第33—34页）而在美的书店聘用女店员，招致社会各界的声讨与批评。其实，对于这一做法，张竞生的想法是：

> 美的书店打破那时中国的传统，聘请几位年轻女店员。在我们这样的人，对于"男女平等"这个原则，是认为天经地义的，但就那时在我国最称开通的上海说，除了一间犹太人所开的什货店，他们自然有犹太女店员之外，我国所开的任何店铺都无女子加入。我想这是极不合理的，且也有背商业的利益。因为商务最重要的在讲感情，女店员便是此中最能发挥其情感与外交的才能。至于个别几个硬绷绷、粗辣辣的男店员，使顾客一见就不高兴。譬如买一双鞋吧，在外国，由女店员为你温柔地试穿上，有商量，有选择，那你当然不好意思不买吧。（《浮生漫谈·女店员和我》）

章克标的看法倒是比较客观：张竞生雇用女店员，是"出于张博士的美学思想及男女平等的原则"（章克标：《张竞生与〈性史〉》，《章克标文集》下卷，上海社会科学院出版社2003年版，第492页）。

5月3日，上海《时事新报·青光》（时任主编梁实秋）上刊登了梁实秋的《"第三种水"?》(署名秋郎),批评讽刺张竞生的"第三种水"之说。

5月5日,潘光旦在《时事新报》《学灯》副刊发表了《〈新文化〉与假科学——驳张竞生》。

5月6日,在《新文化》月刊第5期出版之前,《时事新报·青光》刊登了梁实秋的来信《张竞生丑态毕露》(署名丹甫)批评张竞生,称之为"诲淫渔利的假科学家",并说:

> 科学艺术,他哪里懂?张竞生处处是以轻薄的态度描写性交,宣扬女人方面的亵秽。我觉得奇怪,褚某对于他不算什么了,而张竞生的妈妈,当初,生他养他的时候想必也受了很多苦,何以他不看他妈的面子,给女人稍微留点地步?

信后并有记者按语:

> 我们不能十分痛快的骂张竞生,因为我们不能十分的降低我们的人格。最有效而最省事的教训张竞生的办法,就是以后不看他的文,不再提他的名字,否则无论骂他恭维他,总是替他登广告。这种人绝不以挨骂为不舒服。而在国家将亡的时候也绝不可以有这种人。

5月14日,武汉《中央副刊》(第51号)刊登了褚松雪的《哭张挹兰》。

5月20日、21日、22日,美的书店在上海《申报》刊登广告,欲招请女店员3人。

6月7日,武汉《中央副刊》(第74号)刊登了褚松雪的《理想中的北京》。

6月8日,美的书店在上海四马路510号开业(上海《申报》

1927年6月7日第10版）。

6月14日，潘光旦在《时事新报》《学灯》副刊发表了《性教育者的资格问题》，对张竞生的性学观提出质疑。

6月24日，潘光旦在《时事新报》《学灯》副刊发表了《变态心理与社会治安》。文中暗示张竞生为"患夸大狂者"，认为他"以专家自命，著书立说，以欺罔一般社会"。

6月28日，武汉《中央副刊》（第94号）刊登了褚松雪的《女职员问题》。

7月，《新文化》月刊第1卷第5期出版。本期刊登了张竞生以下文章：

社会建设栏

《大奶复兴》（张竞生）

性育栏

《性部与丹田呼吸》（续上期）（张竞生）

批评辩论栏

《时事新报——研究系尾巴》（在文中题目为《时事新报——研究系尾巴——淫虫秋郎——梁实秋》）（张竞生）

《几种爱情的试验》（竞生）

《裸体辩论》（徐若璋 竞生）

迫于当局的压力，《新文化》月刊第5期停登了"性育通讯"栏。末页登有《性育通讯栏紧要的启事》云：

> "性育通讯"本含有关于性的研究讨论的性质，实为最有趣味的文字。但因当局方面的责难事势将不得不停登。但请读者诸君注意：我们虽不能公开讨论，但私下仍继续进行，凡有问难当尽同人所知以见告。其来件并拟汇为一集，以为分门研究的讨论，俟将来当用最妥当合理的手续公开于世。即望读者勿吝指教，是所祷切。

《新文化》月刊第 5 期刊登的《时事新报——研究系尾巴——淫虫秋郎——梁实秋》一文对梁实秋予以反击，称之为"淫虫"。

其后，梁实秋在《时事新报·青光》上陆续刊登了多篇文章，向张竞生"开战"，予以讽刺回击。具体如下：

5 月 28 日，《为下流的小报辩护——与上流的小报无关》（署名徐丹甫）。讽刺矛头直指张竞生："有号称性学博士者，靠第三种水吃饭，国立北京大学还曾请他去当教授。上海还有许多妓寮暗娟，咸肉野鸡，不也是吃这一行的吗？"

6 月 11 日，《"竞学"大纲》（署名徐丹甫）。具体针对《新文化》月刊第 4 期上的诸多观点与做法"详加研究，拟为大纲，以便学者"。

6 月 12 日，《丹田？》（署名秋郎）。对张竞生提出的"丹田呼吸"予以讽刺。

6 月 14 日，《性学博士》（署名秋郎）。暗讽张竞生："现在的'博士'，行市落了许多。但是以'博士'为业的人，一天比一天增加。张三称博士，李四称博士，甚而至于作淫书的文氓也称博士。这种博士，既不博，又非士。投机媚世，骇俗诈财，如何是士？说来说去，不能离开男女的方寸之地，焉得称博？"

6 月 18 日，《检查小报》（署名秋郎）。同样语含讥刺："富有创造性的上海文人发明了一个名词，叫做'提倡性学'。这四个字是海淫小报唯一的武器，谁要是非议了他们海淫的事业，谁就要被他们上一个'提倡性学'的旗号。他们以为这样一来，把自身的罪恶便摆脱干净了。"

6 月 29 日，《取缔淫书》（署名秋郎）。称："其实开办书店，制贩淫书，也不过是卖淫事业的一种。例如妓女野鸡等等，何尝不是在'美'的旗帜之下做点买卖？"号召肃清取缔淫书："论淫的小报，是已经检查过了，不定哪一天就要实行取缔。一事不烦二主，甚愿将淫书杂志一齐的肃清一下。"

6 月 29 日，张竞生被控售卖淫书提起公诉而被上海临时法院传审。张竞生本人并未到庭,而由美的书店经理谢蕴如出庭。最终判决张竞生罚金100元,没收《新文化》杂志(《研究性学之张竞生被控》,上海《申报》1927年6月30日第3版)。

7月22日,《告张竞生》(署名徐丹甫)。针对张竞生发表在《新文化》月刊第5期上的《时事新报——研究系尾巴》予以回击。

7月24日,《"竞学"大纲》(署名李敬远)。对《新文化》月刊第5期上的内容"谨抄其重要之点,拟为大纲,以为关心风化者之参考"。

8月1日,武汉《中央副刊》第128号刊登褚松雪的《余沥——杂忆之一》。

8月30日,武汉《中央副刊》第157号刊登褚松雪的《沙漠中的伴侣》(署名松雪)。

秋,张竞生在暨南大学作题为"青年与读书"的演讲(见温梓川:《文人的另一面——民国风景之一种》)。

11月,《新文化》月刊第1卷第6期出版,共刊登张竞生各种文章5篇:

社会建设栏

《为提高党权组织法建议书》(张竞生 许智远 詹朝阳 田家杰等)

性育栏

《性美》(张竞生)

特载栏

《怀华林君》(张竞生)

《介绍烂漫派》(竞生 华林)

《与〈晶报〉论禁淫书而倡性学的方法》(竞生)

本期《新文化》中,又恢复了于第5期停登的"性育通讯"栏,该栏《启事》云:

> 因本刊有"性育通讯"一项以致引起许多纠纷,遂使本刊前期决定将此项裁去,不意此后收到了许多责备及鼓动的来信,使

我们觉得读者的意见确有相当采纳的必要。故今后本栏仍然照登，但以其事实简单文字老到者为主，其美妙的描写而有挑拨性者则拟为汇集成书，仿欧美通例印成私版（private print），庶几读者与法律两得之矣！

本期刊登了署名情云女士、家雄、秀贞、HOC、致重、泰伯、秀坚等人的6封来信，张竞生署名"竞"予以答复回应或作点评。

另第6期有张竞生对钟武平《女子缠足与生殖器之关系》、徐敬仔《一封信》的回应文字。

《新文化》月刊从1927年元旦发行之日起，一直饱受争议和批评，甚至被警察局起诉至法院，称其为"淫书"，此后官司与麻烦不断。在步履蹒跚地出版了第6期之后，《新文化》月刊终于被上海临时法院以"猥亵"之名禁止出版。

11月30日，张竞生委托律师伍澄宇在上海《申报》第4版发布《伍澄宇律师代表张竞生声明启事》，对最近市面上假冒张竞生与美的书店之名出版《性史》一书渔利之事予以谴责。

12月，张竞生的《性书与淫书》由美的书店初次出版。

1928年（39岁）

1月初，张竞生被上海学术书店聘请担任编辑主任（上海《申报》1928年1月6日第1版、1月7日第3版消息：《学术书店招请编辑》）。

1月27日，上海法租界公共巡捕房以张竞生著述《第三种水》之内容秽亵之由往美的书店拘捕张竞生。适张竞生外出未获。旋张竞生偕律师自投捕房，交保证金后被释。

1月28日，上海临时法院开庭审理张竞生案。张竞生到庭，终以写售"淫书"、有伤风化之罪名被法院判处罚金100元，没收"淫书"（上海《申报》1928年1月29日第3版）。

2月12日，美的书店经理、最大股东谢蕴如在《申报》第3版发表《退股声明》。

3月上旬，美的书店因旧址翻造，遂暂迁往河南路棋盘街525号近广东路口，但因位置不佳，不久就将此店面以极低廉的价格转让给了《孽海花》的作者曾朴（孟朴）父子开办的真美善书店。而真美善书店在此处经营不佳，几个月之后也关门大吉了（见上海《申报》1928年3月6—12日间所刊登的广告《美的书店迁移大廉价》，彭兆良：《张竞生的传奇生活》之四五，《小日报》1947年12月8日）。

3月14日，美的书店因专售有关性的书籍被巡捕房查抄。第二天，张竞生被上海临时法院传讯（上海《申报》1928年3月15日第14版）。

4月，金满成在上海《民众日报》副刊《民间》上发表《张竞生博士》一文，为张竞生之性学辩护，并说明张竞生与褚松雪情变之缘由。同时附有张竞生针对金满成文章的辩信二封《满成，你有些说错了！》与《满成，你又按错了！》（其中第二封写于1928年4月30日）（金满成：《鬼的谈话》，民众日报社民间出版部，"民间丛书"第一集，1928年10月版，第225—240页）。[1]

4月，张竞生将由他发起的1923年那场爱情定则大讨论的文章编辑为《爱情定则》一书正式出版，1929年上海好青年图书馆再版。此后这本书多次被改头换面式地盗版。

5月1日，在《新文化》月刊停刊之后，张竞生主编的《情化》杂志创刊号出版[2]。《情化》的《此志目的》云：

> 年来，国内性学与淫书闹得一班道学家寝食不安，以致他们头脑混乱，竟将性书与淫书一例看。其实，性学应当提倡，而淫

---

[1] 根据金满成《序言》所说："从第一篇《元宵记游》至《五月九日》止，都是最近作的，是为《民众日报》副刊《民间》作的。"可知上面文章最初发表在上海《民众日报》的副刊《民间》上，时间为1928年4月。
[2] 其实，《情化》是《新文化》月刊改头换面后的一份刊物，但遭受了与《新文化》月刊一样的命运，只出了这一期之后就被迫停刊了。

书应当禁止,这是稍具有常识者就能知道的。我们固无怪那班人的糊涂;他们实在不晓得性与淫的分别;或有些知道了,而因别有作用,遂致也一样糊涂起来。

性学的高深,莫如在利用其精力,为文化的升华。故我们于介绍性学之后,应当再进一步,而求升华的结果。

所谓情感,所谓智慧,所谓功业、文学、道德、人格,以及艺术、文化,皆由一种精力所变化。这种精力的变化就是"升华"。可是,这不是禁欲所能为功的。必先要性欲有正当的发泄与接触的机会,而后精力才有所归宿与提高的希望。试看中外才人名女与夫丰功伟略的人,谁个不是富于欲而深于情者?本志今后的目的,引导一班富于欲的青年而使为深于情与丰功伟略之人。希望一班作淫书之人,改易方针,一同来和我们合作,共同建立此升华的功绩!

张竞生在《情化》创刊号上发表文章如下:

论文栏

《表情》(竞生)

《哭的表情》(张竞生)

批评栏

《马振华与处女膜》(竞生)

《"奇女子"余美颜蹈海自尽》(竞生)

此刊还刊有《张竞生的一封公开信》和张竞生拟的《一个与文化关系最大的和获利最厚的书店经营法》。张竞生表示出一个庞大的翻译计划:在数年之内,邀请七八十人在五年之内有系统地将世界名著二三千本译成中文,包括小说集五百本,文学书五百本,科学书(天文、数学、物理、化学各廿余本,生理学七八十本,心理学一百本)约共三百本,社会书(法律、政治、宗教各三十本,经济一百本)约共二百本,等等,这样则不仅使国人可以从经济上受惠,更为重要的是关系于我国文化的前途。

这封公开信后来被北京大学的学生聂思敬带到了胡适家里，引起了胡适的共鸣："北大学生聂思敬来谈。他带了张竞生一封信来。竞生也有大规模的译书计划。此意甚值得研究，不可以人废言。"胡适特别将这份偶然得到的公开信剪下来，贴在了1928年6月3日当天的日记上。

5月下旬，美的书店店址迁往四马路442号（上海《申报》1928年5月25日第3版）。

5月底，张竞生翻译的《卢骚忏悔录》（第一书）作为"烂漫派丛书之一"由美的书店初次出版。

8月3日，上海巡捕房以美的书店出售"淫书"及《情化》创刊号中所刊《马振华与处女膜》一文词涉秽亵之由向上海临时法院起诉张竞生。

8月间，继《新文化》月刊和《情化》杂志陆续停刊之后，美的书店也并没有能够维持多久，被上海临时法院以出版销售"淫书"的罪名判决关停，加之资本不足、财政周转不灵等原因，美的书店实际上已经无法维持下去。

9月15日，随着书店原股东彭兆良、张竞生、聂思坤等人将其转让给应荫堂代表王卓刚等之后（张竞生等人的版权并未转让），标志着经营了约15个月之久的美的书店正式倒闭（见上海《申报》1928年11月4日第19版王卓刚刊登的《招盘声明》）。

在美的书店约15个月的经营时间内，以其独特的经营方式与策略在书店林立的上海滩占有一席之地。书店不仅销售多种书籍，也出版发行了一系列丛书。主要包括三套丛书。第一套是美的书店赖以起家的"性育小丛书"，翻译了多部世界名著，张竞生任主编，包括张竞生著作《第三种水》（第五版）和《性部与丹田呼吸》（再版），其他21种为霭理士的著作，包括《性冲动的分析》（两卷）、《女性冲动》（两卷）、《性期的现象》（两卷）、《害羞的进化》（两卷）、《性弛放的机能》(两卷)、《恋爱与苦痛》(三卷)等等；第二套丛书为文艺类，包括张竞生著《美的人生观》(第五版)、《美的社会组织法》(第三版)、法国左拉著毕修勺译《实验小说论》等；第三套丛书为烂漫派文学丛书，张竞生担任编辑主任，包括《卢骚忏悔录》、小仲马《茶花女》、江石著《同性爱》等。

在美的书店关闭之后，褚松雪回到上海，与张竞生复合。张竞生后来在《十年情场》中回忆说：

> 当上海美的书店关闭时，那位褚女士忽然而来，我回念前情，又喜我子得见母亲，遂复和好如初。我因年来在上海译述与奋斗，不免疲倦。且在上海生活不易，遂与褚氏及小孩同往杭州西湖的一山顶，叫做"烟霞洞"者，初意拟在此间混过暑假再算。(《十年情场·与褚女士言归于好》)

9月3日，张竞生携褚松雪与儿子张应杰从上海往杭州西湖烟霞洞度假。

9月4日，在曾为张竞生北大同事，时任南京国民政府浙江省政府委员兼教育厅厅长、国民党中央政治会议浙江分会秘书长蒋梦麟的授意下，张竞生被浙江省高等警察局以"宣传性学，毒害青年"罪名拘捕。后在张继与时任浙江省防军总司令兼杭州城防司令蒋伯诚的斡旋干预下，张竞生虽被释放，但仍被驱逐出境。至于被捕被逐原因，张竞生后来在《十年情场》中有过说明。

9月7日，天津《益世报》刊登一则消息：

张竞生亦有今日

【上海六日下午八时四十分本报专电】著《性史》之张竞生逃避杭州，浙当局以其流毒青年，彻令(五日)公安局驱逐出境。

另据旅欧译述社1928年11月版中张竞生的《卢骚忏悔录再版序》之落款中所记时间："十七年十一月七日西湖被逐后两个月之纪念日"，以及上海《申报》1928年9月8日第9版消息《浙省政府会议》称："杭州市公安局长何云临时列席，报告查拿张竞生经过情形，议决即日押解出境，并通令各县，不得容留，所有《第三种水》等淫籍，即行销毁。"可见，张竞生于9月5日被浙当局下令驱逐出杭州，而具体被押解离开杭州的时间为9月7日。

10月中旬，张竞生呈文国民政府内政部，对被浙江省政府驱逐一事予以申诉，并控告蒋梦麟。

10月20日上海《骆驼画报》刊登的《与张竞生博士谈话记（上）》（署名澹云）一文中称：博士已具呈内政部控告蒋梦麟。

11月8日，国民政府《内政公报》1928年第1卷第8期《国民政府内政部公函》对张竞生的申述予以驳回，维持浙江省政府原判。函称：以前后情节察之，该诉愿人（指张竞生。——编者）确有持有淫书意图散布之行为，予以拘拿搜检没收驱逐等处分允无不当。该诉愿人请撤销原处分，发还没收书籍并惩办主使人员各节系事后因仇泄恨之辞，殊难认为有理由。

11月，《卢骚忏悔录》（第一、二、三书）作为"烂漫派丛书之一"由旅欧译述社再版发行。

从杭州回到上海后不久，张竞生与世界书局签订合约，约定为世界书局每月译述10万字，每月可先行支取200元的版税。张竞生留每月100元与褚松雪母子在上海作生活费，余100元为自己赴法国的费用。

12月11日，萌生去国之意的张竞生在上海《申报》第6版发表了《去国留言》。

12月15日，内外交困的张竞生登上法国邮轮，二度赴法。据上海《申报》1928年12月16日消息：

张竞生行矣

携带性书多种　此行先到巴黎

嗜好研究性学之张竞生，前在杭州被逐来沪后，彼深感在本国之环境空气不佳，遂乃兴浮海之念，昨日张氏已向法邮船公司购定包岛斯号邮船客位，于昨午至招商局北栈登轮，午后二时便开出吴淞。闻张氏此行，先到巴黎，次往比葡各国。据闻张之行李中，随带有性学书籍多种，均出其编著者。

12月27日，张竞生所乘邮轮经过新加坡时，登岸游览，逗留约二日（新加坡《南洋商报》1928年12月29日第3版）。

1929年（40岁）

1月，张竞生到达法国巴黎。租住在巴黎近郊。后在他在黄埔陆军小学的同学，时任广东省政府主席陈铭枢的资助下，开始计划从事大规模的翻译工作。后因国内形势变化，陈铭枢去职离开广州，张竞生大规模译书计划遂告破灭。"我生平最遗憾的，是廿余年来想与人共译世界名著，到今日尚毫无着落。这个志愿本来是已有二三次机会可以成功的，但终于无成就。"（《浮生漫谈·未能实现的志愿》）

在陈铭枢个人资助下，张竞生仍得以在巴黎旅居，以一己之力翻译多部著作。这是张竞生在翻译方面成果最为丰硕的时期。

9月，张竞生译完《卢骚忏悔录》全十二书，交由上海世界书局作为"世界名著丛书"出版，共约17万字。

同月，张竞生所译《梦与放逐》由世界书局出版。包括卢骚的《闲散老人之梦》与嚣俄（即雨果）的《放逐》，共约18万字。

10月，张竞生所译法国女作家惹事珊（即乔治·桑）的小说《印典娜》由世界书局出版，共约7.5万字。

同月，《伟大怪恶的艺术》（含《袁世凯》人情剧）由世界书局出版。

5月1日,《乐群》第1卷第5期发表了褚松雪的短篇小说《一个樵柴的女子》(署名问鹃)。

8月,褚松雪的短篇小说集《女陪审员》(署名张问鹃女士)由上海光华书局出版(上海大光书局1936年6月再版)。

9月1日,褚松雪在《乐群》第1卷第9期发表了《母亲》。

1930年(41岁)

1月,张竞生应傅无闷约稿,撰写《一个最好宣传文化的方法》,发表在《星洲日报》[1]周年纪念刊上。

褚松雪的《涉湘》(署名褚问鹃)发表于《道路月刊》1930年第30卷第2期。

2月1日,鲁迅在《萌芽月刊》第1卷第2期发表《书籍与财色》,对美的书店的经营方式颇有微词。

2月,张竞生所译的德国作家哥德(即歌德)的《哥德自传》由世界书局出版,约4万字(从张竞生所写的《译序》来看,此书应于1929年10月译完)。

5月,张竞生所译的《多惹情歌》由世界书局出版。包括英国诗人贝仑(即拜伦)的《多惹歌》(即《唐璜》)和骚人(张竞生笔名)的《情话的一段》,共3万余字。

6月,张竞生著《烂漫派概论》由世界书局出版,3万余字。

8月,上海《红玫瑰》杂志第6卷第22期发表了褚松雪的短篇小说《客店中》(署名褚问鹃)。

10月28日,褚松雪的《鸳鸯湖之秋》发表于上海《申报》(署名褚问鹃)。

11月16日,上海《现代文学》第1卷第5期发表了褚松雪的小说《哲学博士》(署名问鹃)。

---

[1]《星洲日报》于1929年1月15日在马来西亚创刊。

1931年（42岁）

1月1日，《读书月刊》第1卷第3、4期发表了褚松雪的书评《永别了爱人》（署名问鹃）。

1—2月，褚松雪的中篇小说《前哨》（署名问鹃）分3期连载于《武汉文艺》第1卷第2—4期。

3月1日，《读书月刊》第1卷第6期发表了褚松雪的《刘薰宇的〈南洋游记〉》，署名（褚）问鹃。

4月1日，褚松雪的《评梁遇春著〈春醪集〉》（署名褚问鹃女士）发表于《新学生》杂志1931年第1卷第4期。

从4月1日起，神州图书社《读书杂志》月刊分四期连载了张竞生译，奥地利心理学家弗洛伊德（弗鲁特）著《心理分析纲要与梦的分析》。具体是：

4月1日，《读书杂志》第1卷第1期，《心理分析纲要》之《译者几句话》与《导言》

5月1日，《读书杂志》第1卷第2期，《心理分析纲要》之第一课、第二课

6月1日，《读书杂志》第1卷第3期，《心理分析纲要》之第三课、第四课、第五课

9月1日，《读书杂志》第1卷第6期，《梦的分析——新心理学丛书之一》

《读书杂志》第1卷第6期还刊登了张竞生的《归国后"到民间去"的计划》一文。

4月10日，《读书月刊》第2卷第1期发表了褚松雪的《艺术漫谈》（署名问鹃）。

8月10日，《读书月刊》第2卷第4、5期发表了褚松雪的《普鲁士的〈哨兵〉》（署名褚问鹃）。

据新加坡《南洋商报》1931年8月24日第15版所载《性博士张竞生行将回国》"港8月13日汕头讯"消息称"张竞生拟于下月回

国"。可见张竞生应于 1931 年 9 月离开巴黎踏上回国之旅。

据新加坡《南洋商报》1931 年 11 月 30 日消息:《张瑞贵拒见张竞生　性博士表示暂不著性书》(汕头讯)可知,张竞生于 11 月 14 日回到汕头,16 日由潮安赴县府谒见县长吴文献,随后回到饶平旧寨园[1]。

应褚松雪的要求,张竞生在回到饶平后旋即赴上海接回儿子张应杰,与褚松雪彻底分手。

12 月 1 日,张竞生在《读书杂志》第 1 卷第 9 期发表《一种新的社会》一文,提出:"我的理想社会……即一边有一极美密的公共组织,而一边,在个人上又有充分的自由。在每一个社会中,要达到这个理想的目标,应行划分物质与精神两项不同的建设。即在物质上,如经济、实业等,则行美密的公共组织;而于个人的思想及在其私人范围内的行为,则给以极端的自由,可是这是极难做到的。故我想把社会分作二个:一个是大多数人的,则施行一种公共的严密组织法。一个是私人有其主义,而听其在一定范围内去建设的。"

1932 年(43 岁)

张竞生回到故乡饶平之后,积极从事地方建设,被委任为饶平县实业督办。《南洋商报》1933 年 5 月 4 日刊文《回到故乡后的张竞生,从事家乡建设,还将家乡的私塾改名为启新学校,张竞生在潮州饶平兴办实业》称:"张竞生前年从法国归饶平故乡后,颇韬晦悟,不愿再谈性学,专从事于地方建设,人皆认为不愧为善于改过之君子。张在故乡绿窝实验造林耕稼,颇惹起潮州社会人士深切之注意。饶平县长特委为实业督办,襄助饶平地方建设,张欣然不辞。全县人士皆称饶平县长知人善任,张亦坚忍耐劳,故在饶平兴办实业,成绩特佳,亦得其同乡努力拥护也。饶平县钱东区各乡公路支线,均已次第筑

---

[1] 旧寨园,原名舅寨园,是张竞生姑婆的"随食田",约有六七亩地。后由张竞生父亲租下,张竞生后来回饶平经常住在此处,亦名为"绿窝"。

成，现加购汽车五辆，以便运输客货，现又加开两座林场，一在太坪七鹤座，一设外堂外岭。张氏努力于地方事业，尽忠职务，人皆乐道云。丧妻数年未续弦，性博士头衔，应交还上海小报招人承顶矣。

3月17日，张竞生原配发妻许春姜在饶平服断肠草自杀（上海《申报》1932年3月31日第4版《张竞生妻服毒自尽》）。

3月，褚松雪的《从上海到汉口》（署名问鹃）发表于《武汉文艺》第1卷3月号。

4月1日，《读书杂志》1932年第2卷第4期刊登了张竞生译，哥德（歌德）著《哥德随军笔记》（今译为《随军征法记》）。这是张竞生因"九一八"事变之后，日本占领中国东北，又在打上海并威吓汕头，欲以《哥德随军笔记》给国人提供借鉴："因为救国之道，武人用枪，文人用笔，虽不相同，其实则一。有些武人去火拼，有些文人用冷静头脑观察世变之来去，这样才可以救国。"

5月30日，《读书月刊》第3卷第1、2期发表了褚松雪的《介绍新女性十本文学书》（署名问鹃）。

6月1日，《读书杂志》第2卷第6期刊登了张竞生的《两度旅欧回想录（导言）》与《自然派学理及实行纲要》。其中《两度旅欧回想录（导言）》写于民国廿年（1931）春，时在巴黎近郭的枉费[1]。

11月1日，《读书杂志》第2卷第11—12期合刊登载了张竞生的《写在"精神分析学与艺术"之尾巴！》。

11月30日，褚松雪的《秋日登黄鹤楼》（署名问鹃）发表于《文艺茶话》1932年第1卷第4期。

12月7日，《省商》第8期发表了张竞生的《商业学生与南洋》。这是张竞生在汕头广东省商业学校（前身为岭东同文学堂）的演讲稿。

---

[1] 枉费（Vanves），今译为旺夫，距离巴黎市中心有5.6公里。

1933年（44岁）

2月1日，褚松雪的《保存与改革——论词之应保存与改革》（署名问鹃）发表于《新时代》第4卷第1期。

2月2日，新加坡《南洋商报》刊登"汕头通讯"《张竞生主张调用民力救国》，称张竞生因公抵汕头，接受记者采访时，认为调用民工修筑公路，可将饶平从闭塞不通之区，一变而为四通八达道路错综之地，欲振兴地方实业，此实为第一步。同时张竞生还表示：作为饶平县实业督办，对于本县建设，自应积极促进，督饬全饶平人民荷锄上山开地，为全国树一个建设之先声。"我国现在民穷财尽，既有民力尚称富足，善为利用，使穷县变为富县。然后再移此种伟大之民力，从事卫生教育以及其他事业，无论何事，都可成功。""此种强迫民工从事生利事业之方法，深望全国各地，均能同样举行，则我国立可转贫弱而为富强。虽有十个日本在面前，亦不足怕矣。"

本年春节过后，张竞生即督促乡民开工修建饶钱公路，聘请林美南为技术员，经四阅月全线竣工。

2月3日，褚松雪的《珞珈山纪游》（署名问鹃女士）发表于上海《申报》。

3月28日，褚松雪的《"阿片王国"》（署名问鹃女士）发表于《申报》。

3月30日，褚松雪的《滕王阁》（署名问鹃女士）发表于《申报》。

4月，张竞生于饶平土坑、望海岭、大坪三处建林木苗圃场，面积约45亩（《饶平县志》）。

5月1日，褚松雪的《西瓜子与中国民族》（署名问鹃）发表于《申报》。

5月4日，褚松雪的《雨》（署名问鹃）发表于《申报》。

6月，张竞生著《民智建设》《民力建设》由上海神州国光社出版。

7月，张竞生撰写的《卢骚小传》刊于《读书中学》杂志1933年第1卷第3期。

7月1日，褚松雪的散文《东湖》（署名褚问鹃女士）发表于《新时代》月刊第5卷第1期。

8月1日，褚松雪的《冯竞任先生》（署名褚问鹃）发表于《新时代》月刊第5卷第2期。

8月10日，张竞生应汕头市府之聘为暑期学术讲演员，在汕头商业学校礼堂作题为"自然的生活与农村改进运动"的演讲（新加坡《南洋商报》1933年8月18日第13版）。

8月24日，张竞生被广东省民政厅通缉。张竞生在汕头市长与饶平县长的帮助下，连夜逃往香港，将张应杰托付于一黄姓女教师。饶平民众（实为"饶平旅汕改进社"）控告张竞生十大罪状：（一）勾结土匪，鱼肉弱小；（二）强奸民妇，及占女伶为妾滕；（三）强占民田；（四）侵吞罚款；（五）虐待民工，克扣伙食费；（六）私卖饶钱公路；（七）侵吞饶黄公路之权；（八）侵害公权；（九）包揽词讼；（十）妨害风化（新加坡《南洋商报》1933年8月25日第2版；上海《申报》1933年8月29日第7版，《粤民厅通缉张竞生》；广东民政厅训令第4733号，1933年10月24日；张竞生《浮生漫谈·怀念情人》）。

8月29日，《南洋商报》上发表了《性学博士张竞生辩诬书》，张竞生对"饶平旅汕改进社"向省民政厅告发一事进行自辩。

10月13日，广东省省政府以《性史》流毒社会戕害青年等罪名下令通缉张竞生：

> （香港）粤省府十三日通令所属，严缉专著《性史》流毒社会、戕害青年之张竞生，归案究办。因张近在饶平违章霸产，藐视功令，并自下令拿解后，张竟公然乘专车离饶，其宗人及属员欢送，途为之塞，散发告别父老书、诋毁政府。（十四日中央社电）（上海《申报》1933年10月15日第11版《粤民厅通缉张竞生》）

"九一八"事变后，李济深、陈铭枢、蒋光鼐、蔡廷锴等人由于他们的抗日要求和行动得不到蒋介石政府的支持，与蒋的矛盾日益激化。淞沪抗战之后，迫于日本压力，蒋介石政权签署中日《淞沪停战协定》，十九路军被调离上海，开赴福建剿共。11月22日，中华共和国人民革命政府正式宣布成立。由李济深、陈铭枢、陈友仁、冯玉祥（余心清代）、黄琪翔、戴戟、蒋光鼐、蔡廷锴、徐谦、何公敢、李章达等11人组成人民革命政府委员，由李济深担任主席。陈铭枢任政府委员，兼经济委员会委员、军事委员会委员、军事委员会政治部主任、文化委员会主任等职。废除南京政府年号，改民国二十二年（1933）为"中华共和国元年"，福州为中华共和国首都。废除原来的青天白日满地红国旗，另立新国旗。并宣布革命政府的中心任务是外求民族解放，排除帝国主义在华势力；内求打倒军阀，推翻国民党统治，实现人民民主自由，发展国民经济，解放工农劳苦群众。11月下旬，就在人民革命政府成立后，因为与陈铭枢的关系，时在香港的张竞生乘轮船往福建福州（《南洋商报》1934年2月12日第14版《性学博士张竞生不得志于仕途　民府解散悄然来港》）。

《微言》第1卷第10期发表《张竞生评传》（署名黎明），分"前言""张的家庭""留学法京""金中校长时代""北大执教""编述《性史》""美的书店""欧游回乡" 8个部分对张竞生进行了简略评介。

张竞生逃往香港后不久，黄姓女教师将张应杰送至香港，交予张竞生。是年秋，褚松雪赴香港接走张应杰。

1934年（45岁）

中华共和国人民革命政府成立后，受到各地民众和海外华侨的拥护，但同时也遭到蒋介石政府的舆论攻击和军事镇压。1933年12月下旬，蒋介石抽调进攻江西苏区的嫡系部队十余万人，以卫立煌、张治中、蒋鼎文为三路前敌总指挥，在海、空军的配合下，由赣东和浙江分路进攻延平、古田等地。卫立煌行动迅速，很快抵达福建北部，对十九路军形成夹击之势。刚刚成立不到百日的"人民革命政府"由于内部不团结,许多事情还没有商定,就宣告夭折了。卫立煌为了截断十九路军经泉州退入广东的道路,又迅速行军,隐蔽地绕到闽江以南进行阻击。同时,蒋介石大撒金钱,收买十九路军高级将领,使其内部自乱阵脚,军长师长几乎全部向中央军投诚。1934年1月上、中旬,延平、古田、福州先后被蒋军占领,中华共和国人民革命政府和十九路军总部分别迁往漳州和泉州。21日,在蒋介石分化瓦解和优势兵力的攻击下,泉州、漳州相继失守,福建事变终告失败。李济深、陈铭枢、蒋光鼐、蔡廷锴逃往香港,第十九路军的番号被取消,军队被蒋介石改编。随着人民政府的解体,张竞生又回到了香港(《南洋商报》1934年2月12日第14版《性学博士张竞生不得志于仕途 民府解散悄然来港》)。而"闽变"之后,张竞生曾遭到国民政府的通缉(从1934年9月10日国民政府西南政务委员会签发的第2232号训令中可见)。

1月,褚松雪的短篇小说《孝子》(署名褚问鹃)发表于上海《青年界》第5卷第1期(1936年被上海经纬书局编入《当代创作小说选》)。

2月2日,张竞生在汕头发表《忏悔书》,新加坡《南洋商报》1934年2月14日第14版转载:

> 【汕头二日专讯】饶平人张竞生,自被省府通缉后,具呈解释,省当道责令登报明白表示。张乃为《对〈性史〉之忏悔书》一文,送报发表,能否因此而取消通缉令,为一问题,但《性史》一书,流毒遍海内外,故张之《忏悔书》,实有公诸报端之必要,原文如次。(原文略)

3月底,张竞生从香港乘轮船抵达上海。南宁《民国日报》1934年4月10日消息《张竞生到沪》:"张竞生二十七日悄然来沪,丰采不减当年,精神亦佳。张不再谈性学仅主提倡性的教育,并谓此后将从事社会工作。"另据《南洋商报》1934年4月13日第18版《张竞生悄然抵沪》,张竞生在上海接受记者采访表示不忘性学问题,愿做社会工作。

3月29日,褚松雪的《香港印象记》(署名问鹃)发表于《申报》。

4月6日,褚松雪的《航海》(署名问鹃)发表于《申报》。

4月,褚松雪的《记明末二阁部殉国事》(署名问鹃)发表于上海《汗血周刊》第2卷第15期。

5月1日起,上海《时事新报》副刊《青光》开始连载张竞生的《食经》,至9月27日止,共150篇(上海《申报》1934年5月1日第10版)。

5月13日,张竞生在《时事新报》副刊《青光》上发表《故宫古物拍卖论》。

5月21日,张竞生在《时事新报》副刊《青光》上发表《新生活——服装问题》。

5月23日,张竞生在《时事新报》副刊《青光》上发表《论发掘古墓》。

5月28日,张竞生在《时事新报》副刊《青光》上发表《免本致富法——利用人力与强迫做工》。

6月1日,张竞生在《时事新报》副刊《青光》上发表《爱的种类》。

6月4日,张竞生在《时事新报》副刊《青光》上发表《谈"极大"》。

6月9日,张竞生在《时事新报》副刊《青光》上发表《论出版事业》。

6月13日,张竞生在《时事新报》副刊《青光》上发表《流动式创造的爱情——并答一鸣先生》。

6月15日,《外患》发表于《社会月报》创刊号第2页。张竞生在文中表达了在我国目前形势下,外患比内患更为严重与急迫之观点。

同期《社会月报》还发表了张竞生的《农村复兴实验谈》。

6月19日，张竞生在《时事新报》副刊《青光》上发表《写在"学生利用假期服务社会"之后》。

6月23日，张竞生对于洪佐尧来信予以回复，在《时事新报》副刊《青光》上发表《再论发掘古墓》（写于1934年6月8日）。

6月26日，张竞生在《时事新报》副刊《青光》上发表《北平应怎样优待赛金花——我人又当怎样？》。

7月2日，张竞生在《时事新报》副刊《青光》上发表《艺术与跳舞》。

7月6日，张竞生在《时事新报》副刊《青光》上发表《大众语与拉丁字母》。

7月10日，张竞生在《时事新报》副刊《青光》上发表《悼奇丽夫人》。

6、7月间，张竞生为晚年潦倒、时居北平的赛金花筹募捐助，并与赛金花互有书信往来。7月14日，张竞生在《时事新报》副刊《青光》上发表《一封致赛金花的公开信》。

7月15日，张竞生在《时事新报》副刊《青光》上发表《大上海》。

7月15日，《社会月报》第1卷第2期发表了张竞生的《农村复兴实验谈（续）》。

7月20日，张竞生在《时事新报》副刊《青光》上发表《美的翻译——神似！》。

7月21日，张竞生在《时事新报》副刊《青光》上发表《思子》。

7月26日，张竞生在《时事新报》副刊《青光》上发表《再谈"极大"》。

7月30日起至8月10日止，张竞生在《时事新报》副刊《青光》连载《别矣！上海——四月来旅沪的检讨与前顾》，共12期。

8月15日，《时事新报》副刊《青光》上刊发张竞生致《青光》主编天庐的书信。

8月15日，张竞生在《社会月刊》第1卷第3期发表《极大与极微及其无》。

此次旅沪期间，张竞生还在《上海夜报》连载《中西食品与文化》多期。

8月底，张竞生由沪返回广州，住广州大石街黄埔陆军小学同学会。

9月10日，国民政府西南政务委员会签发第2232号训令，取消对因参加"闽变"而对张竞生的通缉。

> 西南执行部公函开：
>
> 据中国国民党广东省执行委员会呈称："据张竞生呈称，为呈明事实，恳予取消通缉成命事。窃竞生比闻钧部前据呈，以竞生有参加闽变，任伪文化委员会委员呈请通缉一案，不胜惶骇，伏念竞生确无参加闽变任伪文化委员会委员情事，此项事实有上月十日闽省党部谢委员东山致电中央监察委员张溥泉先生一电可为证明。亟应抄录粘附呈请察核，恳予转呈迅予将竞生通缉一案取消，实为德便，等情。附呈抄录谢委员东山致张委员溥泉电文一件，据此，理合备文连同附缴粘抄电文一件，呈请钧署察核。实为党便"等情。当经敝部第一三二次常会决议"取消"，在案除指复外，相应录案函达，查照办理为荷。
>
> 中华民国廿三年九月十日
>
> 常务委员　邓泽如　李宗仁　唐绍仪　陈济棠　萧佛成　邹鲁

9月10日前后，张竞生任粤军部参议，随后被调往徐闻县助理军垦[1]。据上海《申报》1934年9月14日9版消息《张竞生任粤军部参议》中称：（汕头）张竞生被任为粤一集团军参议、十二日为整顿

---

[1] 张竞生其实并未赴任。

饶平公路事返汕，约数日后返省（十三日专电）（另可参见《南洋商报》9月12日第2版刊登消息《张竞生任粤总部参议 调往徐闻县助理军垦》）。

9月12日，天津《大公报》以《妙人妙事 赛金花老逢知己 张竞生慨解仁囊》为题报道张竞生为赛金花募款之事，并附刊张竞生致赛金花书信两封（第二封落款时间为民国二十三年七月十二日，即1934年7月12日）和赛金花复信一封。

11月9日，《南洋商报》第11版刊登《南山素描：张竞生之军垦办法（一）》，称："粤军将潮汕南山匪乱削平之后，开辟为南山军垦区，委派张竞生博士为该区垦殖专员。"

11月10日，《南洋商报》第11版刊登《南山素描：张竞生之军垦办法（二）》。

1935年（46岁）

应时任广州国民政府委员、军事委员会常委、第一集团军总司令、国民党西南执行部和国民政府西南政务委员会常委的陈济棠邀请，任广东经济建设委员会广东分会会员、广东实业督办。

1月10日，《群声报》在广州创刊。

1月13日，张竞生担任《群声报》"军国民精神"专刊（周日刊）主编，并刊登《张竞生启事》：

（一）《军国民》专刊为每周一次，定于星期日发表。

（二）欢迎投稿，稿费从优，每千字三元起。

（三）欢迎学习军训生多多对于军国民精神努力宣扬，并对于本校内的军训是否振作与腐败的情形详细写出，发表时不用真姓名亦可，唯通讯当用真住址与真姓名。

（四）我本人通讯址请由《群声报》编辑部"军国民专刊"转即到。

（五）第一期因收稿不及，暂由我本人独唱。从下期起，便有许多军训及军事专家担任编纂,特此预告。

在本期,张竞生撰写了《前进调》一文。

1月20日,《群声报》"军国民精神"专刊第2期发表了张竞生的《侠!民众的侠》。

1月27日,《群声报》"军国民精神"专刊第3期发表了张竞生的《女人与军国民精神》。

1月28日,张竞生在《群声报》副刊《群众园地》发表《闲情》之《(一)雨中观梅说女鬼》。

1月29日,张竞生在《群声报》副刊《群众园地》发表《闲情》之《(一)雨中观梅说女鬼》(续)。

2月1日,张竞生在《群声报》副刊《群众园地》发表《闲情》之《(二)坐谈》。

2月3日,张竞生在《群声报》"军国民精神"专刊第4期(原报纸有误,刊为第3期。——编者)发表了的《武化!》。

2月10日,张竞生在《群声报》副刊《群众园地》发表《闲情》之《(三)女发问题》。

2月10日,张竞生在《群声报》"军国民精神"专刊第5期发表了的《中国半亡半不亡论》。

2月11日,张竞生在《群声报》副刊《群众园地》发表《闲情》之《(四)春假即事》。

2月17日,张竞生在《群声报》"军国民精神"专刊第6期发表了的《儿童的国民精神》。

2月24日,张竞生在《群声报》"军国民精神"专刊第7期发表了的《军国民的美——壮美与伟大的人生艺术》。

3月3日,张竞生在《群声报》"军国民精神"专刊第8期发表了的《给军训生军国民谈"军国民的外交书"(特对中日亲善而发的)》。

3月10日,张竞生主编《群声报》"军国民精神"专刊第9期

（原报纸作第 8 期，有误。——编者）后，该专刊即停办。

在广州期间，与中山大学法律专业毕业的黄冠南结识。中秋之后，赴上海，在律师公证下举行了婚礼。大约一个月之后，张竞生独自回广州逗留了约半个月，再次从广州坐轮船去上海，在船上结识了澄海人高伯雨并到高伯雨家做客。

12 月，张竞生携黄冠南由上海回到汕头暂住约半年。

本年，褚松雪的《麻姑管领下的南城》（署名褚问鹃）刊于《新世纪》1935 年第 2 期。

褚松雪在《黄钟》第 6 卷第 4 期翻译发表了水谷健一郎的《外蒙古的今昔》（署名水谷健一郎著，褚问鹃译）。

1936 年（47 岁）

3 月 22 日，张竞生的《节育难关及其解决方法》在《南洋商报》发表。撰文时作者在上海，时间大约为 3 月 8 日山格夫人到沪前几日。

居汕期间，为揭阳人林天培所著《潮州七贤故事集》题写书名，该书由上海天马书店 1936 年 7 月印行。

5、6 月间，张竞生携黄冠南从汕头迁居广州东昌大街菊园[1]。

6 月 30 日，张竞生与黄冠南的长子张超出生。

11 月 5 日，张竞生的《与省府商榷整理省营工厂之方法》在广州《民国日报》发表。

褚松雪的《消夏琐忆》（署名褚问鹃）发表于《西北风》1936 年第 5 期。

褚松雪的《烂柯山》（署名褚问鹃）发表于《黄钟》1936 年第 8 卷第 6 期。

本年底受命筹办《广东经济建设月刊》杂志。

---

[1] 张竞生原来在广州的住处为广州大石街黄埔陆军小学同学会，与黄冠南结婚后迁至广州东昌大街黄冠南娘家别墅居住。夫妇二人在别墅中遍植菊花，因此名之菊园。

1937 年（48 岁）

1月1日，广州《时代动向》（旬刊）第1卷第1期刊登了张竞生的《青年当前两问题》。

1月15日，由国民经济建设运动委员会广东分会与广东省建设厅联合创办的《广东经济建设月刊》创刊号刊行。张竞生担任第1—6期的主编。《编者之话》表述其创刊宗旨："本刊乃为创刊号，对于本月刊所负使命之国民经济问题，尽量介绍，即使社会明白国民经济建设运动会之宗旨。本册乃定于元旦日出版，后因广告事故而稍为迟延，以后每月定在十五号按期出书。"到6月出版了第6期后暂停出版，1938年1月3日刊行了第7期后终刊，共发行了7期，先后开设有"评论""短评""国民经济论坛""讨论""转载"等栏目。

《广东经济建设月刊》创刊号上，张竞生发表了3篇文章：

评论

《死的经济——裸葬》（竞生）

《人口与经济问题平议》（竞生）

讨论

《救中国的两种经济特殊政策——征工与民库证券》（张竞生）

2月，《广东经济建设月刊》第2期出版。刊登了张竞生下列文章：

短评

《救荒方法》（竞生）

《建设的建设》（竞生）

讨论

《救中国的两种经济特殊政策——征工与民库证券》（续）（张竞生）

通讯

《与行政督察专员某学兄论征工书》（竞生）

《与友人论征工书》（竞生）

3月，《广东经济建设月刊》第3期出版。张竞生发表文章如下：

短评

《日本断不能灭中国》（竞生）

《"广东精神"是什么？》（竞生）

《一日间的建设》（竞生）

讨论

《别开生面之国民经济》（张竞生）

通讯

《向岭东区各县市之民国经济建设运动委员会支会进言》（竞生）

4月，《广东经济建设月刊》第4期出版。张竞生发表文章如下：

短评

《从五十亿一跳到二百亿元》（竞生）

《罗定县人民到处吃草餐糠》（竞生）

《一位好县长（附一条叙文）》（竞生）

讨论

《国民经济建设与教育之总评》（张竞生 吴朝裴）

国民经济漫谈

《国民经济漫谈百则》之《（一）大小便》《（二）脏泥》（竞生）

并有《编后语》（竞生）。

4月1日，广州《时代动向》（旬刊）第1卷第10期上发表张竞生的《国民经济漫谈百则》之《（一）大小便》。

4月21日，《时代动向》（旬刊）第1卷第12期上发表张竞生的《国民经济漫谈百则》之《（三）废物利用》。

5月1日，《时代动向》（旬刊）第1卷第13期上发表张竞生的《国民经济漫谈百则》之《（二）脏泥》[1]。

5月21日，《时代动向》（旬刊）第1卷第15期上发表张竞生的《国民经济漫谈百则》之《（四）瓜棚豆架》。

---

[1]《国民经济漫谈百则》之《（三）废物利用》与《（二）脏泥》原发表次序即是如此。

5月,《广东经济建设月刊》第5期出版。张竞生发表文章如下:

短评

《征工与国民经济》(竞生)

《章程国与怎样立章程》(竞生)

《经济的声音》(竞生)

论著

《怎样使广东富?》(竞生)

6月,《广东经济建设月刊》更名为《广东经济建设》,第6期革新号"广东经济问题专号"出版。张竞生发表文章如下:

如何建设广东农村

《粤省水利与征工》(张竞生)

经济建设漫谈

《一隅的经济建设实验谈》(张竞生)

《监生与监死》(竞生)

《到水去!》(竞生)

《社会与教育》第6期上发表了张竞生的《我的社会教育观》。

褚松雪的《英日谈判与华北兵变》(署名褚问鹃)发表于《共信》1937年第1卷第21期。

褚松雪的《值得注意的伤兵问题》(署名褚问鹃)发表于《抗战(上海)》1937年第29期。

褚松雪的《抽壮丁与安定农村》(署名褚问鹃)发表于1937年抗战时特刊第4期。

1938年(49岁)

年初,张竞生携家眷回到饶平旧寨园。

1月3日,《广东经济建设》第7期出版停刊。张竞生在"经济评论"栏发表了《我国持久战的几种经济条件》。

3月,饶平民众抗敌委员会(后改为抗敌后援会)成立,张竞生博士任主任委员(一说副主任委员)(摘自《饶平县志》,饶平县地方志编纂委员会编，主编陈和韬，1994年广东人民出版社出版，第39页）。

4月25日，褚松雪的《对优待抗战军人家属办法的商榷》发表于《全民抗战》第67期。

<h3 style="text-align:center">1939年（50岁）</h3>

本年，张竞生在饶平创办维新学校。

5月25日，褚松雪的《断送江南的罪魁：徐朴诚》（署名褚问鹃）发表于香港《大风》旬刊第38期。

6月5日，褚松雪的《轰炸中的重庆市》（署名褚问鹃 谢唯一）发表于香港《大风》旬刊第39期。

10月，褚松雪的《为"抗属"解决几个困难问题》（署名褚问鹃）发表于《妇女生活》第7卷9、10合期。

褚松雪的《募寒衣》（署名褚问鹃），载重庆《中国青年》第1卷第4期。

本年，张竞生与黄冠南的次子张彪出生。

<h3 style="text-align:center">1940年（51岁）</h3>

本年，张竞生接连收到汪精卫伪政府的邀请他赴南京就伪职函，表示拒绝并与汪精卫绝交。

本年度，褚松雪发表文章如下：

《赶快替抗属服务——提倡一毛钱运动》（署名褚问鹃），载《妇女生活》第8卷第12期。

《动员妇女组织"经济游击队"》（署名褚问鹃），载《妇女生活》第9卷第1期。

《女青年与军队政治工作》（署名褚问鹃），载重庆《中国青年》第2卷第1期。

褚松雪的《今日女青年的修养问题》（署名褚问鹃），载重庆《中国青年》第2卷第3期。

《女青年心理的培育》（署名褚问鹃），载重庆《中国青年》第2卷第6期。

《优待抗属的理论与实践》(署名褚问鹃),载《妇女新运通讯》第2卷第6号。

1941年(52岁)

是年,张竞生开始筹划创办饶平县初级农业职业学校。

本年度,褚松雪发表文章如下:

《我的"军属"生活》(署名问鹃),载香港《大风》第82期。

《川鄂之行》(署名问鹃),载香港《大风》第102期。

《抗属工作经验谈》(署名褚问鹃),载《妇女新运通讯》1941年第3卷9、10期。

1942年(53岁)

7月,张竞生筹备创办的饶平县初级农业职业学校在饶平浮山落成并正式招生。张竞生亲任校长。

本年,张竞生与黄冠南的三子张晓出生。

1943年(54岁)

是年,张竞生撰写《饥饿的潮州》《吃少女的狼》[1]等文章。

褚松雪的《研究西北问题的福音》(署名褚问鹃)发表于《妇女月刊》1943年第3卷第2期。

1944年(55岁)

10月1日,张竞生担任广东省建设厅农林局饶平县农业推广所主任。

10月,张竞生用银元6枚,打成银锄头一把(连柄),锄面刻有"日执锄头二二小时　提神醒脑滋生无穷",上款"蒋公委座留念",下款"张竞生敬赠",寄送蒋介石作为纪念。意在发展农业生产(林修源:《张竞生博士二三事》,饶平县政协文史组编《张竞生博士诞辰一百周年纪念专辑》,第54页)。

12月12日,张竞生筹办的饶平县农业产品展览会在饶平县第一

---

[1] 这些文章仅题目可见于各类回忆录或纪念文字,今已散佚,待考。

中学礼堂开幕。开幕式由县长刘竹轩主持,张竞生作《食的哲学》主题演讲。

褚松雪的《我所接触的战区女学生生活》(署名褚问鹃)发表于《现代妇女》1944年第4卷第1期。

12月20日,褚松雪的《春风已度玉门关》(署名褚问鹃)发表于《文艺先锋》第5卷第6期。

1945年(56岁)

是年初,蒋介石将其所著《中国之命运》寄赠张竞生,请其参阅后提出批评意见。张竞生阅后逐段写上眉批,约4000字,主要意思是希望蒋介石应联合全国各界力量,一致对外,国家富强,非一己之私利。随后封发予蒋介石。一个多月后,蒋介石的"委员长侍从室"寄给张竞生国币2000元,作为补助学校经费(林修源:《张竞生博士二三事》,饶平县政协文史组编《张竞生博士诞辰一百周年纪念专辑》,第54页)。

夏初,蒋介石发动"十万青年十万军"运动,张竞生阅报后深为不满,亲自拟写信稿寄予蒋介石(林修源:《张竞生博士二三事》,饶平县政协文史组编《张竞生博士诞辰一百周年纪念专辑》,第54页)。

10月2日,张竞生应邀参加汕头市党部举办的华侨问题座谈会,在会上发言并作"争取华侨在海外一自由六平等"之提议,获会议全体通过。

10月13日,《新潮汕报》"纵横谈"栏目刊登了张竞生的提议《争取一自由、六平等》。

褚松雪的《生命的印痕》(署名褚问鹃)收录于耕耘出版社出版的《女作家自传选集》。

12月3、4日,《导南报》晚刊第1版发表了张竞生的《小学教师与乡村领袖》第2、3部分,缺第1部分。

12月22日,《导南报》晚刊第1版发表了张竞生的《潮人一致起来组织"潮州大学"》(写于1945年11月17日)。

1946年（57岁）

本年夏，张竞生从汕头乘邮轮赴上海，因所乘邮轮遇台风在台湾停靠，张竞生登岛逗留了五六日。

10月19日，张竞生回复广东文理学院院长罗香林信一通。

11月20日，张竞生在汕头《大光报》发表《潮州智识界怎样来维护潮州大学》。

本年，张竞生与黄冠南的四子张优出生。

张竞生在《寰球》杂志第12期发表了散文《台湾纪游》。

褚松雪的《生命线上》（署名褚问鹃）连载于《粤秀文垒》1946年第3期和1947年第4期。

褚松雪的《有计划才有效果》（署名褚问鹃）发表于《粤秀文垒》1946年第6期。

褚松雪的《行政会议一瞥》（署名褚问鹃）发表于《粤秀文垒》1946年第6期。

1947年（58岁）

1月15日，张竞生在《大光报》发表《一种"疗饥物"——为桂省府公布疗饥丸制法而发》，文章1月8日写于饶平。

本月，张竞生拟赴印度出席泛亚洲会议[1]，并受潮州建设协会委托为家乡经济建设往南洋募集资本，负责招股。沿途经过越南西贡、柬埔寨金边、泰国曼谷等东南亚地区（详见张竞生致潘友生信）。

2月，在越南西贡（今胡志明市）为同宗华侨商人锦成兴号题字。并在越南西贡的华侨学校义安中学作题为"怎样做一个领袖"的演讲。

3月，在曼谷华人聚居区之东舞台为华侨演讲《种植改良》。

张竞生约于4月初回国。

---

[1] 除了1947年3月19日《南洋商报》第8版《将转道印度出席泛亚大会 性学博士张竞生抵暹》消息，并无张竞生出席这个会议的其他佐证，疑张竞生后因故并未参加会议。

4月5—9日，汕头《大光报》连载张竞生的《百岁法》，其"小叙"曰：

> 余近在曼谷陈先生景川家中，见到余先生子亮所遗的《百岁法》小册子。书为旧式西医专在注射药浆延年者。殊不知"自然派"的医学，对此道别有发明，它不重药而重在合于自然的生活。若从医药可以延年益寿，则凡富人免忧短命。实则富人类多夭亡，可见医药不足倚靠了。余悲我国夭死者太多，而有为之士死得更早，故聊于海船中无事时，写成这本《百岁法》小册子。
>
> 张竞生
> 卅六年三月底于七洲洋

5月15日，汕头《大光报》发表了张竞生的《幽灵，破除迷信吧！》。

5月，张竞生北上沪宁各地，拟组建中国农民党，未遂。

6月13日，汕头《大光报》发表了张竞生的《代表——代表什么？（好代表的条件）》。

6月18日，《大光报》发表了张竞生致国民政府外交部长王世杰和台湾省省长魏道明的公开信《日本想保存在台湾特殊移民权？（一封致外交部长及台湾省长公开函）》，表达了拒绝日本外交部要求在台湾享有特殊移民权的意见，"我辈当誓为后盾，使台湾永久是中国的台湾，断断不能给予日人再有插足的机会，恳求二位和台人一致努力吧"。

夏秋之间，张竞生再度赴台湾考察台湾的蔗糖业，并在台湾会见了长子张应杰（已改名黄嘉）。

从1947年10月25日起，至1948年2月12日止，与张竞生共事多年的彭兆良在上海《小日报》上分116期连载《〈性史〉作者，学术界奇材：张竞生的传奇生活》。

11月15日,《大光报》发表了张竞生来函,表示欲参加饶平国代代表竞选。

12月,张竞生在汕头南华学院举行题为"民需论"的演讲。演讲由李连云记录后于1948年1月在《南华学报》发表。

12月21日,《大光报》刊登了张竞生为王潘展造纸厂宣传的函。

本年底,张竞生上书广东省长宋子文,反对其大量任用军人干政。

褚松雪的《春天礼赞》(署名褚问鹃)发表于广州《时代妇女》1947年第6期。

本年,褚松雪的散文集《寸草心》(署名问鹃女士)由粤秀出版社出版。

1948年（59岁）

1月16日,张竞生在汕头《大光报》发表《龙空涵不可停建》,此文仅残存后面部分。

1月23日,张竞生在汕头《大光报》发表《反对变卖金中校产——响应杨睿聪先生》。

2月28日起至4月25日止,张竞生在汕头《大光报》连载《山的面面观》。

3月5日,张竞生在《大光报》《火流》副刊发表《戏论胡适的恋爱观》(写于1948年2月)。

5月1日,《大光报》发表了张竞生的《口腹建设法》,呼吁民众实行短期的绝食法,尤是少食法。

6月8日至7月17日,张竞生在《大光报》副刊《火流》上连载《新食经》,共27期,中间缺几期。1949年1月,《新食经》由大光报社结集出版。

7月1日《大光报》第5期发表张竞生《潮州大学校址及其他》一文,讨论兴办潮州大学事宜。此文是为响应翁子光的《中离山为潮州大学适宜校址议》(《大光报》5月6日专栏《正议》第3期)。

7月6日,为汕头精神病院徐鼎铭主任的《精神催眠学》一书写序。

1949—1959 年（60—70 岁）

1949 年 1 月，张竞生发起组织了"潮汕国民和平改革促进会"，张竞生在《关于召开"潮汕国民和平改革促进会"的通知》中呼吁："我国内战如果再不停止，将无以挽救憔悴之民生，破产之经济。尤无法以遏止日本的势头与国际的危机。"而列名发起人的包括张竞生、钟鲁斋、吴文献、饶宗颐、郑瑞璋、郭应清、黄勖吾、刘正杰、卓效良等 19 人。24 日下午在汕头市立中正图书馆举行座谈会，商讨组织办法及和平工作进行事宜。会议推举张竞生为主席，决定组织筹备会。

1949 年 1 月 18—24 日，汕头《大光报》分 3 期发表了张竞生的《讲和平》（其中第 2 期因《大光报》缺失而无从查证）。

1949 年 3 月 1 日，《潮州乡讯》第 4 卷第 2 期上发表了张竞生的《讲和平》[1]。

1949 年 4 月 20 日，《大光报》发表了张竞生的《锄头下的思想（一）自由真诠》。

1949 年 4 月 25 日，《大光报》发表了张竞生的《锄头下的思想（二）红颜祸水》。

1949 年 7 月 6 日，张竞生为潘醒农所编的《马来亚潮侨通鉴》撰写《书后》。

1950 年 1 月，张竞生与黄冠南的五子张友出生。

1950 年 3 月 30 日，张竞生作为特邀代表参加饶平县第一次人民代表大会。

1950 年 4 月 10 日，饶平县第一届人民代表大会第一次常委会在县政府举行。张竞生当选为十一位常委会驻会委员之一，并被推选为

---

[1] 在《潮州乡讯》上发表的《讲和平》虽题目与《大光报》上的《讲和平》一致，但内容并不一致，实为两篇不同的文章。

饶平县生产备荒委员会主任委员。

1951年春节之后，约2、3月间，张竞生进入广州南方大学政治研究院第四部学习，为期约8个月。

1951年11月，张竞生从南方大学毕业。随后被派往广东省农林厅任技正。

1952年清明前，黄冠南迫于各种压力上吊自杀。

1952年10月4日、11日、18日、25日，11月1日，新加坡《小小报》分5期连载了张竞生的《浮生百记》。刊载的内容分为4部分，即（一）我为何要提倡性史与性学呢；（二）在上海"美的书店"时；（三）在杭州被禁；（四）再回到法国的计划。因《小小报》只发行了5期而停刊，所以《浮生百记》最终也并未刊完。

1953年5月，张竞生回汕头将5个儿子接到广州，住处也从原来的广州万福路清水濠农林厅宿舍搬迁至广州小北路148号。

1953年8月，张竞生被刚刚成立的广东省文史馆聘为首批馆员。

大约1954年前后，张竞生的自传体散文集《十年情场》[1]由新加坡夜灯报社出版。

1954年，张竞生与文史馆中留法同学郑楷、叶法武、袁振英等成立西洋文史研究组。

1955年3月16日，新加坡《南洋商报》发表了张竞生的《法国自然派的生活方法》。

1955年夏，张竞生由广州小北路148号搬迁到法政路35号。

1955年，撰写完《什交通化论》，未出版。

1956年4月，张竞生参加政协广东省委员会第一届第二次会议，并作书面发言[2]。主内容是关于"堆肥"在农作物肥料上起着极重要的作用。

---

[1] 此书中的文章最早开始写于20世纪50年代初，新加坡《小小报》分5期连载的张竞生的《浮生百记》即为《十年情场》内容之一部分。

[2] 原件保存在广东省档案馆。

1956年4月25日，高伯雨由香港到广州参观，在爱群旅社与分别19年之久的张竞生再次会面（高伯雨《祖国纪游》见1956年8月10日《南洋商报》）。

1956年5月，张竞生半自传体散文集《浮生漫谈》[1]由香港三育图书文具公司出版。

1957年3月中旬，37岁的南京人汪翠微到广州与张竞生同居，约半年后，因嫌弃张竞生家贫，不辞而别（见张竞生致高伯雨信）。

1957年，张竞生撰写的《丁未潮州黄冈革命》发表于中国史学会主编《中国近代史料丛刊——辛亥革命二》。

1957年，张竞生还撰写了《南北议和广东代表团之实权》。后曾收入《粤海挥麈录》，李俊权等主编；广东省文史研究馆编，上海书店出版社1992年出版。

1957年10月，张竞生的散文集《爱的漩涡》[2]由香港《知识半月刊》杂志社出版单行本。

1958年5月17日，《南洋商报》刊登了张竞生的《我的自白》，对2月5号署名大弟的《我的同乡张竞生》一文中的不实进行了回应。

1959年4月，张竞生撰写了《南北议和见闻录》[3]。

1959年，广东省文史馆拟成立哲学通讯所，由张竞生任临时所长。

1960—1970年（71—81岁）

1960年6月9日，张竞生完成了《"北大"回忆》的写作（生前未发表）。

---

[1] 此书中的文章写于20世纪50年代中期，曾在香港《文汇报》副刊《新晚报》连载。
[2] 内中文章写于20世纪50年代中期，曾在香港《知识》半月刊杂志连载。
[3] 本文写于1959年4月，原件藏广东省文史研究馆，现已佚。现能见到公开出版的有3个版本：1.《民元南北议和见闻录》（台湾《艺文志》第146期，1977年出版）；2.《南北议和见闻录》（《汕头文史》第4辑，1987年出版）；3.《南北议和见闻录》（《张竞生文集》，江忠孝编，广州出版社，1998年出版）。其中，台湾版是能够见到的最早公开发表的版本；汕头版的内容与民元版基本一致，增加对原文分节处理，全文共分17小节，每节增加一个小标题。

1961年春，张竞生携子张优与张友离开广州回到饶平，被饶平县委县政府安排住在黄冈镇华侨旅社。

1961年，张竞生写作《中山先生关于"系统"的一番话》。后收入《文史资料存稿选编》3《东征北伐卷》（党德信总主编；林亚杰，邱捷主编，中国文史出版社2002年出版）。

1961年春夏间，张竞生在翻译法国心理学大家的《情感的逻辑》[1]，并在搜集资料，拟写《新饶平》。

1963年初，张竞生开始写作《哲学系统》——又名《创造性的唯物辩证法》或《系统的知识》，大约于1965年底完稿（约2万字。1988年曾以《系统与规律的异同》为题收录于饶平县政协文史组编辑的《张竞生文选》）。张竞生在《哲学系统》一书的扉页上这样写道：

> 八十老人幸而未死，得以粗枝大叶地完成这本书，尤其幸是得以发扬光大四十年前孙中山先生对我特别关于"系统学说"的启发（我是辛亥革命时先生的秘书）。若幸而尚能生存，我将继续对这书的修改与精进。学问和事业一样是无穷尽的，不但要学到老，做到老，而且要学到死，做到死！我决定继续为社会主义而奋斗到底！

1963年2月间，张竞生向有关部门提议设立中国老人节。认为：

> 这个节的设立可有二个意义：（一）可以鼓励老人们的勇气，积极上，再为社会做出多少事业；消极上，可免倚老卖老为社会的寄生虫；（二）定这节日在每年十二月廿六日举行：因是日为毛主席诞辰，又是他今年的七十岁，正好由他领导一班老人共同

---

[1] 此书未见出版，具体作者也无从查考。可见张竞生致高伯雨信（1961年6月5日与10月8日）。

奋斗;(三)当这节日,由各地领导单位召集一班老人集合共同研究,怎样长命与健康的方法及老人们工作及待遇等问题……如你同意,请向一班老人共同促成之。(详见张竞生致高伯雨信,1963年2月25日)

1963年秋,陈铭枢到福建福州参加"福建事变"(即"闽变")"福建人民政府"成立三十周年纪念活动后回广州时,途经饶平会晤张竞生。

1964年初,张竞生由黄冈华侨旅社搬到丁未路452号居住。

1964年,张竞生撰写了《中山先生在辛亥南北议和时口头的两个指示》,最早刊登在《广东文史资料》第15辑(中国人民政治协商会议广东省委员会文史资料研究委员会编)。

另,张竞生还撰写了《京津保同盟会二三事》,具体写作时间不详,但从内容而言,应该与《中山先生在辛亥南北议和时口头的两个指示》《中山先生关于"系统"的一番话》等写作于同一时期,即50年代末至60年代初。后曾收录于《辛亥革命回忆录》第8集,全国政协文史资料研究委员会编,文史资料出版社1982年4月出版。

1964年7月,张竞生开始写作《自然系统法》(未写完)。

1965年4月15日,给新加坡华侨王鸿升写信商谈《哲学系统》一书在境外出版事宜。

1965年,张竞生撰写了《在新加坡成为"中山信徒"的回忆》,生前未发表,后收入《文史资料存稿选编》3《东征北伐卷》(党德信总主编;林亚杰,邱捷主编,中国文史出版社2002年出版)。

1968年7月,张竞生开始写作《记忆与意识》(未写完成。曾收录于1988年饶平县政协文史组编辑的《张竞生文选》)。《记忆与意识》是张竞生一生中最后一部著作,是一部纯粹关于知识论的著作。张竞生在前言中陈述了本书的结构与内容:"无记忆便无意识——即是无记忆便无知识、情感与意志。因为:(一)记忆是知识的仓库;

（二）记忆是情感的活动力；（三）记忆是意志的锻炼所。我们在本书所要讨论的先在这三项。其次是讨论人类脑质的组织法。末了，对于柏格森的唯心记忆说的批判；与对巴甫洛夫的反射条件学说的补充。"本书只写完第一章，便被迫停止。

1968年，张竞生又搬迁到黄冈菜场街三横巷3号。

1969年冬，张竞生被下放到饶平厂埔村劳动，随身携带了3本书：一是《亚里斯多德逻辑》（韦卓民著，北京科学出版社1957年版）。

其二是《小逻辑》（黑格尔著，贺麟译，生活·读书·新知三联书店1954年版，1957年第3次印刷），书的扉页上有张竞生的笔迹：

> 唯心派的奇想：
> 柏拉图的回忆——神学派的神
> 康德的先天——黑格尔的绝对理念
> 都因五官的限制
> 环境的限制　思想的限制　生活的限制

其三是《政治经济学批判》（卡尔·马克思著，郭沫若译，上海神州国光社1932年再版发行），扉页上有一段手写文字：

> 教育部副部长钱俊瑞在会上着重说明：
> 学习政治经济学，应当掌握经济发展的一般法则，了解只有以马列主义的经济学说，和人民政协所通过的经济政策，才能正确领导新民主经济的建设。

1970年6月18日夜，张竞生读书时突发脑溢血，溘然长逝，享年81岁。去世后，张竞生下放所在生产队队长陈类主持料理后事，将张竞生遗体安葬于厂埔村大桥头一块田地中。1980年，张竞生墓从厂埔村迁至大榕埔村今址。

1972年9月15日,在张竞生去世两年之后,香港《大人》第29期刊发张竞生遗作《浮生新集·美的生活——美是更好的生活》,是为介绍车尔尼舍夫斯基(即车尔尼雪夫斯基)的《生活与美学》而作。

1984年

7月7日,在张竞生去世14年之后,广东省委统战部、广东省文史馆、汕头市政协、饶平县人民政府联合在饶平召开了"张竞生博士逝世十四周年纪念会",为张竞生平反"文革"中的不实、诬蔑之词,为其恢复名誉。

1988年

10月15—18日,饶平县召开"纪念张竞生博士诞辰一百周年[1]大会暨学术思想讨论会"。其中参与学术思想讨论会的学者20余人,到会学者认为,张竞生著述译作甚丰,在哲学、美学、文学、社会学、性科学等方面有不少的卓识远见,但因出版《性史》一书触及封建意识禁区而受舆论谴责,形象被歪曲,才华被湮没。当此改革开放的年代,理该重新认识张竞生和清理这份有价值的文化遗产。

编者按: 这份年谱,名为《张竞生年谱简编》,其实更准确地说,应该是张竞生学术年谱的简编本。作为广东省社会科学规划办的共建项目,原计划用3年时间整理出一份较为翔实的学术年谱,现在因出版《张竞生集》的需要,编者用了约半年时间做出了这样一份简谱,并得益于《张竞生集》编委会诸位同事的助力方得以完成。同时因资料来源有待于进一步拓展与考证核实,部分内容并未在此简谱中列出。当然,因本人学术水平有限,错讹之处也在所难免。借此求教于各位方家,以期共同完善对这位20世纪中国文化界传奇人物的生平,尤其是学术生涯的考证。
(肖玉华)

---

[1] 其实应该是99周年,因一直误以为张竞生出生于1888年。